傅乐成

著

汉唐气度

典藏本

中华书局

图书在版编目 (CIP) 数据

汉唐气度：典藏本/傅乐成著. —北京：中华书局，2021.4
ISBN 978-7-101-15062-9

Ⅰ.汉… Ⅱ.傅… Ⅲ.①中国历史-汉代-文集②中国历史-南北朝时代-文集③中国历史-隋唐时代-文集 Ⅳ.K2-53

中国版本图书馆 CIP 数据核字 (2021) 第 026252 号

本书中文简体字版由联经出版事业公司授权出版，原著作名《汉唐史论集》。

书　　名	汉唐气度（典藏本）
著　　者	傅乐成
责任编辑	徐卫东
出版发行	中华书局
	（北京市丰台区太平桥西里 38 号　100073）
	http://www.zhbc.com.cn
	E-mail:zhbc@zhbc.com.cn
印　　刷	北京瑞古冠中印刷厂
版　　次	2021 年 4 月北京第 1 版
	2021 年 4 月北京第 1 次印刷
规　　格	开本/880×1230 毫米　1/32
	印张 13　插页 2　字数 290 千字
印　　数	1-6000 册
国际书号	ISBN 978-7-101-15062-9
定　　价	68.00 元

目　录

自　序　*I*

西汉的几个政治集团　*1*
汉法与汉儒　*36*
汉代的山东与山西　*60*

孙吴与山越之开发　*75*
荆州与六朝政局　*88*

唐人的生活　*114*
玄武门事变之酝酿　*136*
天宝杂事　*149*
杜甫与政治　*164*
杜甫的死　*173*
唐代宦官与藩镇的关系　*184*
唐代夷夏观念之演变　*203*

突厥大事系年　*222*
突厥的文化和它对邻国的关系　*262*

回纥马与朔方兵
　　——唐朝与回纥外交关系的讨论　292
沙陀之汉化　306

唐型文化与宋型文化　326
中国民族与外来文化　367

自　序

　　这本论集，共有作品十八篇。写作的时代，则从一九五二年到一九七六年，前后整二十五年，平均每年尚写不到一篇。在这么一段漫长的岁月里，而工作成果竟如此微少，实在不能不教人惭愧。

　　我研习国史，对中古史也就是秦汉到隋唐的一段较有兴趣。《西汉的几个政治集团》是我来台后所写的第一篇文章，同时是在先伯孟真先生的督促和指导之下写成的，脱稿后并承劳贞一先生斧正。这篇文章写成后不久，先伯便遽离人间，后来竟刊登在他的纪念论文集上。为了这些原因，虽然它的内容相当肤浅，我仍把它列为诸篇之首，以为纪念。至于其余两篇有关汉代的作品，虽成于最近两三年，事实上也是自首篇衍续而成，而其中若干意见，也经过先伯的指示。

　　对于魏晋南北朝史，我也下过短时间的功夫。除了集中所载的两篇，也曾写过几篇有关魏晋南北朝的战史和地理方面的文章，因写得太差，所以没有收入集中。

　　大约从一九五三年起，我的兴趣转而偏重于隋唐史，作品也以有关这一断代的居多。最初因受了姚从吾老师的影响，喜欢讨论外族问题，其后又渐渐转到政治和文化问题。由于各文写成的时间前后相距过远，因此初写的几篇，显然不够深入，这一点要请读者原谅。同时其中自也难免有谫陋谬误之处，希望读者不吝指正。

　　我本不愿编印文集，但经不起段昌国棣的一再催促，终于编成此集。编成后又承段君代洽出版，并承周一南先生赐题封面[*]，一并于此志谢。

一九七七年三月傅乐成序于台北

---

* 编者按：本书繁体版书名为"汉唐史论集"，简体版改作今名，故封面未用周先生题字。另，本书中一些具有时代特色的用词，除极少数地方外，一般保持原貌，不作更动。

西汉的几个政治集团

绪言

西汉一代政治集团的兴起原因，大致可分两类：一类是因了时代需要而起，他们多半是旧政治局面或制度的改革者，或是新政策的执行者，这种集团的政治意味，比较浓厚。另外一类则多半凭藉政治以外的关系，与皇帝接近，因而取得皇帝的信任，造成以私人或私家为中心的政治集团，这种集团常是政治上纯人事纠纷的制造者。不过各集团本身兴起原因的异同，尚非他们相互冲突的主要原因。它们的冲突，大半起于政权的争夺，以及政见的争执。此外还有纯以私嫌而起的冲突。

每个政治集团持续的久暂，以及在政治斗争中能否获胜，最重要的要看皇帝对它支持与否或是支持到如何程度而定。至于它本身能否适应当时的政治要求，尚系次要条件。这种情形的发生，在君主专制的时代中，是势所难免的。

西汉政治集团的冲突，可划分为三个时期。从刘邦到景帝，可算第一个时期。这段时间中的冲突，以政治上的保守派与革新派的冲突为主。汉初四十多年的政治，可以说一直由淮泗功臣集团来主持。这批时代英雄，虽把旧政权推翻，但对新帝国的开国规模，没有创造的见识和能力，因此只有一切承袭"秦法"。同时他们在得到政权之后，又大部变成了黄老信徒，只求保持政治现状，而不愿有所兴革。国家新成，便呈现这么一种暮气，以致许多在统一后必须做的事，都因而停顿，终至使国家内部发现分裂的危机。文景时期，有两批人发动政治改革，先后被功臣集团与后来的另一反动集团所击败，结果乃至使汉廷不得不以武力来解决政治问题。所以这段时间，可以说一直是保守性的政治集团的天下。

武帝可以自成一个时期。他采用了文景时期革新论者的大部改革办法，终使国内得到安定，政治焕然有新气象。他继而从事对外战争，因此新的政治集团及军事集团，皆因时代需要而兴起。武帝的各项政策，均由这些新兴集团顺利的推行。反对武帝政治的儒家，力量微不足道，对新政策的阻力很少。武帝虽然有时因用人失当，致有些事未能收到预期的效果，不过这段时间中整个国家民族的精神，则是进取而有为的。

武帝死后一直到王莽，是第三个时期。武帝死后，由于举国上下对武帝数十年从事战争的结果感到不满，因此对武帝政治素表反对的儒家政治集团，乃渐渐抬头。到元帝时，竟成为政治上的主要势力。不过汉朝从此即不能振作，因为儒家的反功利思想，使汉朝不能定立进取性的政策，他们的当政，更直接窒碍进取人才的发展。拥有不少人才的西汉最后一个现实主义的政治集团，即为他们消灭。哀帝以后，国家竟毫无人才可言。最后他们簇拥着外戚王莽，登上皇帝的宝座。无奈主角及配角均差，一出好戏，终至狼狈收场。

不过话得说回来，西汉乃是中国史上不可多见的强盛时期，这段时间中的政治集团，虽也相互冲突，但就每个集团质的方面说，却不尽同于后世。根据史实看来，每个集团的首脑人物，他们无论是反动的或是前进的，本身大都具有相当的才干。即使是由外戚甚至佞幸进身的人，也大半有成绩表现，很少是属于戏台上所表演的国舅国丈那一种的类型。他们的个人操守，大致也还说得过去，所以西汉史上很少有一点事不做而专门贪污的军政大员。西汉大多数的皇帝，对于用人，不能说不慎重；同时更维持一种相当高度的法治。西汉一代的文治武功在历史上能有水准以上的表现，与此大有关系。这倒是值得附带一提的。

一 汉初功臣集团与外戚集团的火并

刘邦于仓卒间建立新的王朝之后，政治上尚有许多严重问题，等待解决。他作皇帝后所致力的最大工作，便是从事翦除一部分不稳定的功臣。他为此几乎无岁不征，直到他死，战乱未曾止息。这个问题，早已种因于统一以前对项羽作战之时，不过到他作皇帝后才表露出危机而已。刘邦的功臣，大致可分两类：一类是刘邦在淮泗初举义旗时的基本干部，这批人在举义前多与刘邦"同为编户民"，对刘邦相当忠实。同时他们之间，也具有浓厚的感情。所以可把这批人称作"淮泗集团"。此辈可以萧何、曹参、周勃、灌婴、樊哙等人为代表。其中除萧、曹因系秦朝地方官吏出身，有些行政经验及能力外，其余多半是不折不扣的老粗，与项羽作战，胜的机会绝少。另一类是刘邦举义后陆续加入的，他们来自各地或当时其他革命团体，故私人间无密切的联系，可统名之曰"杂牌"。这批人品流不一而人才辈出，可以韩信、英布、彭越、张耳、陈平等人为代表。这两派人士，前者常追随刘邦左右，后者则多领兵在外打仗。他们在一起的机会很少，因此两派尚未发生过严重摩擦。

刘邦与项羽作战，在那种军事第一的时候，自己的嫡系部队偏不争气，因此不得不借重"杂牌"。黄河以北的地盘，完全是由他们打下来的。而决定全局的垓下包围战，更由韩、英、彭三人为主力。灭项之功，既以"杂牌"居多，因此刘邦所封的异姓七王，"杂牌"占了六个。不过刘邦之分封他们，乃是迫于以前的成约及当时的形势，内心实有所不甘。同时对他们的既成势力，感到恐惧。对韩、英、彭三人，尤为畏忌。因此处心积虑，找寻机会来消灭他们。韩、英、彭三人虽然看不出有结成党与的迹象，但三人当时的处境与心情，可以说是一样。所以韩信被捕，彭越便称病；韩、彭被杀，英布便干脆的"欲为帝"了。

等到三人被次第消灭，刘邦也跟着死去。他所遗留的大臣，除陈平外，几乎全属于淮泗集团，他将国事托付于这个集团的中坚人物萧何。由于刘邦死后吕后专政，吕后娘家人的政治势力，便日见扩张。吕后是刘邦的糟糠之妻，吕家人也自始即追随刘邦，所以他们可以称作淮泗集团的外戚派。萧、曹等人，则可称为这集团的功臣派。不过吕家的男子，在能力及见识方面，远逊女子。吕后之刚毅，固不待言；其妹吕媭，也极有胆识。至于男子，除了吕后的哥哥吕泽曾立过些军功外，其他无一不是庸才。他们的势力，可以说是吕后一手栽培起来的。吕后利用刘邦的连年在外作战，乘机过问政事，族诛韩信，便由她决定。刘邦晚年，吕家人在朝中已隐然自成一派。惠帝之立，吕家人曾出了不少的力。当时的功臣派中人，也有不少与吕家接近的，如张良、郦商、樊哙、审食其等。其中樊哙是吕媭的丈夫，审食其是吕后的爱人。惠帝即位后，政事实际已全由吕后决定。惠帝死后，她更进一步实行"临朝称制"。不过当时吕家人的势力，仍非功臣派之敌。军政首要，由功臣派的王陵、陈平、周勃、灌婴四人充任。王陵性情比较耿直，临事则一无办法。陈平为人极圆滑，遇事常能"以智自免"。周、灌二人也就是史书所常并称的"绛灌"，本是韩信羞与为伍、英布以为不在话下的人物。他们具有坚强的排外性，对于排拒异己，步趋常是一致。四人的声望才干，虽然超过诸吕，却不足与吕后相抗。所以吕后扶持诸吕，他们无法阻拦。第一步吕后要提高吕家人的政治地位，把他们封王或封侯。当她征求大臣们的意见时，王陵首拿"非刘氏而王天下共击之"的"白马之誓"为根据，表示异议，吕后大不高兴。因此轮到陈、周，便不敢反对。吕后第一个目的既达，第二步便设法要诸吕掌握实际的军政大权。据说首倡此议者，是张良的儿子年方十五岁的张辟彊。《史记》九《吕后本纪》说："七年秋八月戊寅，孝惠帝崩。发丧，太后哭，泣不下。留侯子张辟彊为侍中，年十五，谓丞相曰：'太后独有孝惠，今崩，哭不悲，君知其解乎？'丞相曰：'何解？'辟彊曰：'帝毋壮子，太后畏君等。君今请拜吕台、吕产、吕禄为将，将兵居南北军，及诸吕皆入宫，居中用事。如是则太后心安，君等幸得脱祸矣。'丞相乃如辟彊计。太后悦，其哭乃哀。吕氏权由此起。"此说破绽甚多。与辟彊谈话的丞相，以时间论，应该是王陵，而王陵则是在惠帝死后面折廷争反对分封诸吕的人。其次吕禄为上将军居北军，吕产为相国居南军，均在吕后八年，亦即是惠帝死后八年的事。若说此事乃是实现丞相八年以前之请求，宁非奇谈！总之此事乃吕后扶持诸吕的必经步骤，朝中大臣对此事应负责任者尽多，而不必诿过于一竖子。

至于吕后扶持诸吕的目的何在，后世对此颇多议论，而以清赵翼《廿二史劄记》卷三"吕武不当并称"一条，最为允当。赵认为：第一，吕后本不想以吕代刘。因为她对刘邦简择的旧臣，甚为信任，与孝惠的感情亦好，其间并无意图颠覆刘氏的迹象。他说："孝惠既立，政由母氏，其所用曹参、王陵、陈平、周勃等，无一非高帝注意安刘之人，是惟恐孝惠之不能守业。"又说："观于高祖欲废太子时，后迫留侯画策，至跪谢周昌之廷诤，则其母子间可知也。"第二，吕后之扶持诸吕，乃是因为孝惠死后，吕后本人没有嫡亲子孙可以扶持，才扶持娘家人。而且她的用意是怕吕家人在她死后受别人欺侮。他说："迨孝惠既崩，而所取后宫子立为帝者，又以怨怼而废，于是己之子孙无在者。则与其使诸姬子据权势以陵吕氏，不如先张吕氏以久其权。故孝惠时未尝王诸吕，王诸吕乃在孝惠崩后。"第三，吕后对刘家子弟不能算坏。并且她为使刘、吕相亲，确曾费过一番苦心。他说："其所最妒，亦只戚夫人母子，以其先宠幸时几至于夺嫡，故高帝崩后即杀之。此外诸姬子，如文帝封于代，则听其母薄太后随之。淮南王长无母，依吕后以成立，则始终无恙。齐悼惠王以孝惠庶兄失后意，后怒欲酖之，已而悼惠献城阳郡为鲁元汤沐邑，即复待之如初。其子朱虚侯章入侍宴，请以军法行酒，斩诸吕逃酒者一人，后亦未尝加罪也。赵王友之幽死，梁王恢之自杀，则皆以与妃吕氏不谐之故。然赵王友妃，吕产女，梁王妃亦诸吕女，又少帝后及朱虚侯妻皆吕禄女，吕氏有女，不以他适而必以配诸刘，正见后之欲使刘、吕常相亲。"吕后之以吕氏女配诸刘，确有其政治作用。《汉书》九十七《外戚传》说："更立恒山王弘为皇帝，而以吕禄女为皇后，欲连根固本牢甚。"可作有力的证明。不过吕后的用意虽佳，但结果却适得其反。

　　诸吕政治势力的膨胀，与功臣派发生冲突，自在意中。

功臣们昔日"多者百余战，少者数十合"，论功不过封侯，而吕禄、吕产等以裙带关系取王侯如拾芥。当年萧何封侯，尚以"未尝有汗马之劳"而生争议，对此又焉能容忍！何况诸吕进而夺去他们的实权，吕禄作上将军，吕产作相国，使周勃的太尉、陈平的丞相变成摆设。所以当时功臣派心情之郁愤，可想而知，其谋诛诸吕的动机，便自此而起。他们首谋本身的团结，故陈平听了陆贾的劝告，即与周勃密切合作。此外更与反吕最激烈的宗室刘章联合，刘章是当时齐王刘襄的弟弟，有强大的齐国作背景，同时又是吕禄的女婿，诸吕也对他另眼相看。他反吕的主要目的，是想拥立他的哥哥作皇帝，所以吕后一死，齐国便出兵西指。这次事变，可以说是功臣派的主谋，而由宗室执行任务。刘章便是亲自带兵与诸吕动手的人，相国吕产与长乐卫尉吕更始均被他当场杀死。这次政变如无宗室参加，成功的希望，恐怕很少。单就当时周勃那副模样看来，即可作此假定。

诸吕在"不当为王"与"欲为乱"的罪名下，尽被翦除。甚至少帝和惠帝其他几个封王的儿子也被统统杀掉。功臣派藉口说他们不是孝惠之子，实际上是怕他们长大后替吕家报仇。又认为齐王和淮南王的母家都是恶人，生怕他们将来变成吕家第二，因此才挑选了"仁孝宽厚，太后家薄氏谨良"的代王来入承大统。功臣派对吕家的畏忌，从这类地方表现无遗。他们这次与诸吕的火并，最基本的原因，是在政治权位的争夺。所谓"安刘"之功，乃是欺人之谈。因为就现有的历史记载看来，刘家何尝有不安的现象，所不安者，周陈辈之权位耳。

诸吕的罪名，实有重作一番讨论的必要。先说"非刘而王"。所谓"白马之誓"，仅见于《史记》的《王陵传》中，《高祖本纪》上没有正式记载。就常理推断，此誓倒非虚构。因为王陵以这誓约为理由，在朝廷上公开反对分封诸吕，如是假的，吕后岂有不加驳斥之理。事后，王陵更指出陈平、周勃均曾参加盟誓，陈、周也未否认。吕后临终，更曾拿这誓告诫诸吕。所以这誓约的真实性，可无问题。可能是刘邦晚年与心腹大臣的秘密盟约，未举行公开仪式。吕后对此事，也必知道或参加。不过最主要的，是"白马之誓"的破坏，陈、周二人，要负大部责任。他二人在当时，可以说是诸吕能否顺利封王的最大关键。他们若能据"誓"以争，理由绝对站得稳。纵然无效，此心可以无愧，其咎便在吕后。可是他们非但不敢反对，反为诸吕封王，制造理论根据。据《史记·吕后本纪》，当时他们对吕后说："高帝定天下，王子弟。今太后称制，王昆弟诸吕，无不可。"这即是说"白马之誓"已失时效，而认为王诸吕为合理合法。无论二人的话是否出自本心，但此话予诸吕封王以绝大的支持，则无可否认。由此看来，郦况骗诸吕时所说的"吕氏所立三王，皆大臣之议"的话，乃是实情。后来政变发动时，除掉齐国还以"非刘而王"四字为藉口外，陈、周辈便不好意思再弹此调。于是又另外搬出"欲为乱"的大帽子，加在诸吕头上。

至于诸吕之"欲为乱"，据《史记·吕后本纪》说："吕产不知吕禄已去北军，乃入未央宫，欲为乱。殿门弗得入，裴回往来。"又说："朱虚侯请卒，太尉予卒千余人，入未央宫门，遂见产廷中。日晡时，遂击产，产走，天风大起，以故其从官乱，莫敢斗。逐产，杀之郎中府吏厕中。"这段记载，颇多疑问。吕禄欲为乱而迅解兵柄，已属费解，尤奇者是事后竟不通知吕产一声。吕产那时仍是南军领袖，手下的军队尽多，而他欲入未央宫"为乱"时，何以只带"从官"，不带军队？

如果从官之中，包括军队，何以当未央宫殿门关闭之后，不去攻打，而只是"裴回往来"？又何以见了刘章所率领的一千余人都不敢抵抗？吕产的从官，既连一千人都无法应付，人数之少可知；那么吕产又为何率领数目那么少而又毫无战斗能力的人，来发动"为乱"那么大的事呢？从这些地方看，可以说诸吕不但对"为乱"没有准备，即对别人的暗算，也未曾防范。吕产之入未央宫，与其说是"欲为乱"，不如改为"欲上朝"或"欲办公"倒恰当些。总之，诸吕的罪名虽冠冕堂皇，而实际上是遭人暗算，糊里糊涂的作了政治阴谋的牺牲品。

诸吕虽庸，看来倒是一批心地厚实之人。惟其如此，所以才失败而又被恶名。他们在"欲为乱"以前的那段时间中，可以算得上虽无功却也无过。吕后对他们并不放纵，吕后的侄孙吕王嘉，便因"居处骄恣"被废。当时一般人对吕家人的印象，也不能说坏。骗吕禄交出兵权的郦况，曾遭举国不满。《史记》九十五《樊郦滕灌列传》的《郦商传》上，载有"天下称郦况卖交"的话，这是当时人与后世直书"诸吕之乱"的史家们见解不同的地方。

二　文景时期的政治革新论者及其反对派

文帝的入承大统，事之偶然，犹如中彩。因为这事完全由功臣派秘密决定，他事先一点也不知道。无怪他得到消息后，手忙脚乱。后来听了宋昌的劝告，才鼓起勇气，带了几个随员，到京城去接收皇位。他来到京城，面对着这么一个复杂艰险的局面，内心的不安，不言可喻。所以他在即帝位入未央宫后，跟着就"夜拜宋昌为卫将军，镇抚南北军。张武为郎中令，行殿中。"（《史记》十《孝文本纪》）然后才下正式的即位诏书。这固可以看出文帝的机智，同时也可看出文帝对新环境的恐惧。

　　文帝即位后，摆在他面前的问题，真是千头万绪。就中有三个最大难题，是必须解决而又无法解决的。第一，迎立他的那般功臣，原都是当初与刘邦一起革命的，资格既老，又有拥立之功，所以文帝即位后，他们在政府的位置，一概未受动摇。他们遇事倚老卖老，反对革新，抱定了既得的权力与地位，大有除死方休之概。他们阻碍新人的进用，自己又干不好，因此国家无法求进步，而文帝却又奈何他们不得。第二，宗室诸王国，因安定了一个相当时期，人口大为增加，实力随之增强。同时中央政府自孝惠以来，即以"无为"为政治最高原则，对诸侯内政采取不干涉主义。《史记》一百六《吴王濞列传》说："会孝惠高后时，天下初定，郡国诸侯，各务自拊循其民。"这种放任政策，养成了诸侯的骄恣。文帝也是诸侯出身，当初的政治地位，原和他们相同。而且消灭诸吕后的皇帝候选人，原有三个，文帝不过是其中之一，由功臣作最后之圈定而已。这样，诸侯对文帝，自然不会十分尊敬，文帝自然也不敢对他们过分约束，如此反更启发他们觊觎皇位的野心。他们遂由私生活的越规，进而至于各种法令制度的破坏。所以淮南王刘长直呼天子为"大兄"，锤击辟阳侯，自作法令。吴王刘濞也可以煮盐铸钱，招致天下亡命，称病不朝。甚而至于济北王刘兴居造反。一般黄老信徒的大臣，个个怕事，装聋作哑。诸侯闹了那么多的乱子，终文帝之世，很少见有什么大臣事先向皇帝提出警告，自然更谈不到什么防范办法。因此造成了"动一亲戚，天下圜视而起"的局面。第三是匈奴问题。自刘邦在平城吃了大亏与匈奴和亲后，汉廷一直遵循着这种屈辱政策。可是匈奴根本没有守约的观念，有机会仍是照样入侵。文帝时有位熟悉边事的宦官中行说，投降匈奴，作了匈奴的军事政治指导员。匈奴得到他，入侵更为方便，有一次匈奴的斥候曾到达长安附近的甘泉。由于他们的来去飘忽，汉军很难捕捉他们的主力。因此他们便"小入则小利，大入则大利"。在这种情势下，和的意义，早已失却。战呢，不但人才与装备，都成问题；而国内政局的不安，也使他不敢从事大规模的战争。

文帝作皇帝的二十三年中，几乎无日不在这三个问题之中打滚，但结果一个也未解决。丞相一职成了功臣集团分子的轮流终身职，这个死了，那个补上。除了周勃因太不知趣而被中途免相外，其他无一不是头顶"丞相"二字的官衔进棺材的。直到文帝死后，还有功臣集团中人在作丞相。其次文帝对于不法的诸侯，也未能作严厉的制裁。淮南王刘长被"废处蜀中"，半路自杀，竟闹得天翻地覆。对当时势力最大的吴王刘濞，尤其不敢得罪，赐几杖请吴王安心养病，终于养出日后的七国之乱来。对于匈奴，在外交上仍是采用和亲政策；在军事上只能作被动的防守，虽然不断的挨打，但是无法还击。

文帝虽解决不了这些问题，却并非没有看到这些问题的严重性，并且作了不少解决这些问题的准备工作。他治事精勤，崇尚节俭，尤其注意人才的选拔。他遗留下雄厚的国力，以及不少优秀的谋臣武将，以为后世安内攘外之用。同时他更设计好一种建国的蓝图，为后世所遵循。终使国家在他的身后日臻强固，使汉朝成为名符其实的新朝代，而非旧朝代的延续。这蓝图的起草人，就是盖世聪明的"洛阳少年"贾谊。

贾谊的学问，受儒家的影响最大，同时又懂法家之学。

他主张以仁义立国，极端痛恨秦国的强暴政治。他所发的议论，全以时事为据，故无空疏之病。原来汉朝立国后的法律和制度，可以说是完全承袭秦朝的。秦制的基本精神，则是"武力"与"律条"。因此汉朝的法律，极为严厉。而汉初一般大臣，偏又讲究"清静无为"，平时对人民不大过问，一旦出事，就搬出秦法来。所以若论汉初的政治，"不教而诛"四字，足以尽之。此外，在秦法之下培养成的"遗礼义，弃仁恩，并心于进取"的风俗，也依然存在社会上。从这些地方看，汉朝没有资格称得起为"汉"，只配称作"后秦"。所以贾谊在太中大夫任内，首先建议改革制度。《史记·屈原贾生列传》的《贾谊传》说："贾生以为汉兴至孝文二十余年，天下和洽，而固当改正朔，易服色，法制度，定官名，兴礼乐。乃悉草具其事仪法，色尚黄，数用五，为官名，悉更秦之法。"其后他在梁怀王太傅任内，又针对着令人痛哭流涕长太息的时弊，上了有名的所谓"治安策"（载《汉书》四十八《贾谊传》），提出许多对时局的独到见解。其中除了对付匈奴一项有点不切实际外，其他各项莫不由后来的史实证明其正确性。他的主张，不仅是在改变旧制度的表面，在精神方面也要一扫嬴秦之恶毒。他不仅要改良当时的政治现状，而且要纠正当时的社会风气。他要在强力之外，更注入政治与社会一种德教的新精神。他既反对秦朝，当然不能用秦朝的手段来推动他的政策，所以他的一切改革办法，性质都是比较和缓的。

对于诸侯问题，他认为只要诸侯的力量不足与中央抗衡，便可无事。他在《治安策》中所提出的办法是："欲天下之治安，莫若众建诸侯而少其力。"因为"力少则易使以义，国小则无邪心。"其次他主张好好教育太子，使他们将来能在德行上作国家的表率。这样，逾法的事，自然会少。对于社会风气，他主张以管子所说的"四维"来改变秦朝以来社会上惟力是视、惟利是图的颓风。同时，他认为这等任务，"俗吏"是办不到的，必须由"识大体"的人来担负。此外他主张君臣间要有礼节，皇帝应当优礼大臣。因为自刘邦以来，汉廷君臣，一向不大懂礼节，常将低级社会朋友家人间的言语动作，搬到朝廷上来，极无体统。同时他认为皇帝必须尊重臣下的人格，否则必将使臣下"犬马自为"，忘掉廉耻节操。如以此话按诸陈平、周勃之媚吕而又反吕，则可见刘邦狎侮大臣的影响，何等严重。从这些地方，可以看出贾谊的计划，规模是宏远的，见解是深刻的。虽是满口仁义道德，但确有他一套现实的办法，而不是徒托空言。

贾谊极受文帝的赏识，他由博士超迁至太中大夫时，不过二十几岁。接着文帝便准备以他"任公卿之位"。这样一来，功臣集团中人，乃又大起恐慌，周勃、灌婴、张相如、冯敬一般老牌军人政客，都起而反对。他们本无政见，自然不会从理论上反对贾谊，只能含糊其词的说："洛阳之人，年少初学，专欲擅权，纷乱诸事。"(《史记》八十四《屈原贾生列传》)所谓"专欲擅权"，即是怕贾谊夺去他们的既得权位。所谓"纷乱诸事"，即是怕贾谊改革他们因循敷衍的办事原则与方法。洛阳在当时是一商业都市，所谓"洛阳少年"，即犹今日之骂人为"上海小流氓"，其词粗鄙，与说陈平"盗嫂"无异。文帝在当时无法过分违拗那般功臣，不得不把贾谊外放，贾谊终于忧郁而死于梁王太傅的任上。贾谊虽因没有取得政治实权以一展其才，可是他的大部见解，终于成为以后汉朝建国的准则，在他身后，一一实现。

贾谊死后，另外一个改革论者继之而起，那便是晁错。

他少习申商刑名，后又曾受《尚书》于伏生。文帝时曾任太子家令。景帝时他凭了皇帝的信任，气死了功臣集团的硕果申屠嘉丞相，由内史跃登御史大夫。因为他是法家，故作风与贾谊不同。他为尊天子安宗庙，就在充任副揆之后，展开雷霆万钧的政治改革。第一个改革对象便是诸侯。他摈弃众建诸侯的办法，而采取硬性的"削地"政策。其主要目标，便是当时富强甲天下的吴国。他也料到可能会激起叛变，但他认为"削之亦反，不削之亦反。削之，其反亟，祸小；不削之，反迟，祸大。"（《史记·吴王濞列传》）所以不顾一切的实行。他与反对派的冲突，也因此远较贾谊时为甚。

远在文帝时，因他屡次上书请求改革，已遭一般大臣不满。景帝即位后，功臣集团虽趋幻灭，但另一以个人为中心的豪门继之而起，便是景帝母窦太后的从兄子窦婴及其门下一批人。窦婴以外戚之重，又好宾客，所以很多人趋附他，因而造成雄厚的政治势力。他首先反对削地之议，后来七国乱起，他把他的重要门客袁盎荐与景帝。袁就利用景帝的恐惧心理，献出"急斩错以谢吴"的计策，晁错之被杀，实是窦袁二人作好的圈套。袁盎为人极有手段，文帝、景帝、周勃、申屠嘉，均被他愚弄过。这派人士与诸侯不能说没有勾结，窦、袁二人都曾作过吴相，袁盎且曾受过吴王的财物，因此二人成了当时的吴国问题专家。他们想利用中央与吴国的矛盾关系，以达到自身的政治目的。他们反对削地，目的是在打击政敌，而非有爱于吴国。从一方面袁盎充任对吴和谈代表，一方面窦婴出任大将军领兵戡乱看来，可知他们对吴事的看法，是对人的而非对事的。这批人在晁错心目中，本是韩非子五蠹中人，当然亟须铲除，因此他累次想杀袁盎。但七国乱起，他处于腹背受敌的形势，反得到"衣朝衣，斩

东市"的结局。他被杀后，叛乱并未因而平息。不过窦袁辈
的目的已达，便不再弹老调。他们以吴国问题起家，终又出
卖了吴国。

晁错对于匈奴问题，也有极高明的见解。他曾把匈奴与
汉朝双方在战术的长短，作过详细的比较，创出"徙民实边"
的伟论。可惜这些事还未等他动手去作，他已殉身于他的政
治理想。他和贾谊虽然在见解与作风上有不同的地方，但同
是汉初最伟大的政治改革论者。贾谊在朝中是孤立的，晁错
虽握实权，但为时短暂，实力也不雄厚。但他二人所倡的政
治革新运动，均曾震撼汉初以来旧政治所造成的反动势力。
其身虽败，其议论则如洪水暴至而不可抑止，直到武帝时始
得到归宿。但如果这种革新运动能在他们生前实行，则武帝
时国家会减少许多麻烦事情。武帝以后的繁荣和平，也将会
提前几十年出现。

三 由养士造成的豪门冲突

从刘邦死后到文景这段时间，汉朝的中央政权，不算巩
固。那时诸侯势力强大，函谷关以东，几乎全是他们的封土。
"大者或五六郡，连城数十，置百官，宫观僭于天子。"(《史
记》十七《汉兴以来诸侯王年表》)中央的不干涉政策，促成
他们的骄恣不法。当时政府大员的办事态度，又极马虎，在
这种不安定的政治局面下，而无严格执法的人。因此战国时
代的一部分风尚，又于此时复活。在民间活跃着"权行州域，
力折公侯"的游侠者流；在中央高级官吏以及列国诸王之间，
则盛行着"鸡鸣狗盗，无不宾礼"的养士之风。游侠与养士，
本是同一原因所产生同一结果的两面。所谓"游侠"，常也就
是公卿诸王所养的"士"。养士者常能济人之急，但被周济的

不一定是善类；游侠者常能死人之事，但所"死"的也不一定是光明正大的事。他们的道德行为只用之于一个人或一部分人的小圈子里，如果他们的目的与国家冲突，他们便不惜破坏国法。正是《汉书·游侠传》所说："背公死党之议成，守职奉上之义废矣。"虽然养士的人与被养的人其中都不乏人才，但无疑的这批人却是国家走向安定统一之路的障碍物。

汉初养士的风气，最先从诸侯国中发生，当然他们的用意是在觊觎中央政权。刘邦时，代相陈豨的宾客最盛，终至造反。以后吴王刘濞招致天下亡命者，结果也造反。景帝虽平定了七国的叛乱，却平不了诸侯的养士风气，因为这是整个的政治和社会问题，纯用武力是解决不了的。所以紧跟着是梁孝王的好客，一直到武帝时的淮南王，都几乎闹出乱子。景帝初年，这风气由地方传到中央。那时刘邦遗留下的功臣集团已零落殆尽，朝廷需要新兴的政治集团，于是养士的豪门与法家同时并起。前者是时代的产物，代表人物是窦婴。后者要改造时代，代表人物是晁错。两派人士相互水火，结果窦婴胜利，因此又酿成盛极一时的中央大员的养士之风。

养士者常利用士来助长威势，打击政敌，而求达到某种政治目的。"士"也常借了养士者的政治地位与声望，去作不安分的事。窦婴最初之以袁盎谗杀晁错，与后来之因灌夫的不法而被弃市，正是这种情形的最好注脚。袁盎是兼有"士"与"养士"者的双重资格的，他是窦婴的"士"，同时自己手下也有一批人。他虽是国家官吏，却与当时的大侠季心、剧孟情感极好。季心是季布之弟，《史记》一百《季布栾布列传》的《季布传》上说他"气盖关中，遇人恭谨，为任侠。方数千里，士皆争为之死"。即当时有名的"酷吏"郅都也不敢惹他。剧孟更是"以任侠显诸侯"，《史记》一百二十四《游侠列传》说："吴楚反时，条侯为太尉，乘传车将至河南，得剧孟，喜曰：'吴楚举大事而不求孟，吾知其无能为已矣。'天下骚动，宰相得之，若得一敌国云。"可见当时他们的潜势力之大。袁盎凭了这种资本，成了窦婴门下士的中坚，又靠了窦婴的提拔，官至九卿。窦婴被拜为大将军时，曾以地位金钱拉拢了不少的人，七国之乱前后，正是窦、袁的极盛时代。《史记》一百七《魏其武安侯列传》说："乃拜婴为大将军，赐金千斤。婴乃言袁盎、栾布诸名将贤士在家者进之。所赐金，陈之廊庑下，军吏过，辄令财取为用，金无入家者。"《史记》一百一《袁盎晁错列传》的《袁盎传》也说："使袁盎为太常，窦婴为大将军，两人素相与善。逮吴反，诸陵长者长安中贤大夫，争附两人，车随者日数百乘。"乱平之后，他们的声势，更为煊赫。《史记·魏其武安侯列传》说："七国兵已尽破，封婴为魏其侯。诸游士宾客争归魏其侯。孝景时每朝议大事，条侯魏其侯，诸列侯莫敢与亢礼。"因此条侯周亚夫死后，窦婴便成为盖世无双的豪门。景帝尝以"沾沾自喜"四字批评他，自此可窥见窦婴的风格。虽然景帝不喜欢窦婴，没有拜他为丞相，但终景帝之身，窦婴的声势，未受动摇，这当然与窦太后的关系极大。

谁知到了景帝末年，另一个豪门继之而起。那便是景帝王皇后的同母弟田蚡。窦婴作大将军时，田蚡不过是侍从武官一类的"郎"。但到景帝末年，已作到太中大夫。到了武帝初年，窦作丞相，田作太尉，双方已有旗鼓相当之势。田蚡这个人，似乎在处处模仿窦婴。窦婴好客，他也好客；窦婴好儒术，他也好儒术；窦婴曾与吴国有来往，他也和淮南王交结。不同的是他与武帝的亲戚关系，较窦婴为亲，而窦婴常惹窦太后生气，王太后却是田蚡的绝对支持者。因此窦、田虽因得罪窦太后而同遭罢免，但窦太后死后，田蚡反作了丞相，窦婴则落得"益疏不用"。田蚡作丞相后，声势乃显然的超过了窦婴。曾作过梁相以谨慎著名的韩安国，便是田蚡最得力的干部，犹之乎昔日窦婴门下的袁盎。窦婴的宾客因窦的失势，大半跑到田蚡那边去。最后只剩下一个"刚直使酒，不好面谀"的灌夫。

在那群去窦归田的宾客中，最重要的一位，便是籍福。虽然史书并未正面谈到他的出身，但可断言他是一个游侠头子。《史记·季布栾布列传》曾说季心"长事袁丝，弟畜灌夫籍福之属。"季心、袁丝（即袁盎）、灌夫都是"为任侠"的人，则籍福是何种人，自可想见。并且由福与袁、灌二人的关系看来，也可推知他与窦婴的关系。武帝初即位时，籍已俨然是田蚡的幕客，曾劝田蚡把丞相一职让给窦婴。继而又劝窦婴"兼容"，遂碰钉子。后来田蚡又使籍"请魏其城南田"，而遭灌夫怒骂。乃至灌夫骂座遭田蚡扣留时，籍福又"起为谢，案灌夫项令谢"，结果灌夫骂得更凶。从这些事上看，均可证明籍福是去窦归田的宾客之一。

窦田冲突的起因，从表面上看来，一是为了田蚡要窦婴的城南田，而窦婴不许。一是为了灌夫当众侮辱田蚡。但窦婴所以不允田的要求，是因认为田"以势相夺"，显然是宾客尽去后的愤激之言。灌夫之所以侮辱田蚡，更直接因宾客在宴会上重田轻窦而引起的。所以这两件事的基本原因，都起于宾客。窦田冲突，可以说是一场宾客争夺战。窦婴因宾客冷落，自然极感羞愤。灌夫的不去，为他保留最后的一点面子，因此引灌夫为知已，并且要藉灌去打击"生平慕之而后弃之者"，所以竭力支持灌夫的骂人。灌夫之骂籍福，骂临汝侯，骂程不识，实际就是窦婴报复情绪的发泄。最后，灌夫因骂田蚡而获罪，窦婴也抱定"终不令灌仲孺独死"的决心，竭力营救。这固是死党精神的表现，同时也是为保持他最后的一点面子，故窦婴不惜为此拼掉老命。当时朝臣，无疑均站在田蚡一边。即连当时以正直出名而又素来同情窦婴的汲黯、郑当时辈，都不敢为窦婴辩护。失势者又岂能避免他们的悲惨命运呢！

窦田两豪门势力的起伏，虽然直接由于双方政治权力地位的移转所致，但这次事件，却少政治意味。主要的还是起于私人情感的冲突，而非政权的争夺或是政见的争执。

武帝虽因王太后的逼迫而杀窦婴，实际对田蚡也无好感。有能力的君主，大都不愿朝中有此现象，所以武帝曾尽力压制这种养士与游侠的风气。窦灌被杀后，不久田蚡也死去。中央大员的好客之风，逐渐衰竭。田蚡以后，汉廷的丞相，除了公孙弘还有几个宾客外，"其后李蔡、严青翟、赵周、石庆、公孙贺、刘屈氂继踵为丞相。自蔡至庆，丞相府客馆，丘虚而已。至贺、屈氂时，坏以为马厩车库奴婢室矣。"（《汉书》五十八《公孙弘传》）。像卫青那样立过大功的外戚，也只能"奉职遵法"而不敢招士。霍去病更不必说。至于诸侯方面，七国乱后，已有一番整顿。武帝更一面推行贾谊的分化政策，一面加强对他们的统制，因此大部都失去招贤纳士的能力。所以自淮南王以后，汉朝即没有公然倡乱的诸侯。国家的内部，总算大致得到安定。

四　山西军人与外戚军人

武帝时国家内部虽日趋安定，但匈奴仍是大患，所以武帝想趁机一雪国家的百年奇耻。经过朝臣激烈的辩论，决定对匈奴作战。在马邑诱敌失败之后，更采取主动出击的战略。

因为旧人凋谢，他以文帝以来新兴的山西军人集团与几个外戚军人，组成了新的军事统率系统。而汉廷群臣，至此更发生文武分途的现象。原来汉初功臣集团的分子，大都饱经战阵，所以"出将入相"，他们尚可包办。文帝时，这批人年纪已老，到景帝则全部死光。景帝时的丞相，多半由功臣子弟充任，这批少爷，除周亚夫资兼文武外，其余均碌碌不足道。武帝时"出将入相"的人选，已不可得，因此干军的与干政的便不能不显然分开。恰巧武帝预备对匈奴发动大规模战争，东方淮泗军人的后裔，既已无人会打仗，因此西北边陲一批善战的军人，遂乘时而起。他们因地域关系，久遭屏抑，至此始有发展事业的机会。

山西人之善战，秦时即已驰名。《汉书》六十九《赵充国辛武贤传》："赞曰：秦汉已来，山东出相，山西出将。秦将军白起郿人，王翦频阳人。汉兴，郁郅王围、甘延寿、义渠公孙贺、傅介子、成纪李广、李蔡、杜陵苏建、苏武、上邽上官桀、赵充国，襄武廉褒，狄道辛武贤、庆忌，皆以勇武显闻。苏辛父子著节，此其可称列者也，其余不可胜数。何则？山西天水、陇西、安定、北地，处势迫近羌胡，民俗修习战备，高上勇力鞍马骑射。故《秦诗》曰：'王于兴师，修我甲兵，与子皆行。'其风声气俗，自古而然。今之歌谣慷慨，风流犹存耳。"这里所说的"山"，应当是指今日陕西省的华山，所以《汉书》上所说的山西、山东，等于后来所谓的关西、关东。班固认为"山西"所以出将，是由于与外族接近之故，此点大致不错。不过除此之外，与汉兴以来山西人在政治上没有出路一点，也有关系。

刘邦入关，部下全是"山东"人。这批从龙之彦，高踞政治要津，形成功臣集团。他们所交结援引者，当然仍以同乡为主。何况秦人是被征服者，自然谈不到政治机会的平等，所以地域关系扼杀了山西人的政治生命。从刘邦到景帝，汉朝的丞相，凡有籍贯可考者，无一不是山东人。武帝的十三丞相中，只有田蚡、李蔡、公孙贺三人是山西人。而其中两个是皇亲，只有李蔡算是"积功至丞相"。至于军界，更是如此，气焰万丈的淮泗军人，于大功告成之日，岂肯容别人插足。六郡良家子的从军，虽是山西人猎取功名的唯一出路，但当时充其量不过是中下级干部。所以他们在汉初一直被冷落五六十年，直到淮泗军人死光而无后继之时，才露头角。《汉书·地理志》："汉兴，六郡良家子选给羽林、期门，以材力为官，名将多出焉。"这里所说的"名将多出"，乃是指景帝以后的事。

武帝用人，有个特点，就是他所任命的军政最高首长，不问能力，也不问出身，专找最听话最可靠的人来充任。所以武帝的十三丞相，有外戚，有儒生，有列侯，有退伍军人，有宗室，品类虽杂，而无一不是庸才。所谓"娖娖廉谨，为丞相备员而已"。在军事方面，也用这个办法。他所建立的军事统率系统，是由山西军人充任主干，担任实际的作战任务，而由几个"奉法遵职"的外戚来充当最高统帅。山西军人在朝中毫无凭藉，所以他们的兴起，多半要靠真本领。这批人多具有超人的勇力与军事才干。汉武一朝的对外战绩，多半是他们的血汗结晶。总计卫青伐匈奴时部下的十五员大将中，山西（今陕西、甘肃等省）人占八名，即李广、苏建、李息、赵食其、张骞、李蔡、公孙敖、公孙贺；山东（今山西、河南等省）人占四名，即荀彘、张次公、曹襄、韩说；此外北方边塞的云中（今绥远省）人二名，即李沮、郭昌；匈奴的降人一名，即赵信。从这个名单看来，当时武将不但以山西人居多，而其中勇敢善战声威素著者，亦几无一非山西人。

　　山西军人的最大特征，一点是爱惜部下，一点是喜欢招贤纳士。这是与当时外戚军人最不相同的地方。就中以李广的声望最高，他是秦将李信之后，世代将门，其本人又具有卓绝的战斗技术。他在文帝时已露头角。景帝时从周亚夫击吴楚军，也曾立功。以后他历任边地各郡太守，与匈奴打过多次硬仗，当时的典属国公孙昆邪称赞他"才气天下无双"。武帝时他充任右北平太守，匈奴称他为"汉之飞将军"，数年不敢入侵右北平。诸如此类，可见他当时声威之壮。他对部下之爱惜，可以说已达到甘苦与共的地步。《史记》一百九《李将军列传》说："广之将兵，乏绝之处，见水，士卒不尽饮，广不近水；士卒不尽食，广不尝食。"《汉书》五十四《李广苏建传》也说："广历七郡太守，前后四十余年。得赏赐，辄分其戏下，饮食与士卒共之。家无余财，终不言生产事。"《李将军列传》又叙述他死后的情形说："广军士大夫，一军皆哭。百姓闻之，知与不知，无老壮皆为垂涕。"仅就这一点，便可看出他平素的为人以及受部下爱戴之深。苏建对养士也甚感兴趣，他曾劝卫青招贤纳士。李广的孙子李陵，司马迁说他"素与士大夫绝甘分少，能得人之死力。"(《汉书》六十二《司马迁传》)《汉书·李广苏建传》也说李陵"爱人，谦让下士，甚得名誉，武帝以为有广之风"。所以山西军人，大致说来是爱养士的。陇西李氏所以有那么大的名望，除了他们的军事天才外，与"士卒爱乐为用"一点，也有极大的关系。

　　至于外戚军人，其作风恰与山西军人相反。武帝先后以三个由女宠而进的外戚，充任讨伐匈奴的统帅，即卫青、霍去病、李广利。三人中除卫青有些才具外，霍李二人，一派

花花公子的作风。不过他三人共具一个特点，那就是所谓
"以和柔自媚于上"。他们只求皇帝的宠幸，不愿再与别人往
来。所以卫青当苏建劝他招士时，他便说："自魏其、武安之
厚宾客，天子常切齿。彼亲附士大夫，招贤绌不肖者，人主
之柄也。人臣奉法遵职而已，何与招士！"（《史记·卫将军骠
骑列传》）他认为人臣除了服从命令去办事外，自己不应再树
势力。所以他一生小心翼翼，看皇帝的颜色行事，但是因此
也难免与部下及时人发生隔阂。所以苏建说他："大将军至尊
重，而天下之贤士大夫毋称焉。"霍去病则与士卒隔阂的更厉
害，《史记》一百十一《卫将军骠骑列传》说："其从军，天子
为遣太官赍数十乘。既还，重车余弃粱肉，而士有饥者。其
在塞外，卒乏粮，或不能自振；而骠骑尚穿域蹋鞠，事多此
类。"但就"奉法遵职"这方面说，却与卫青无二。李广利
更不足道，伐大宛时贪污腐化，饿死许多士卒，自然更梦想
不到什么养士。可是武帝最喜欢这种人，他们没有个性，所
以听话；没有大志，所以可靠。武帝时外戚多矣，而三人特
见宝爱者，原因在此。不过，这种作风，如何能受部下爱戴，
所以他们只能借了皇帝的权威来驱使部下而已。同时他们仅
凭外戚资格而任统帅，使有资历才能的部将，尤感不服。武
帝之世，外戚军人和山西军人的领袖人物陇西李氏的始终扞
格，便由此种人事问题造成。

　　卫青在外戚军人中算是好的，山西军人有一部分是他的
心腹，如公孙敖、公孙贺等。因为前者是他的老友，后者是
他的亲戚，所以对二人特别提拔。对其他部下，也还宽容。
独对名满天下的李广，处处表示排挤，造成李广与匈奴大小
七十战而终不得封侯的命运，以李广的资历与才干，而所受
的优遇，不如诸将。每次出师，李广所率领的军队，从未超

过一万人，亦从未负过重要任务。他每次作战，无一次不表现奇迹，而又无一次不因失援而败。元狩四年（公元前一一九年），武帝命卫、霍伐匈奴，李广几次请求，武帝才准他充前将军。等到出塞以后卫青得知匈奴单于的所在地时，却把李广调为侧翼，而以公孙敖为前将军，担任与单于正面的作战。《史记》一百九《李将军列传》说："而是时公孙敖新失侯，为中将军从大将军，大将军亦欲使敖与俱当单于，故徙前将军广。"可见卫青此举的目的，明明是想提拔公孙敖，以冀恢复他新失的"侯"。至于《李传》所谓"大将军青亦阴受上诫，以为李广老，数奇，毋令当单于，恐不得所欲"，亦犹今之军人，开口便是"奉命"如何如何，恐怕只是一种借口而已。李广生平以不能一当单于为憾，此事给他的刺激之大，可想而知。其后卫青又预备把捉不到单于的责任，推卸于李广的"失道"上。这种折磨，李广除引刀自刭外，实已无他路可循。李广的儿子李敢，曾随霍去病伐匈奴，亦极善战。为了他父亲的死，把卫青击伤。后来在随武帝打猎的时候，被霍去病冷箭射死。武帝反替霍掩饰，说李敢被鹿触死。李氏与卫、霍的这场冲突，绝非单纯的私人纠纷，正是外戚军人对于山西军人的示威。李广为当时军界名宿，尤受一般中下级干部的拥护，其负时望及得士心，不但直接威胁卫青，连武帝都有醋意。卫青之敢于打击李广，分明得到武帝的支持。至于李蔡、公孙贺、公孙敖等之所以能官运亨通者，乃因此辈虽为山西人，但均庸庸碌碌，惟命是从，故仍能得到卫、霍的借重以及武帝的青睐罢了。

到了李广的孙子李陵，又与另一位外戚发生纠纷，那便是贰师将军李广利。此人毫无作战经验，只因武帝"欲侯宠姬李氏"，才命他去伐大宛。费时四年，前后出动二十几万人，所收的战果，不过是几千匹马。这种人李陵如何能看得起！天汉二年（公元前九十九年）汉伐匈奴，他拒绝为贰师将辎重，而愿自当一队。因此带了步兵五千人，出塞北行三十日，在浚稽山与单于亲自统率的十万匈奴军遭遇*，在四次恶战毙伤敌军万余人后，自身损失，不过一千余人。奇怪的是，像李陵所率领的这样好的军队，武帝却没有慎重考虑到后援问题，终因连斗十余日后，矢尽援绝，在去塞百余里的地方投降匈奴。同时李广利以骑兵三万，在天山与匈奴较弱的一环的左贤王作战，虽也杀了匈奴万余人，而付出的代价，却较匈奴多一倍。《史记·匈奴列传》说此次战役，"匈奴大围贰师将军，几不脱。汉兵物故什六七"。这与李陵的战绩，无法相较。所以当司马迁为李陵辩护时，武帝认为他是"沮贰师而为李陵游说"。（《汉书》六十二《司马迁传》）因为二李同时出师而战绩不同，故"为李陵游说"即等于"沮贰师"。武帝之袒护亲戚，固然可以想见，同时从这件事上，多少也可以看出山西军人与外戚军人之间平时意见之深，以及山西军人政治势力的微弱。善战与爱士，既为山西军人之独特风格，惟李氏祖孙兼而有之，故李氏可为山西军人的代表人物。其次苏建、张骞，亦能近似。但是山西军人却吃了这种风格的亏，李氏祖孙之败，固不待言；苏建也是处处受排挤，张骞的封侯，更是千难万难。较诸公孙贺、韩说辈之"无灾无难到公卿"者，相去何远！李氏族灭后，山西军人中没有足以与外戚军人抗衡的人物，而汉军的战斗力，从此走向下坡路。太始三年（公元前九十四年），汉军与匈奴作战，李广利军七

---

* 编者按：据《汉书》卷五十四，匈奴军包括单于所部三万骑、"左右地兵八万余骑"，合计十一万余骑。另参见页68"编者按"。

万人，全军覆没，从此汉朝无力对匈奴作主动的出击。武帝一生轰轰烈烈的开边事业，最后以这样的场面来作结束。

山西军人与外戚军人的冲突，大致可以说是军事内行与外行的冲突，也可以说是受部下拥戴与受皇帝宠信的两种军人的冲突。前者无论经验才干名望任何一方面，均远过后者，而所遇则恰恰相反。人事上既有这等不平现象，又怎能望其有好的战果。所以武帝倾全国之力以及数十年的光阴，与其众"不过汉一大县"的匈奴相拼，最初虽占些便宜，最后竟焦头烂额，几乎不可收拾。武帝以后，山西军人日见抬头。宣帝时赵充国、辛庆忌都立过大功。从用人的得法以及处理国事态度的郑重看，宣帝是远较其曾祖为高明的。

五　儒家和法家的政见争执

窦、田以后，终武帝之世，汉廷没有以私人为中心的大政治集团。卫、霍的地位很高，但不敢制造庞大羽翼。李广虽有很多人拥护，但不受天子青睐。其后武帝为了防止叛乱，用了一批"酷吏"。为了筹措战费，用了一批计臣。另一方面为了装璜门面，又用了一批儒生。前二者的分子，办事认真，不怕树敌，除皇帝以外，六亲不认。他们同调极少，手段极辣。后者思想既嫌迂阔，办事尤无魄力，在武帝心目中多少有点"俳优畜之"的意味。这批人虽也有大官，但无实权，对于国家大事，谈不到什么决定作用。就维持君主绝对专制一点看来，武帝这套用人方法，确也有其道理。

酷吏与计臣，可以合称为法家。因为他们在思想与作风方面，类似战国的商、韩。他们之中，有不少的人才，如赵禹、张汤、杜周、桑弘羊等。他们或理政务，或办特务，或管财政，均有极好的成绩。他们心目中的法，就是皇帝的命令。《汉书》六十《杜周传》说："客有谓周曰：'君为天下决平，不循三尺法，专以人主意指为狱；狱者固如是乎？'周曰：'三尺安出哉？前主所是著为律，后主所是疏为令。当时为是，何古之法乎！'"因此他们办事，可以说完全秉承皇帝的意思去作。此外不以其他任何人或事或理论为根据，也不受其他任何人或事或理论的约束，因此把事办得极为彻底。武帝当然乐于任用这批既能干而又绝对服从命令的人。武帝时的丞相，像是摆设，外表虽然维持其优礼，实权却在御史大夫手中。这现象在武帝末年，益趋明显。当时御史大夫的人选，便多是此辈法家。

武帝这个人，正是汲黯所谓"内多欲而外施仁义"（《史记》一百二十《汲郑列传》）的君主，他的尊儒，正是"外施仁义"的表现。实际上他的好儒，远不如他的好神仙。他一生行事，更无处不与儒术相反。他对儒生，大体说来是尊而不用。即使是用，也是用他们所懂的关于礼节制度方面的"术"，不是他们那套治国平天下的"术"。因此儒家在当时政治上的重要性，当然无法与非儒家抗衡。所以公孙弘以丞相之尊，为谏置朔方郡，竟为朱买臣鼠辈所摧辱。博士狄山，主张和亲匈奴，与张汤廷争，竟被迫守边，让匈奴取去头颅。这并非因为儒家的议论，全无道理。而是他们的道理，为武帝所不喜欢。

武帝晚年最得力的一位法家，便是"言利事析秋毫"的洛阳贾人之子桑弘羊。他历任财政方面要职，最后并升任御史大夫。他主持财政，以办理盐铁专利及管制物价二事，最有成绩。以武帝之挥金如土，他居然能使财源不竭，物价不涨，本领令人叹服。桑弘羊那些弄钱的办法，自然要遭到只讲仁义而不言功利的儒家的不满，所以到昭帝初年，举国儒生，一致反对桑的经济政策及措施。《汉书》二十四下《食货志》下："昭帝即位六年，诏郡国举贤良文学之士，问以民所疾苦，教化之要。皆对愿罢盐铁酒榷均输官，毋与天下争利。视以俭节，然后教化可兴。"为了此事，桑弘羊与那般贤良文学，发生激烈的舌战。桓宽的《盐铁论》，便是这场辩论会的纪录。开会之初，双方尚作理论的辩难。继而大动肝火，从对方的人格骂到对方的宗师；从辩论管理盐铁物价等机关的存废问题，一直辩论到有关外交经济法律的各项国家大计。他们各持一理，不能相下，但都不出先秦儒法二家的思想范围。

法家首先解释设立管制盐铁等机关的理由，是为防备匈奴的屡次入侵，拿这些机关来"蓄货长财，以佐助边费"。（《盐铁论·本议第一》）进而解释振兴工商业可以富国利民，而这些措施，正是扶持工商业的必要办法。他们说："故工不出则农用乏，商不出则宝货绝。农用乏则谷不殖，宝货绝则财用匮。故盐、铁、均输，所以通委财而调缓急也。"（同上《本议第一》）。并且说这些措施，以富商大贾为裁抑的对象，不但百姓不受损失，而且可使"百姓均平，各安其宇"，"兵革东西征伐，赋敛不增而用足"。（同上《轻重第十四》）儒家则仍抱着"以古非今"的一贯态度，他们根本反对法家这些经济政策与措施的目的，首先认为对外就不该用武。因为就理论上说，"古者，贵以德而贱用兵。孔子曰：'远人不服，则修文德以来之。'"（同上《本议第一》）就实际上说，"转输粮食无已，使边境之士饥寒于外，百姓劳苦于内"。（同上《本议第一》）所以他们主张对匈奴只应"偃兵休士，厚币结和亲，修文德而已"。（同上《击之第四十二》）其次他们认为工商业是末，农业是本，耕稼乃是百姓基本的职务与利源。他们说:"衣食者民之本,稼穑者民之务也。二者修,则国富而民安也。"(同上《力耕第二》)至于人民的衣食缺乏,其故不在生产之不足,而在少数人的奢侈,工商业便是推动奢侈之风的一种动力。故他们说:"男子去本为末,雕文刻镂以象禽兽,穷物究变,则谷不足食也。妇女饰微治细,以成文章,极伎尽巧,则丝布不足衣也。"(同上《通有第三》)因此他们认为必须节俭,始可以致富;必须务农,始可以节俭。他们的"理民之道",便是"节用尚本,分土井田而已"。(同上《力耕第二》)以上大致是从理论方面驳复对方,同时他们更举出这些经济措施的实际弊病,如因铁器买卖铸造的不自由,致使农家没有好的农具使用而减少生产,以及官吏商贾借管制物价从中非法牟利等等。

从这场辩论看来,法家的经济措施,在技术上不能说没有流弊,不过他们完全根据现实,发挥见解,并没有标榜什么超现实的政治理想。因此他们的理论,较切实际。儒家的理论,大半忽略现实,偏重理想。他们的批评,令人有"因噎废食"之感。盐铁之议的结果,儒家虽未获得决定的胜利,但也未像武帝时败得那样悲惨。政府为敷衍他们的面子,把法家经济政策中不重要的酒榷一项取消。这件事可看出当时儒家对武帝的"举中国以事四夷",发生极度反感,同时也反映着汉廷中桑弘羊以外的执政者,对武帝政治的怀疑。宣帝时,博士夏侯胜更公开攻击武帝。而昭宣时期的休养生息,也正是汉廷君臣以武帝为戒鉴的表现。儒家后来所以能在政治上得势,与这种情势颇有关系。

六 外戚政治下的儒生派与现实派

武帝一生轰轰烈烈的事业,到头是场悲剧。他和秦始皇一样，虽是好大喜功，却最怕死。他晚年简直害了"迫害狂"，时因怀疑而杀人，最后竟杀到自己的太子。伐匈奴也以惨败收场，同时国内更呈现一片饥馑盗贼的乱象。他终于在痛悔中死去，临死将年幼的皇太子弗陵（即昭帝）托付给他的亲戚霍光。昭帝即位后，霍光即以"大将军领尚书事"的名义，代行皇帝权力。从此"大将军"这个官衔，变成汉朝事实上的摄政。他独揽军政大权，丞相成了他的僚属。虽然表面上仍是听命于皇帝，实际上他有处理军国大事的全权，皇帝极少过问。霍光之为大将军，不特在西汉官制上创一特例，并且导宣帝以后外戚政治的先河。不过大将军一职，必须于皇帝不能或不愿亲政时才能产生，这个官职的设置与否，须视皇帝而定。所以宣帝自霍光死后，即未设大将军。元帝时也没有。到了成帝，王凤才以元舅身分，出任此职。王凤死后，终成帝之世，大将军一职，由王家人轮流充任，蔚成盛况空前的外戚政治。王家的声势，如旭日中天，朝廷中找不出一个足以与王家抗衡的政治势力。任何一个朝臣集团，只能算作王家僚属的若干单位之一，而不能与王家平行。哀帝虽曾对王家加以打击，但没有伤及根本。同时由于哀帝对国事那种儿戏态度所激起的普遍反感，反使王莽在哀帝死后成为举国拥戴的政治中心人物。他遂利用这个机会，夺去刘家的江山。

另一方面，武帝死后，一向在政治上无甚重要地位的儒家，势力日见扩张。到元帝时，他们的集团，竟成为朝臣的主干。这固然由于元帝爱好儒术，而最主要的原因，就是在举国对武帝数十年对外战争所造成的动乱局面发生反感时，他们是武帝政治最主要的反对派。如果武帝以后的皇帝不愿为武帝的话，那么他们便极具被任用的条件。他们有一套有系统的政治理想及办法，其完备为诸家所不及。理想在未实现时，总是具有诱惑性的。因此儒术不但颇合一般不切实际的君主的胃口，也易为一般读书人所接受。于是他们便藉着武帝为他们铺好的"五经博士"的大道，一步步踏上政治舞台，渐由配角变成主角。武帝对此，真可以说是"无心栽柳柳成荫"。到了昭帝时的盐铁之议，儒生们公开抨击武帝的政治。宣帝时更有人骂到武帝本人。宣帝的政治，虽是"信赏必罚，综核名实"（《汉书》八《宣帝纪》）的一套法家作风，但当时的丞相御史大夫魏相、丙吉、蔡义、韦贤、萧望之等，都出身儒生，萧望之更是宣帝托孤之臣。像萧望之反对冯奉世封侯以及韩延寿与萧冲突而被杀的事，若在武帝时，便绝无可能。可见当时儒家的势力，已经不小。宣帝也自认是"以霸王道杂之"。（《汉书》九《元帝纪》）到了元帝，宣帝遗留下的朝臣中，属于霸道的宦官弘恭、石显，与属于王道的儒家萧望之、周堪等发生权力上的冲突，结果石显等联合外戚史高击败萧等。他们又引用了一批附和他们的儒生，便是"阿谀曲从，附上罔下"的匡衡、张谭之流。于是宦官与儒家合流，儒家拥着政治首长的名位，宦官则掌握着发号施令的实权。

王凤是元帝王皇后之兄，成帝之舅。成帝即位，他出任大将军，设法摈斥了与皇帝关系较远的外戚另一王氏及冯氏，而得专断国政。他确有其长处，他不但奠定了此后王家不可动摇的势力，同时也提拔了不少人才。成帝时，大将军以下的外廷首长，大半由儒家充任，他们可以说是王家的主要班底。此外还有一个集团，规模不如儒家集团来得庞大，但团体非常巩固。这个团体的分子复杂，有军人，有公卿子弟，有地方官，虽然出身不一，但私人间的联系甚密。他们均极能干，思想属于法家一类。不过因为他们的政治地位不高，对国家大计，从未提出显明的政策，他们的思想只是从他们办事作风上流露出来。这批人以陈咸、陈汤为首，可名之曰"现实派"。儒生派与现实派的关系，是平行而对立的。对于王家，则均是上下的关系，可以说是王家部下的两个单位。两派的首要，大半是王凤提拔起来的。不过儒家在政治上之占势力，不自王氏始，所以他们虽听命于王氏，但整个集团的政治地位，王氏并不能完全左右，因此在朝中一直占着上风。现实派因为没有儒家那样深厚的根基，大将军可以完全左右他们的政治前途。每任大将军对他们的好恶，即可决定他们整个集团的兴废。所以在两派的斗争过程中，现实派始终处于劣势。大将军支持他们时，他们还可与儒家对垒，一到放弃支持，便只有垮台之一途。

现实派的首脑，除陈咸、陈汤外，还有萧育、朱博、朱云、王章、孙闳、逢信等人。他们多半是极好的吏材，敢作敢为，成帝一代的吏治，颇赖此辈维持。当时属于儒生派的宰相翟方进曾弹劾陈咸、朱博等人，说他们"皆内有不仁之性，而外有俊才，过绝人伦；勇猛果敢，处事不疑。所居皆尚残贼酷虐，苛刻惨毒以立威，而亡纤介爱利之风"。（《汉书》八十四《翟方进传》）从这些话里，可以看出他们的能力与作风。陈汤在元帝时任副校尉，与西域都护甘延寿矫诏发诸国兵，斩匈奴郅支单于，威震敌国。陈咸是宣帝时御史大夫陈万年之子，元帝时作御史中丞，曾与朱云相结，反对中书令石显及少府五鹿充宗等人。到了王凤执政时，曾以陈咸为长史，其后他历任各地郡守。他作官"以杀伐立威，豪猾吏及大姓犯法，辄论输府"，因此"下吏畏之，豪强执服，令行禁止"。（《汉书》六十六《陈万年传附子咸传》）萧育是萧望之的儿子，为人"严猛尚威"，也曾作过几任地方官，以善平盗著名。朱博出身小吏，作冀州刺史时，吏民畏之如神。他极端瞧不起儒生。《汉书》八十三《朱博传》说："文学儒吏，时有奏记，称说云云。博见谓曰：'如太守汉吏，奉三尺律令以从事耳。亡奈生所言圣人道何也！且持此道归，尧舜君出，为陈说之。'"这种侮儒的态度，简直和刘邦相似。朱云曾在朝中公开请求杀掉丞相张禹，王章则曾抗疏弹劾大将军王凤。由此可见这批人中，不特人才辈出，还有不少抗直之士。

儒生派私人间的连系，虽远不如现实派紧凑，但他们的思想与立场相同；攻击现实派，阵线是一致的。所以成帝时由儒家担任的各任丞相，私人间的关系，虽不密切，但无一不与现实派作对。他们性格圆融，手段持重，每当大将军对现实派不表好感时，便乘机向对方作致命的打击。儒生派分子的个人操守，大体还过得去。现实派之中若干分子，行为极不检点。如朱云任槐里令时"残杀不辜"，陈汤更是屡次犯罪，而每次均是砍头的罪过，这些事常给人以攻击的把柄。虽然如此，他们仍能凭着他们的才能，与占绝对优势的儒生派相周旋，从元帝末年一直闹到成帝末年，共闹了三十多年，才被击垮。

陈汤、甘延寿立功归来，元帝想把他们封侯。中书令石显，因与甘有隙，便授意丞相匡衡、御史大夫张谭共起反对。几经争执，陈、甘虽得封侯，但食邑户数减去许多。到成帝时，陈汤作射声校尉，又被匡衡举发他在西域时的舞弊情事，结果陈被免职。这是两派人士冲突的开始。现实派中咸、汤二人是好友，陈汤被匡衡劾免，又经王凤提拔，在王凤幕府中作事。王凤死后，王凤的从弟王音为大将军，待陈汤也不错。这时陈咸颇以滞于郡守为憾，便因陈汤的力量，内调为少府。作了几年，很有成绩。不过，与御史大夫翟方进，却于此时结下嫌怨。翟出身明经，很受丞相薛宣的赏识。薛曾有事与翟相连，陈咸奉命对翟诘责，翟因此怀恨在心。自此两派人士，便展开白热化的斗争。

王音死后，王凤的弟弟王商作大将军。王商一向讨厌陈汤，因此举发陈汤的罪过，把他免职，徙居敦煌。这时翟方进作丞相，便乘机上了一本，说陈咸"前为郡守，所在残酷，毒螫加于吏民，主守盗受所监。而官媚邪臣陈汤，以求荐举，苟得无耻，不宜处位"。（《汉书·陈万年传附子咸传》）于是陈咸也被免职。同时被免职者有陈的同党历任九卿的逢信。此后陈咸借了王凤的弟弟王立的力量，复起为光禄大夫，又被翟方进劾免。后来王立获罪，翟更想把陈咸的党羽一网打尽，于是又奏一本说："后将军朱博，钜鹿太守孙闳，故光禄大夫陈咸，与立交通厚善，相与为腹心，有背公死党之信，欲相攀援，死而后已。"（《汉书·翟方进传》）结果，朱、孙免职，陈咸徙归故郡。陈咸回故乡后，忧郁而死。其后翟又把现实派的萧育挤掉，至此现实派趋于瓦解。王章因弹劾王凤死于狱中，朱云也早已被废家居。萧育在哀帝时虽又作官，但已无大作为。朱博虽也于哀帝时把儒家的孔光赶掉，代之为丞相，但不久犯罪自杀。哀帝以降西汉各种政治上的怪现象，便全是儒生派的杰作。

自从元帝信用儒家后，汉朝即开始不能振作。儒家之反功利思想，使汉朝无法定立进取性的政策，无法充分发展国力；而他们的当政，更直接阻碍进取人才的发展。现实派的失败，象征着进取人才的全部凋谢，同时更象征整个西汉王朝的没落。所以王莽虽由儒家拥上皇帝的宝座，但他的臣下，除歌功颂德者外，竟找不出一个比较有办事能力或独立风格的人。他极力想实现他那些含有浓厚儒家色彩的政治理想，但努力的结果，使人有"圣人不死，大盗不止"之感，他终于很快的作了儒家政治理想的殉道者。由此看来，现实派的消灭，即使是对王家说，也不能说不是一种损失。

　　附记：此文写于前年春天，当时先伯孟真先生曾指示若干意见，不意两年以后，竟于此处发表，念之怆然。又此文承劳贞一先生予以斧正，特此致谢。

　　　　　　　　　　　　一九五二年四月于台北
　　原载《台湾大学傅故校长斯年先生纪念论文集》，一九五二年十二月

汉法与汉儒

一 汉初的学术概况

所谓"汉初",是指高祖、惠帝、吕后以及文、景二帝的一段时间(公元前二〇六至前一四一年),凡六十六年。汉朝初建,承袭秦法,但其时的学术思想界,却恢复了战国时代的态势,成诸家并立之局。其盛况虽远不及战国,但其庞杂的情形则十分类似。这是因为秦已覆亡,学术思想上的枷锁业已解除,恢复了自由研究的风气。虽然秦时的"挟书律"及"妖言令"到惠帝、吕后时才废除,但事实上在未废除之前,政府对学术思想,仍是不大过问的。汉初值大乱之后,百废待举,政府既无暇奖励学术;民间也无力量从事学术上的大规模研究,因此在学术上造成一种类似战国但具体而微的局面。战国时代的儒、法、道、阴阳、纵横五家,在汉初仍然活跃,兹依次加以叙述。

汉初的政府,还没有设立专门的学术研究机构。学者只是以个人的知识,传授徒众。儒家方面,自汉统一后,叔孙通(秦博士)曾采古礼及秦仪,为汉制订朝仪。但此人乃一政客,而非纯粹的学者[1]。至于汉初儒家的传经者,则有田何(高祖时人)传《易》,伏生(秦博士,高祖至文帝时人)口授《尚书》,辕固生(文景时人)、申公(高祖至武帝时人)、韩婴（文景时人）治《诗》，号"齐、鲁、韩三家"；高堂生（高祖时人）传《礼》，胡母生（景帝时人）治《春秋公羊传》，瑕丘江公（景武时人）治《春秋穀梁传》。总之，儒家诸经，除《乐》在汉初失传，其余均各有传人。文景二帝时，政府设有博士，但文帝好刑名之言，景帝也不亲任儒家。虽然儒生如韩婴于文帝时，辕固生、胡母生于景帝时，均曾为博士，但只是聊备顾问，并非专门研究学术[2]。

秦以尚法而迅速灭亡，汉初学者对秦法多持反对态度，因此研究者不多。高祖时，萧何掇拾秦法，取其宜于时者，作律九章，但谈不上学术的研究[3]。到文帝时，因为他本人喜好刑名，法学界也产生不少人才，最有名的要算张释之和晁错。张释之于文帝时曾为廷尉，守法不阿，持议平允，虽皇帝不能更易其判决，这一点已不同于秦代法家惟君主之命是从的作风。他虽然不是专门研究法学的学者，但他每判一案，皆有充足的理论根据，可以看出他的法学知识的丰富[4]。晁错曾学申商刑名于轵人张恢，文帝时为太子家令及中大夫，曾上书数十，言削诸侯及更定法令事，文帝不听。景帝时，初任内史，继迁御史大夫，曾更定法令三十章。其后因削诸侯地，造成"七国之乱"，终为景帝所杀。他的著作，《汉书·艺文志》列为三十一篇，但仅有篇数而无篇名，今已大部佚失。《汉书》仅载有他的上书数篇，大多为教战务农之论[5]。此外如吴公，少时曾师事李斯。文帝时为河南守，治平为天下第一，其后并征为廷尉。他任河南守时，曾延揽贾谊于门下。及为廷尉，乃荐谊于文帝。他虽无著作传世，但从他的治绩看来，他当是一位不凡的法家[6]。

汉初最有名的道家是齐国盖公和赵国田叔，二人都善治黄老家言（黄指黄帝，老指老子。战国末年人常好假借黄帝之名以立说，内容近乎道家。所谓"黄老"之学，实际就是老子的政治论）。高祖时，曹参相齐，盖公为言治道，以为"清静而民自定"。曹参以其道行之，结果齐国安集，大受人民的拥戴。惠帝时，参入中央为丞相，更推行无为政治于全国[7]。田叔曾学黄老术于乐巨公，为人廉刻自守，好游诸公。高祖时，赵王张敖任为郎中。其后高祖任他为汉中守，景帝时，任为鲁相。他虽习黄老术，但其为官行事，与道家有些不类[8]。文景时的王生，也善为黄老言，与张释之友善。景帝时，曾于朝廷之中，当众命释之结袜，群臣反因而益重释之，可见其声名之盛[9]。此外景帝太后窦氏，也雅好此道，以致景帝及太子、诸窦也不得不读黄帝老子之书，以尊其术[10]。

阴阳家之有著述者，有张苍及公孙浑邪。张苍原为秦御史，文帝时任丞相，于书无所不观，尤善律历。文帝时，他推论五德之运，认为汉当水德之时。鲁人公孙臣则以汉当为土德，结果汉纳公孙臣之说。张苍有著作十六篇，《汉书·艺文志》列为阴阳家[11]。公孙浑邪景帝时人，武帝丞相公孙贺的祖父。他有著作十五篇，《汉志》也列入阴阳家[12]。此外尚有方士，也属于阴阳家一流。如文帝时，赵人新垣平以望气召见，言长安东北有神，气成五采。文帝信其说，作渭阳五帝庙[13]。

汉初纵横家的著作，《汉书·艺文志》不载。当因汉统一后，纵横家已无用武之地，以是研究者不多，但其风在汉并未泯灭。武帝以前，博士仍有习纵横之术者，武帝尊儒后才加以罢黜。尤其当秦汉之际，国家犹是分裂之局，某些人的行事，极具纵横家的作风。如随何曾游说英布，反叛项羽；郦食其曾游说齐王田广，投效高祖；蒯通曾游说韩信，反叛汉朝[14]。此类说客，当时为数甚众。汉统一后，陆贾于高祖及文帝时，两度出使南越，说其王赵佗服从中国，皆如意旨。他并于吕后时，劝大臣周勃、陈平捐弃前嫌，以制诸吕[15]。此外袁盎于文帝时上言压抑宦官赵同及文帝所幸慎夫人，议论动人。景帝七国之乱时，他曾出使吴国，劝吴王罢兵，并以危言陷杀晁错[16]。观其行事，也极似纵横家一流。至于名家和墨家，汉时业已衰落，没有出现具有代表性的人物。

二 汉初的黄老政治

汉统一后，在制度法律方面，仍袭秦旧。但在政治精神及原则上，却选择了道家，亦即所谓"黄老之术"。其所以如此，原因约有二端：一是秦虽以尚法亡国，但其制度，甚为完备。汉初儒学衰微，除专治一经的秦国博士外，并无名动时君的大儒，如孟子、荀子一类的人，同时汉人更承袭了秦人的轻儒之风，例如高祖即经常对儒者横加轻蔑和侮辱。道家在战国末年虽是显学，但其本身并无一套政治制度。至于汉廷君臣，大都出身于低层社会，本身没有创立制度的能力。因此汉廷除承袭秦法外，别无其他的途径可循。二是自秦统一直至汉初的二十年间，人民因处于暴政及战乱之中，财产及精力早已消耗殆尽，举国上下莫不希望获得喘息的机会，而道家的政治精神正合乎他们的心意。因此汉初实行无为政治，实有其情势上的必要。

以黄老的政治精神及原则推行于全国的是曹参。惠帝二年（西元前一九三年），相国萧何卒，汉室以参继其位。他继任后，立即推行"无为"政治，一切遵循萧何所定的旧规，不予更动，以免扰民。他任相国凡三年，于五年（前一九〇年）去世。百姓歌之曰："萧何为法，顜若画一。曹参代之，守而勿失；载其清净，民以宁一。"[17] 可以看出他在政治上的成功。至于无为政治的内容，不外对内轻徭薄赋，简省刑罚，竭力避免烦苛的兴作，一意与民休息；对诸侯国则采取放任政策，不干涉其内政。对外族如强邻匈奴，则力求亲善，甚至不惜屈己以求保持和平关系。对南方诸越国，也都采安抚政策。战国以还，因战争及暴政，人口锐减，至汉初，名城大都，户口什余二三，民生凋敝已极。这种政治原则，自是救时的良药。

曹参死后，无为的政治原则仍为吕后所继续遵行，直至文景，前后达五十余年。赋税方面，秦时"收泰半之赋"（三分取其二），民不堪苦。高祖统一后，租赋改为十五税一，至景帝，更改为三十税一。人民的负担，大为减轻[18]。法律方面，汉法虽承袭秦法，深刻严厉，但甚少施用。同时并废除若干酷法，如惠帝时废挟书律，吕后时废三族罪及妖言令，文帝时除肉刑法等[19]。营建方面，高祖时，以长安新建，曾筑长乐、未央二宫，并为其父营新丰县[20]。其后下至文景，极少营建。对于诸侯王，文帝时，吴王濞称病不朝，帝优容之，并赐几杖[21]。对于匈奴，高祖时，因平城之败，对匈奴采和亲政策，岁时贻以酒食缯絮。其后汉室仍谨守此策，数十年不变。吕后时，匈奴冒顿单于写信向吕后求婚，措辞亵慢，后忍不与较，反覆书赠礼以慰劳之。文景二帝时，匈奴屡次入侵，汉室也只作被动的防守而不进攻[22]。

史称："孝惠皇帝、高后之时，黎民得离战国之苦，君臣俱欲休息乎无为。故惠帝垂拱，高后女主称制，政不出房户，而天下晏然。刑罚罕用，罪人是希；民务稼穑，衣食滋殖。"[23] 又称："孝文皇帝即位二十三年，宫室、苑囿、车骑、服御，无所增益。有不便，辄弛以利民。……专务以德化民，是以海内殷富，兴于礼义，断狱数百，几致刑措。呜呼！仁哉!"[24] 又称:"周秦之敝,罔密文峻,而奸轨不胜。汉兴,扫除烦苛,与民休息。至于孝文,加之以恭俭,孝景遵业,五六十载之间,至于移风易俗,黎民醇厚。周云成康,汉言文景,美矣!"[25] 从上述史籍的赞语,可以看出无为政治的绩效。

无为政治,并非全无缺点。道家的政治理论,只适于"小国寡民",而不适于一个庞大的帝国。由于无为政治的施行,使汉帝国的政务,陷于半瘫痪状态。诸侯王强横,藐视中央,几使分裂之局,重现于汉初。匈奴则屡次入侵,其游骑曾至长安附近。若干朝臣,已对此种政治原则不满。如吕后时的樊哙,文帝时的贾谊,景帝时的晁错,或主张讨伐匈奴,或主张制裁诸侯王。但汉廷对匈奴始终不敢进攻,而晁错削诸侯王地,更激起"七国之乱"。在这种情势之下,如果吕后及文景二帝不是英明之主,则汉帝国的前途,简直无法想像。

无为政治最大的贡献,是培养国力,使人民各安生业。五十余年间,汉帝国由残破困贫而达于繁盛富饶之境。景帝的讨平七国之乱,虽然是被动的,但已约略显示出汉廷的意欲改革。他的时代,可以说是汉廷从无为走上有为的过渡时代。到武帝,开始大有所为,但他所凭藉的力量,也正是汉初五十余年的积储。

三 法家的再兴

汉到武帝,开始尊儒。其后儒学渐盛,儒家的政治力量也日益庞大。这种现象,固由于武帝的提倡之功,但也是一种自然的趋势。

武帝是一有为之主,黄老之术在政治上经过五六十年的实验,业已弊象丛生,尤其无法配合武帝的心胸怀抱,因此武帝不再行无为之政。但不用黄老，仍须选择一种政治理论而遵行之。秦以尚法而亡，造成大乱，是汉人极其惨痛的回忆；讳言尚法，是汉初政治界及学术界一种普遍的现象，因此武帝至少不能公开提倡法家政治。同时国家统一已久，纵横之术自然要遭受淘汰，而阴阳家在政治上更毫无制度及理想可言。既然道、法、纵横、阴阳诸家皆不能用于政治，最后自然轮到儒家。

武帝虽然尊儒，但儒家拘泥迂阔的作风，与武帝好大喜功的性格，大相径庭；而他的一生行事，也莫不与儒家背道而驰。因此他对实际的重要政治任务，不要儒家来负担，而他所亲任的乃是任法言利的法家。虽然他曾以儒家公孙弘做丞相，但公孙弘实际也是文法吏，只是"缘饰以儒术"而已。武帝对儒家，也并非毫无好尚。儒家丰富的知识及其王道的政治理想，颇能抬高君主的身价，也颇能合乎有文采而好虚名的君主的心意。此外儒家所奉行的政治制度，远较其他诸家为完备，可以作为改制的参考，因此武帝愿意尊儒。但另一方面，儒家妨碍了他的雄心壮志的发展，所以尊而不用。他尊儒的另一原因，也许想以尊儒来掩饰或冲淡其尚法行为。总之，武帝时的政治，是表面尊儒而实际任法；看来像是文德并茂，而实质上却是刻薄严厉的。

这里叙述武帝尊儒的经过。他于建元元年（前一四〇年），下诏命大臣保举"贤良方正、直言极谏"之士，由他亲自策问。结果若干研习儒学的应对者如董仲舒等被任用为官，其中习申韩纵横之术的都被遣散。但武帝的祖母窦太后好黄老，对此大为不满。当时中央政府尚有前代任用的博士七十余人，治经书和诸子百家的都有，武帝碍于窦太后，无法来个一元化，仅于五年（前一三六年）设置五经博士，以示提倡儒术。次年，窦太后死。武帝才开始将政府禄养的非儒家的博士，加以遣散，而儒学从此取得学术正统的地位。此外并设博士弟子员五十人，每年考课，绩优者可充任侍卫天子的郎官，次者可以补吏。因此儒家渐登仕版，越来越盛[26]。不过当时的儒家，对国家大事，尚谈不到什么决定作用。

武帝的亲任法家，主要因为他要大有为于天下，对外要讨伐匈奴，对内要改革政治，非任用法家聚积金钱、镇压反动不可，而这类事又绝非思想复古、行动迂缓的儒家所能胜任。武帝时代的丞相，只是摆设，政治实权则多操于御史大夫及廷尉之手，而此类人选，多是法家。可以赵禹、张汤、杜周、桑弘羊等为代表，张、杜、桑皆曾为御史大夫，赵、张、杜皆曾为廷尉，而四人全是法家。他们类皆才力过人，办事凌厉无前。当时为了内安外攘，国力必须高度集中，他们便是这种政策的执行者。因此秦以后一度消沉的法家，于武帝时再度兴起。当时的儒家只能坐而论道，所论亦大都徒托空言，而实际的政务，则操持在法家手中。

武帝时法家所负的最重要的责任有二：一是严密防止叛乱，二是尽量的开发利源。武帝初年，即尚酷法。元光五年（前一三〇年），他命张汤、赵禹，共定律令，务求深刻严厉。例如其中的"见知法"，规定如果看见或知道有人犯法而不检举者，与犯者同罪，这等于秦法的复活[27]。此风一开，官吏都竞以严酷相尚，因此产生了不少酷吏，最著名的如义纵、王温舒等，他们曾有一次杀戮数百人甚至一次毁灭千余家的纪录。杜周为廷尉，狱中系囚，常至数万[28]。刑罚的冤滥，自然无法避免。至于大臣被诛杀的，也所在多有。武帝时代的丞相，有好几位被罪而死；此外地位稍次的大臣以及地方大吏被杀的，更不计其数。这现象以武帝晚年为最甚。

　　至于开发利源方面，更是花样百出，鬻卖官爵，便是重要的一项。元朔六年（前一二三年），由政府设武功爵十一级，每级定价十七万钱，人民买爵至第七级，即可任命为吏，有罪可减二等。此外纳财者可以为郎，纳粟者也可以补吏或赎罪[29]。这办法对吏治的损害，不言可喻。最重要的，还是新经济政策的实施，包括国营贸易事业的经营，新税的征收，新货币的发行以及盐、铁、酒的专利等。这套新经济政策的设计者是桑弘羊、东郭咸阳、孔仅等。弘羊为洛阳贾人子，"言利事析秋毫"；咸阳齐之大鬻盐，孔仅则为南阳大冶[30]。三人都是商人出身的政客，专为武帝谋利，也算是法家一流。武帝以他们推行新经济政策，大大的增加了政府的收入。

　　严酷的刑罚加上无微不至的搜括，在双重的压迫下，人民生活的艰困，不难想象。讨伐匈奴，也因武帝用人的失当，使军事将领间发生严重的派系斗争，而致于晚年对匈奴的战役中，遭遇重大的挫败。武帝于天汉二年（前九十九年），以李陵率步兵五千人伐匈奴；征和三年（前九〇年），又遣李广利率七万人北伐；结果都是全军覆没[31]。而武帝的迷信行为，也造成了巨大恶果。征和二年（前九十一年），"巫蛊之狱"起，死者近二十万，皇后卫氏和太子据也都在这次事件中牺牲，造成武帝无可弥补的家庭悲剧[32]。由于国力的过分浪费，汉帝国内呈现出一片饥馑盗贼的乱象，"天下虚耗，人复相食"[33]。如果武帝不是末年痛悔，于征和四年（前八十九年）下诏罢除西域轮台（今新疆轮台县）的屯戍，决计不再务边功，一意与民休息，则汉帝国极可能重蹈亡秦的覆辙[34]。虽然如此，武帝对外的大启疆宇，对内的改制革新，奠立汉帝国长期繁荣和平的基础，其功仍是不可没的。而这些功绩的建立，也不能不说大部分仰赖法家。

四　杂家的出现

所谓"杂家"，据《汉书·艺文志》的定义，是"兼儒墨、合名法"者。他们综合诸家的精义，自成一家，非饱学之士不能为。杂家起源于秦，大体说来，这种学说的产生，是秦法的一种反动。秦以法术立国，终一天下，但秦法之敝，即秦人亦颇知之。战国末年，秦相国吕不韦命其门客作《吕氏春秋》，凡二十余万言，自以为备天地万物古今之事。其实其内容以儒家学说为主，而参以道家及墨家，故其中多有征引六经之文[35]。《吕氏春秋》的所以言不及法，也正可表现出不韦对秦法的不满。如果不韦后来不为秦王政所废黜而继续当国，则秦法是否能始终维持，实成问题。

到汉，杂家的内容一变，主要是揉合法儒两家的理论而成一系统，也就是宣帝所谓"以霸王道杂之"[36]。汉代杂家并以这种理论，施行于政治。汉承秦法，汉初学者之具有法家思想者甚多，但大多讳言法家，不敢自承，而多以儒家缘饰之。不特法家如此，其余诸家亦莫不以斥远法家为能事。儒家固不必谕，即陆贾擅纵横之术，亦时于高祖前称说《诗》、《书》，而谈汤武[37]。晁错乃纯粹的法家，其上书亦好称引三代以上[38]，似亦不愿以法家自居。

如以《汉志》杂家的定义观之，文帝时的贾谊，《汉志》虽列其著作为儒家，实际上他可以说是一位杂家。贾谊受知于廷尉吴公，而吴公是李斯的弟子，自是法家。贾谊虽非吴公弟子，但受吴的影响，则可以想见。故谊少时虽以能诵《诗》、《书》属文见称，然亦"颇通诸家之书"，且明习法令，熟谙制度。文帝时，谊为太中大夫，即曾建议文帝改正朔，易服色制度，定官名，兴礼乐，皆草具其仪法，并更订诸法令。其后谊更屡次上书文帝，其论农本之言，几与商君无异。

但他于奏疏中又引管子之言，提倡礼、义、廉、耻。管子虽也属于法家，但四维之论，则近于儒。此外他又著"过秦论"一文，认为秦之亡在于"仁义不施"，也俨然是儒家言[39]。贾谊的著作中，既杂有法家言，而又主张兴礼乐，倡四维，施仁义，则谊实为一揉合儒法的学者，谓为"杂家"，应无不当。此外如武帝时的公孙弘，以贤良文学进登仕版，史称其"学《春秋》、杂说"，注谓"杂说乃杂家之说"。又称其"习文法吏事，缘饰以儒术"[40]。武帝素不重用儒生，而独以弘为丞相，实与此有关。故弘虽貌为儒家，其实亦是杂家。又武帝叔淮南王安，撰《淮南子》二十一卷。其书大旨原本道家，而纵横漫衍，多所牵涉，故《汉志》亦列为杂家[41]。然《淮南子》与法儒两家，皆无甚关涉，其书无中心思想。与本节所叙之杂家，亦不相类，并不多论。

宣帝一代，为西汉的极盛时代，不特威加北夷，而内政也臻极致。史称宣帝"信赏必罚，综核名实"[42]。似乎宣帝的行事，仍是武帝一派的法家作风。事实上宣帝兼用法儒，他亲任儒生，远过武帝，然亦不纯用儒术。宣帝为政，既"以霸王道杂之"，其作风实颇类杂家。即名之为杂家，亦无不当。他所用的群臣，除法家如京兆尹赵广汉及宦官弘恭、石显等，儒家如丞相蔡义、韦贤、魏相及御史大夫萧望之等，此外尚有不少杂家型的人物。兹举数人为证。

张敞，宣帝时曾为京兆尹，甚有治绩。史称长安"枹鼓稀鸣，市无偷盗"。又云："敞为人敏疾，赏罚分明，见恶辄取，时时越法纵舍，有足大者。其治京兆，略循赵广汉之迹，方略耳目，发伏禁奸，不如广汉。然敞本治《春秋》，以经术自辅，其政颇杂儒雅，往往表贤显善，不醇用诛罚。"[43] 据引文，张敞之治京兆，杂儒法之术而兼用之，自可称为杂家。

黄霸，少学律令，喜为吏。宣帝时，曾于狱中从夏侯胜受《尚书》，历时三年。其后霸为颍川太守，力行教化而后诛罚；外宽内明，得吏民心。以是户口岁增，治绩为天下第一。从黄霸的经历及理政的方法看来，霸也是杂家[44]。

丙吉，少治律令，为鲁国狱史，曾积功至廷尉右监，后坐法失官。武帝末年，巫蛊事起，吉以故廷尉监征，诏治巫蛊狱。时宣帝仅数月，以太子据孙系狱，吉暗中保护，得以不死。昭帝死后，昌邑王废，其时宣帝流落民间，吉又建议霍光，迎立为帝。宣帝即位后，吉绝口不道往事。其后，宣帝以他事得明真相，遂以吉为丞相。史云："吉本起狱法小吏，后学《诗》、《礼》，皆通大义。及居相位，上宽大，好礼让。橡史有罪臧，不称职，辄予长休告，终无所案验。客或谓吉曰：'君侯为汉相，奸吏成其私，然无所惩艾。'吉曰：'夫以三公之府，有案吏之名，吾窃陋焉！'后人代吉，因以为故事，公府不案吏，自吉始。"又云："近观汉相，高祖开基，萧、曹为冠；孝宣中兴，丙、魏（相）有声。"[45]丙吉以治狱小吏，骤居相位，而能深怀礼让，通识大体，谦谦有儒者之风，相业至与萧、曹并称。其学《诗》、《礼》之功，显而易见，故吉亦为杂家。

宣帝时的政治，既不迂缓，亦不严酷，堪称汉政的极致。当时政治人才之盛，也为历代所少见，朝臣不特法儒兼备，其中也有若干杂家。而杂家在政治上的表现，也极其优异，似较法儒犹有过之。这可以说是宣帝政治的一种特色。

五　儒家昌盛与法家衰落

宣帝以后，历经元、成、哀、平及孺子婴五帝，凡五十五年（前四八年至七年）。在此期间，汉政业已渐衰。政治上出现两种现象：一是儒家政治权位的提高，儒家出身的政客，渐成为朝臣的主干。一是政权渐由外戚王氏一门所掌握，王氏渐成为实际政治的最高领袖。这两种现象演变的结果，是外戚王莽利用儒家学说和儒生的推戴，窃取了汉室的地位。

儒家虽然在武帝时开始在政治上抬头，但武帝并没有大量的重用他们。武帝晚年，因奢侈黩武，国内发生乱象，到他死后，儒家便借着当时的环境和既有的政治凭藉，乘时而兴。他们不但积极的发扬及推行儒家的政治理论，且对武帝生前的行事，公开表示不满。例如昭帝时，儒生曾反对武帝的盐、铁、酒专卖及均输政策，认为此类政策"与民争利，散敦厚之朴，成贪鄙之化"[46]，主张予以罢除。为此事儒生曾与当时的御史大夫桑弘羊，公开辩论于朝堂，结果政府为之罢除酒榷，稍餍其意。宣帝时，欲为武帝立庙乐，长信少府儒者夏侯胜以为武帝"多杀士众，竭民财力，奢泰无度，天下虚耗。百姓流离，物故者半，蝗虫大起。赤地数千里，或人民相食，畜积至今未复。亡德泽于民，不宜为立庙乐"[47]。胜虽因而系狱，庙乐亦立，但数年后终于释出。像上述的这类事，如发生在武帝时，必然会造成流血惨案，但在昭宣时产生不同的结果，可以看出儒学已渐为汉室所尊重，儒家在政治上已有相当的势力。

武帝以好大喜功，几危中国，后世引以为戒。武帝以后，汉室逐渐舍法而用儒。所以儒家在政治上的得势，实是武帝死后的一种自然趋势。昭帝时，大将军霍光执政，仍重用法家如桑弘羊、田延年等，但对儒家亦不敢小视。宣帝为政，虽以霸王道杂之，但儒家已颇有出任政府要职如丞相、御史大夫的。他临死并曾托孤于儒家出身的大臣萧望之、周堪，他们与外戚史高，皆受遗诏辅政。元帝少时即好儒学，他做太子时，曾因劝宣帝任用儒生而受斥责。宣帝认为"汉家自有制度，本以霸王道杂之，奈何纯任德教，用周政乎？且俗儒不达时宜，好是古非今，使人眩于名实，不知所守，何足委任！"[48]但元帝为人仁柔，在性格上自然倾向儒家。他即位后，便亲任萧望之和周堪，更由萧等汲引了一批儒生刘更生、金敞等，同心谋议。此外，元帝更把博士弟子的员额，大加增添。武帝时，博士弟子仅设五十人，宣帝末增至二百人，到元帝更增至一千人。因此儒家的政治势力，日益隆盛。

元帝时，儒家的政治势力虽盛，宣帝时的若干法家，并未尽去。宦官中书令弘恭、仆射石显，均明习文法，自宣帝时即典掌机要，而显尤为专横。元帝即位后，体弱多病，以二人久用事，且以宦官无外党，专精可信，仍以之掌中书，二人并与辅政将军外戚史高相表里。高因无实权，亦乐与结纳。萧望之辅政，欲推行古制，多所匡正，而石显于议论时常独持故事，不从望之。望之忌恭、显擅权，乃建议元帝罢除中书宦官，以应"古不近刑人"之义，大为恭、显所恨。其后不久，二人利用元帝不谙政事，谮废望之，继又借事加以折辱，望之愤而自杀。周堪、刘更生等亦均废黜。这是元帝初年法儒斗争的第一回合，结果儒家失败[49]。

萧望之的失败，并未影响整个儒家集团的政治地位，儒家依然是汉廷中的主要政治势力。元帝时的宰相贡禹、薛广德、韦玄成、匡衡等，无一不出身儒生。但萧望之的废黜，儒家朝臣已缺乏耿亮之士，贡禹等大都碌碌琐屑，对国事少有改革的建白。同时他们听命于外戚、宦官，以保禄位，儒家反因而益盛，渐而成为朝臣的主干。相反的，法家的势力却因而日渐削弱。萧望之事件后，弘恭死，石显继为中书令，历时十余年，虽权威极盛，其本身并无广大的党羽，儒家政客虽慑于其势，不敢不从，但两者究非同类，自不可能诚心奉戴。到成帝即位，迁石显为长信中太仆。显既失倚离权，丞相匡衡等乃乘机条奏其旧恶，结果显被徙归故郡，死于途中。

成帝即位后，本有亲政能力，但因耽于酒色而亲任其舅王凤，以凤为大将军辅政。凤执政后，广收人才，奠定此后王家不可动摇的政治势力。自石显死，儒家益盛，但儒家朝臣不能自有树立而依附王凤。此外朝臣中尚有若干具有法家色彩的人物，可以陈汤、陈咸、萧育、朱博四人为代表。陈汤曾于元帝时击斩郅支单于，威震域外。成帝时王凤奏以为从事中郎。汤明习法令，善因事为势，纳说多从[50]。陈咸为宣帝时御史大夫陈万年之子，成帝时，由王凤举荐，历任刺史、太守等职。所居以杀伐立威，豪强猾吏及大姓犯法，辄论以罪。后入为少府，少府多宝物，咸至，钩校属官，发其奸赃，充为公有[51]。萧育为望之子，成帝时，由王凤引荐，历任司隶校尉、刺史、太守、大鸿胪等职。为人严猛，威信素著，为太守时，曾平巨寇[52]。朱博，亦由王凤荐举，成帝时曾任刺史、太守、左冯翊、大司农、廷尉等职。其为刺史、太守、左冯翊时，属官尽力有效者，必加厚赏；怀诈不称者，诛罚辄行；以是咸为尽力。及为廷尉，明习法令，属官咸服其材略过人[53]。陈汤诸人，皆是极好的吏材，成帝一代的吏治，颇赖他们维持。他们自成集团，与儒家集团对抗。虽然如此，因他们全由王凤举荐，也与儒家一样，对王氏是竭诚拥戴的。

王凤死后，终成帝之世，辅政将军一职，由王家人轮流充任，继王凤的是他的几个弟弟王音、王商、王根及侄儿王莽。而朝臣中的法家集团，也因人数过少，并时受儒家朝臣的牵制和攻击，宦途时遭顿挫。到成帝末年，法家集团瓦解，从此汉中央政府成了儒家集团的独占局面，最后是王莽利用儒家及其理论而篡汉。而进取人才的凋谢，也象征着汉帝国声威和事业的没落。

六　儒学的嬗变

战国末年，儒家因受当时思想及环境的影响，渐失去本来的面目。儒生一部分变为法家，如李斯、韩非，皆曾受教于大儒荀况。而大批的阴阳家和方士也进入了儒家的领域，他们大都儒服儒冠，以儒者自居，而以阴阳家言及求仙药作为猎官诈财的手段。秦始皇所坑的"儒"，多是此辈，真正"诵孔子之言"的，为数极少。至迟在战国末年，一部分阴阳家已有与儒家混合的趋势。

阴阳家的基本思想和理论，至少有一部分可能渊源于儒家。孔子曾说："天生德于予，桓魋其如予何！"（《论语·述而》）又说："小人不知天命而不畏也。"（《论语·季氏》）似乎孔子也具有"天人之际"的信仰。又荀子以子思、孟子"案往旧造说，谓之五行"。（《荀子·非十二子》）虽然孟子书中，并没有显著的谈论五行之处，但他所说的"五百年必有王者兴"（《孟子·公孙丑》）一类的话，似乎又与邹衍的"五德终始"论有些关连。总之，阴阳家言与儒家思想在某些地方早已是"同调"，自然比较容易混合。

西汉时代的儒学，已渗入大量的阴阳家言。当时的儒者，多好采阴阳家言以说经，认为天道人事，相互影响，因此好以自然现象来附会人事的祸福。《春秋公羊传》，多载天变灾异，既受阴阳家的影响，治《春秋》者遂多好谈论此类自然怪异现象。武帝时的大儒董仲舒，曾以灾异劝武帝改善政治。

他所著的《春秋繁露》一书，便杂有大量的阴阳思想[54]。元成时的刘向（即刘更生），治《春秋穀梁传》，也数以祸福附会其说[55]。总之，他们都认为天降的祥征或灾异，全是受人事的影响；与人君的勤怠、宰相的贤愚，尤有密切的关系。当时一般人多受这种思想的感染，深信其理，因此汉儒多言天变灾异以攻击时政，君主也多临灾而惧，遇有重大事故，乃至策免三公。这类事在汉代视为当然。

战国时代阴阳家邹衍所创的五德论，也于西汉后期为儒者用来解释政治。昭帝以降，常有儒者指出汉运已衰，应禅位于新圣。曾有若干人因而牺牲性命，例如昭帝时符节令眭弘，上书言"大石自立，僵柳复起"，当有匹夫为天子者，劝帝禅位以顺天命，结果被诛[56]。宣帝时，司隶校尉盖宽饶也主张皇帝应传位贤者。他上封事云："五帝官天下，三王家天下；家以传子，官以传贤。若四时之运，功成者去；不得其人，则不居其位。"[57]宣帝以为怨谤，下吏自杀。成帝时，王氏执政，儒者谷永，仍主天运循环汉德已衰之说，并屡次上书，专攻成帝私生活的败坏，以掩护王氏的擅权。汉廷因其党于王氏，无以制之[58]。其后哀帝欲法尧禅舜，传位董贤，可能也是受这种思想的影响[59]。加上成帝与哀帝的荒怠政事，更使举国上下有汉运将终的感觉，这给王莽安排下一个最好的篡位环境和理论根据。自成帝以来，王氏与儒家在政治上合作，双方本已有密切的关系；而王莽的好儒与优待儒生，自然更为儒家所感戴，他们终于成为王莽代汉的极大助力。

西汉末年，又有"谶纬之学"的出现，而内容更为怪诞。谶是一种预言式的文字或图画，以诡奇的隐语道出未来的大事。纬取"与经相辅"之意，是假托经义以推究灾祥的书，书名繁多，大都充满神话。谶纬大都出于当时人之手，而伪托为古人的制作。这种神话思想的流行，到王莽时达到最高潮，他本人便以伪制的图谶而篡汉。东汉光武帝在河北时，他的旧日同学从关中带给他一卷叫"赤伏符"的谶书，上面写着："刘秀发兵捕不道，四夷云集龙斗野，四七之际火为主。"[60] 他的部下便根据这个符，把他拥上帝位。光武本人也深信图谶，因此东汉初年以谶纬解经的风气，仍不稍衰。

西汉末年，发生了一次研讨古本经籍的运动。这个运动的倡导者是哀帝时的刘歆（刘向子）。他根据若干已经发现的古本经书，另立解说，与今文家相抗衡，引起所谓"今古文之争"。古文是以秦篆以前通行的"籀文"写成的书籍，经人收藏，度过秦火的劫难，而于西汉陆续发现。被发现的重要古文经书有《春秋左氏传》、《古文尚书》、《逸礼》等。此外刘歆并把《毛诗》（汉初毛亨训传）列为古文。今文是汉初因经书并无完整的古本出现，全凭秦代学者的传述，以当时流行的文字（隶书）纪录而成的书。汉代五经博士，研究的皆是今文经书。刘歆不但提倡研究古文经书，并主张设置《左氏春秋》、《古文尚书》、《逸礼》及《毛诗》博士，大为当时今文家所反对，立学官的事，终告失败。直到王莽时，才为上述四种古文经传设立博士。

东汉时代的学官，仍为今文；古文各家，始终未置博士。但民间研究古文经传之风大盛，学者辈出。诸如明帝时的贾逵，桓帝时的马融，都以治古文名家。而马融的弟子郑玄，遍注诸经，以古文经为本，兼采今文经说，成为一代大师。古文家的特点有二：一是以考证为先务，即以汉代通行的语言文字，考证秦以前的语言文字。二是兼习众经，不分今古，并究及纬书。因为既讲求考证，即须兼习诸经；如专习一经，或墨守一家的师说，即无需训诂。因此东汉儒家的学风，为之丕变，研究经书的领域，也较前大为扩展。但因专门讲求考证而忽略思想，到东汉末年，儒学已成为无灵魂的空架，知识界几成一片真空，佛学所以能乘虚而入，与此大有关系。

自西汉末年谶纬之学兴，儒家思想已为迷信所笼罩，变得迷离惝恍。儒学似乎专为野心家如王莽之流跃登皇位而设，别无一用。前面说过，法家早于成帝末年衰落。哀平之际，政事虽已渐紊，尚有前代的旧法可循。到王莽成立新朝，亟图改制，但西汉的法治精神，至此已荡然无存。当时儒学虽盛，即武帝以后流行的"以《春秋》决狱"故事亦不可复见。惟知议论典章，连年不绝；而郡县首长，却多虚悬，甚至官吏不予饷给，一任其侵渔百姓。这样的政权，焉有不亡之理？东汉光武帝及明帝虽也崇儒，但讲求法治，未始不由于王莽失败的刺激。

七　法家的儒化

先秦时代的法家，以儒家为破坏法治的主力之一。故韩非子以为"儒以文乱法"，力加排斥；及秦统一，李斯更有坑儒之议。法儒之不并立，可以概见。武帝为尚法之主，但因汉人以亡秦引为深戒，不敢纯袭秦法，遂一面又提倡儒术。儒家既兴，儒生颇有任法吏者。他们常用经书古义来判决大案，侈谈"诛心"之论，形成"以《春秋》断狱"的风气。例如元狩元年（前一二二年），董仲舒弟子吕步舒奉命查办淮南王谋反案，即以《春秋》之义判定其各种罪名[61]。类此的事，不止一端。由于汉代儒学与阴阳家合流，法家的思想理论，也沾染了不少儒家及阴阳家的色彩。例如汉代决囚多在孟冬，春月不能行刑，这种司法行为须应于天时的原理，便与阴阳家有关。又如学者论法，多主以德为主，以刑为辅。西汉初年，即常有此论调。到东汉，更促成了法家的儒化[62]。

东汉光武帝提倡儒学，并表彰节行。明、章二帝继之，儒学大兴。六十年间，政治淳美，蔚为盛世。章帝以后，政治渐衰，但儒家的盛况不减。到桓灵时代，政治益坏。而不少士大夫以名节相尚，洁己修身，不畏强御，未尝不是提倡儒学的绩效。虽然如此，汉室中央仍保存了浓厚的阴阳家思想，谶纬之风，始终未除。东汉一代三公因灾异而遭罢免的，远较西汉为多，这种现象，尤以东汉末年为甚。

光武为政，虽以保守恬退为原则，但崇尚法治。明帝用法，更为严厉。如楚王英（光武子）以谋反被废自杀，为这件事牵连而被处死或流徙的，便有数千人[63]。章帝即位后，因陈宠的建议，减省刑罚，政风日趋宽厚。陈宠出身于法学世家，其曾祖父咸，成哀时以精律令为尚书。父躬，于光武初年为廷尉。宠明习家业，明帝时曾为司徒府辞曹，掌天下狱讼。章帝初，宠任尚书。当时承明帝余风，吏政犹尚严切。宠认为帝新即位，应改前世苛俗，乃上疏章帝云："……《诗》云'不刚不柔，布政优优。'方今圣德充塞，假于上下。宜隆先王之道，荡涤烦苛之法；轻薄箠楚，以济群生；全广至德，以奉天心。"章帝采纳宠议，除去惨苛法律五十余条，并禁绝鈷鑽等酷刑[64]。陈宠以法学名家，而上书称引先王，主张荡涤苛法，几失去法家的真面目，可见其受儒家影响之深。他的行事，也是东汉法家儒化的明证。

章帝的简省刑罚，历代史书皆称善举，但究其事实，却也发生极大的流弊，其影响更远及于汉末。章帝秉性仁柔，本应以严法济之，既从宽典，遂至贵戚骄横，目无法纪。如外戚窦宪，以贱价夺取沁水公主（明帝女）田园，公主畏其势不敢与较。章帝虽曾以此事严斥窦宪，但终未置之于法[65]。

光武明帝两朝所培养的法治精神，至此再度废弛。其后直至桓灵时代，汉政始终未走上法治之途，儒学虽盛，亦无补于国事，直至汉帝国瓦解而后已。

和帝以后，政治渐紊，外戚宦官，更迭擅权，每次政权的转移，必发生流血事件。他们率多违法干犯，视刑典如无物。至于若干"酷吏"，虽用法惨酷，但大都是外戚宦官的鹰犬，只能施其荼毒于正人君子而已。其间虽有明达之士，主张法治，但徒托空言，不为汉室所采纳。桓帝时的崔寔，著"政论"数十条，力主严刑，而讥俗儒的迷信德教。他认为："孝宣皇帝明于君人之道，审于为政之理，故严刑峻法，破奸轨之胆，海内清肃，天下密如。……元帝即位，多行宽政，卒以堕损，威权始夺，遂为汉室基祸之主。"又云："为国之法，有似理身，平则致养，疾则攻焉。夫刑罚者，治乱之药石也；德教者，兴平之粱肉也。夫以德教除残，是以粱肉理疾也；以刑罚理平，是以药石供养也。"[66] 崔寔论政，虽尚严法，但也承认儒学的价值，只是认为德教无以除残，这是法家儒化的又一例。

法家的儒化，使东汉政治趋于迂缓，丧失西汉盛时发扬蹈厉的政治精神。加以君主大多为童昏之流，母后干政，任用非人，执法不公，政治益趋败坏。桓灵时代，朝中的若干名士和太学生联合，与宦官抗衡，至死不屈，造成两次党锢之祸，善类一空，可以说是儒学价值具体的表现。但此类贞士，为数不过七八百人。而大多数的儒家朝臣，为保固名位，甘为宦官的奴仆，恬不知耻，宁坐视国家的危亡，而不肯放弃其身一朝的富贵。这种现象，与东汉末年选举制度的破坏有关，当时的获选者，多为权贵的子弟或谬有虚声名实不符的浮华少年，因此贞士少而庸劣者多。

献帝时，曹操当国，他可以说是东汉儒家政治的反动者。他用法尚严，曾复三族之罪，并欲恢复肉刑[67]。他曾于建安十五、十九及二十二年三次下令，公言选用官吏，只问才能，不问德行。他于二十二年（二一七年）的令中说："或堪为将守，负污辱之名，见笑之行；或不仁不孝，而有治国用兵之术者；其各举所知，勿有所遗！"[68]* 他的话，可以说是对当时儒学的一种猛烈攻击。他以优越的军事才能，扫灭群雄，统一北方。更以法家的手段，使州郡治理，民困复苏。但他最后走上篡夺之路，不特使汉室灭亡，江山易主；更摧毁了业已衰落的儒学，把中国的学术思想，引入另一个新的境界。

原载《食货月刊》复刊五卷十期，一九七六年一月

【注释】

[1] 参看《史记》卷九九《叔孙通列传》。

[2] 参看《史记》卷一二一《儒林列传》，汉书卷八八《儒林传》。

[3] 参看《汉书》卷二三《刑法志》。

[4] 参看《史记》卷一〇二《张释之列传》。

[5] 参看《史记》卷一〇一及汉书卷四九《晁错传》；《汉书》卷三十《艺文志》。

[6] 参看《史记》卷八四《贾生列传》。

[7] 参看《史记》卷五四《曹相国世家》。

[8] 参看《史记》卷一〇四《田叔列传》。

[9] 参看《史记》卷一〇二《张释之传》。

[10] 参看《史记》卷五六《陈丞相世家》，卷四九《外戚世家》。

---

* 编者按：《三国志·魏书·武帝纪》注引《魏书》云："今天下得无有至德之人放在民间，及果勇不顾，临敌力战；若文俗之吏，高才异质，或堪为将守；负污辱之名，见笑之行，或不仁不孝而有治国用兵之术；其各举所知，勿有所遗！"

[11] 参看《史记》卷九六《张丞相列传》。

[12] 参看《史记》卷一一一《公孙贺列传》。

[13] 参看《史记》卷十《文帝本纪》。

[14] 参看《史记》卷九一《黥布列传》，卷九七《郦食其列传》及卷九十二《淮阴侯列传》。

[15] 参看《史记》卷九七《陆贾传》。

[16] 参看《史记》卷一〇一《袁盎列传》。

[17] 见《史记》卷五四《曹相国世家》。

[18] 参看《汉书》卷二四上《食货志上》。

[19] 参看《汉书》卷二《惠帝纪》，卷三《高后纪》，卷二三《刑法志》。

[20] 参看《史记》卷八《高祖本纪》。

[21] 参看《史记》卷一〇六《吴王濞列传》。

[22] 参看《汉书》卷九四上《匈奴传上》。

[23] 见《史记》卷九《吕后本纪》。

[24] 见《汉书》卷四《文帝纪》。

[25] 见《汉书》卷五《景帝纪》。

[26] 参看《汉书》卷六《武帝纪》，卷五六《董仲舒传》。

[27] 参看《汉书》卷二三《刑法志》（不载年月）；《资治通鉴》卷十八"元光五年七月"。

[28] 参看《汉书》卷九十《酷吏传》，卷六十《杜周传》。

[29] 参看《汉书》卷六《武帝纪》，《汉书》卷二四下《食货志下》。

[30] 参看《汉书》卷二四下《食货志下》。

[31] 参看《汉书》卷六《武帝纪》。

[32] 同 [31]。

[33] 见《汉书》卷二四上《食货志上》。

[34] 参看《汉书》卷九六下《西域传下》。

[35] 参看《史记》卷八五《吕不韦列传》。

[36] 见《汉书》卷九《元帝纪》。

[37] 参看《史记》卷九七《陆贾传》。

[38] 参看《汉书》卷四九《晁错传》。

[39] 参看《汉书》卷四八《贾谊传》；贾谊《新书》第一卷（载《汉魏丛书》）。

[40] 参看《汉书》卷五八《公孙弘传》。

[41] 参看《汉书》卷四四《淮南王安传》；《淮南子》（载世界书局出版《新编诸子集成》第七册）。

[42] 见《汉书》卷八《宣帝纪》。

[43] 见《汉书》卷七六《张敞传》。

[44] 参看《汉书》卷八九《循吏传》。

[45] 见《汉书》卷七四《丙吉传》。

[46] 见桓宽《盐铁论》（载《新编诸子集成》第二册）

[47] 见《汉书》卷七五《夏侯胜传》。

[48] 见《汉书》卷九《元帝纪》。

[49] 参看《汉书》卷七八《萧望之传》。

[50] 参看《汉书》卷七〇《陈汤传》。

[51] 参看《汉书》卷六六《陈咸传》。

[52] 参看《汉书》卷七八《萧育传》。

[53] 参看《汉书》卷八三《朱博传》。

[54] 参看《汉书》卷五六《董仲舒传》；《春秋繁露》（载《汉魏丛书》）。

[55] 参看《汉书》卷八八《儒林传·瑕丘江公传》。

[56] 参看《汉书》卷七五《眭弘传》。

[57] 见《汉书》卷七七《盖宽饶传》。

[58] 参看《汉书》卷八五《谷永传》。

[59] 参看《汉书》卷九三《佞幸传》。

[60] 见《后汉书》卷一上《光武帝纪上》。

[61] 参看《汉书》卷八八《儒林传·胡母生传》；《汉代学术史略》页一〇八至一一一（启业书局）。

[62] 参看杨鸿烈《中国法律思想史》页六至一九及页二七至三八（商务印书馆）。

[63] 参看《后汉书》卷二《明帝纪》。

[64] 参看《后汉书》卷四六《陈宠传》。

[65] 参看《后汉书》卷二三《窦宪传》。

[66] 参看《后汉书》卷五二《崔寔传》。

[67] 参看《三国志》卷二二《陈群传》。

[68] 参看《三国志》卷一《魏武帝纪》注。

汉代的山东与山西

一 东西地域观念的成立

汉代的"山东"、"山西",又称"关东"、"关西",乃是指华山和函谷关东西之地。山东主要包括今河北、河南、山东、山西、江苏、安徽,以及湖南、湖北诸省;山西主要包括今陕西、甘肃、四川三省。这两个地区,从商周时期起,在种族及文化上即截然不同。但国人的东西地域观念的成立,却晚在战国后期。

这里所说的地域观念,是就整个中国而言,而不是局部性的。在战国后期以前,国人的地域观念有些模糊。例如《中庸》第十章说:"子曰:⋯⋯宽柔以教,不报无道,南方之强也,君子居之。衽金革,死而不厌,北方之强也,而强者居之。"文中所谓的北和南,究指何地或何国,无法确定。但可断言,"北"必不是指赤狄、白狄,"南"必不是指吴、越或楚。因为孔子素来卑视夷狄,不会以"强者"视之;对吴越等国也不会如此推崇,而称之为"君子"。愚见以为"北"可能指燕、晋,南可能指鲁、宋。如果这个看法不错,则孔子所谓的南和北,也只是局部性的。此外《孟子》说:"汤始征,自葛载;十一征而无敌于天下。东面而征,西夷怨;南面而征,北狄怨。"(卷六《滕文公下》),孟子所谓的东西南北,全是指异族而言，与中国本身无关。

战国后期，秦国崛兴，东向拓地。山西之地，自成一独立区域，与山东诸国相对峙。苏秦倡合从，六国相互连结，西向拒秦，于是东西对峙的局势，愈趋明显。自苏秦起，山东、关东诸词，常出于当时的谋臣策士之口。《战国策》及《史记》，载之甚详，兹举数例如下：

（一）秦惠王谓寒泉子曰："苏秦欺寡人，欲以一人之智，反覆东山之君，从以欺秦。（注：东山，山东）"（《战国策》卷三，秦一）

（二）苏秦从燕之赵，始合从，说赵王曰："……六国并力为一，西面而攻秦，秦破必矣！……六国从亲以摈秦，秦必不敢出兵于函谷以害山东矣！"（《战国策》卷十九，赵二）

（三）张仪为秦连横，说赵王曰："……大王收率天下以傧秦，秦兵不敢出函谷关十五年矣！大王之威，行于天下山东。"（《战国策》卷十九，赵二）

（四）范雎曰："……今反闭而不敢窥兵于山东者，是穰侯为国谋不忠，而大王之计有所失也。"（《战国策》卷五，秦三）

（五）李斯因以得说，说秦王曰："……自秦孝公以来，周室卑微，诸侯相兼，关东为六国；秦之乘胜役诸侯，盖六世矣！"（《史记》卷八十七《李斯列传》）

据以上引文，"山东"或"关东"的界划甚明，其范围乃当时中国的东半。在此范围中的诸侯国，则以齐、楚、燕、韩、赵、魏六国为代表。此六国虽然也自相残杀，但都反西方的秦，有时也连合在一起抗拒秦人的侵略。山西和关西两名词，虽然到汉代才开始为国人普遍应用，但秦人所据的山西或关西之地，早在战国后期已成为一个独立及特殊的地区，则毫无疑问。此外有人认为山东的"山"是指太行山，例如《资治通鉴今注》卷三注四五云："古言山东，皆指太行山以东。"这种说法，值得商榷。前面所引苏秦说赵王的话："六国从亲以摈秦，秦必不敢出兵于函谷以害山东矣！"可知山东指函谷关以东，而非太行山以东。

二　山东山西两地区的文化渊源及其特色

山东、山西两地区，在战国后期以前，其界划虽尚不明显，但两地区的文化渊源，实迥然不同。自商周时起，山东的文化水准，即高出山西甚多。

大体说来，关东文化代表诸夏文化，而关西代表戎狄文化。诸夏文化在殷商时已进入农业社会，诸夏国家已有城郭宫室的建设，并有一套相当完整的政治制度。戎狄文化不尽是游牧社会，也有部分农业，但大部犹未脱离渔猎或畜牧的生活方式。其人民大都穴居野处，谈不上宫室城郭和完整的政治制度。虽然这些地方日后渐有改进，那是吸收关东诸夏文化的结果。此外，戎狄文化是比较尚武的，这是环境使然。而诸夏文化则因物质环境的优越，其精神渐趋文弱萎靡。例如君主（如纣）的广宫室以自娱，而酗酒也普遍成为商人的积习。

周人立国于戎狄之中，其祖先古公亶父居豳，犹穴地而居。其后因避狄人之乱，迁居岐山之下，始营宫室。自古公起，开始与商人往来，而为商的诸侯之一。古公子季历、季历子昌，皆曾受商命为"西伯"，意即西方诸侯之长。自周人与商人有往来后，对商的文化，尽量吸收。季历和昌都曾与商朝联姻，这事无疑大为促进周人的商化。从古代遗留的文字篇籍看来，周人和商人用的同是一种语言文字；生活习惯以及若干器物的形制，也大都相同，这当是周人商化的结果。

周武王伐纣的军队，其中含有不少西北西南的土族。周的灭商，也大致可以说是戎狄文化征服了诸夏文化。但前者不久与后者同化，在萎靡文弱的诸夏文化中，注入了勇敢进取的戎狄精神，遂能建立一个伟大绵长的帝国。周人承继了诸夏文化而发扬光大之，达到"郁郁乎文"的程度。但久而久之，诸夏文化的弱点，又告产生。

西周都镐，仍是居于戎狄之中。末年因政治不修，幽王为犬戎追杀于骊山之下。平王东都洛邑后，关西地区归于秦国。春秋时，秦穆公东向称霸未遂，乃改变方针，尽力西向发展。结果灭国十二，辟地千里，成为西戎的霸主。穆公以后的二百年，秦采闭关政策，与山东诸国，不相往来。山东诸侯，对秦也非常轻视，因此直到战国中期，诸侯对秦，仍"戎狄遇之"。

战国时期，山东地区由于商业兴起，经济水准提高，学术亦随之大盛。儒、道、墨、法、阴阳诸学派，勃兴于山东地区的齐、鲁、宋、楚、韩、赵、魏等诸国，而秦国则一无所有。至秦孝公变法，下诏求贤，专用三晋法家，视其他各学派为异端，竭力摈斥。孝公以后的各君主，莫不亦步亦趋，惟法家是尚，由是国富兵强，关东诸国，无法与之抗衡。仅庄襄王时及秦王政初年，吕不韦当国，意欲大量吸收山东文化，但为时不久，这种风气即因吕的获罪及自杀而停滞。最后秦王政借三晋法家之力，削平六国，创造出亘古未有的大一统的政治局面。秦人的所向无敌，是在以法家的手段，整饬驾驭其固有的戎狄文化，使秦人勇敢进取的精神及行动，发挥到极致。以是战无不胜，终一天下。

秦始皇统一后，一方面将山东的豪杰及财富，大量移至山西；另一方面在山东地区推行山西化，终至发生焚书坑儒的惨剧。但秦统一为时甚暂，始皇的工作并没有做得彻底，即告崩逝。至二世，山东地区六国的后裔及人民，纷起抗秦，再度形成战国后期山东、山西对立的局面。直到汉代，山西仍是一特殊地区，在文化上与山东地区截然不同。

三　山东出相与山西出将

刘邦推翻秦朝后，建立汉朝，定都于长安。他起兵时，部下全是山东人，他们以从龙之彦，高踞政治要津，形成功臣集团。他们所交结援引的，当然仍以同乡为主。秦人是被征服者，自然谈不到政治机会的平等，所以地域关系扼杀了山西人的政治生命。

从刘邦到景帝，汉朝的丞相，凡有籍贯可考者，无一不是山东人士。武帝用人，以不拘一格见称，但他在位时所用的十三位丞相中，只有田蚡、李蔡、公孙贺三人是山西人。武帝以后，儒学兴起，丞相多出身儒生，《汉书》卷八一《匡张孔马传》：

> 赞曰："自孝武兴学，公孙弘以儒相。其后蔡义、韦贤、（韦）玄成、匡衡、张禹、翟方进、孔光、平当、马宫及当子晏，咸以儒宗、居宰相位。服儒衣冠，传先王语，其醖籍可也。"

武帝以后，直至西汉末年，丞相前后凡二十人，其隶籍于山东者，多达十五人。至于西汉诸朝的外戚，其声势煊赫者如吕、窦、卫、霍、史、傅、王诸氏，也无一不是山东人。

西汉初年的军界，更以山东人为主体。汉初非军功不能封侯，故功臣集团分子，大都饱经战阵。甚至有时一人可兼将相，如王陵、周勃、灌婴等，莫不如此。既然将相皆为山东人包办，山西人在政治上无疑是屈居劣势。

汉初，山西人猎取功名的唯一出路，是良家子的从军，但当时充其量不过是中下级干部。文帝时，功臣集团分子年纪已老，到景帝时则全部死光，景帝时的丞相，多半由功臣子弟或外戚充任，其中除周亚夫、窦婴资兼文武外，其余多碌碌不足道。武帝时，出将入相的人选，已不可得，因此军政文武不能不显然分途。武帝准备讨伐匈奴，发动大规模的战争，而山东淮泗军人的后裔，既已无人可应战阵，于是大批善战的山西军人，遂乘时而起。他们因地域关系，久受屏抑，在汉初一直被冷落了五六十年，至此才有发展事业的机会。《汉书》二十八《地理志下》二：

> 汉兴，六郡（注：师古曰：六郡谓陇西、天水、安定、北地、上郡、西河。）良家子选给羽林、期门，以材力为官，名将多出焉。

这里所说的"名将多出"，是指景帝以后的事。

汉代关西人的善战，实继承秦国尚武的余风。《汉书》六十九《赵充国辛武贤传》：

> 赞曰："秦汉已来，山东出相，山西出将。（同书二十八《地理志下》二补注，钱坫曰：所谓'山西出将，山东

出相'者，以华山为界也。）*秦将军白起，郿人；王翦，
频阳人。汉兴，郁郅王围、甘延寿，义渠公孙贺、傅介
子，成纪李广、李蔡，杜陵苏建、苏武，上邽上官桀、赵
充国，襄武廉褒，狄道辛武贤、（辛）庆忌，皆以勇武显
闻。苏辛父子著节。此其可称列者也，其余不可胜数。何
则？山西天水、陇西、安定、北地，处势迫近羌胡，民俗
修习战备，高上勇力鞍马骑射。故《秦诗》曰：'王于兴
师，修我甲兵，与子皆行。'其风声气俗，自古而然。今
之歌谣慷慨，风流犹存耳。"

班固认为"山西"所以出将，是由于与外族接近习染武风之
故，此点大致不错。而汉兴以来，山西人在政治上没有出路，
只有从军之一途，与此也大有关系。虽然山西军人在武帝时
乘势崛起，但事实上，他们仍然或多或少的受着汉室的压抑。

四 西汉山东山西两地区朝臣的冲突

汉武帝为讨伐匈奴，建立了一种独特的军事统率系统。
他以山西军人充任主干，担任实际的作战任务；而由所亲信
的外戚，充任最高统帅。外戚卫青、霍去病和李广利，都曾
担任过统帅，他们都是山东人。

山西军人多具有超人的勇力和军事才干。汉武一朝的对
外战绩，多半由他们建立。卫青伐匈奴时，麾下的将军凡十
五人，山西人即占十名，即：李广、苏建、李息、赵食其、
张骞、李蔡、公孙敖、公孙贺、李沮、郭昌。山东人四名，
即荀彘、张次公、曹襄、韩说。匈奴的降人一名，即赵信。

---

* 编者按：此处括注钱坫语，未知所本。

从这个名单看来，当时的武将，不但以山西人居多，而其中勇敢善战声威素著的，也几乎无一不是山西人。

山西军人中以李广声望最高，广为秦将李信之后，世代为将。他于文帝时已露头角，文帝曾对他特加赞许。景帝时，从周亚夫击吴楚军，所向立功。其后他历任边地各郡太守，匈奴畏之，称他为"汉之飞将军"，由是名满天下。李在卫青部下为将，卫为人和谨知兵，但对李广，处处表示排挤，即武帝对他也有些嫉视。这种人为的因素，造成李广与匈奴大小七十余战而终不得封侯的命运。

元狩四年伐匈奴之役，李广因受卫青的排挤，愤而自刭。李广的儿子李敢，本隶霍去病部下，因有憾于其父的死，击伤卫青。其后李敢随武帝打猎，被霍去病以冷箭射死。赖武帝为去病掩盖，其事得以平息。李氏与卫、霍的冲突，并非单纯的私人纠纷，正是外戚军人对山西军人的一种示威。卫青之敢于打击李广，分明得到武帝的支持。到武帝晚年，山西军人李氏与外戚军人再度发生磨擦，使汉军对匈奴的战役中，遭遇极大的败创。

武帝晚年，匈奴政治中心西移，又因长期休养，国力逐渐恢复，于是全力与汉争夺西域霸权。武帝也想再伐匈奴，他仍采过去以外戚军人为军事统帅的原则，但卫、霍早已物故，因此以李广利统军。广利的才具，远在卫、霍之下，实在不能胜任讨伐匈奴的统帅，但武帝仍信用他。

天汉二年，武帝命广利率三万骑击匈奴，以李陵（广孙）为他押运辎重。李陵不愿，武帝改派陵率步兵五千人分途出击。李广利击匈奴右贤王于天山，斩获万余级，自身亦损失二万人。史书称此役"匈奴大围贰师将军（按即李广利），几不脱；汉兵物故什六七。"（《史记》一百十《匈奴传》）李陵出塞北行三十日，深入沙漠，与且鞮侯单于亲统的十万匈奴军遭遇。汉军且战且退，毙伤匈奴万余人。但因无后援，于距塞百里处为匈奴所破，李陵投降，其部下逃回汉境者仅五百人*。此役对汉是一个惨重的打击，也可以看出外戚军人与山西军人间的矛盾，依然存在。

李陵败降时，朝臣司马迁曾为李陵辩护。认为陵"虽陷败，彼观其意，且欲得其当而报汉。事已无可奈何，其所摧败，功亦足以暴于天下"。(《汉书》卷六十二《司马迁传》)武帝以迁"沮贰师，而为李陵游说"(见同上)，处迁腐刑，并族诛李陵家属。迁本可不受刑，但因家贫无钱可以赎罪，又无要人为其申理，因此造成惨剧。从这件事，可以看出武帝的祖护外戚，也多少可以看出山西军人与外戚军人间平时意见之深。

司马迁所以为李陵辩护，也与地域观念有关。迁生龙门，亦即所谓"西河"之地，战国中期已属于秦。迁祖先世为秦官，秦惠王时，司马错率兵伐蜀，拔而守之。迁父谈，于武帝初年为太史公。元封元年，以不能随武帝东封泰山，悲愤而卒。谈以太史公不能参与封禅大典，其遭受武帝之轻视可以想见。迁与李陵，并无深交，但两人同为秦人之后。李陵的祖先李信，为秦名将，且与迁祖先司马昌共事始皇。(参看《史记》卷一百三十《太史公自序》)迁所以奋不顾身，为李陵辩护，地域情感，可能为一主要原因。此乃人之常情，不能以此为迁之过。从李陵及司马迁事件，也可以看出山西人士政治势力的微弱。

---

* 编者按：据《史记·李将军列传》云："单于以兵八万围击陵军……其兵尽没，余亡散得归汉者四百余人。"

李氏以外的山西军人，苏建也是处处遭受排挤；张骞的封侯，其难亦不下于登天。李氏族灭后，山西军人中没有足以与外戚军人抗衡的人物，而汉军的战斗力，从此走向下坡路。征和三年，武帝遣李广利将七万人伐匈奴，全军覆没，此后汉室无力对匈奴作主动的出击。武帝一生轰轰烈烈的开边事业，其收场亦实在凄惨。如果没有山西军人与外戚军人的冲突，结果当不至此。

武帝以后，关东地区，儒学日渐发达。关东人士，多借经术以取高位，而守边作战之责，等于全让山西军人来担。武帝以后，举凡骁勇善战、威名素著的将领，大都是山西人。如宣帝时的赵充国、辛庆忌（武贤子）、傅介子，元帝时的甘延寿、段令宗等，是其著者。汉帝国也赖他们保持了后期的强盛。

五　东汉定都洛阳与东西对立局面之形成

王莽末年，光武起兵于春陵，从龙之士，皆山东人。他即帝位后，采取保守主义。因长安遭赤眉破坏，而其地接近外族，他的部下又都是山东人，因而定都洛阳。这件事对东汉帝国的兴衰，具有巨大的影响。

西汉初年，承六国分崩之余，加以秦时郡县制的推行，山东地区缺乏立国的重心。秦国力集中，因此山西实力最雄，而咸阳又为山西首要之地。西汉所以定都于长安，目的即是借山西的形势，来控制全国。当时诸侯王的权力过大，而山东又是财富之区，虽时常生事，但汉室中央凭其优越的形势，次第敉平。到武帝平淮南后，山东即告无事。西汉山东地区虽然多事，但不碍帝国的强盛。因其建都长安，一面集中全力，开发西北；一面精其甲兵，巩固国防，并借以鼓舞士民勇武进取的精神。遂能开疆拓土，国势达于极盛。

洛阳不足与长安相比，因为其地局面不广，北阻黄河，而东、西、南三面环山，并无开拓的远景。又因交通不便，也不适于控制全国。西汉初年，高祖欲定都洛阳，张良即加以反对。《史记》五五《留侯世家》：

> （高祖）左右大臣，皆山东人，多劝上都洛阳。……留侯曰："洛阳虽有此固，其中小，不过数百里，田地薄，四面受敌，此非用武之国也。"

其后高祖又因娄敬的劝谏，终都长安。而光武则决意定都洛阳，远避敌寇，结果仅成自保之局。这一点是光武不及高祖的地方。

西汉都长安，以山东的财富，养山西的士马。同时山东人历朝迁至山西的，为数颇巨，山东的文化，也随着西移。以是汉帝国血脉周流，生气蓬勃。东汉定都洛阳后，山东变成军事、政治、经济合一的地区，而山西则沦为一军事地区。东西的界线，日益分明，渐成为两个极其不同的文化区，而致发生偏枯的现象。最后汉室对山西逐渐放弃，而胡族乃日益进迫。东汉所以亡于山西军阀，以及后来五胡之乱的发生，都与此有关。所以西汉之强，在于以山东的财富开发山西；东汉之衰，则在以全力专保山东。

西汉山东人的政治势力虽大，山西人虽遭受压抑，但因首都位于长安，汉室对山西地区甚为重视，而山东屡次向山西移民，因此尚未形成对立的局面。光武起兵，曾受豪族大姓如阴、樊、邓、李诸族的支持。即位后，定都洛阳，诸关东大姓隐持政柄，此辈的地域观念特强，因此一开始汉室政府即对山西地区不予重视。移民山西的事，遂告停止。山西的人口因此日益减少，其政治势力，也日益削弱。相反的，外族降人如匈奴人、羌人的人口及实力，日益膨胀，渐渐侵入边塞，最后竟到达三辅之地。于是三辅一变而为外族的殖民地，山西的地位，乃渐趋沦落。

由于羌人入塞而居，东汉初年，即有人主张放弃金城、破羌二县以西，因马援的反对而未果。安帝永初时，羌乱大起，山东籍贯的郡守，纷请内徙。朝臣邓骘、庞参主张放弃凉州，以完内郡。而朝臣傅燮、王符都主力保凉州。邓骘、庞参，皆山东人；而马援、傅燮、王符皆山西人。当时，朝臣多抱山东本位主义，认为山西无足轻重，为避敌远寇及节省军费，竟率尔主张放弃凉州重镇。可见他们对山西的轻视，同时也招致山西人的不满。

东汉皇室，尊崇儒术，以文治国。山东的经学，在西汉时已盛，到东汉而益甚。在朝则博士弟子员日益增加，民间则儒业普遍发展。山西在人文上既居劣势，而政府又加以轻视，因此山东儒学特别发达，山西无法抗衡。山西地区的有志之士，惟有以军功自奋。又以人民与外族杂居及经常战争的关系，因而习染胡人尚武之风。到汉末，山东、山西两地区，在民风上竟成两个世界。《后汉书》七十《郑太传》述郑说董卓曰：

今山东合谋，州郡连结，人庶相动，非不强盛。然光武以来，中国无警，百姓优逸，忘战日久。仲尼有言："不教人战，是谓弃之。"其众虽多，不能为害。……山东之士，素乏精悍，未有孟贲之勇，庆忌之捷。……关西诸郡，颇习兵事。自顷以来，数与羌战，妇女犹戴戟操戈，

挟弓负矢，况其壮勇之士，以当妄战之人乎！……且天下
强勇，百姓所畏者，有并凉之人及匈奴屠各、湟中义从、
西羌八种。而明公拥之，以为爪牙，譬驱虎兕以赴犬羊。

从引文可以看出，东汉末年山东山西已形成两个截然不
同的文化区。前者尚文，后者尚武，并因此而造成对立的局
面。一个国家，其内部竟有如此两个极端相违的社会形态存
在，自然会发生乱事。

六　山西军阀与东汉灭亡

西汉行征兵，制度完善。东汉光武初，值水旱为灾，中
原残破，因而力图省吏减赋，与民休息。他以国家现有精勇
士兵甚多，下诏罢除内地"都试"，亦即废除内地各郡役男每
年例行的检阅及演习。百姓虽仍有随时应召当兵的义务，但
平时没有受军事训练的机会，因此士兵素质大为降低。此外
每郡专管兵役的郡都尉也因省费而罢，各郡的役政，乃陷于
停顿状态。

东汉初年，汉廷所依赖的兵力，主要为"屯兵"，亦即职
业军人。他们大都是光武旧部、绿林豪侠和投效的豪族部曲，
其能征惯战，自无疑问。但勇悍的人，也会衰老，因此政府
不能不以募兵来随时补充。内郡征兵机构，既已撤消，临时
征兵远不如招募方便，因此每遇有事，便行募兵。征兵的事，
遂愈来愈少。到末年，人民似已不知兵役为何物。

由于东汉政府提倡儒学，人民风从，假经术以取高位，
对兵事自然厌弃。这种现象，以人口最多的山东地区最为显
著。人民既厌恶从军，募兵的数目乃时感不足。而自汉武以
后，各种降胡，聚集于近塞或塞内，他们仍保持其原有的勇

悍习俗，于是汉廷又招募胡人为兵。招募的胡人，大都用来守边或以之攻伐不顺的外族。光武时，匈奴南单于投降，光武移之于塞内，命其捍卫边疆，兼拒北匈奴及鲜卑。终东汉之世，除南匈奴外，尚有大批投降的鲜卑、乌桓、羌，为政府招募为兵。汉采"以夷制夷"的政策，用这些降胡从事对外的战争，他们最后竟成为中国军队的主力。这种现象，较诸西汉国人的雄风，相去何远！它已显露出汉人尚武精神的没落以及汉帝国的危机。

东汉的杰出军人，仍以山西军人占绝大多数。光武起兵时，相从的武将，率皆山东之士，但才具特出者不多。惟有山西籍的马援（扶风人），有古名将之风。他曾北拒羌胡，南定交趾，功业彪炳。最后率兵讨伐武陵蛮夷，病死于前线，完成其"马革裹尸"的壮志。但在他生前死后，仍遭受山东军人的仇视和光武的猜疑。光武以后，山东军人大半凋谢，山西军人乃代之而兴。明、章、和三代的武功，泰半由他们建立。明帝时，窦固伐北匈奴于天山，击走匈奴呼衍王，取伊吾卢地，为东汉讨伐匈奴的空前盛举。班超出使西域，以三十六人平鄯善，与汉隔绝六十五年的西域，至是复通。其后班镇抚西域达三十年。和帝时，窦宪两伐北匈奴，出塞三千里，深入沙漠，匈奴降者四十余万，并于燕然山勒石纪功，致使匈奴北庭，为之空虚。这些都是山西人所立的功勋。

和帝后，羌人连次叛变，祸乱炽盛。羌人的势力，并不能与西汉初期的匈奴相比。但因汉廷轻视西北，屡思放弃，加以兵制不善，遂致其祸历久不息。东汉后期的山西，军事人才益盛，诸如皇甫规、张奂、段颎、皇甫嵩等，均为杰出的将才。他们见朝事已无可为，惟有拥兵自奋于边疆，以求取功名。因此破羌的大任，便落在他们的身上。规、奂、颍三人皆伐羌名将，嵩则是讨平黄巾贼的元勋。伐羌之役，段颍之功最大。他于桓灵二帝之时，与羌人前后一百八十战，斩首至百万级，用钱八十余亿。羌祸虽歇，而汉力亦疲。

由于东汉中叶以后，羌人屡次为患，政府不得不派大军长期戍守西边各郡。这些军队，因经常与羌人作战，战力特强，与民不知兵的山东，恰成一显明的对照。而募兵制又最易造成军阀，因此东汉末年，凉州产生了不少军阀，像皇甫规、张奂、段颍诸人，虽然也是军阀，但他们尚知听从政府的命令。到灵献之际，凉州军阀董卓崛起，跋扈鸱张，视朝廷如无物。最后他以凉州兵进入洛阳，宰制朝廷，与山东的起兵者，发生全面的内战。董卓以抵御羌人起家，他所统的凉州兵，并非全是汉人，其中尚杂有不少投降的匈奴和羌人，其精锐为天下所畏。东汉帝国的命运，便断送在董卓和他的胡汉兵团的手上。

西汉时期，山西的武力与山东的经济文化相配合，造成全盛之局。到东汉，定都洛阳，山东人的聪明志气，至此停滞而无从发挥。他们轻视山西，视同化外，渐渐加以遗忘。山西得不到山东经济的支持和文化的滋润，社会日趋衰落。但山东的经济文化，最后却遭到山西武力的严重破坏。东汉帝国的根本在山东，山东的经济文化既然遭受破坏，整个帝国的基础发生动摇，自然难逃乱亡的命运。

原载《食货月刊》复刊六卷九期，一九七六年十二月

孙吴与山越之开发

一

三国之世，与孙吴作长期斗争之异族有三：一为交州之"南越"，一为荆州西部之"武陵蛮夷"，一为扬州之"山越"。前二者远处边陲，为害尚小；独山越居腹心之地，为孙吴大患。自孙策渡江（西元一九五年）至孙权赤乌五年（西元二四二年），为乱几达五十年，予孙吴对外以莫大牵制。《三国志》六十《贺全吕周钟离传》：

> 评曰：山越好为叛乱，难安易动。是以孙权不遑外御，卑词魏氏。凡此诸臣，皆克宁内难，绥静邦域者也。

又同书四十七《孙权传》：

> 黄武元年……时扬越蛮夷，多未平集，内难未弭。故权卑辞上书，求自改厉："若罪在难除，必不见置，当奉还土地民人，乞寄命交州，以终余年。"

又同书五十七《张温传》：

以辅义中郎将使蜀，权谓温曰："卿不宜远出，恐诸
葛孔明不知吾所以与曹氏通意，（以）故屈卿行。若山越都
除，便欲大构于蜀，行人之义，受命不受辞也。"

以孙权之英雄，如无内忧，何至老死江表，屈膝于曹氏
之豚儿！后人每以此罪权，盖不明当时山越叛乱之严重性也。

山越盘据之地，根据《三国志》之片断记载，散布广至
九郡，即吴、丹阳、会稽、鄱阳、豫章、新都、东阳、东安、
建安九郡。其大致范围即今北至长江，东至沿海，西至赣江
西岸，南至闽江之长方形地带。包括今日江苏、安徽、江西、
福建四省之一部，浙江省之全部。此地带中之山地，如今日
皖南之黄山，浙江之天目山、会稽山、括苍山、仙霞岭，福
建之武夷山，浙赣交界之怀玉山，以及江西之九岭山，大都
为山越出没之地。尤以丹阳郡南部山地（即今皖南及钱塘江
以西山地）之山越，为祸最烈。其叛乱时间之长，次数之多，
规模之大，均为其他诸郡所不及。

二

《三国志》对山越之记载，至为简略。与前代异族，毫
无衔接之迹象。故其来源，已不可考。孙吴九郡，大部为春
秋时越国之领土，所谓"文身断发，披草莱而邑焉"。（《史
记·越王勾践世家》）。秦末，吴中子弟之英勇，举世震骇，
于项羽之横行天下，可以见之。汉初，会稽人亦以"轻悍"
著称（见《史记·吴王濞列传》）。其时居于今日福州一带之
闽越，温州一带之东越诸部落，均受汉封为王，处于独立状
态，故刘濞造反，闽越可以不从。据此，山越之来源虽不可
考，然孙吴东南九郡之民风习俗，自古不同于中原，固可知

也。至汉武帝时，更有徙东越闽越之民处江淮间事。《汉书》九十五《闽粤传》：

> 元封元年冬……于是天子曰"东粤狭多阻，闽粤悍，数反覆"，诏军吏皆将其民徙处江淮之间。东粤地遂虚。

以常理推之，"东粤地遂虚"一语，殆不可能。然武帝对此地带之视如弃地，不欲闻问之态度，则甚显然。故两汉时，东南虽设郡县，但对山地居民之教育及管理，均未措意。至东汉末年，乃有所谓"山民"者，依阻山险，自成聚落，与平地居民，老死不相往来。《后汉书》七十六《刘宠传》（宠，桓帝时人）：

> 拜会稽太守，山民愿朴，乃有白首不入市井者。

此等山民，时人又称之为山越。汉灵帝时，即曾发生叛乱。《后汉书》八《灵帝纪》：

> （建宁二年）九月，丹阳山越贼围太守陈夤，夤击破之。

此种现象之造成，与汉朝之忽视东南，不能说无关系也。

山越之生活情形，与汉人迥异，吴人盖以异族视之。《三国志》六十四《诸葛恪传》：

> 众议咸以丹阳地势险阻，与吴郡、会稽、新都、鄱阳四郡邻接，周旋数千里，山谷万重。其幽邃民人，未尝入城邑，对长吏，皆仗兵野逸，白首于林莽。逋亡宿

恶，咸共逃窜。山出铜铁，自铸甲兵。俗好武习战，高尚气力，其升山赴险，抵突丛棘，若鱼之走渊，猿狖之腾木也。时观间隙，出为寇盗，每致兵征伐，寻其窟藏。其战则蜂至，败则鸟窜。自前世以来，不能羁也。

又云：

> 权嘉其功，遣尚书仆射薛综劳军。综先移恪等曰："山越恃阻，不宾历世，缓则首鼠，急则狼顾。皇帝赫然，命将西征。神策内授，武师外震，兵不染锷，甲不沾汗，元恶既枭，种党归义。荡涤山薮，献戎十万，野无遗寇，邑罔残奸。"

此为《三国志》关于山越生活情形仅有之介绍，据此可知山越类皆山居，与平地隔绝，其所以善于"升山赴险，抵突丛棘"者，即长久山居之结果。《恪传》又言其能自铸甲兵，则其文化程度，亦不甚低。又谓"自前世以来，不能羁也"，"山越恃阻，不宾历世"，则山越至少在东汉，已自成集团，不受政府之管辖。此外就"种党归义"、"献戎十万"、"逋亡宿恶，咸共逃窜"等句观之，可知吴人视山越为异族，而山越内部，且藏有若干汉人也。

三

山越之为害孙吴，除通常如《诸葛恪传》所谓"时观间隙，出为寇盗"外，有时其举动且含有浓厚之政治意味。魏、蜀、吴三国经常以鼓动敌后异族或地方势力之叛乱为制敌之惯技。如孙权之联络公孙渊，武陵蛮夷之响应刘备，均此类也。山越则时受曹魏之利用，乘机叛乱，而叛乱之直接领导者，亦多系汉人。《三国志》六十《贺齐传》：

> （建安）二十一年，鄱阳民尤突受曹公印绶，化民为贼。陵阳、始安、泾县皆与突应。

同书五十八《陆逊传》：

> 会丹阳贼帅费栈受曹公印绶，扇动山越，为作内应。

又同书六十《周鲂传》：

> 以鲂为鄱阳太守……被命密求山中旧族名帅为北敌所闻知者，令谲挑魏大司马扬州牧曹休。

《齐传》谓陵阳、泾县、始安为"丹阳三县"。按陵阳（今安徽石埭县西北）、泾县（今安徽泾县）均属吴丹阳郡，为山越出没之地；始安不属丹阳郡，恐系始新之误。就"鄱阳民"三字看来，尤突当为汉人，而响应其叛乱者，则为山越地带。费栈之以汉人煽动山越，更属无疑。至周鲂被命以山越为反间谍工作者，可知曹魏之教唆山越反吴，非一次矣。

此外吴国之顽劣地方官吏，亦有挟山越自重而为奸利者。《三国志》六十《贺齐传》：

> 贺齐，字公苗，会稽山阴人也。少为郡吏，守剡长。县吏斯从，轻侠为奸，齐欲治之。主簿谏曰："从，县大族，山越所附，今日治之，明日寇至。"齐大怒，便立斩

从。从族党遂相纠合，众千余人，举兵攻县。齐率吏民开城门突击，大破之，威震山越。

此汉人利用山越之又一例也。

四

东吴之讨治山越，可分三期。

第一期自兴平二年（西元一九五年）孙策渡江始，至建安五年（西元二〇〇年）孙策被刺止。此期中对山越之讨治，以丹阳郡南部地区为主。孙策自历阳（今安徽和县）渡江后，所遭遇之敌人，不过刘繇、王朗、华歆一般腐儒，其势不啻摧枯拉朽，故吴会诸郡，迅速底定。而于此期中与孙策作激烈之斗争者，反为无军事政治组织之丹阳郡南部之山越。孙策渡江前依其舅丹阳太守吴景时，即曾讨伐泾县山贼祖郎（《三国志》五十《孙破虏吴夫人传》）。及至兴平三年渡江，吴郡太守刘繇，败奔豫章，繇部将太史慈奔泾县，连络山越以抗策。《三国志》四十九《太史慈传》：

> 慈当与繇俱奔豫章，而遁于芜湖，亡入山中，称丹阳太守。是时策已平定宣城以东，惟泾以西六县未服，慈因进住泾县，立屯府，大为山越所附。策躬自攻讨，遂见囚执。

其后策为巩固根本，又继续进讨泾河以西之六县山贼。《三国志》五十五《周泰传》：

> 策讨六县山贼，权住宣城。使士自卫，不能千人，

意尚忽略，不治围落，而山贼数千卒至。权始得上马，而贼锋刃已交于左右，或斫中马鞍，众莫能自定。惟泰奋激，投身卫权，胆气倍人。左右由泰，并能就战。贼既解散，身被十二创，良久乃苏。是日无泰，权几危殆。

宣城乃六县后方，而贼能卒至，其飘忽矫健，可想而知。孙策讨治丹阳山越，以时间短暂，未著大效。故孙权时叛乱迭起，仍须屡作大规模之讨伐。《三国志·孙策传》云策于建安五年曹操、袁绍官渡相拒之时，"阴欲袭许迎汉帝"。此说极不可信，晋人孙盛，固已疑之。（见《孙策传》裴注）按诸当日形势，孙策必无此力也。

第二期自建安五年孙权继领江东始，至建安十三年（西元二〇八年）春江夏太守黄祖破灭止。此期主要为讨伐鄱阳、豫章二郡山寇。权初继兄位时，地仅五郡，情况危急。《三国志》四十七《孙权传》：

> （建安）五年，策薨，以事授权。……是时惟有会稽、吴郡、丹阳、豫章、庐陵，然深险之地，犹未尽从。而天下英豪，布在州郡，宾旅寄寓之士，以安危去就为意，未有君臣之固。张昭、周瑜等谓权可与共成大业，故委心而服事焉。曹公表权为讨虏将军，领会稽太守，屯吴，使丞之郡，行文书事。待张昭以师傅之礼，而周瑜、程普、吕范等为将率。招延俊秀，聘求名士，鲁肃、诸葛瑾等始为宾客，分部诸将，镇抚山越，讨不从命。

文中谓"深险之地，犹未尽从"，又谓"分部诸将，镇抚山越"，可知山越之不宾，实为造成当日危急情况之主因之一。

惟赖权选贤任能，得以粗定耳。

时江夏太守黄祖，据上游之势（祖治西陵，今湖北黄冈县西北），与权有杀父之仇。故权俟江东粗安，即麾师西征，此举实为争此形胜之地，以为安内攘外之资，非徒为复父仇也。黄祖昏耄，本不堪一击，惟鄱阳、豫章、会稽一带山越，乘时而起。会稽为东吴后方，鄱豫二郡更为孙权进军必经之地，受此牵制，遂使建安八年（西元二〇三年）讨黄之役，功亏一篑。《三国志·孙权传》：

> 八年，权西伐黄祖，破其舟军，惟城未克。而山寇复动，还过豫章，使吕范平鄱阳、会稽，程普讨乐安，太史慈领海昏，韩当、周泰、吕蒙等为剧县令长。

孙权于讨黄班师后，一时名将，俱用于讨治山越，使黄祖得以苟延残喘，达五年之久，则山越固孙吴之大敌也。建安十年，复命贺齐讨鄱阳郡。《三国志·孙权传》：

> 十年，权使贺齐讨上饶，分为建平县。

建安十三年春，孙权破杀黄祖。此事为东吴兴亡关键。盖江夏为江东屏障，孙权用以保固根本，拒敌境外。故赤壁之战，东南无警；而黄祖既枭，权无西顾之忧，乃得一意整顿内部也。

自黄祖破灭至赤乌五年（西元二四二年）钟离牧讨平新都建安郡山民，为第三期。此期仍以讨治丹阳郡山越为主。丹阳郡山越，最为强大，孙策伐之，不过稍杀其势。其后因孙权锐意西进，未能全力驱除，故建安十三年前后，其势复炽。权遂命贺齐讨黟（今安徽黟县）、歙（今安徽歙县），且分县立郡，以便治理。丹阳郡山越之一部，遂得平定。《三国志·孙权传》：

> 十三年……是岁，使贺齐讨黟、歙，分歙为始新、新定、犁阳、休阳县，以六县为新都郡。

同书六十《贺齐传》：

> 齐复表分歙为新定、黎阳、休阳，并黟、歙凡六县*，权遂割为新都郡。齐为太守，立府于始新，加偏将军。

建安二十一年，又有丹阳三县响应鄱阳叛民尤突之事，为贺齐、陆逊讨平。《三国志》六十《贺齐传》：

> 齐与陆逊讨破突，斩首数千，余党震服，丹阳三县皆降，料得精兵八千人。

其后又有丹阳贼帅费栈之乱，陆逊讨平之。以山越补充兵员，亦逊所倡议。同书五十八《陆逊传》：

> 鄱阳贼帅尤突作乱，复往讨之，拜定威校尉，军屯利浦。……逊建议曰："方今英雄棋跱，豺狼窥望，克敌宁乱，非众不济。而山寇旧恶，依阻深地。夫腹心未平，难以图远，可大部伍，取其精锐。"权纳其策，以为帐下

---

* 编者按：据许承尧《歙事闲谭》卷十六记载，另有始新一县分出。

右部督。会丹阳贼帅费栈受曹公印绶，扇动山越，为作内应。权遣逊讨栈，栈支党多而往兵少，逊乃益施牙幢，分布鼓角，夜潜山谷间，鼓噪而前，应时破散。遂部伍东三郡，强者为兵，羸者补户，得精卒数万人。

黄武二年（西元二二三年），丹阳郡东部故鄣（今浙江安吉县西北）一带之山越，又复蠢动，朱治镇抚之。《三国志》五十六《朱治传》：

> 二年……是时丹阳深地，频有奸叛，亦以年向老，思恋土风，自表屯故鄣，镇抚山越。……在故鄣岁余，还吴。

黄武五年（西元二二六年）孙权以丹阳、吴、会稽三郡边界上之"恶地"十县，成立东安郡。命全琮讨治此一区域中之山越，数年始平。《三国志·孙权传》：

> 五年……秋七月……分三郡恶地十县，置东安郡。（郡治富春，今浙江富阳。）以全琮为太守，平讨山越。

《三国志》六十《全琮传》：

> 是时丹阳、吴、会山民，复为寇贼，攻没属县。权分三郡险地为东安郡，琮领太守。至，明赏罚，招诱降附，数年中，得万余人。权召琮还牛渚，罢东安郡。

嘉禾三年（西元二三四年）又有诸葛恪讨伐丹阳山越事，恪以历次讨伐，未能澈底，故自告奋勇，求当此任。《三国志》六十四《诸葛恪传》：

> 恪以丹阳山险，民多果劲，虽前发兵，徒得外县平
> 民而已。其余深远，莫能禽尽。屡自求乞为官出之，三年
> 可得甲士四万。

恪讨山越，一反往昔之穷追力战，改用封锁及奇袭办法，以
逸待劳，制取主动。全郡山越区，均用同一方略。讨治所需
之时间及所收成果，均合预计。同传：

> 权拜恪抚越将军，领丹阳太守。……恪到府，乃移
> 书四郡属城长吏，令各保其疆界，明立部伍。其从化平
> 民，悉令屯居。乃分内诸将，罗兵幽阻，但缮藩篱，不
> 与交锋。候其谷稼将熟，辄纵兵芟刈，使无遗种。旧谷既
> 尽，新田不收，平民屯居，略无所入。于是山民饥穷，渐
> 出降首。……岁期，人数皆如本规。

同与此役者有顾雍之孙顾承，名将陈武之子陈表。《三国志》
五十二《顾承传》：

> 后为吴郡西部都尉，与诸葛恪等共平山越，别得精
> 兵八千人，还屯军章院。

《三国志》五十五《陈武传附子表传》：

> 嘉禾三年，诸葛恪领丹阳太守，讨平山越，以表领
> 新安都尉，与恪参势。

此役成功甚巨，孙权特遣薛综劳军，而综对恪亦倍加赞扬。

会稽郡山越，其势亦盛，孙策被刺时，地方政府防其变乱，致不敢赴丧。（见《三国志》五十七《虞翻传》）孙权为将军时，有潘临之乱，陆逊讨平之。（见《三国志》五十八《陆逊传》）至黄武元年（西元二二一年），叛乱复起，吾粲、吕岱讨平之。《三国志》五十七《吾粲传》：

> 黄武元年……还，迁会稽太守……粲募合人众，拜昭义中郎将，与吕岱讨平山越。

十余年后，又有建安、鄱阳、新都三郡山越之叛乱，钟离牧讨平之。《三国志》六十《钟离牧传》：

> 赤乌五年（西元二四二年），从郎中补太子辅义都尉，迁南海太守。还为丞相长史，转司直，迁中书令。会建安、鄱阳、新都三郡山民作乱，出牧为监军使者，讨平之。贼帅黄乱、常俱等出其部伍，以充兵役。

至此，东吴境内山越之叛乱，可谓大体弭平，此后终东吴之世，不再见有关九郡山越活动之记载。而斯时孙权年已向老，不特名将凋谢，无力大举；权亦心力日衰，转而着意于垂统问题矣。然权与山越周旋四十年，其开发江南，廓清内部，实大有功于后世。不然以晋元帝之暗弱，群臣之荒颓，又岂能于胡虏披猖之日，立建康之小朝庭乎？

附记：关于讨论山越问题之文章，前曾有人发表者计有：《禹贡》二卷八期叶国庆《三国时山越分布之区域》、《史观》

一七期井上晃《三國時代の山越に就て》、《食货》五卷四期李子信《三国时孙吴的开发江南》等篇。前二文着重叙述山越之分布及生活情形，与本文主旨不同；李文失之简略，且不无谬误，如谓山越数目不过数千人云云，即其例也。特记于此，以供参考。

　　　　　　一九五一年八月三十日于台北
　　原载《台湾大学文史哲学报》第三期，一九五一年十二月

荆州与六朝政局

一　绪论

　　荆州一地，在中国史上南北分裂时期南方政权之领土中，无论对内对外，均占极重要之地位。三国时孙权重视荆州，西土之任，无一非名臣宿将；每值荆州有事，常亲自解决，甚至徙都武昌以镇定危疑。以孙皓之狂妄，犹知以陆抗守荆州。故孙吴一代，荆州形势稳固，对外能屡摧大敌，而内乱亦止一步阐。东晋荆州地方政府之组织，益形庞大，荆州刺史，辖全国半数之领土。每任刺史，据上流，握强兵，遥制朝权，甚至称兵作乱。所谓"三吴之命，悬于荆江"，盖当时之实况也。东晋中央对荆州专事猜防而不知自强，故始终无法挽回此外重之局，徒事增加中央政府与地方政府之恶感。王敦、桓玄之凶顽，固不必论，即如陶侃之忠贤，庾亮、庾翼国之懿亲，亦莫不与中央对立。中央既时时感到荆州之威胁，而疆臣之所为，不问是非，朝廷亦必百计阻挠以败其事。故庾翼、桓温欲以荆州之资，北伐中原，均归无功。结果乃至外既不能攘，内亦不能安。孝武帝时，谢安执政，建立北府兵。中央之实力渐强，而刘裕因之以篡。故东晋之不能有为，与此种中央地方钩心斗角之牵制局面，大有关系也。

　　宋武宋文开始拟定一种有系统之政策，以谋稳定荆州。

以宗室出镇以防异姓之二心，分荆州之土地建立新州以削弱其实力。孝武帝更继续割裂。荆州之局面既稳，而萧道成于中央轻移宋柄。南齐沿袭宋之荆州政策，于宗室亦不敢信任，更加重典签之权，用以钳制出镇之诸王。由是荆州益弱，于大局无关轻重。而萧衍以雍州起事，又取南齐之天下矣。梁武帝一反南齐猜忌宗室之作风，而不明分割荆州之弊病；厚爱子孙，诸王各辖一州，互不相下。侯景乱起，西土失却政治重心，遂演成荆、雍、湘、郢、益诸州骨肉相杀之惨剧，使西魏乘机南取益州。其后萧詧又引魏兵陷江陵杀元帝，詧复为魏藩臣，而上流江北之地尽失。至陈乃与北虏划江为界，处于防不胜防之狼狈形势矣。

综观六朝兴衰，可知荆州一地，关系六朝政局者甚大。孙吴之坚强有赖荆州之稳固。东晋、宋、齐对荆州之猜防削弱，尤系乎六朝国运。东晋之不能有为，宋文以后南朝武力之不振，皆与此种荆州政策有关。而梁陈衰亡，更显受宋以来割裂荆州之影响。内外不同心，则防制愈工，而为祸亦愈烈。一切花样，皆适足为他人谋也。

兹略述荆州之范围。《读史方舆纪要》七十五《湖广一》：

> 《禹贡》：荆及衡阳惟荆州。《周礼·职方》：正南曰荆州。春秋至战国并为楚地。其在天文，翼、轸则楚分野。秦并天下，置南郡、黔中、长沙等郡。汉武置十三州，此亦为荆州。后汉因之。三国初分有其地，其后蜀汉之地，为吴所并。宋分置荆州、郢州、雍州、湘州，齐并因之，梁、陈分割滋多，不可殚析。

据《汉书》二十八《地理志》，西汉荆州，共辖六郡一国，即南阳、南、江夏、桂阳、零陵、武陵六郡及长沙国。所控范围，大致以今湖北、湖南二省之地为主，其北境则至今河南南阳以北，南至两广北部，西至今四川、贵州二省东部，东至今安徽、江西二省之西界。东汉荆州，除改长沙国为郡，其余一仍西汉。三国时魏吴分割荆州，荆州之名，南北并置。魏荆州分有长江以北之南阳郡及南、江夏二郡之大部，以其地改置七郡。其北境较东汉故界略向北移，而七郡中之魏兴、上庸二郡，系魏文帝以"汉中遗黎"而设，其地扩展至今陕西省东南隅。吴荆州分有东汉江南四郡及江北南、江夏二郡之南端，以其地改设十五郡。其中临贺郡之地，则原属东汉交州苍梧郡，西晋统一，荆州并为二十二郡，虽郡名颇有更改，其范围大抵仍魏吴之旧。及至东晋偏安，因南北战争频繁，荆州北疆，屡有变迁。然自东晋至梁，大致总在今河南省南阳、襄阳二县一带以北，虽东晋时襄阳一度沦于前秦，然旋即收复。直至梁末，襄阳始陷于西魏。至陈，荆州乃以长江为北界矣。

至于分割荆州，始于晋惠帝之分荆扬十郡立江州。（《晋书》十五《地理志下》）湘州则为晋怀帝永嘉元年分荆州七郡江州一郡而成立者，成帝时罢入荆州，至宋武帝乃又置湘州。湘州治临湘（今湖南长沙），所辖盖荆州南部地。雍州系宋文帝时割荆州南阳、襄阳等五郡而置者，盖荆州北部地。郢州系宋孝武帝时所置，其所辖江夏、竟陵等郡，本荆州西部地。（并见《宋书》三十七《州郡志》）梁陈划分益繁，据《隋书》二十九《地理志上》，谓梁武帝天监十年，有州二十三，而陈以区区江南，竟有二十四州，可见割裂之甚。《隋志》又谓侯景乱后"坟籍散逸，注记无遗，郡县户口，不能详究"。故梁陈对荆州之分割，至今已难知其详矣。

二 荆州与孙吴

荆州形势之重要，东汉末年，已形显著。时中原大乱，而刘表治下之荆州，物阜民安，为一时乐土。因此引起群雄之垂涎，当时智计之士，莫不以荆州为取天下之根本。《三国志》十《荀彧传》：

> 彧言曰："……而袁谭怀贰，刘表遂保江汉之间，天下未易图也。愿公急引兵先定河北，然后修复旧京，南临荆州，责贡之不入。则天下咸知公意，人人自安，天下大定。"

同书三十五《诸葛亮传》：

> 亮答曰："……荆州北据汉沔，利尽南海，东连吴会，西通巴蜀。此用武之国，而其主不能守，殆天所以资将军，将军岂有意乎？……若跨有荆益，保其严阻，西和诸戎，南抚夷越，外结好孙权，内修政理。天下有变，则命一上将，将荆州之军以向宛洛；将军身率益州之众，出于秦川，百姓孰敢不箪食壶浆以迎将军者乎？"

同书五十五《甘宁传》：

> 宁陈计曰："今汉祚日微，曹操弥憍，终为篡盗。南荆之地，山陵形便，江川流通，诚是国之西势也。"

又同书五十四《鲁肃传》：

> 刘表死，肃进说曰："夫荆楚与国邻接，水流顺北，

外带江汉，内阻山陵，有金城之固，沃野万里，士民殷富。若据而有之，此帝王之资也。"

曹操、孙权、刘备诸人所以拼死以争荆州，造成赤壁、猇亭二大战役者，皆此诸说动其心也。其后吴末陆抗、东晋何充，亦均尝论荆州之重要。《三国志》五十八《陆抗传》：

(凤皇) 三年夏，疾病，上疏曰："西陵、建平，国之蕃表，既处下流，受敌二境。若敌泛舟顺流，舳舻千里，星奔电迈，俄然行至，非可恃援他部以救倒县也。此乃社稷安危之机，非徒封疆侵陵小害也。"

《晋书》七十七《何充传》：

充曰："……荆楚国之西门，户口百万，北带强胡，西邻劲蜀。经略险阻，周旋万里，得贤则中原可定，势弱则社稷同忧。"

综辑以上诸说，可知当日荆州，除交通便利，地势险固外，其经济条件之优越，户口之繁盛，亦为构成其重要形势之主要因素。荀、诸葛、甘、鲁四人之说，主旨皆在进取；而陆、何之论，则在阐释荆州对长江下游之屏障作用也。

孙权于汉献帝建安五年初继兄位时，地不过吴会五郡，情况紧急。此在他人，方不暇自保，而权竟能于略事安顿之后，即定西进之策。两征黄祖，取江夏之地，以为江东屏障。建安十三年，于危疑万状之中，破曹操于赤壁。其后与刘备划分荆州，权之势力，乃得达于湘水东岸。建安二十四年又尽取蜀汉所控湘水以西南郡、零陵、武陵诸郡之地。于是东汉荆州之大部,入其掌握,遂成自擅江表之业。自建安八年(西元二〇三年)权开始讨黄至魏黄初三年(西元二二二年)猇亭之役止,其为经略西方所费之时间,前后凡二十年。设权无远识,赤壁战时,不过又一刘琮也。

孙权对荆州疆吏之拣选,亦极慎重。所任如周瑜、鲁肃、吕蒙、陆逊等,皆名臣宿将,国家柱石。且多终身委任,授以全权,统一方之务。甚至国际间外交事宜,疆吏亦可更改中央之意见,自作主张。《三国志》五十五《陆逊传》:

> 备寻病亡,子禅袭位,诸葛亮秉政,与权连和。时事所宜,权辄令逊语亮。并刻权印,以置逊所。权每与禅、亮书,常过示逊,轻重可否,有所不安,便令改定,以印封行之。

不特此也,每值荆州有事,权必亲身西上以解决之。其灭黄祖,破曹操,擒关羽,固莫躬与其事。而黄初二年刘备称帝图谋窥吴之际,权更徙都武昌,亲临艰险,以应付此"一世所惮"之枭雄。《三国志》四十七《孙权传》:

> (黄初)二年,刘备称帝于蜀,权自公安都鄂,改名武昌。以武昌、下雉、寻阳、阳新、柴桑、沙羡六县为武昌郡。

其后猇亭之役,卒成大功。终孙权之身,荆州所以屡遭大难而无恙者,孙权之英略及决心有以致之也。

孙权都武昌达九年之久,至黄龙元年始迁建业。至孙晧又有徙都武昌之举。《三国志》四十八《孙皓传》：

> 甘露元年……九月，从西陵督步阐表徙都武昌。御史大夫丁固、右将军诸葛靓镇建业。

阐表内容如何，史无记载。故皓迁都目的，说法不一。《资治通鉴》七十九：

> 初，望气者云：荆州有王气，当破扬州，故吴主徙都武昌。及但（永安山贼施但）反，自以为得计，遣数百人鼓噪入建业，杀但妻子，云天子使荆州兵来破扬州贼。

孙皓虽荧惑巫祝，然以常理推之，步阐必不致以此种可笑之理由，表请徙都。冈崎文夫则认为皓之徙都，可能为"筹画北伐"。其所著《魏晋南北朝通史》内编第一章第十节：

> 孙皓举措之出人意表，可以暂时迁都武昌为例。此事乃因听从居今湖北宜昌当时之西陵督步阐上表而起。皓迁都理由不详，想系为筹画北伐故也。

皓于徙都后，确有人劝其北伐。《三国志》四十八《孙皓传》：

> 宝鼎元年正月，遣大鸿胪张俨、五官中郎将丁忠吊祭晋文帝。及还，俨道病死。忠说皓曰："北方守战之具不设，弋阳可袭而取。"皓访群臣，镇西大将军陆凯曰："夫兵不得已而用之耳。且三国鼎立已来，更相侵伐，无岁宁居。今强敌新并巴蜀，有兼土之实，而遣使求亲，欲

息兵役，不可谓其求援于我。今敌形势方强，而欲徼幸求
胜，未见其利也。"车骑将军刘纂曰："天生五才，谁能去
兵？谲诈相雄，有自来矣。若其有阙，庸可弃乎！宜遣间
谍，以观其势。"皓阴纳纂言，且以蜀新平，故不行，然
遂自绝。

冈崎所谓"筹画北伐"之推测，或系由此而来。然孙皓徙都武
昌，为期仅一年。其间虽有人劝其北取弋阳，但因"蜀新平"
未成事实。据此可知皓对西方较为重视。盖蜀亡之后，吴蜀
边界，屡有冲突。魏炎兴元年（西元二六三年）蜀亡之时，魏
人曾东侵吴界，为钟离牧所破。《资治通鉴》七十八：

> 吴人以武陵五溪夷与蜀接界，蜀亡，惧其叛乱，乃
> 以越骑校尉钟离牧领武陵太守。魏巳遣汉葭县长郭纯试
> 守武陵太守，率涪陵民入迁陵界，屯于赤沙，诱动诸夷
> 进攻酉阳，郡中震惧。……牧曰："外境内侵，诳诱人民，
> 当及其根柢未深而扑取之，此救火贵速之势也。"敕外趣
> 严。……即帅所领，晨夜进道，缘山险行，垂二千里；
> 斩恶民怀异心者魁帅百余人，及其支党凡千余级，纯等散
> 走，五豀皆平。

次年（咸熙元年）钟会造反，吴主孙休亦思乘乱西并蜀土，遣
兵围攻永安，为蜀巴东太守罗宪所破。《资治通鉴》七十八：

> 吴闻蜀败，起兵西上，外托救援，内欲袭宪。……
> 宪力弱不能御。遣参军杨宗突围北上，告急于安东将军陈
> 骞。又送文武印绶、任子诣晋公。（步）协攻永安，宪与

战，大破之。吴主怒，复遣镇军陆抗等帅众三万人，增宪
之围。

同书同卷又云：

> 罗宪被攻凡六月……陈骞言于晋王，遣荆州刺史胡
> 烈将步骑二万攻西陵以救宪。秋七月，吴师退。

蜀亡，魏吴均乘乱为"混水摸鱼"之举，孙晧徙都，又适在
此二事之后。故如谓步阐以经略西方为理由，表请徙都，或
为较近情理之推测。如此，则晧犹能遵循孙权之政策也。

由于孙权对荆州之重视，故孙吴荆州秩序之稳定，为六
朝仅见。孙晧之狂暴，史所罕见，独能以荆州委之陆抗而不
疑，得以延必亡之国祚达十数年之久，亦一可奇之事也。

三 东晋荆州之外重局面

晋武平吴后，以杜预治理荆州。……预于荆州之教育、
治安、交通、经济诸方面，均有所改善，政绩极佳。史称其
"江汉怀德，化被万里……公私同利，众庶赖之，号曰杜父"。
（《晋书》三十四《杜预传》）而后继非人，疆吏如石崇辈，至
有盗贼之行。惠帝末，蜀中有李氏之乱，梁、益流人，散居
荆州者极众，而为土人所虐苦。张昌因之倡乱，赖刘弘平之。
弘镇抚有方，荆州得以稳定。其时中原业已大乱，荆土犹足
为当时之安定力量，而弘不幸早世。王衍老贼，祸国之余，
复思营"狡兔三窟"，以其弟骄暴荒诞之王澄，继当弘任，流
人一时俱反者四五万家。其后山简、周颢，亦均适以益乱，
大难卒为陶侃所荡平。上流既固，元帝始得安然立建业之小

朝廷。

元帝于永嘉初自下邳徙镇建业，其谋出自王导。经营江左，有赖王氏之力亦多。故元帝宠任王氏，至有"王与马，共天下"之谚。终至王敦为逆，帝以忧死。推其祸源，乃在左迁陶侃，委西土军政全权于敦之故。《晋书》九十八《王敦传》：

> 侃之灭（杜）弢也，敦以元帅进镇东大将军、开府仪同三司，加都督江扬荆湘交广六州诸军事、江州刺史，封汉安侯。敦始自选置，兼统州郡焉。

同书六十六《陶侃传》：

> 王敦深忌侃功。将还江陵，欲诣敦别，皇甫方回及朱伺等谏，以为不可。侃不从。敦果留侃不遣，左转广州刺史、平越中郎将。以王廙为荆州。

王船山于此事论之甚详。《读通鉴论》十二：

> 元帝之得延祚于江东，王氏赞之也。而卒致王敦之祸，则使王敦都督江、湘军事，其祸源矣。王氏虽有翼戴之功，而北拒石勒于寿春者，纪瞻以江东之众，捍之于淮右；相从渡江之人，未有尺寸之效也。若夫辑宁江湘，莫上流以固建业者，则刘弘矣。弘之所任以有功，则陶侃矣。平陈敏，除杜弢，皆侃也。侃功甫奏，而急遣王敦夺其权而踞其上，左迁侃于广州，以快敦之志。使侃欲效忠京邑，而敦已扼其吭而不得前，何其悖也！

盖侃与元帝本无密切关系，且侃曾充华轶部将，而轶与帝素不能平，故帝忌而疏之，岂独快敦之志而已。观此可知元帝之不足有为也。

荆州之资，助长王敦之凶逆，自不待言。而荆州实力之所以强大，亦与当时之政治组织有关。晋自南渡后，北方州郡，犹有虚存其名且任用官吏者，实则其领土已大部或全部丧失，此种州郡，当时称为"侨州""侨郡"。东晋诸州刺史兼督他州军事，多系侨州，惟荆州所兼者为实土。故荆州实力，远过他州。《晋略》表五：

> 南渡以后，豫、徐、江三州皆为重镇，纷纷兼督，多是侨州；或只一郡，或只一县。唯荆兼梁、益、宁、交、广，乃为实土，是以上流偏重，卒成王桓之变。

东晋荆州刺史，率皆兼督数州，有荆州实等于割江南之半，故当时有"分陕"之称。（《晋书》八十四《殷仲堪传》）此种强枝弱干之局面，既由元帝造成，迨事态严重，已无补救之术。其出谯王承为湘州，任刘隗、戴渊为都督，皆黔驴之技。是时元帝方救死之不暇，而张骏贻书责其"雍容江表，坐观成败"，何期许之深也！

自元帝以迄桓玄之乱之百年中，东晋外重之局，始终未革。王敦乱后，中央执政，既无革新能力，复与荆州疆吏，多不相能。中央地方间之意见既深，遂使荆州处于半独立状态，予中央以莫大威胁。陶侃以非元帝嫡系，久受排挤。明帝时，侃复为荆州刺史，帝死侃不预顾命，庾亮至修石头以备之，可知其始终受中央歧视。《晋书》七十三《庾亮传》：

又先帝遗诏褒进大臣，而陶侃、祖约不在其例。侃、约疑亮删除遗诏，并流怨言。亮惧乱，于是出温峤为江州以广声援，修石头以备之。

嫌隙既成，故苏峻之乱，侃观望不进，而后遂有"登天之梦"，《晋书》六十六《陶侃传》：

> 及都督八州，据上流，握强兵，潜有窥窬之志。每思折翼之祥，自抑而止。

其后王导辅政，亦与侃不协。侃死，庾亮继理荆州，与导情感尤恶。《晋书》七十三《庾亮传》：

> 时王导辅政，主幼时艰，务存大纲，不拘细目。委任赵胤、贾宁等，诸将并不奉法，大臣患之。陶侃尝欲起兵废导，而郗鉴不从，乃止。至是亮又欲率众黜导，又以谘鉴，而鉴又不许。

同书六十五《王导传》：

> 时亮虽居外镇，而执朝廷之权。既据上流，拥强兵，趣向者多归之。导内不能平，常遇西风尘起，举扇自蔽，徐曰："元规尘污人。"

及至晋室仗殷浩以抗桓温，而荆州俨然割据。《晋书》九十八《桓温传》：

时知朝廷杖殷浩等以抗己，温甚忿之。然素知浩，弗之惮也。以国无他衅，遂得相持弥年，虽有君臣之迹，亦相羁縻而已。八州士众资调，殆不为国家用。

其后谢安与桓冲，亦意见不合。而桓玄与司马元显至以兵戎相见，遂移晋祚。中央政要与荆州首长之相互猜忌，实东晋内乱酿成之主因也。

荆州之任，陶侃以后，渐成世袭之局。陶侃自明帝时刺荆州，至婆娑垂殁，始请解职。庾亮继侃，亮死弟翼继之；翼临终更上表求以后任委其子爰之。何充荐桓温以制庾氏，此后荆州乃成为桓氏之囊中物，温弟豁、冲，豁子石民，冲子谦均相继掌荆州之政。乃至桓玄席累世之威，发动叛乱。然陶、庾、桓诸氏治理荆州之政绩殊美，因此益增荆州之富强。《晋书》六十六《陶侃传》：

> 侃在军四十一载，雄毅有权，明悟善决断。自南陵迄于白帝，数千里中，路不拾遗。

《南齐书》二十二《萧嶷传》：

> 仆射王俭笺曰："……公临莅甫尔，英风惟穆，江汉来苏，八州慕义。自庾亮以来，荆楚无复如此美政。"*

《晋书》七十三《庾翼传》：

---

* 编者按：萧嶷之治荆州，为南朝宋、齐时事，似与此段语境并不相合。

翼以帝舅，年少超居大任，遐迩属目，虑其不称。
翼每竭智能，劳谦匪懈，戎政严明，经略深远，数年之
中，公私充实，人情翕然，称其才干。

《晋书》七十四《桓谦传》：

以桓氏世在陕西，谦父冲有遗惠于荆楚。

同卷《桓石民传》：

桓氏世莅荆土，石民兼以才望，甚为人情所仰。

陶、庾、桓美政下富强之荆州，晋室中央不但无法利用，反
因而益增其苦恼。中央既时受荆州之威胁，而中央对荆州首
长之举措，不问是非，亦必百计乖阻，以败其事。故庾亮欲
移镇石城，以为北伐之准备，而郗鉴挠之。其后，庾翼欲伐
石虎，而举朝谓之不可。桓温伐前秦，朝廷屡诏制止；及伐
前燕，申胤亦料其必败。《晋书》九十八《桓温传》：

使侍中颜旄宣旨，召温入参朝政。温上疏曰："方攘
除群凶，扫平祸乱，当竭天下智力，与众共济，而朝议咸
疑，圣诏弥固。……乞时还屯，抚宁方隅。……"诏不
许，复征温。

《资治通鉴》一百二：

封孚问于申胤曰："温众强士整，乘流直进，今大军

徒逡巡高岸，兵不接刃，未见克珍之理，事将何如？"胤曰："以温今日声势，似能有为，然在吾观之，必无成功。何则？晋室衰弱，温专制其国，晋之朝臣未必皆与之同心。故温之得志，众所不愿也，必将乖阻，以败其事。"

东晋多次北伐之无功，皆此种相制相克之局面所造成。假使桓温功成而篡，岂不犹胜与胡虏共天下，政治斗争之不可理喻，往往类此。

四　北府兵之建立与外重局面之转移

东晋中央军力之强大，始于谢玄之练北府兵。北府兵之分子，为当时之徐州（今江苏、安徽二省江北及山东、河南二省南部一带地）人。徐州人号称劲勇，元帝时，纪瞻、祖逖均曾用之立功。故桓温常谓"京口酒可饮，兵可用。"（《晋书》八十七《郗超传》）谢安命玄招募之，不数年而成劲旅。《晋书》八十四《刘牢之传》：

> 太元初，谢玄北镇广陵。时苻坚方盛，玄多募劲勇。牢之与东海何谦、琅邪诸葛侃、乐安高衡、东平刘轨、西河田洛及晋陵孙无终等以骁勇应选。玄以牢之为参军，领精锐为前锋，百战百胜，号为北府兵，敌人畏之。

而斯时桓温所未尝翦灭之前秦，业已统一北方，乘胜南下，赖谢玄拒之于淝水，幸而不亡。淝水战时，桓冲欲以荆、江兵三千入援，谢安却之。及破走苻坚，冲惭耻发病而死。

淝水战后而桓冲又死，中央之势力既振，此时实为中央控取荆州之良机。而谢安无魄力，竟以荆州复归桓氏。《晋书》七十九《谢安传》：

> 桓冲既卒，荆、江二州并缺。物论以玄勋望，宜以
> 授之。安以父子皆著大勋，恐为朝廷所疑；又惧桓氏失
> 职，桓石虔复有沔阳之功，虑其骁猛，在形胜之地，终或
> 难制。乃以桓石民为荆州，改桓伊于中流，石虔为豫州。
> 既以三桓据三州，彼此无怨，各得所任。其经远无竞，类
> 皆如此。

史书盛赞谢安"经远无竞"，不知其后桓玄据荆州以移天步
者，与此事有密切关系也。

谢玄死后，北府兵权，落于反覆无常之刘牢之手中。牢
之始则与王恭讨司马道子元显父子而出卖恭，其后桓玄称兵
东下，又出卖司马元显而降玄。玄立解牢之兵柄，乃又谋反
玄，事未成而牢之仓皇自杀。北府陷于无首状态，玄遂得乘
机篡晋。及刘裕等起义京口，而桓玄为之震动。玄不惜与举
国为敌，何独惧一草莽匹夫之刘裕？盖裕等所纠集起义者，
皆北府旧人也。观于桓玄之急去刘牢之而以桓脩领北府者，
则玄亦深知北府兵之可畏也。

刘裕终以北府士众击灭桓玄，玄之精锐尽丧，而荆州亦
因之虚耗。《晋书》八十五《刘毅传》：

> 毅表荆州编户不盈十万，器械索然。广州虽凋残，
> 犹出丹漆之用，请依先准。于是加督交、广二州。毅至江
> 陵，乃辄取江州兵及豫州西府文武万余，留而不遣。

荆州既敝，而刘毅欲以桓氏余孽以抗刘裕北府之强兵，实同梦

想。毅败，东晋外重之局，乃完全改观。其后刘裕所以能灭南燕、后秦，"生擒数天子"，因而取晋自立者，皆仗北府兵也。

刘裕灭后秦，以其子义真统兵镇关中，而诸将互斗，为贺连勃勃所乘。于是刘裕部下之百战精锐，大部丧失，名将只剩一檀道济。裕死，徐羡之、谢晦、傅亮等联道济废少帝，迎立文帝于荆州。而徐等欲久专朝权，于文帝未抵京前，急以谢晦为荆州刺史，以为外援。《宋书》四十四《谢晦传》：

> 少帝既废，司空徐羡之录诏命，以晦行都督荆湘雍益宁南北秦七州诸军事、抚军将军、领护南蛮校尉、荆州刺史，欲令居外为援。虑太祖至或别用人，故遽有此授。精兵旧将，悉以配之，器仗军资甚盛。

又云：

> 初，晦与徐羡之、傅亮谋为自全之计，晦据上流，而檀道济镇广陵，各有强兵，以制持朝廷；羡之、亮于中秉权，可得持久。

因此荆州复强，而晦敢以之作难。文帝杀徐、傅而以檀道济平晦，盖斯时亦惟檀可以敌晦也。晦灭，宋室强兵，悉操檀手，故檀自诩为"万里长城"。文帝终又杀檀，而宋之武力遂衰。王船山以为北府诸将之命运，乃宋武、宋文有计画之安排。《读通鉴论》十五：

> 夫江东之不振也久矣。谢玄监军事，始收骁健以鼓励之，于是北府之兵，破苻坚而威震淮北。宋武平广固，收

洛阳，入长安，而姚兴、拓拔（跋）嗣不能与之敌，皆恃此也。已而宋武老矣，北府之兵，老者退，少者未能兴也。宋武顾诸子无驾御之才，而虑其逼上，故斗王镇恶、沈田子诸人于关中，使自相残刘而不问。文帝入立，惩营阳之祸，急诛权谋之士，区区一檀道济，而剑已拟其项领。上之意指如彼，下之祸福如此。王昙首诸人雍容谈笑，以俟天下之澄清，虽有瑰玮之才，不折节以趋荏苒者，几何也？

此说虽嫌附会，然宋之不振，实由于北府兵之解体。故宋武闻关中陷，登城北望流涕而无可如何。其后拓跋焘临江欲渡，文帝亦慨然谓"若使檀道济在，胡马焉能至此"也。

五　宋齐之荆州政策

东晋荆州与中央政府之摩擦，几乎与国终始，其影响已如上述。刘裕篡晋后，乃立即对荆州实行有效的防制计画。宋武之"荆州政策"，不外三项。

一、限制荆州将吏之数目，使不得自由扩展武力。《宋书》三《武帝纪下》：

> （永初）二年……三月乙丑，初限荆州府置将不得过二千人，吏不得过一万人，州置将不得过五百人，吏不得过五千人。

二、割荆州一部分土地，建立新州，以缩小荆州之面积。同书同纪：

> 三年……又分荆州十郡，还立湘州。左卫将军张邵

为湘州刺史。

三、以宗室出镇荆州，以防异姓之二心。《宋书》六十八《刘义宣传》：

> 初，高祖以荆州上流形胜，地广兵强，遗诏诸子次第居之。

其后文帝自荆州入承大统，而徐羡之等乃以荆州遽授谢晦。谢乱平后，乃实行武帝"诸子次第居之"之遗诏。文帝弟义康、义恭、义庆、义季、义宣，均曾先后出镇荆州，且多有治绩。《宋书》五十一《刘义庆传》：

> 在州八年，为西土所安。

同书六十一《刘义季传》：

> 义季躬行节俭，畜财省用，数年间还复充实。

同书六十八《刘义宣传》：

> 义宣至镇，勤自课厉，政事修理。

此外文帝亦继续分割荆州。《宋书》三十七《州郡志》：

> 宋文帝元嘉二十六年，割荆州之襄阳、南阳、新野、顺阳、随五郡为雍州。

然文帝并未过分割裂荆州，湘州且屡立屡省。《宋书》五《文帝本纪》：

> （元嘉）八年……十二月，罢湘州还并荆州。

又云：

> （元嘉）十六年……（正月）癸巳，复分荆州置湘州。

同书三十七《州郡志》则谓湘州于元嘉十七年复立，盖误。《文帝本纪》又云：

> （元嘉）二十九年……五月甲午，罢湘州并荆州。

据此宋武、宋文二代，荆州面积不过较东晋时略小，而疆吏得人，荆州遂得有三十年之苏息，是亦元嘉美政之一也。然中央亲倚宗室，过久其任，以是又生问题。孝武帝时，刘义宣乃以荆州发难。《宋书》六十八《刘义宣传》：

> 义宣在镇十年，兵强财富，既首创大义，威名著天下。凡所求欲，无不必从。朝廷所下制度，意所不同者，一不遵承。

《宋书》六十六《何尚之传》：

> 史臣曰："……是以义宣藉西楚强富，因十载之基，嫌隙既树，遂规问鼎。"

此点乃二帝荆州政策所未曾顾到者也。

刘义宣既以宗室倡乱，孝武谋加紧削弱荆州，乃不亲任宗室，遂改易宋武"诸子次第居之"之政策。故朱修之讨平义宣，帝即以荆州付之。刘义恭复希孝武意上禁例二十四条以限制宗室。此外并继续分割荆州，于孝建元年复立湘州，同年更立郢州。《宋书》六《孝武帝本纪》：

> (孝建) 元年……六月……分荆、湘、江、豫州立郢州，罢南蛮校尉。

及至明帝，于宗室猜疑益甚，一举而杀孝武二十八子。荆州虽曾委之其弟休祐、休若，然亦旋即诛除，临死乃不得不以荆州付于蔡兴宗。蔡未之任，沈攸之代蔡，乃蓄意叛变。《南齐书》一《高帝本纪上》：

> 攸之为郢州，值明帝晚运，阴有异图。自郢州迁为荆州，聚敛兵力，将吏逃亡，辄讨质邻伍。养马至二千余匹，皆分赋戍逻将士，使耕田而食，廪财悉充仓储。荆州作部岁送数千人仗，攸之割留，簿上供讨四山蛮。装治战舰数百千艘，沈之灵溪里。钱帛器械巨积，朝廷畏之。

《宋书》七十四《沈攸之传》：

> 其年（顺帝升明元年）十一月乃发兵反叛。攸之素蓄士马，资用丰积。至是战士十万，铁马二千。

沈攸之久涉军旅，自明帝泰始五年为郢州起至顺帝升明元年反叛，蓄谋几达十载，准备充足。然迅速败灭者，则雍、郢二州牵制之效也。《南齐书》二十五《张敬儿传》：

> 太祖（萧道成）以敬儿人位既轻，不欲便使为襄阳重镇。敬儿求之不已，乃微动太祖曰："沈攸之在荆州，公知其欲何所作？不出敬儿以防之，恐非公之利也。"太祖笑而无言。乃以敬儿为持节，督雍梁二州郢司二郡军事、雍州刺史。

《南齐书》二十四《柳世隆传》：

> 是时朝廷疑惮沈攸之，密为之防，府州器械，皆有素蓄。世祖将下都，刘怀珍白太祖曰："夏口是兵冲要地，宜得其人。"太祖纳之，与世祖书曰："汝既入朝，当须文武兼资人与汝意合者，委以后事，世隆其人也。"

因朝廷有此种预防，故攸之兵锋，东受郢城之阻，而北受雍州军之袭击，才三月而败。此不得谓非宋文、孝武分割荆州政策之成功，惟蒙其利者为萧道成耳。

南齐一代之荆州政策，亦全袭有宋旧规。对荆州土地，继续割裂。《南齐书》十五《州郡下》：

> 建元二年，分荆州巴东、建平，益州巴郡为（巴）州，立刺史。

至于荆州之最高长官，悉以宗室充任，南齐一代，荆州从无异姓之刺史。然中央对宗室亦不放心，更加重典签之权，用以钳制出镇诸王，而诸王遂成傀儡。《通鉴》一百三十九：

> 初，诸王出镇，皆置典签，主帅一方之事，悉以委之。时入奏事，一岁数返。时主辄与之间语，访以州事，刺史美恶，专系其口。自刺史以下，莫不折节奉之，恒虑弗及。于是威行州郡，大为奸利。武陵王晔为江州，性烈直，不可干。典签赵渥之谓人曰：“今出都易刺史。”及见世祖，盛毁之，晔遂免还。南海王子罕戍琅邪，欲暂游东堂，典签姜秀不许。子罕还，泣谓母曰：“儿欲移五步亦不得，与囚何异？”邵陵王子贞尝求熊白，厨人答典签不在，不敢与。永明中，巴东王子响杀刘寅等，世祖闻之，谓群臣曰：“子响遂反！”戴僧静大言曰：“诸王都自应反，岂唯巴东！”上问其故，对曰：“天王无罪，而一时被囚。取一挺藕一杯浆，皆咨签帅；签帅不在，则竟日忍渴。诸州唯闻签帅，不闻有刺史，何得不反！”竟陵王子良尝问众曰：“士大夫何意诣签帅？”参军范云曰：“诣长史以下皆无益，诣签帅立有倍本之价，不诣谓何！”子良有愧色。及宣城王诛诸王，皆令典签杀之，竟无一人能抗拒者。

据此，南齐防制荆州之政策，可谓变本加厉。以是终南齐之世，荆州相当稳定。实因当时荆州在西部诸州中，势力已不算强大。故萧衍能以雍州之众，并荆州而直捣建康。此又非南齐之君所可逆料者也。

六　梁陈荆州之变化与六朝国运

由于有宋连续分割荆州，至孝武帝立郢州，荆州之实力大衰。《宋书》六十六《何尚之传》：

荆扬二州，户口半天下。江左以来，扬州根本，委荆以阃外。至是并分，欲以削臣下之权，而荆扬并因此虚耗。

又云：

而建郢分扬，矫枉过直，藩城既剖，盗实人单，阃外之寄，于斯而尽。

齐时，荆州在西部诸州中，已非最强。而宋文帝时割荆州北部地而成立之雍州，因系南北兵冲，实力已驾荆州而上。《梁书》一《武帝纪上》：

高祖（萧衍）谓诸将曰："荆州本畏襄阳人，加唇亡齿寒，自有伤弦之急，宁不暗同邪？我若总荆雍之兵，扫定东夏，韩白重出，不能为计。况以无算之昏主，役御刀应敕之徒哉！"

《梁书》十《萧颖达传》：

（席）阐文曰："萧雍州蓄养士马，非复一日。江陵素畏襄阳人，人众又不敌，取之必不可制；制之，岁寒复不为朝廷所容。今若杀山阳，与雍州举事，立天子以令诸侯，则霸业成矣。"

故萧衍举事，荆州不敢不从，而郢州亦终不能敌雍荆之众。沈攸之起事，以雍郢之牵制而败；萧衍起事，并荆郢而取天下。于此亦可知雍州军力冠于西部诸州矣。

梁武帝一扫南齐猜忌宗室之凤，亲任子孙，分掌各州。但失之宽纵，致诸王互不相下。《资治通鉴》一百五十九：

> 上年高，诸子心不相下。邵陵王纶为丹阳尹，湘东王绎在江州，武陵王纪在益州，皆权侔人主。太子纲恶之，常选精兵，以卫东宫。

其后侯景之乱，西部诸州，失却政治中心，遂演出诸王相杀之惨剧。当时任荆州刺史之梁元帝，于平乱之初，杀信州刺史桂阳王慥、湘州刺史河东王誉，逼走郢州刺史邵陵王纶。内哄之不足，又联魏兵攻杀益州刺史武陵王纪，而益州遂沦于西魏。当时之雍州刺史，为久藏祸心之萧詧。《周书》四十八《萧詧传》：

> 初，昭明卒，梁武帝舍詧兄弟而立简文，内常愧之。……詧既以其昆弟不得为嗣，常怀不平。又以梁武帝衰老，朝多秕政，有败亡之渐，遂蓄聚货财，交通宾客，招募轻侠，折节下之。其勇敢者多归附，左右遂至数千人，皆厚加资给。中大同元年，除持节，都督雍梁东益南北秦五州、郢州之竟陵、司州之随郡诸军事，西中郎将，领宁蛮校尉，雍州刺史。詧以襄阳形胜之地，又是梁武创基之所，时平足以树根本，世乱可以图霸功。遂克己励节，树恩于百姓，务修刑政，志存绥养。

詧又引西魏师陷江陵，杀元帝，而梁祚继之以亡。詧既杀元帝，遂为西魏藩臣，西魏置詧于江陵而自取襄阳。《周书》四十八《萧詧传》：

及江陵平，（周）太祖立詧为梁主，居江陵东城，资以江陵一州之地。其襄阳所统，尽归于我。

《资治通鉴》一百六十五：

魏立梁王詧为梁主，资以荆州之地，延袤三百里，仍取其雍州之地。詧居江陵东城，魏置防主，将兵居西城，名曰助防。外示助詧备御，内实防之。

当时西部诸州如联合无猜，不特可迅灭侯景，西魏亦难收渔利。而自相残杀，尽失江北之地，至于国家灭亡。诚所谓"骨肉之战，愈胜愈酷"者矣。然诸州各不相下，使西部失却重心者，实受宋齐以来过分割裂荆州之影响也。

陈时荆州江北之地既失，府治遂迁于江南之公安。荆州地利，已与北虏共之。薛道衡所谓"量其甲士，不过十万，西至巫峡，东至沧海，分之则势悬而力弱，聚之则守此而失彼。"（《隋书》五十七《薛道衡传》）此种狼狈失据之局面既成，长江乃失其天堑之效。梁武之世，南朝之势仍强，江左萧翁，为中原士大夫所遥奉之正统。其后侯景入建康，梁元帝遣一王僧辩即讨平之。而一失江陵，南朝遂趋不振。观此固可知地利之不可轻弃，然益可知人事之重于地利也。

附记：文中所引日人冈崎文夫著作，原系日文，承韩国金俊烨兄代为译成中文，特此志谢。

一九五二年八月于台北
原载《台湾大学文史哲学报》第四期，一九五二年十二月

唐人的生活

一　前言

本文所述唐人的生活，主要指唐室中央所直接控制地区中的汉族士大夫和平民的生活。盛唐时代的边塞地区和中唐以降的胡化藩镇地区，由于其间种族复杂，风气与内地迥异，都不在本文的叙述范围之内。

为求对唐人的生活状况和演变有较深刻的认识，首先应当注意唐代两种特殊的社会风气，即功利主义和胡化。这两种风气，对唐人的生活具有莫大的影响。

唐人的重功利，与儒学的衰微和胡风的输入有关。唐代士大夫的好干谒竞进，生活的奢侈浪漫，宗教的发达，以及政治社会风气的不良，（惟贞观、开元两代，风气稍正。）都与功利主义有关。唐代最著名的文人如杜甫、白居易、刘禹锡、韩愈等，他们的诗文中都或多或少的透露出势利气味，即李白也不能免俗。但他们绝不讳言功利，杜甫《狂歌行赠四兄》便曾坦白的说："兄将富贵等浮云，弟切功名好权势。"（《全唐诗》卷二三四）这也是唐人的可爱之处，他们至少不是伪君子。不过嗜欲多则天机浅，因此唐代的大思想家极少，而所谓"能臣"则极多，二百九十年间，政治上代有人才。他们的能力极强，干劲也足，虽不拘细行，仍无碍其自身的建树。

像诸葛亮的茅庐高卧，必三顾而后出仕；或是宋人"平时袖手谈心性，临危一死报君恩"一类的作风，对唐人来说是无法想像的。另一方面，士大夫生活的奢侈浪漫，对政治社会，都发生倡导作用，逐渐造成政治社会上贪淫奢纵的风气，也成为唐室衰亡的病根。

由于唐人的热中权势，政治人物的新陈代谢也比较快。政治上的少年新贵，不可胜数；而"贵壮贱老"的风气，也十分明显。这种风气，始终未变。唐代历朝诗人的吟咏中，时常流露出对这种现象的慨叹。例如盛唐时代杜甫的《戏为六绝句》："今人嗤点流传赋，不觉前贤畏后生。"（《全唐诗》卷二二七）中唐时代刘禹锡的《与歌者米嘉荣》："近来时世轻先辈，好染髭须事后生。"（《全唐诗》卷三六五）晚唐时代司空图的《新春写生》："文武轻销丹灶火，市朝偏贵黑头人。"（《全唐诗》卷六三二）和韩偓的《避地》："白面儿郎犹巧宦，不知谁与正乾坤。"（《全唐诗》卷六八〇）都可为证。唐代的兴与亡，大致都与"白面儿郎"有关。

功利主义既然流行，儒学在社会上自不会发生多大作用，女性的约束也无形减少。唐代妇女受教育的机会较多，男女地位比较平等，社交比较公开，思想也比较自由。无数的绮文韵事，也都由此而生。唐人的生活，可以说是多彩多姿的；这种生活，大半是唐代的少年男女所创造的。

胡化对唐人生活的影响也很大。东晋以降，胡人占据中国整个北方，因而胡风得以顺利传入中国，愈演愈盛。其中尤以西域文化，最为流行。诸如宗教、歌舞、乐器、工艺技术等，大都自西域而来。唐代承北朝余绪，胡化仍深，至玄宗天宝时代臻于极盛。唐初，汉人无论男女，都具有尚武精神。军队的犁庭扫穴，以一当十，固然是受了胡化的熏习，即使在娱乐享受方面，也有许多地方沾染胡风。史称开元末年，贵人御馔，尽供胡食，士女皆衣胡服[1]，便是一例。这种风尚，直延至安史之乱以后五十年，始渐趋衰落。此外唐自高宗、武后，崇尚科举，国人竞趋进士之选，以猎取功名，由是文风日盛，而民族的尚武精神随之日渐萎靡，而后遂有开元天宝间重用胡将之事。科举既盛以后的"胡化"，乃仅限于娱乐享受的范围。

安史乱后，科举益盛。由于国人痛恨外族，于是逐渐转而复古。但因胡风的笼罩已久，且中唐后中国与外族的交通仍极频繁，一时无法尽革。直至宪宗以后，才略复本貌。当时唐人的衣着方面，已有显著的改变。思想上则有韩愈的排佛，而儒学渐与。虽然如此，社会上奢淫贪纵的风气，依然如故。而尚文的中央政府，始终不能征服河朔的胡化藩镇，以迄于亡。从唐人的生活状况，也多少可以看出唐室中央无由自振的原因。

本文所述，主要包括唐人的衣、食、住、行、婚、丧、庆寿及娱乐等项。至于宗教信仰，已详述于拙作《唐型文化与宋型文化》一文中，在此不复赘述。

二　衣服

唐人的服制，以颜色来区别身份。上至皇帝，下至士庶，其服色各有不同。但自唐初以来，服色时有改易，到高宗后，始渐成定制。其制皇帝服用赭。朝臣官服，则分四色：亲王及三品以上官服用紫，饰以玉；五品以上服用朱，饰以金；七品以上服用绿，饰以银；九品以上服用青，饰以鍮石（黄铜），妇人则从其夫色。流外庶人则服用黄，饰以铜、铁。士人服用黑，有紫绿、墨紫等色[2]。至于衣服的宽狭长短，也都有规定。

唐人通常着袍，以上述诸色明其身份。此外上衣有衫（单衣）、襦（短衣）、袄（绵衣）等，下衣为袴。书学、算学及州县学生，虽皆男士，但也着白裙[3]。至于奴婢，则服襕衫，以白细布为之，圆领大袖。官奴婢由太府寺给衣，奴有皮鞋、头布、布衫、布袴；婢有裙、衫、绢禅、鞋等[4]。衣料则有丝、绢、绫、罗、锦、绣、纱、绡（生丝纱）、纨（细绢）、素（精白之绢）、缯、縠（细缯）、缣、白纻布（麻制）等。棉布在当时还未流行。

虽然唐代服制，规定甚为详细，但并未严格执行。大概除了百官的公服须按规定外，士女的常服大都任意穿着，这可以胡服的流行为证。自北朝以来，男女衣饰，多尚胡服。到唐初，其风益盛。胡服的特点为短衣、窄袖、长靴。从敦煌遗留下来的壁画，可以看出胡服男衣仅短至膝，折襟翻领；女衣稍长，内另有长裙。汉人着胡服的风气，至玄宗时，达于极盛，一直延续到宪宗。元稹《法曲》："胡音胡骑与胡装，五十年来竞纷泊。"（《全唐诗》卷四一九）虽然如此，但妇女的衣饰，已颇有改变。白居易《上阳白发人》："小头鞋履窄衣裳，青黛点眉眉细长；外人不见见应笑，天宝末年时世妆。"（《全唐诗》卷四二六）可知天宝时代的时妆，到宪宗元和、穆宗长庆之际，已成为世人骇笑的对象，也可以推知胡风已渐趋衰落。

元和以后，衣服渐尚宽长。文宗时，尝敕定袍袄等曳地不得长二寸以上，衣袖不得广一尺三寸以上。妇人裙不得阔五幅以上，裙条曳地不得三寸以上[5]。可知此时唐人已渐厌胡风而改从汉制，甚至宽长过分。从这些地方，也可以看出唐人已颇有复古的倾向。

至于唐代妇女的服装，真是五光十色，名目繁多，绝不似服制所定的单调。女衣有襦、衫、袴、裙、半臂、披帛、袍、袄、带等。唐代妇女最喜着红衣，次为黄衣，亦有着白衣裳者，此外尚有紫、蓝等色。唐人诗中，有关以上各色衣服的记载，随处可见。中国古代，男女均不着袴，故外衣宽长以掩蔽下体。汉时已有袴，开裆。唐代女袴，仍开裆如小儿。又有"绲裆袴"，中有缝，但结以带。这种袴汉时已有，称为"穷袴"。杨贵妃有"鸳鸯并头莲锦袴袜"，又名"藕覆"，为当时时髦之物，类似今日流行的袜袴[6]。裙尚宽长，贵族妇女所着之裙，名目亦多，制造精美，价值极昂。例如中宗女安乐公主有"百鸟毛裙"，正看为一色，日中为一色，阴影中又为一色；百鸟之状，并现裙巾，价值百万钱，百官之家多仿效之[7]。裙色则以红裙最为流行，俗称"石榴裙"。杨贵妃按制应着紫裙，但她好着黄裙，时人有"黄裙逐水流"之谚，讥其卑贱。半臂为短袖上衣，有时无袖（如今之"坎肩"或"背心"），男子亦可着之。披帛乃以有色缣帛，披于肩上，贵族妇女多用之。带以纱罗制成，其质甚薄，其厚者则用锦。带的上端有结，如合欢结、同心结等，其下端则甚长。系于身上，有婀娜之致。

妇女的服装，也深受胡风的影响。唐初，宫人骑马过街时，依齐、隋旧制，多着"幂䍦"，以缯为之，障蔽头颈及躯干，以免路人窥视。王公之家，亦争效之。这种服装，源自奚、契丹[8]。高宗永徽以后，幂䍦之制全废，妇女皆用帷帽，并拖长裙至颈，较前渐为浅露。帷帽原名席帽，本为羌人首服，秦汉时国人已用之，以籐制成，帽檐甚宽。妇女的帷帽，四周有丝网下垂，施以珠翠，以为障蔽。到玄宗开元初，从驾宫人皆着轻便的胡帽，靓妆露面，士庶竞相仿效。

如有着帷帽过市街者，必为瓦石所击。不久，妇女之骑马者，又变为露髻驰骋，不复戴帽，甚至穿男子靴衫，如奚、契丹之俗。无论内外尊卑，皆好此道，一时蔚成风气。至天宝时代，妇女又多好以巾覆首。从这些地方，也可以看出唐代妇女时装的演变过程。

唐代妇女又有袒胸之习，中唐以后，尤为习见。如方干《赠美人》"粉胸半掩疑晴雪"（《全唐诗》卷六五一）、李洞《赠庞炼师》"半胸酥嫩白云饶"（《全唐诗》卷七二三）等诗句，均可为证。这绝不是汉人妇女的固有服制，必然是胡化的一环，可能受天竺佛教文化的影响。

三 冠帽及鞋袜

唐代冠帽之制，名目甚繁，主要目的，仍是在区别官阶。如亲王戴远游三梁冠。朝臣五品以上两梁冠；九品以上一梁冠；武官及中书门下九品以上服武弁平巾帻，御史戴法冠等[9]。男子通常戴巾子和幞头。巾子是以纱绢之类，裹于头上。幞头起于北周，其法以三尺皂色纱绢，覆头向后，尽韬其发，四角系带，谓之"脚"，两脚系脑后垂之，两脚系髻下。其后改为固定型式，仅有两脚，且为硬脚，并有交脚（武官用）和展交（文官用）之分。唐初女子戴皂罗，方五尺，亦谓之幞头。又有席帽，亦即帷帽，男女适用，形制如上述。此外胡帽也很流行，通常以韦（熟兽皮）制成，遇檐上折，甚为轻便。最受欢迎的胡帽叫"浑脱"（舞曲名），以乌羊毛为之。唐初长孙无忌（曾封赵国公）喜戴浑脱，故又称"赵公浑脱"。唐代乐舞，多自西域传来，故舞人跳舞时多戴胡帽。胡帽除浑脱外，尚有珠帽、织成蕃帽、卷檐虚帽等。

唐代足服有靴、鞋、履、屐、舄等。靴本为胡服，传入中国的时代甚早，以皮为之，长靿。唐代减短其靿，以麻制成，也有用锦作的。同时自唐开始，靴成为百官的朝服。鞋没有靿，高不掩胫，多以麻为之。妇女所着的鞋，种类甚多，质料也不同，诸如绣鞋、金缕鞋、线鞋等。当时鞋上似有带以束之。履是比较高贵和正式的鞋，其形式与鞋无大区别，以丝为之。此外吴越间妇女好着"高头草履"，织造精美，上加绫縠，史称其为"阴斜阘茸，泰侈之象"[10]。屐盛行于魏晋，男女皆着。用木或皮制成。无周缘，仅有带附于屐头，着时以足穿带，曳之而行。并有两齿，以践泥水。《唐摭言》云："京师妇女始嫁，作漆画屐，五色采为系。"* 崔涯《嘲妓》："布袍披袄火烧毡，纸补箜篌麻接弦；更着一双皮屐子，纥梯纥榻出门前。（《全唐诗》不载，见《太平广记》卷二五六）** 可知虽值严冬，妇女仍有着屐者。唐时着屐者多不着袜，肌肤显露，引人遐思。李白《浣纱石上女》："一双金齿屐，两足白如霜。"（《全唐诗》卷一八四）韩偓《屐子》："方寸肤圆光致致，白罗绣靥红托里。"（《全唐诗》卷六八三）均可为证。舄是木底之屐，乃贵族着礼服时所用，如天子着赤舄。贵族妇女亦着舄，其色与其裳相似。至于民间妇女，则不着舄。

袜的记载，多以妇女为主。最常见的为罗袜，红色者居多。又有锦袜，为宫中贵人所着。杨贵妃有锦袎袜，内罗外锦，有带束之。相传马嵬之变，贵妃于仓皇中遗失锦袎袜一只，为村姬所得（一说为邮童所得），供人观赏，竟赚得不少

---

*　编者按：此处引文似不见于《唐摭言》，所指则为东汉京师习俗，见应劭《风俗通义·释忌》："延熹中，京师长者，皆著木屐。妇女始嫁，至作漆画屐，五采为系。"

**　编者按：此诗载《全唐诗》卷八七〇。

钱财。刘禹锡《马嵬行》："传看千万眼，缕绝香不歇。"（《全唐诗》卷三五四）即咏此事 [11]。唐时尚无缠足之习，故妇女皆系天足，当时女性审美观，以健硕丰满为尚，与此不无关系。

四 妇女的妆饰

唐代妇女，对妆饰甚为注意，化妆则力求秾艳，饰物则力求华美。其化妆品和饰物，种类极繁，大致可分面饰、发饰、颈饰、臂饰、指饰五类，兹分述于下：

唐代妇女的面部化妆品，有粉及燕脂。粉有铅粉（白）、红粉之别，妇女多好涂红粉。又以红脂涂唇，通称口脂。口脂又分大红、浅红两种，唐人所谓的"绛唇"、"檀口"，即是大红、浅红之别。唐人又以小口为美，唐诗中常以"樱桃"喻之。中唐以后，有以乌膏涂唇者，风行一时，可以说是唐人化妆术上的新发明。此外并涂黄粉于额间，通称"额黄"，又因黄色靠近头发，所以也叫"鸦黄"。唐初虞世南《应诏嘲司花女》："学画鸦黄半未成"（《全唐诗》卷三六），后世"涂鸦"一辞，大概起源于此。额黄有时也涂于眉间，晚唐温庭筠《汉皇迎春词》："柳风吹尽眉间黄"（《全唐诗》卷五七五），从温诗看，汉时妇女应已用额黄。又有所谓"妆靥"，可以称为"假酒涡"或"人工酒涡"。以粉、朱，或燕脂点两颊，如月形或钱形，月形者称"黄星靥"。

眉的化妆，主要是以黛（青黑色颜料）画眉，求其浓黑。眉的形式，也有多种。唐玄宗曾令画工作《十眉图》，十眉即鸳鸯眉、小山眉、五岳眉、三峰属、垂珠眉、月棱眉、分梢眉、涵烟眉、拂云眉、倒晕眉。唐人眉尚弯长，故唐诗中乡有"蛾眉"、"双蛾"、"弯蛾"、"柳眉"、"月眉"等形容词。因尚浓黑，又称"翠眉"。白居易《上阳白发人》："青黛点眉眉细长……天宝末年时世妆。"可知天宝末尚流行细长之眉。但到中唐时间,唐人的衣饰起了变化,衣则尚宽大,眉则尚粗短。元稹《有所教》:"莫画长眉画短眉,斜红伤竖莫伤垂。人人总解争时势,都大须看各自宜。"(《全唐诗》卷四二二)可知元和长庆之际,眉已尚短。短粗之外,又常使眉尾低斜如八字,即所谓"八字眉"。白居易《时世妆》:"时世流行无远近,腮不施朱面无粉,乌膏注唇唇似泥,双眉画作八字低。妍媸黑白失本态,妆成尽似含悲啼。"(《全唐诗》卷四二七)汉武帝时,宫女即画八字眉,唐人此举,可谓复古。总之,唐代妇女的面部化妆,过分秾艳,难免流于俗丽。反不如虢国夫人,淡扫蛾眉,素面朝天,予人以清新之感。夫人所以特邀玄宗之宠眷,实非无故。面饰则有花钿,又名花子。通常是以金制的花,贴于眉间或两颊,也有以翠玉制成的。

唐代妇女的发式,多好梳髻。髻自古即有,或谓起自燧人氏,事远难知。但史载西周初年,已有高髻。至汉,受西域发式的影响,名目增多。东汉时,高髻之风,已甚普遍。长安语曰:"城中好高髻,四方高一尺。"[12] 其后南北朝及唐,均尚高髻。而唐时花样益繁,如归顺髻、愁来髻、飞髻、百合髻、闹扫髻、囚髻、抛家髻、乌蛮髻等,不胜枚举。其形态多不可考,仅知闹扫髻乱发蓬松,如被风吹;囚髻束发极紧,有类囚徒;抛家髻则以两鬓抱面等。由于时尚高髻,妇女头发疏稀者自无能为力,因此多戴假髻[13]。高髻之外,也有低髻,又称短髻,也有很多名目。又有丛髻,为乱梳之髻,或以假发为之。又有所谓"拔丛",发形散乱,并垂发障目,流行于唐末。唐代妇女,有时亦效胡人的椎髻,其形如锥而无鬓。直至元和时期,还很流行。总之,唐代流行的髻,可分高髻、低髻及丛髻三种,而三种髻均可以假发为之。

髻之外又有鬟。鬟者谓"环发为鬟",大致发式低虚者为鬟,高实者为髻。但髻亦有高低之分,何以不称"低髻"而称"鬟"?故鬟必具有其独特形式。大致鬟为一种圆形发式,虽亦有高低之分,但总不失其圆。其与髻有别者,或即在此。未嫁之女,则梳双鬟。如刘禹锡《同乐天和微之深春》:"春深幼女家,双鬟梳顶髻。"(《全唐诗》卷三五七)可以为证。

唐代妇女对鬟的修饰,也很注意。鬟式分薄鬟(即蝉鬟)与丛鬟二种,而唐人多尚薄鬟。如李百药《戏赠潘徐城门迎两新妇》:"云光鬟里薄。"(《全唐诗》卷四三)白居易《花酒》:"云鬟新梳薄似蝉。"(《全唐诗》卷四四八)丛鬟则发较蓬松,不若蝉鬟的薄而有光。如白居易《陵园妾》:"青丝发落丛鬟疏。"(《全唐诗》卷四二七)王建《送宫人入道》:"休疏丛鬟洗红妆。"(《全唐诗》卷三〇〇)以二人的诗看来,丛鬟似为宫人的习尚。

发饰最普遍的为钗,以金、银、珠、玉、珊瑚、琥珀等物制成,并雕饰为鸾、凤、鸳鸯、燕、雀、鹦鹉、蝉、蝶、鱼等动物形状,插于髻上。没有雕饰的钗,称为"素钗"。贵族妇女之钗,有宝钗、玉钗、金钗、翠钗等名目。平民妇女,则多用荆钗,以木为之。此外有簪,用以连发,男女皆可用。女用的簪,多以翡翠、玳瑁、玉等物为之。玉簪又称玉搔头。梳(即栉),多以木、犀角、玉、水晶、象牙等制成,插于鬟后。元稹《恨妆成》:"满头行小梳。"(《全唐诗》卷四二二)可知梳有大小之别,小梳有时可插二三个。翠翘,翘本是翠鸟尾上的长羽,翠翘则以翡翠为之,如鸟尾形。步摇,以珠玉之属,镶于钗上,并于顶端以金丝曲成花枝,系以垂珠,插于髻上,行时则随步动摇。步摇战国时已有,多为贵族妇女所用,可以说是一种最奢侈的发饰。

颈饰有璎珞，传自天竺，以珠、玉为之，即今日的项链。臂饰则有钏，又称臂环或条脱，有金、银、玉等类。指饰则有指环，亦名戒指，大都以金、银、翠玉为之，也有以玛瑙、珊瑚、水晶、琥珀、紫晶等制成的。

五 饮食

唐代百官食料，例由政府供给，以官阶的高低分配其多寡。肉类以猪、羊、鱼为主，粮食以米、粟、面粉为主，菜蔬以葱、蒜、姜、瓜、葵、小豆为主，甜食以蜜、酥、梨、干枣为主，佐料以油、盐、豉、酱为主。此外并给炭以为燃料。每年节日并发给特制食品，如寒食给麦粥，五月五日给粽糷，七月七日给斫饼，九月九日给麻葛饼等。政府对官吏的待遇，可谓优厚。至于一般食品的名目，主要有汤、饭、膏、粥、丸、脯、羹、脔、饤、炙、脍、蒸饼、馄饨、包子、面、粽子等。其所用之肉，除六畜外，兼有鹿、熊、狸、兔、鹅、鸭、鳖、蟹、虾、蛤蜊等[14]。

饮料方面，唐人最嗜酒、茶和饧。酒以新酿为佳，白居易《问刘十九》："绿蚁新醅酒，红泥小火炉。晚来天欲雪，能饮一杯无？"（《全唐诗》卷四四〇）杜甫《客至》："盘餐市远无兼味，樽酒家贫只旧醅。"（《全唐诗》卷二二六）可以证明唐人对酒的贵新贱旧。唐代名人，患风疾（即今高血压症）者甚多（如唐高宗、杜甫、哥舒翰等），与纵饮不无关系。长安酒价每斗约酤三百文，美酒有酤至每斗万钱者。杜甫《逼仄行赠毕曜》："速宜相就饮一斗，恰有三百青铜钱。"（《全唐诗》卷二一七）李白《将进酒》："金樽清酒斗十千。"（《全唐诗》卷一六二）大致可以说明唐代的酒价，但李白的诗句，可能有些夸大。饮茶之风，兴起于开元。陆羽曾撰有《茶经》三篇，研究极精。唐人煎茶，通常佐以姜和盐。至于茶的产地，则以四川所产者为最著。唐代以后，国人酗酒之风渐衰，或与饮茶有关。饧为麦芽或谷芽熬煎制成的糖。至于以甘蔗汁煎成的沙糖，其制法乃唐太宗时自西域传入，当时曾大受唐人的欢迎[15]。

唐人好胡食，亦犹今人之喜食西餐。此种风气，以开元时期为最盛。胡食以酒为主，如葡萄酒、三勒浆类酒（酿法出自波斯）等，最为唐人所好。此外有胡饼，即今之烧饼。以麦粉为之，两层相合，外着胡麻（芝麻）。国人食之，至今不衰，渐成为"国粹"。

唐代大官多喜豪宴，承平之时固已如此，安史大乱之后，其风尤盛。如代宗大历二年（公元七六七年），郭子仪入朝，代宗诏赐"软脚局"。宰相元载、王缙，仆射裴冕、第五琦各出钱三十万，宴于子仪府邸。子仪及宦官鱼朝恩、大将田神功等也更迭设宴，每宴辄邀公卿大臣百人，前后费钱十万贯。其时距安史之乱平定，不过五年。

六　居室与交通工具

唐代居室，也有定制，以贵贱为等差。宫殿多承自隋，备极壮丽，其建筑技巧受西域的影响甚大。隋代的三大技术家宇文恺、何稠、阎毗，都有西域的血统。他们以西域的奇技，配合中国的规制，修建了不少雄伟的工程。如九成宫（隋仁寿宫）即是宇文恺所设计的。至唐，宫室续有兴建，如弘义宫、大明宫、兴庆宫等，华丽亦不减隋代。至于官民的居室，则以架为单位，架指两柱两梁间的面积。其制王公及诸臣三品以上九架，五品以上七架，六品以下五架。门舍则三品以上五架三间，五品以上三间两厦，六品以下至庶人一间两厦。又五品以上得建乌头门[16]。

居室的定制，在玄宗天宝以前，大致尚能施行。天宝时，贵戚勋臣已务奢靡，制度乃逐渐破坏。开国元勋李靖的家庙，竟沦为嬖臣杨国忠的马厩，而国忠妹虢国夫人也曾强占已故宰相韦嗣立的宅第。代宗时，因安史的大难初平，官吏奋发之志渐颓，而享受之心转烈，加以法度废弛，奢侈之风益盛。大臣戎帅，竞事建筑亭馆舍第，大兴土木，力穷始止，当时谓为"木妖"。史称宰相元载，在长安城中开南北二甲第，室宇宏丽，冠绝当时。又于近郊起亭榭，别墅相连者数十所，婢仆曳绮罗者一百余人。节度使马璘，在京师治第，尤为宏美。到德宗，以其逾制而毁之。但习尚既成，难以遽改，虽名贤亦所不免。武宗时名相李德裕，为晚唐政坛的奇才，道德学问，冠绝一时。但他的生活仍甚奢侈，其园池花木之盛，达于极点。这种风气，直到北宋，才被遏止[17]。

唐代的交通工具，不外舆、马、舟、车。舆即是后日的轿，以人力负挽，有腰舆、步舆等名称。马则为最普遍的交通工具，中唐以前，尚武之风未泯，虽女子亦多骑马。舟船之盛，以江西为最，编蒲为帆，大者多至十幅。通常最大的船，载重不过八九千石，故江湖有"船不载万"之语。但到代宗、德宗时，有俞大娘航船，体积最大。居者养生送死以及婚丧嫁娶，皆在其间；操驾之工，多至数百人。南至江西，北至淮南，每岁往来一次，获利甚溥。可知俞大娘的船，必然不止万石。德宗时，李皋以巧思为战舰，挟二轮蹈之，翔风鼓疾，若挂帆席，所造省易而久固。也可想见唐人造船术之精[18]。车则有马车、牛车及手挽车等，虽然制造亦佳，但较之前代并没有多大进展。

唐首都长安，街道甚为修整。安史乱后，街坊出现不少

"违章建筑"。代宗于大历时，曾下令整理，凡有"侵街打墙，接檐造舍"者，一律不许，并令拆毁，兼须重罚。街道间的树木，亦不得斫伐[19]。

七　婚丧及庆寿

魏晋以后的早婚之习，到唐代仍然流行。太宗初年，因大乱之后，全国民户，不过三百万，因而奖励生育。曾令全国男子二十以上，女子十五以上而未婚者，由政府督促结婚。其后婚期益早，玄宗时，男年十五，女年十三，于法皆听婚嫁[20]。士庶结婚，须备六礼，即纳采、问名、纳吉、纳征、请期、迎亲，婚礼则须于黄昏举行。安史乱后，因战乱流离，士庶穷困，男女婚期，普遍延迟。白居易《赠友》："三十男有室，二十女有归，近代多离乱，婚姻多过期。"（《全唐诗》卷四二五）结婚年龄，男子通常延迟十年以上，女子延迟五年以上。某些地方，女子有至四十五十而未嫁者，如杜甫《负薪行》："夔州处女发半华，四十五十无夫家；更遭丧乱嫁不售，一生抱恨堪咨嗟。"（《全唐诗》卷二二一）这种现象，当然并不普遍。但富家子女，仍行早婚，如白居易《议婚》："红楼富家女，金缕绣罗襦；见人不敛手，娇痴二八初；母兄未开口，已嫁不须臾。绿窗贫家女，寂寞二十余；荆钗不直钱，衣上无真珠；几回人欲聘，临日又踟蹰。"（《全唐诗》卷四二五）

唐初婚姻，犹重门第，北朝"财婚"的恶习，也未泯除，尤以关东世族崔、卢二姓为甚。他们有女皆居为奇货，除门第相当者外，非百万聘财不能得，此风直传至晚唐。有时公主尚不能与崔、卢之女相匹敌。唐公主多骄慢无礼，不敬翁姑，奴视其夫，因此人皆视与帝室联姻为畏途。而世家之女，尚有其传统的门风家法，颇知礼节，因而更增身价。公主选婿，多由强迫而成。如宣宗时，郑颢欲与卢氏为婚，而宰相白敏中选其尚主，颢深恨敏中，视如仇敌。又唐公主有至五嫁者，二嫁三嫁，尤为常事。由此可以推知民间离婚或改嫁，也相当自由。

平民分良人及奴隶二等，良人指士、农、工、商，各有本业，不许改行。奴隶为数不多，尚不能构成一种阶级。又有"杂户"，原为良人，因前代犯罪而没官，散配诸司供驱使。他们也附于州县户籍，但赋役与良人不同。《唐律》：凡良人不许与杂户、奴隶通婚，界划甚严。又同姓不许为婚，违者各处徒刑二年。有妻更娶，以妻为妾，或以妾婢为妻，均以犯法论处[21]。

唐代丧祭，多循古礼，有发哀、出孝等礼节。营葬甚为奢侈，王公百官，都竞为厚葬。伴葬的"明器"，政府例有规定数目。偶人像马，雕饰如生，墓田亦甚广阔。归葬时并有路祭，沿途设祭，每半里一祭，连续相次。唐初路祭于路旁张设帐幕，中有祭盘，置假花果及粉人粉帐之属，帐幕大者不过方丈。其后愈来愈奢，帐幕有高至九十尺者，祭物亦穷极工巧。安史乱后，路祭的花样更多，有刻木为古戏以为祭物者。灵车过时，送葬者手拉布幕，辍哭而观，完全失去路祭的意义。唐时文官遭父母丧，听其去职，武官则可以从权。对父祖避讳的习惯，也甚为重视。平民的丧葬，自无官宦的豪奢，墓田也甚狭窄。例如开元时庶人墓田定为方七尺，坟四尺[22]。

庆寿的风俗，起于南朝齐梁之际。相沿至唐，自皇帝下至平民，莫不重视生日，竭力崇饰。开元十七年（七二九年）八月五日，玄宗诞辰，宰相源乾曜、张说等上表，建议以是日为"千秋节"，是以生日建节的开始[23]。

八 娱乐一（倡妓）

唐代的社会，色情意味非常浓厚。尤其是大都会中，歌台妓馆，到处林立。当时一般文人墨客，进士新贵，多以风流相尚，歌舞流连，不以为怪。因此风流韵事，流传极多，可以说极尽享受的能事。

当时的妓女，可以分为公妓、私妓、家妓三大类，兹分述之：

公妓是政府特设，用以娱乐皇室、高官及军人者，又可分宫妓、官妓、营妓三种。唐初置内教坊于禁中，训练妓女，教以音乐歌舞，以娱皇家，是为宫妓。至玄宗，又于京师置左右教坊。白居易在浔阳江头遇见的商人妇，即曾习琵琶于教坊。白的《琵琶行》："十三学得琵琶成，名属教坊第一部。"（《全唐诗》卷四三五）当时教坊妓乐分坐部和立部，"第一部"指坐部。不过她学成后，并没有做过宫妓而流为私妓。官妓用以侍奉高官，可能也是由教坊来训练。唐德宗时，名将李晟在四川与张延赏为争官妓而成仇，其后延赏入相，与晟又成政敌，几至酿成祸乱 [24]。营妓则是用以娱乐军事长官和军士的。

私妓多集中于平康里，因其地近长安北门，故又称"北里"。北里的妓馆，是政府允许设立的私妓馆。妓女中颇不乏多才多艺、知书能言的。唐代士子入京考试，多宿于妓馆。此外女道士虽以修道为名，实际是变相的私妓。她们头戴花巾或芙蓉黄冠，着素服，加霞帔，盛服浓妆，潇洒有致。她们多与士大夫相往还，且可以醮祷为名，邀至家中，侑酒取乐。唐人的诗中，有不少是咏女道士的。

家妓是皇亲懿戚、公卿百官以及骚人墨客所豢养的妓女，用以娱乐自身和接待宾客，身份介于婢妾之间。中唐大诗人白居易有家妓樊素善歌，小蛮善舞。白居易《与牛家妓乐雨后合宴》："歌脸有情凝睇久，舞腰无力转裙迟；人间欢乐无过此，上界西方即不知。"（《全唐诗》卷四五七）可知家妓必擅歌舞，从而可知唐代士大夫的耽于享乐。

九　娱乐二（乐舞）

南北朝时代，音乐多采胡乐，唐仍因之。玄宗时，西域的乐谱，大量输入；著名的乐工，多为胡人或胡裔，所以大体说来唐代的音乐仍是西域化的。西域的音乐，多与舞相配，唐代乐舞的流行，自然也是受西域的影响。玄宗酷嗜音律，他于开元初，选太常子弟三百人，教为丝竹之戏，置院近梨园，号"梨院子弟"。此外乐人、音声人等多至数万，女乐则隶教坊。其时音乐歌舞之盛，冠绝整个唐代。中唐以前，朝廷著名的乐舞，舞人多为男性。中唐以后，乐舞逐渐偏重女性。

盛唐时代的皇室乐舞，历朝均有创制，名目不胜枚举。著名的男舞，有七德舞、九功舞、上元舞、大定舞、圣寿舞、光圣舞、谶乐舞、长寿舞、龙池舞、师子舞、景云舞，文舞、武舞、字舞（花舞）、坐舞、八佾舞等。其中不少须用大量舞人，十分壮观。例如上元舞（高宗时作）舞者一百八十人，着五色衣。圣寿舞（武后时作）则用一百四十人，戴金铜冠，着五色画衣，舞之行列必成字，凡十六变而毕 [25]。

著名的女舞则有：叹百年舞，用舞女数百人，盛饰珠翠，地衣皆画鱼龙，每舞用官绸五千匹。倾杯舞（玄宗作），以妙龄姿美的舞人数十，着淡黄衫、文玉带，并以金铃、珠玉络于颈间而舞之 [26]。霓裳羽衣舞，此舞衣饰繁丽，舞步急促。白居易《霓裳羽衣歌》："虹裳霞帔步摇冠，钿璎累累佩珊珊。"又云："繁音急节十二遍，跳珠撼玉何铿铮。"（《全唐诗》卷四四四）可以想见舞时的情景。

胡舞多来自西域，虽非官方颁制的正式的舞，但非常流行，不特为士庶所欢迎，有时且深入宫中，可以说风靡一时。胡舞舞者不过一二人，动作较正式的乐舞迅捷，所配的胡乐旋律也轻快活泼。著名的胡舞有胡旋舞、胡腾舞、柘枝舞、浑脱舞等，兹分述之。

胡旋舞，出自西域康国，其特点是舞者旋转动作，异常迅急。舞者二人，着绯袄、锦袖、绿绫裤、赤皮靴[27]。玄宗天宝末，此舞最为风行。杨贵妃及安禄山均擅此舞。白居易《胡旋女》："天宝季年时欲变，臣妾人人学圆转；中有太真外禄山，二人最道能胡旋。"（《全唐诗》卷四二六）史称禄山体重三百余斤，腹垂过膝，但舞时其疾如风。又元稹《胡旋女》："骊珠迸珥逐飞星，虹晕轻巾掣流电。"（《全唐诗》卷四一九）可以想见舞步的迅捷。

胡腾舞，出自石国，当是男舞。此舞动作亦以迅急见长，同时杂以腾跃，乐器则用横笛、琵琶。下面两诗可以看出舞者的衣着及舞时的情景。刘言史《王中丞宅夜观舞胡腾》："石国胡儿人见少，蹲舞尊前急如鸟，织成蕃帽虚顶尖，细氎胡衫双袖小。手中抛下蒲萄盏，西顾忽思乡路远，跳身转毂宝带鸣，弄脚缤纷锦靴软。四座无言皆瞪目，横笛琵琶遍头促，乱腾新毯雪朱毛，傍拂轻花下红烛。"（《全唐诗》卷四六八）李端《胡腾儿》："胡腾身是凉州儿，肌肤如玉鼻如锥，桐布轻衫前后卷，葡萄长带一边垂。帐前跪作本音语，拾襟揽袖为君舞。……扬眉动目踏花毡，红汗交流珠帽偏，醉却东倾又西倒，双靴柔弱满灯前。"（《全唐诗》卷二八四）

柘枝舞，为女舞，用二女童，衣五色罗宽袍，胡帽银带，帽施金铃，转动有声。舞者先藏于假莲花中，花开而后身现，相与对舞，甚为雅妙[28]。此舞动作较缓，不似胡旋、胡腾的旋转腾跃。下面是唐人描写柘枝舞的诗：张祜《观杨瑗柘枝》："促叠蛮鼍引柘枝，卷檐虚帽带交垂。紫罗衫宛蹲身处，红锦靴柔踏节时。"（《全唐诗》卷五一一）白居易《柘枝妓》："红蜡烛移桃叶起，紫罗衫动柘枝来。带垂钿胯花腰重，帽转金铃雪面回。"（《全唐诗》卷四四六）

浑脱舞，也是胡舞，但舞时的动作不详。玄宗时，公孙大娘善舞浑脱。

十　娱乐三（斗花与斗鸡）

唐人喜赏花，对牡丹尤为钟爱。长安本无牡丹，武则天为皇后时，移其故乡河东地区（今山西省）的牡丹至长安，植于禁苑，由是京师牡丹日盛，后又移植于洛阳。牡丹当玄宗天宝之世，犹是珍品。到德宗、宪宗时，始成为都下的盛玩，此后更普及于士庶之家。每年三月五日，花主各出其心爱之花，供人观赏，斗胜争奇。是日长安两街看牡丹，车马奔走，其花有一本至数万钱者。刘禹锡《赏牡丹》："庭前芍药妖无格，池上芙渠净少情；唯有牡丹真国色，花开时节动京城。"（《全唐诗》卷三六五）罗隐《牡丹花》："若教解语应倾国，任是无情亦动人。"（《全唐诗》卷六五五）可见唐人对牡丹喜爱之深。但也有对这种现象不满的，如王毂《牡丹》："牡丹妖艳乱人心，一国如狂不惜金。"（《全唐诗》卷六九四）洛阳牡丹尤盛，为天下之冠。其俗亦好花，春时城中居人，无分贵贱，皆插戴之。

牡丹以白色者最多，玄宗开元时，已有红、紫、浅红、通白四种。宪宗时已有黄牡丹，其余各色又分深浅。唐代高级官员，衣色为紫和红，因此唐人最喜紫和红色的牡丹，称之为"富贵花"。国画中有黑牡丹，其实并无此色。唐人所称的黑牡丹，是指水牛，乃谐谑之辞。后人不察，以为牡丹确有黑色。[29]

唐代斗鸡之风亦盛。豪富之家，多蓄雄健之鸡，以膏涂鸡首作狸状，缚利刃于鸡足，以与他鸡较胜负。李白《答王十二寒夜独酌有怀》："狸膏金距学斗鸡，坐令鼻息吹虹霓。"（《全唐诗》卷一七八）即咏此事*。斗鸡须下赌注，胜者得之。长安游侠少年，日以醉饮倡楼斗鸡为活。张籍《少年行》："日日斗鸡都市里，赢得宝刀重刻字；百里报仇夜出城，平明还在娼楼醉。"（《全唐诗》卷三八二）可知少年尤喜此道。

玄宗喜斗鸡，特设斗鸡童，着花蔽膝。其余诸帝如高、中、睿、代、穆、文、僖诸宗，莫不沈湎此道。文人画家，对斗鸡的吟咏描绘，也有声有色，可见唐代斗鸡之风的盛行。

十一 娱乐四（百戏）

百戏指各种杂技及游戏，名目甚多，其中不少传自西域。兹分述如下：

（一）黄龙变，即幻技，亦即今之"魔术"，不外吞刀吐火、鱼龙变化之类。汉武帝时，自西域输入，唐时仍盛行。

（二）夏育扛鼎，育，春秋时卫人，为著名的大力士，此则用其名以喻表演者的多力。其表演过程，乃是取车轮、石臼、大瓮器等各于掌上跳弄之。

（三）戴竿，以二人承竿，竿长百余尺。其上有舞人，腾掷如猿猴飞鸟之势。

（四）绳技，自西域传入。以绳系于两柱之间，相去十丈，

---

* 编者按：李白此诗为答友人而作，非为咏斗鸡事，原句为："君不能狸膏金距学斗鸡，坐令鼻息吹虹霓。君不能学哥舒横行青海夜带刀，西屠石堡取紫袍。"

以二人上绳对舞。绳上相逢，切肩而过，歌舞不辍。或数人踏肩踏顶至三四重，既而翻身直倒至绳，曾无蹉跌，一举一动，皆应严鼓之节。

（五）拔河，又名"拔絙"，古称"牵钩"。以大麻绳四五十丈，两头分系小索数百条，与赛者数百人，各挂小索于胸前，相互牵拔，以角胜负。

（六）打毬，古称"蹴鞠"。鞠以软皮为之，实之以物，使成球形，以之蹴踏为戏，西汉名将霍去病及汉成帝皆善此道。唐时又有踏球之戏，以彩画木球，高一二尺，女妓登蹑，转球而行，并作出各种舞姿。

（七）波罗球，自西域传入，亦即今之马球。球小如拳，外为彩绘，或涂朱红。球杖长数尺，其端如偃月。击球的人数无定，通常十余人，分为两队，各骑快马，共争击一球，是唐代军中的常戏。玄、穆、敬、宣、懿、僖诸宗，均喜作波罗球戏，甚至宫娥也有擅此技者。朝贵宅第，多有自筑球场。这种游戏，历唐、宋、元三朝而不衰，到明始趋废歇。

（八）泼寒，又名乞寒，南北朝时自波斯传入，始见于《周书》。此戏于冬日举行，戏者披发、裸体、跣足，相互挥水投泥以为笑乐。玄宗开元初，以其过于残忍，曾下敕禁绝。

此外如弈棋（以大食棋戏"双陆"最流行）、赌博、秋千、竞渡、登高，也都为唐人所喜爱，以过于烦琐，不复多述[30]。

原载《食货月刊》复刊四卷一、二期，一九七四年五月

【注释】

[1] 参看《旧唐书》卷四五《舆服志》。

[2] 参看《唐六典》卷四《礼部》。

[3] 参看《旧唐书》四五《舆服志》。

[4] 参看《新唐书》卷二四《舆服志》。

[5] 参看《唐会要》卷三一。

[6] 参看《续说郛》卷三一《致虚杂俎》。

[7] 参看《旧唐书》卷三七《五行志》。

[8] 参看《旧唐书》卷四五《舆服志》。

[9] 参看《唐会要》卷三一。

[10] 见《新唐书》卷三四《五行志》。

[11] 李肇《国史补》谓杨妃袜为马嵬妪所得，刘禹锡《马嵬行》则谓袜为邮童所得。

[12] 见《后汉书》卷二四《马援传》。

[13] 参看原田淑人《支那唐代の服飾》页八二至八四。

[14] 参看刘伯骥《唐代政教史》页七七。

[15] 参看《新唐书》卷二二一上，《西域上·摩揭它传》。

[16] 参看《唐六典》卷二三《左校署》。

[17] 参看《旧唐书》卷一一八《元载传》；同书卷一五二《马璘传》，及同书卷一七四《李德裕传》。

[18] 参看李肇《国史补》下"凡东南郡邑无不通水路"条及《旧唐书》卷一三一《李皋传》。

[19] 参看《唐会要》卷八六。

[20] 参看《唐会要》卷八三。

[21] 参看长孙无忌《唐律疏义》卷十三、十四"户婚"。

[22] 参看刘伯骥《唐代政教史》页八〇至八一。

[23] 参看《资治通鉴》卷二一三。

[24] 参看《旧唐书》卷一二九《张延赏传》。

[25] 参看《文献通考》卷一四五。

[26] 参看《乐府杂录》"舞工"条。

[27] 参看《通典》卷一四六"康国乐"。

[28] 参看《太平御览》卷三一"乐苑"。

[29] 参看李树桐《唐人喜爱牡丹考》（载《唐史新论》页二一二至二八一）。

[30] 参看岑仲勉《唐史》页六四五至六四八。

玄武门事变之酝酿

　　唐高祖武德九年六月四日之玄武门事变，为初唐政治史上之大事。旧史记其经过，颇多隐讳，时贤已发其覆。至关于此一事变之酝酿，亦即事变以前之数年间建成、世民双方冲突之情形，旧史所载，亦有伪饰之处。其记建成、元吉之猜忌凶横，高祖之昏愦偏私，与夫世民之谦冲忍让，皆不尽符事实。盖现存之旧有史料，业经胜利者之窜改，其不利于失败者之建成、元吉，自属必然。而其掩盖之巧妙，几成无缝之天衣；后世如别无其他史料可资按覆，亦惟有承认其说。惟百密一疏，此类记载之致人疑窦处，仍非全无。兹综辑所见有关此方面之史料，对此一事变之酝酿，作一较有系统之叙述，于其记事隐晦立意偏诐之处，则附数言，加以商榷，期能稍见事实之真相，略正相传之观点。至于论政治之是非，辨伦理之曲直，则不在本文论述范围之内也。

一　建成世民冲突之开始

　　建成与世民之冲突，约起于武德四年洛阳平定之后。盖前此建成留居长安，世民专征于外，颇少共处之机会。及四年世民"擒充戮窦"，功业日隆，其遭建成之忌，自所难免。而海内大定，强敌多歼，世民亦逐渐着意于储位之争取。益以同居京都，各有党羽，又有希求富贵者之煽动其间，于是冲突渐起。《旧唐书》六六《杜淹传》：

> 大业末，（淹）官至御史中丞。王世充僭号，署为吏部，大见亲用。及洛阳平，初不得调，淹将委质于隐太子。时封德彝典选，以告房玄龄，恐隐太子得之，长其奸计。于是遽启太宗，引为天策府兵曾参军、文学馆学士。

按《旧唐书》杜传记世民遽引杜淹，恐为建成所用，则世民树结势力，以与建成对抗之意甚显。封德彝，隋之降臣，高祖之亲信，与世民素无渊源；如非世民厚以结之，抑且深知双方之不合，恐亦不致遂为世民效力也。

建成最初所采之策略，则为联合元吉，以增声势；并交结高祖妃嫔，以为内助。《新唐书》七九《隐太子建成传》（《旧唐书》六四《建成传》同）略云：

> 帝（按指高祖）晚年多内宠，张婕妤、尹德妃最幸，亲戚分事宫府。建成与元吉通谋，内结妃御以自固。当是时，海内未定，秦王数将兵在外，诸妃希所见。及洛阳平，帝遣诸妃驰阅后宫，见府库服玩，皆私有求索，为兄弟请官。秦王已封帑簿，及官爵非有功不得，妃媛曹怨之。……帝召诸王燕，秦王感母之不及有天下也，偶独泣，帝顾不乐。妃媛因得中伤之……帝恻然，遂无易太子意。

建成此一办法，甚为成功。因有宫闱之奥援，不特建成之地位大见稳固，且得耳目于宫中。其后直至事变发生之日，高祖妃嫔，始终援助建成。世民于事变前夕，奏诉建成、元吉，即为张婕妤密告建成。世民并奏二人"淫乱后宫"，亦可见其对高祖妃御忌恨之甚也。

此外，建成曾采东宫僚属王珪、魏徵等之建议，亲征刘黑闼，以分世民之功。《旧唐书·建成传》：

> 时太宗功业日盛，高祖私许立为太子，建成密知之，乃与齐王元吉潜谋作乱。及刘黑闼重反，王珪、魏徵谓建成曰："殿下但以地居嫡长，爰践元良，功绩既无可称，仁声又未遐布。而秦王勋业克隆，威震四海，人心所向，殿下何以自安？今黑闼破亡之余，众不盈万；加以粮运限绝，疮痍未瘳；若大军一临，可不战而擒也。愿请讨之，且以立功。深自封植，因结山东英俊。"建成从其计，遂请讨刘黑闼，擒之而旋。

建成之讨刘黑闼，在武德五年。而建成、元吉之内结高祖妃御，《资治通鉴》亦载于五年。高祖妃御之不喜世民，主要由于平洛阳后求索不遂而起，故《通鉴》所记之时间，当属无误。据此可知洛阳平定之后不久，双方之斗争，遂即展开矣。

二 杨文幹事件

建成之另一策略，即为蓄养勇士，扩充实力。此事主要行之于武德五年至七年之三年间。盖世民久专征伐，府中智勇之士，即今就史册观之，仍甚众多。建成自不免相形见绌，故广加募召，以资抗衡，实亦事之必至。然因此引起武德七年之杨文幹事件，建成储位，几至不保。而史书记其事，措辞含混，其间恐尚有其他隐情也。《旧唐书·建成传》：

> 建成乃私召四方骁勇，并募长安恶少年二千余人，畜为宫甲，分屯左右长林门，号为长林兵。（《新唐书·建成传》并云："又令左虞候率可达志募幽州突厥兵三百，内宫中，将攻西宫。"按西宫为世民所居之地，解释见后。）及高祖幸仁智宫，留建成居守。建成先令庆州总管杨文幹募健儿送京师，欲以为变；又遣郎将尔朱焕、校尉桥公山赍甲以赐文幹，令起兵共相应接。公山、焕等行至豳乡，惧罪驰告其事。高祖托以他事，手诏追建成诣行在所。既至，高祖大怒。建成叩头谢罪，奋身自投于地，几至于绝。其夜，置之幕中，令殿中监陈万福防御，而文幹遂举兵反。高祖驰使召太宗以谋之，太宗曰："文幹小竖，狂悖起兵，州府官司，已应擒剿；纵其假息时刻，但须遣一将耳。"高祖曰："文幹事连建成，恐应之者众，汝宜自行，还，立汝为太子。吾不能效隋文帝诛杀骨肉，废建成封作蜀王，地既僻小易制，若不能事汝，亦易取耳。"太宗既行，元吉及四妃更为建成内请，封伦（按即封德彝，此时转为建成效力）又外为游说，高祖意便顿改，遂寝不行。复令建成还京居守，惟责以兄弟不能相容，归罪于中允王珪、左卫率韦挺及天策兵曹杜淹等，并派之巂州。

按《通鉴》记其事于卷一九一武德七年，内容与两《唐书》同。然同卷《考异》曰：

> 刘餗《小说》云："人妄告东宫。"今从《实录》。（按

《实录》当指许敬宗等之《高祖实录》，盖亦两《书》之所本者。）

文斡之反，既说法不一，则其为建成所主使，抑为敌人所诬告而致激变，殆已莫可究诘。然其事必与世民有所关连，则可断言。不然高祖之责兄弟不能相容而流王珪、杜淹辈者，究何所为而发耶？其所以不独责建成，恐亦另有原因，不能全以偏爱建成之理由解释之。所惜史料缺略，无法究其真相耳。

杨文斡事件，既因建成扩充兵力而起，其目的又在对抗世民，然则世民在京师亦必有相当雄厚之武力。兹试将双方实力，作一比较。

《旧唐书·建成传》言及东宫兵员处凡二见，惟数目与《新唐书·建成传》略有差异。《旧唐书·建成传》：

> 建成乃私召四方骁勇，并募长安恶少年二千余人（《新唐书》作"二千人"），畜为宫甲。

同传又云：

> 俄而东宫及齐府精兵二千人（《新唐书》作"三千"），结阵驰攻玄武门。

据此可知建成及元吉之兵员，约共有二千至三千之众。至世民之武力，则散见于各传。《旧唐书》六九《张亮传》：

> （太宗）遣亮之洛阳，统左右王保等千余人。

同书六八《尉迟敬德传》：

> 敬德曰："（上略）在外勇士八百余人（《新唐书》八九《敬德传》作"八百人"），今悉入宫，控弦被甲，事势已就，王（按指世民）何得辞！"

按世民遣张亮赴洛阳及尉迟敬德对世民之言，均为事变前不久之事。故知至少于武德九年，世民所统兵力，约在两千人左右。及张亮东行，仅剩将近千人。准此而论，建成之实力平时约超过世民二分之一，及至事变前夕，更超出一至二倍，故建成实占优势。至双方之战斗力，则可以事变时双方混战之情形测之。《旧唐书·建成传》：

> 俄而东宫及齐府精兵二千人，结阵驰攻玄武门，守门兵仗拒之，不得入。良久接战，流矢及于内殿。太宗左右数百骑来赴难，建成等兵遂败散。（《新唐书》同传作"王左右数百骑至，合击之，众遂溃"。）

同书《尉迟敬德传》：

> 其（东）宫（齐）府之将薛万彻、谢叔方、冯立等率兵大至，屯于玄武门，杀屯营将军。敬德持建成、元吉首以示之，宫府兵遂散。

按薛万彻为唐初名将，与谢叔方等率宫府兵攻玄武门，杀屯营将军，其战斗力之强可想。其溃散实由于建成等已死，无心恋战所致，非世民之数百骑所能取胜。以此可知建成在京师之武力，以兵员论，超出世民甚多，而战斗力亦甚强也。

总之，杨文幹事件可视为建成、世民双方整个冲突过程之一重要阶段。此事件后，建成之地位，终不动摇；而世民所抱高祖易储之希望，亦告幻灭；由是斗争益烈而危机日深矣。

三　高祖之态度

至唐高祖对建成兄弟所持之态度，据现存史料之描写，大致谓高祖初亦深知世民之大功，且曾数度许以皇位之继承。后因受后宫之蛊惑，终至祖建成、元吉而疏世民，不特违背其夙诺，即于二人加害世民之种种罪行，亦不予究责，一似其为人极其昏愦偏私者。世民之觊觎储位，由高祖出言不慎以激发之，诚有可能。然高祖之保全建成，亦自有其苦衷。盖建成位居嫡长，又无大过；而世民才华骏发，甚类隋炀；远惩前代之祸源，近忧伦常之失序；所以始终欲维持现状，其意不外如此。特未能远料惨变发生之可能性，而早作适当之处理，是其疏失耳。群臣所以无一人能将此种危机告知高祖者，盖亦有所顾忌，所谓"父子之间，人所艰言"者也。然高祖亦似曾设法消弭双方之嫌隙，此可由世民迁居宏义宫一事见之。《旧唐书·建成传》：

> 自武德初，高祖令太宗居西宫之承乾殿，元吉居武德殿后院，与上台、东宫，昼夜并通，更无限隔。皇太子及二王出入上台，皆乘马携刀弓杂用之物，相遇如家人之礼。由是皇太子令及秦、齐二王教与诏敕并行，百姓惶惑，莫知准的。

按西宫为长安太极宫亦即所谓大内之西边一部,当即是掖庭宫。宫之中部为高祖所居,亦即所谓上台;建成之东宫,则在上台之东。元吉居武德殿后院,《通鉴》一九〇武德五年注曰:"武德殿在东宫西。"可知元吉之齐府当与东宫相毗连也。其后高祖或以过分紊乱之故,遂将东宫、齐府与上台隔断,不得自由通行。此点虽史无明文,然由武德九年六月四日建成等人朝高祖,必须绕道自宫城北面之玄武门而入一事观之,即可知其然也。(然东宫、齐府与上台之间,似仍有可通之处。《通鉴》一九一记六月四日建成等入玄武门后之情形曰:"建成、元吉至临湖殿,觉变,即跋马东归宫府。"又曰:"元吉步欲趣武德殿。"可知上台与宫府实际仍可相通,特平日不准自由出入耳。)

此外,高祖并迁世民于长安城西之宏义宫。《唐会要》三十"宏义宫"条:

> 武德五年七月五日,营宏义宫。(注曰:"初,秦王居宫中承乾殿,高祖以秦王有克定天下功,特降殊礼,别建此宫以居之。")

同书同卷又云:

> 高祖以宏义宫有山林胜景,雅好之。至贞观三年四月,乃徙居之,改为太安宫。六年二月三日,太宗正位于太极殿,监察御史马周上疏曰:"臣伏见太安宫在城之西,其墙宇门阙之制,方之紫极,尚为卑小。臣伏以皇太子之宅,犹处城中;太安宫乃至尊所居,更在城外。"

观《会要》语气之肯定，世民确曾迁宏义宫，当无疑问。至于何时迁居，则不得而知。以当时情势推测，或在武德七年六月杨文幹事件爆发之后。《新唐书·建成传》谓建成令可达志募突厥兵三百内宫中，"将攻西宫"；此西宫似仍指世民旧居，亦即太极宫之西宫。继而杨文幹之变起，高祖为避免建成兄弟之冲突，遂迁世民于宏义宫以隔离之，实有可能，且宏义宫之建，在武德五年，计其时日，此时亦可竣工。世民既徙居城外，建成等于京城中遂无敌对之势力，而于宫省消息之探访，亦远较世民为便利。故高祖此种措施，益使世民陷于不利之形势。世民于迁居一事之不满，自可想见。此事于世民之发动政变，具有直接促成作用。盖一则去至尊疏远，终无嗣位之可能；再则其地僻居城外，更便于阴谋之进行。而其践位后亦徙高祖于宏义宫者，殆为追恨前事而采取之一种报复耶？

四　事变前夕之局面

杨文幹事件后至玄武门事变爆发之一段时间，亦即武德七年夏至九年夏之二年间，建成、世民之斗争，愈形激烈。双方皆致力于收买对方智勇之士，以为己用。惟史书于建成之利诱秦府分子，记载甚详；而于世民之勾结东宫僚属，则隐而不言。《旧唐书》六八《尉迟敬德传》略云：

> 隐太子、巢刺王元吉将谋害太宗，密致书以招敬德……仍赠以金银器物一车，敬德辞。

同书同卷《段志玄传》：

隐太子建成、巢剌王元吉竞以金帛诱之，志玄拒而
不纳。

建成收买秦府重要分子之办法既告失败，乃转而藉高祖之力
以排去之。以是程知节、房玄龄、杜如晦等尽遭斥逐，而敬
德几至被杀。盖高祖其时已受包围，非复前此对于两方亲信
同时惩罚之态度矣。《旧唐书》六八《程知节传》：

武德七年，建成忌之，构之于高祖，除康州刺史。

同书六六《房玄龄传》：

隐太子以玄龄、如晦为太宗所亲礼，甚恶之，谮之
于高祖，由是与如晦并被驱斥。

同书《尉迟敬德传》：

元吉乃谮敬德于高祖，下诏狱讯验，将杀之。太宗
固谏，得释。

至九年，建成复乘突厥入寇之机，荐元吉代世民督诸军
北征，元吉复请以秦府骁将精兵随行，期以澈底瓦解世民之武
力，惟军未发而玄武门之变作。《旧唐书》六四《巢王元吉传》
略云：

九年……会突厥郁射设屯军河南，入围乌城。建成
乃荐元吉代太宗督军北讨，仍令秦府骁将秦叔宝、尉迟敬

德、程知节、段志玄等并与同行。又追秦府兵帐，简阅骁勇，将夺太宗兵以益其府……高祖知其谋而不制……建成谓元吉曰："既得秦王精兵，统数万之众。吾与秦王至昆明池，于彼宴别；令壮士拉之于幕下，因云暴卒，主上谅无不信。吾当使人进说，令付吾国务，正位已后，以汝为太弟。敬德等既入汝手，一时坑之，孰敢不服！"率更丞王晊闻其谋，密告太宗。

按率更丞王晊，东宫僚属，得闻密谋，自必为建成所亲近；如不与世民夙有勾结，岂肯冒险以密谋相告！又世民收买建成旧人之玄武门屯将常何，遂获六月四日政变之胜利，近人已有论述。参证以王晊之事，益知建成、世民双方均收买对方之亲信，特事有成与不成耳。

综观建成抵制世民之各项策略，足证其人亦非等闲。元吉之军若出，秦府武力必归消灭，即不杀世民，世民亦将无反抗之能力。且建成本意，亦似只在孤立世民，使之就范，未必有加害之心。盖以建成之多助，元吉之勇猛，欲发动一类似玄武门事变性质之政变，何时不可？何必延宕数年，授人以可乘之机？即六月三日玄武门事变之前夕，建成得张婕好之密告，已明知世民不利于己，犹不听元吉"勒兵观变"之劝告，坦然而入玄武门；虽自以兵备已严，玄武门守将系东宫旧人，不致有他；然其无加害世民之意，亦已明矣。且史称元吉尝欲杀世民，而建成不允。《旧唐书》六四《元吉传》：

太宗尝从高祖幸其第，元吉伏其护军宇文宝于寝内，将以刺太宗，建成恐事不果而止之。（《新唐书》七九《元吉传》作"太子固止之"。《通鉴》一九一作"建成性颇仁厚，遽止之"。）

此事《通鉴》载于武德七年六月杨文幹之反以前，可知建成至少在七年犹无杀害世民之意。惟史书亦曾载有建成鸩毒世民之事。《旧唐书·建成传》：

> 后又与元吉谋行鸩毒，引太宗入宫（按指东宫）夜宴。既而太宗心中暴痛，吐血数升，淮安王神通狼狈扶还西宫。（按《通鉴》一九一记其事，胡三省注曰："西宫，盖即弘义宫。"盖以其地在长安城之西，故亦称西宫，非太极宫之西宫。）

按此事《通鉴》载于武德九年六月，乃玄武门事变前不久发生者。然此事殊有可疑，盖其时双方斗争极烈，世民安有轻身入东宫夜宴之理？且建成果欲杀世民，又岂李神通所得扶之而出者？此非事实，不待烦言。盖杨文幹事变之后，储嗣问题，完全决定；建成、元吉已占优势。而局势推演，世民之武力，必归消灭。将来世民幸不为杨勇，亦一曹子建耳。此时建成不必谋杀世民，其理甚明显也。

世民在京师之实力，既不敌建成，因思植势力于首都之外，以待他日之变，遂有遣张亮赴洛阳之事。《旧唐书》六九《张亮传》：

> 会建成、元吉将起难，太宗以洛州形胜之地，一朝有变，将出保之。遣亮之洛阳，统左右王保等千余人，阴引山东豪杰以俟变，多出金帛，恣其所用。元吉告亮欲图不轨，坐是属吏。亮卒无所言。事释，遣还洛阳。

高祖亦曾有命世民出居洛阳之意。同书《建成传》略云：

> 高祖谓太宗曰："建成自居东宫，多历年所，今复不
> 忍夺之。观汝兄弟终是不和，同在京邑，必有忿竞。汝还
> 行台，居于洛阳，自陕已东，悉宜主之。仍令汝建天子旌
> 旗，如梁孝王故事。"及将行，建成、元吉相与谋曰："秦
> 王今往洛阳，既得土地甲兵，必为后患；留在京师，制
> 之一匹夫耳。"密令数人上封事曰："秦王左右，多是东
> 人，闻往洛阳，非常欣跃；观其情状，自今一去，不作来
> 意。"高祖于是遂停。

高祖此意，仍是采用以往之隔离办法；及建成等使人上
封事，乃悟后果之严重，遂寝此事。世民在京师之实力，既
居劣势；欲东出以待变，复不如愿；而夺嫡之大欲，难以戢
止；自身之实力，又将逐渐消失。最后只有行险徼幸，以图
一逞。所以必至喋血禁门，手刃骨肉者，其势亦不得不然。
玄武门之变，实世民一生最艰危之奋斗，其敢于乘时发难，
以弱取强者，固可见其明决过人；然影响所及，其弊亦现。
有唐一代，骨肉之变独多；天宝以后，政归宦寺，又岂无缘
而至哉！

原载《台湾大学文史哲学报》八期，一九五八年七月

天宝杂事

《杂事秘辛》一书，为明人假托汉人所撰之小说，叙汉桓帝梁后之被选及册立，妙于形容，动人心目。本文之内容，谈有关唐天宝时代杨贵妃之事，所以标题亦采"杂事"二字，以其意相近也。

国人之于杨贵妃，无论古今，莫不向往。其姿容及身世皆具有传奇性，而于天宝时代唐帝国政治上之影响，尤非同小可。自中唐时代，白居易《长恨歌》成，其后国人对贵妃之歌咏慨叹，连篇累牍，至晚近而不衰。在中国历史上及文学作品中，其声誉之隆，几无其他女性可与比肩。惟因贵妃事迹，万人争写，其中往往有自创新意，不按史实者。此种风气，白居易实开其端。近更有小说家言，引伸渲染，遂令此绝代佳人，一变而为海外扶余。就文学之趣味及情节言，其文可称佳制；如就历史之求真标准而论，则大相径庭。本文非文学之作，叙述杨贵妃之为人及其马嵬死难等问题，兼述唐与其以前各代女性审美观之演变，以及后人对贵妃之评价，期能回复贵妃在历史上之真面目，实作者撰写此文之本意也。

一　唐以前中国女性审美观之演变

中国古代美人，有所谓"燕瘦环肥"。燕指汉成帝皇后赵飞燕，环指杨贵妃 [1]。由此观之，汉唐两代之女性审美观，迥然不同。故于谈贵妃之前，先对中国古代女性审美观之演变，略加叙述，以明历代尚瘦或尚肥之原因。此外肥瘦二字之涵义，亦应先予说明。肥指躯体丰满，亦即硕健之美，非谓痴肥如猪；瘦指身材窈窕，亦即适中之美，非谓枯瘦如木乃伊也。

中国记载女性美最早之典籍为《诗经》，此书非一人一时所作，其时代大致包括西周初年至春秋中期之五百年（西元前一一〇〇至前六〇〇年）。当时中原郑卫二国，风气最为放荡，而《诗经》中之所谓"郑卫之声"，对女性之描写，亦最能刻画入微。就郑卫二国《国风》观之，当时之女性审美观实以高大健硕为尚。兹举二例以证之。

（一）《郑风》"有女同车"第一章：

有女同车，颜如舜华。将翱将翔，佩玉琼琚；彼美孟姜，洵美且都。

（二）《卫风》"硕人"第一、二章：

硕人其颀，衣锦褧衣；齐侯之子，卫侯之妻，东宫之妹，邢侯之姨，谭公维私。

手如柔荑，肤如凝脂，领如蝤蛴，齿如瓠犀，螓首蛾眉；巧笑倩兮，美目盼兮。

《郑风》所述同车之女"洵美且都"，"都"字为容貌美大之意。《卫风》之"硕人其颀"，则谓其人硕大颀长。"硕人"除体型之美外，其余身体各部，亦各有动人之处，实为当时之标准美人。如以"柔荑"（茅之嫩芽）喻手之白嫩，以"凝脂"喻肌肤之光洁，以"蝤蛴"（蚕之幼虫）喻颈之长白，以"瓠犀"（瓠瓜之子）喻牙齿之洁白整齐，以"螓首"（螓类蝉而略小）喻其方头广额，以"倩兮"喻其酒涡之美，以"盼兮"喻其眼球之黑白分明。而凝脂、蝤蛴、螓首、倩兮诸词，莫不予人以颀长丰润之感。

战国时期，楚国文化大盛，其文学的代表作为《楚辞》。《楚辞》中所记之美人，已非《诗经》所记之硕长，而以"襛纤得中，修短合度"为上。兹举二例：

（一）宋玉《神女赋》：

> 秾不短，纤不长，步裔裔兮曜殿堂；忽兮改容，婉若游龙乘云翔。

（二）宋玉《登徒子好色赋》：

> 东家之子，增之一分则太长，减之一分则太短；著粉则太白，施朱则太赤。眉如翠羽，肌如白雪，腰如束素，齿如含贝。

两《赋》中之神女及东家子均肥纤适中，叙述甚明。而东家子"腰如束素"，乃形容其腰之细。以细腰为上，乃楚人之新风气，为前此所无。此种新风气之兴起，实由于楚国君主之提倡。《墨子》、《管子》、《楚策》，皆有此类记载，当系实况。

战国时代北方之美人，以赵女为最著。秦始皇之母，即赵国名姬。李斯《谏逐客书》谓赵女"随俗雅化，佳冶窈窕"。

"窈窕"谓妇女幽静闲雅,虽未论及赵女之襪纤,味其语意,似乎战国时代北方之女性审美观,已不以硕健是尚。但始皇之母,似极健美。庄襄王壮年早逝,身体可能不健,而始皇孔武多力,或与其母有关。且太后老而好淫,实为精力过剩之明证。故战国时代北方是否已受楚风之熏染,尚不可知。

汉代文学受楚国之影响尤大,其女性审美观,亦似沿楚风。兹举二事以明之:

汉武帝宠姬李夫人死,帝思念之,曾命方士召其魂至。帝并作歌曰:"是邪?非邪?立而望之,偏何姗姗其来迟!"歌中所言"姗姗来迟",似其人体态轻盈而非肥重。帝又自作赋以伤之,其首句云:"美连娟以修嫭兮!"颜师古注曰:"嫭,美也。连娟,纤弱也。嫭音互。"[2] 由此可知李夫人实具纤瘦之美。

汉成帝后赵飞燕,以纤瘦著名,后世以之与杨贵妃并称为"燕瘦环肥"。伶玄《飞燕外传》谓飞燕"长而纤便轻细,举止翩然。人谓之飞燕"。但同书载成帝尝称飞燕"丰若有余,柔若无骨"。可知飞燕之瘦,实为适中之美,绝非"骨瘦如柴"之谓。世谓"燕瘦"者,乃是与"环肥"相比。而"连娟修嫭"之李夫人,当亦是此种体型。

东汉初年,班昭作《女诫》七篇,其"敬慎第三"云:"阳以刚为德,阴以柔为用;男以强为贵,女以弱为美。"已公开提倡妇女柔弱之美。但至东汉末年,因西北地区,外族为乱,当地妇女,因受胡风之熏习,亦甚武健。史称关西"妇女犹戴戟操矛,挟弓负矢"[3]。而蔡邕《青衣赋》云:"修长冉冉,硕人其颀。"似东汉末年国人之女性审美观,又尚硕长。但此种现象或只限于西北地区,亦未可知。

至魏,女性审美观转尚纤瘦。曹植《洛神赋》中之洛神,可为当时之标准美人。其句云："其形也，翩若惊鸿，婉若游龙；荣曜秋菊，华茂春松。"又云："襛纤得中，修短合度；肩若削成，腰如约素；延颈秀项，皓质呈露。"可知洛神乃一肥瘦适中、长颈细腰、风度飘逸之人。

《洛神赋》之标准，直延至两晋南朝，未曾改易。如晋武帝欲为太子择妃，心许卫瓘女，谓卫氏"美而长白"[4]。当时以长白为美，但未言及丰硕。陶潜《闲情赋》："愿在裳而为带，束窈窕之纤身。"谢灵运《江妃赋》："小腰微骨，朱衣皓齿。"均以窈窕纤小是尚。又史称陈后主宠张贵妃、孔贵嫔，后主批阅章奏，每置二人于膝上，共同磋商[5]。如二人体肥，后主力必不胜，亦可知张、孔皆"燕瘦"型之美人。

北朝文学，不甚发达，其对女性审美观之描写，亦甚缺略。然北朝以胡人入主中国北方，（北齐皇帝虽为汉人，但已深染胡化。）胡风传入，北方妇女，远较南朝为武健。北魏孝文帝，行均田之制，妇女亦得受田。可知当时北方妇女，身体普遍健康，不然何以能任稼穑？此外贵族妇女亦有擅骑射者，如北魏孝庄帝皇后尔朱氏，史称其"引长弓斜射飞鸟，亦一发而中"[6]。又北齐后主妃冯小怜，曾数度亲临前线，观齐周两军之决战，似亦颇有胆勇。又史称北齐妇女莫不以"制夫为妇德，能妒为女工"[7]。如身体孱弱，性情怯懦，又何以制其夫哉？

二 唐代之女性审美观与"环肥"之美

唐代妇女，显以健硕为尚。此缘李唐承北朝屡叶之政权，胡风未泯，妇女生活较为自由。其时妇女，多擅歌舞，有时且以武事相尚，故其体格，自较健美，而性格亦较勇敢活泼。唐高祖起事太原，兵临长安时，其女平阳公主（柴绍妻）亦起兵于司竹，并亲率"娘子军"牵制隋师。可见当时妇女之武健，较之男子，并无多让。唐代两大美人武后及杨贵妃，体貌均甚丰硕。武后初为太宗才人，史称后曾自请为太宗制御悍马，则其勇健可知[8]。又后女太平公主，史称其"方额广颐，多阴谋，后常谓类我"[9]。亦可证武后之绝非纤瘦。至于杨贵妃，世有"环肥"之称，其肥更无可疑。

唐代妇女之风姿表现于图画者，以代德时期人物画家周昉之《簪花仕女图》最为有名。昉所绘之仕女，莫不丰腴浓丽，极具富贵之态，允为当时仕女画之典型。此种画风，直传至五代时期。如南唐人物画家周文矩《宫庭春晓图》中之宫人，其体型大类《仕女图》。至北宋，观点始有改变。《宣和画谱》卷六："世谓（周）昉画妇女，多为丰厚态度者，亦是一蔽。"可知宋人之女性审美观，显已不同于唐。

贵妃所以能使"六宫粉黛无颜色"者，必具有其特殊之美，而非专以"肥"见长。《旧唐书》卷五一《杨妃传》：

> 太真姿质丰艳，善歌舞，通音律；智算过人，每倩盼承迎，动移上意。

以上数语，可以概括贵妃之美。据此可知贵妃所以能专宠于人主，历久而不衰者，并非全在美艳，尤不完全在肥。兹逐句加以分析。

贵妃"资质丰艳"，即丰满艳丽之意。但其艳为"浓艳"，亦即除其体貌自然之美外，更着重衣饰化妆之美，与其姊虢国夫人之"淡扫蛾眉"，绝不相类。唐妇女习作浓妆，乃当时之风气使然。故李白《清平调》称贵妃为"一枝红艳露凝香"。《清平调》又云："借问汉宫谁得似？可怜飞燕倚新妆。"

以赵飞燕喻贵妃。宦官高力士遂于贵妃处以此诗中伤李白，谓"以飞燕指妃子，贱之甚矣！"[10] 贵妃因而怨恨李白，屡阻白之仕进。以飞燕喻贵妃，而力士以为"贱之"，其理甚难索解。飞燕为汉家皇后，地位且高于贵妃，何贱之有？飞燕固有失德之处，然唐代宫闱之不肃，远胜于汉，贵妃对飞燕之行为，应不致视为严重。然则究有何因可使力士之奸计得遂？愚意以为唐人尚肥，而飞燕以纤瘦著名，弃尚肥之流行观念而比之为世所不尚之纤瘦之人，此贵妃之所以深恨李白者耶？

所谓"善歌舞，通音律"，贵妃实足以当之。《碧鸡漫志》及《广群芳谱》等书，均言贵妃善舞《霓裳羽衣曲》。此曲为河西节度使杨敬述所献，凡十二遍，其音节之复杂可想。白居易《胡旋女》："天宝末年时欲变，臣妾人人学圆转，中有太真外禄山，二人最道能胡旋。"可知贵妃又善胡旋舞。《开天传信记》谓妃最善击磬，拊搏新声，虽太常梨园之能人，莫能加之。《唐音统签》注并谓妃妙弹琵琶。又张祜诗云："虢国潜行韩国随，宜春小院映花枝，金舆远幸无人见，偷把邠王小管吹。"可知妃又善吹笛。

贵妃所以能于情盼之间，动移上意，其智算亦确属过人。兹举一例以明之。《开天传信记》谓妃尝因妒嫉，有语侵上，上怒甚，召力士送还其家。妃悔恨号泣，抽刀剪发，授力士曰："珠玉珍异，皆上所赐，不足充献。唯发父母所生，可达妾意，望持此伸妾万一慕恋之诚！"上得发，挥涕悯然，遽命力士召还。此事贵妃举动之机警，语言之动人，殆为天纵狡猾之才。以绝艳之美人，集众艺于一身，又复济以过人之智算，无怪玄宗为之倾倒，而须臾不能离也。

至于贵妃之服饰器用，亦极其奢侈。史称"宫中供贵妃院织锦刺绣之工，凡七百人，其雕刻镕造，又数百人"[11]。其衣饰之华美，自不待言。而贵妃于华美之中，每能自创新格，不同常制。如妃常以假髻为首饰，而好服黄裙。时人为之语曰："义髻抛河里，黄裙逐水流。"[12] 以服制论，贵妃应着紫裙，而妃独着黄裙，同于齐民，此举可见贵妃不拘常格之浪漫天性。又唐人戴假髻，乃普遍风尚，民间妇女亦可着之。而贵妃以此遭时人之忌恨，致欲抛假髻黄裙于河中者，或缘贵妃着民服，遂夺民间妇女之美故也。又贵妃尝创一种"鸳鸯并头莲锦袴袜"，又名"藕覆"，其华美即今日之"袴袜"，亦不能及。于此可见贵妃在衣饰方面之慧心[13]。

根据以上资料，历代美人，鲜能具有如此完美之条件。贵妃于政治，并不热中。虽其提携杨国忠，致使政治紊乱，国家倾危，为后人所不满；然此事之主要责任，实应由玄宗负之。其为人虽善妒，然亦一般人之通性。究其宅心，可称忠厚，绝不似武后之凶残，武惠妃之阴险。后人所以不少对贵妃表同情者，亦以此也。

三　杨贵妃马嵬生死之谜

玄宗天宝十四载（公元七五五年），范阳节度使安禄山起兵反。次年六月初，潼关失守，宰相杨国忠首建幸蜀之策，玄宗于六月七日晨携贵妃仓皇离京西走。次日，至马嵬驿（在今陕西兴平县），将士饥疲，遂杀国忠，并逼玄宗缢杀贵妃，然后西行。贵妃之死，两《唐书》所载甚明。《旧唐书》卷五一《杨妃传》：

> 帝不获已，与妃诀，遂缢死于佛室，时年三十八。瘗于驿西道侧。上皇自蜀还……密令中使改葬于他所。

初瘗时以紫褥裹之，肌肤已坏，而香囊仍在。

《新唐书》卷七六《杨贵妃传》亦云：

> 帝不得已，与妃诀，引而去。缢路祠下，裹尸以紫
> 茵，瘗道侧，年三十八。帝至自蜀，道过其所……密遣
> 中使者具棺椁它葬焉。启瘗，故香囊犹在。

根据以上史料，贵妃之死于马嵬，实为不容置疑之事。

至宪宗元和时期（西元八〇六至八二〇年），其时上距
马嵬事件已有五十年，突有贵妃未死于马嵬之传说。白居易
《长恨歌》及陈鸿《长恨歌传》，均为此事而发。《歌》、《传》
均隐喻贵妃于马嵬事变时乘军乱逃出，死者乃其替身。贵妃
离马嵬后，重返道观，遂沦落于风尘之中。肃宗至德二载
（七五七年）十月，玄宗返长安，遣人觅之，得见贵妃，且有
信物及私语为证。玄宗以其已入藩溷，覆水难收，不得已而
舍弃之。长恨之意，实指生离而非死别。

《长恨歌》之含意隐晦，千余年来，无人指明其真意所在。
直至民国二十年左右，俞平伯作"《长恨歌》及《长恨歌传》
的传疑"一文，始发其覆[14]。兹据俞文所引《长恨歌》之诗
句，说明白诗暗喻贵妃不死于马嵬之证据。至《长恨歌传》
之立意，与《长恨歌》同，兹不赘引。

俞文谓《长恨歌》中暗示贵妃未死之诗句，至少有如下
八处：

（一）"六军不发可奈何，宛转蛾眉马前死。""宛转"二
字，乃委曲难见真相之意，暗指有人代死。

（二）"君王掩面救不得，回看血泪相和流。"指贵妃之死，

158

玄宗未见。

（三）"马嵬坡下泥土中，不见玉颜空死处。"指贵妃之尸，化为乌有，暗示未死。

（四）"上穷碧落下黄泉，两处茫茫皆不见。"指贵妃尚在人间。

（五）"忽闻海上有仙山，山在虚无缥渺间。"谓此亦人间一境，非必真有。

（六）"楼阁玲珑五云起，其中绰约多仙子。"言群雌粥粥，贵妃盖非清净独居。唐之女道士院迹近倡家，非佳语也。

（七）"中有一人字太真，雪肤花貌参差是。"上句明明点出一"人"字，下句谓方士来去以前，且有人见贵妃矣。境界如何，不难想见。

（八）"闻道汉家天子使，九华帐里梦惊魂。""云髻半偏新睡觉，花冠不整下堂来。"似贵妃惊闻使人之来，起身极为仓促，且徘徊趑趄，似有弦外余音。

俞氏之文，对白氏《长恨歌》之寓意，可谓指发无遗。贵妃不死于马嵬之说，似直传至晚唐。李商隐《马嵬》："海外徒闻更九州，他生未卜此生休。"似李氏亦尝闻此种传说，特不信之耳。美人英雄，自古受人景慕，故有关之流言亦最多。清末太平天国名将石达开，二次世界大战时之德国元首希特勒，亦有"不死"之传说，然均不能推翻事实。杨妃不死之说，亦类此也。故傅孟真先生评俞文为"只可以玩弄聪明，却不可补苴信史"[15]。可为定论。兹再举数证，以明贵妃"不死于马嵬说"之不能成立。

（一）两《唐书》杨妃传，均载妃死于马嵬，瘗于道侧。同传更载有上皇（玄宗）返京，路经马嵬，曾命中使潜予改葬。如其未死，则改葬之事无由起。如谓改葬时"不见玉颜"，则旧《书》已明言"肌肤已坏"，此乃尸身久埋之通象，不能遂谓"尸解"。且"潜予改葬"之事，白氏决难亲见，然则白氏何独能知之？

（二）杜甫乃贵妃同时之人，其《哀江头》云："明眸皓齿今何在？血污游魂归不得。"又《北征》云："不闻夏殷衰，中自诛褒妲。"皆确言贵妃已死。前诗之作，距马嵬事件不过七八个月，后诗亦不过一年数月，时间既如此接近，当为最可信之史料。俞氏文谓《哀江头》中有"清渭东流剑阁深，去住彼此无消息。"曰"去住"，曰"彼此"，以为老杜疑贵妃或未死，故两说并存。杜甫之诗，格律素称严细，断不致矛盾至此。且杜诗述事，类皆平铺直叙，绝无所谓"诗谜"。所谓"去住"，"去"者指贵妃已死，如"清渭东流"之一往不复；"住"者指玄宗幸蜀，居于剑阁深处。至所谓"彼此"，固指贵妃及玄宗，亦寓幽明相隔之意。俞文谓此二句之旧注可通，不宜曲为比附。兹按杜诗仇注，再加诠释，以明老杜之确言贵妃已死。

（三）《长恨歌》完成之时代，已上距马嵬事变五十余年，其间绝无寓意如《长恨歌》之作品出现。《长恨歌》之作，似极突然，前此并无痕迹可寻。何以当时人所不知之事，五十年后之人反能知之？且《长恨歌》以后吟咏贵妃之诗篇，除李商隐《马嵬》一诗，有"海外九州"之说，其余诗篇，皆谓贵妃死于马嵬。即商隐诗中，一则曰"徒闻"，再则曰"此生休"，对《长恨歌》之说，并未承认。是唐人皆信贵妃死于马嵬，千余年后之人，自然无法以传说推翻信史。

（四）《长恨歌传》末云："世所不闻者，予非开元遗民不得知。"是陈鸿已明言其传不过记载一时之传说，而以身非开元遗民，无法知其真相。《长恨歌》之立意，与《传》完全相同。可知陈、白二氏,亦未确言贵妃之不死于马嵬也。

(五)近代小说家言,有谓贵妃逃至日本者,当由李商隐"海外徒闻更九州"之诗演化而来。而李之"海外九州"之说,当由《长恨歌》"海上有仙山"延伸而成。李氏否定此说,已如上述。即其所谓"九州",用典取自邹衍之"大九州"说,其意甚明,与日本之九州,实风马牛不相及。且遍查有关日本之书籍,唐时日本尚无"九州"之名,李氏又从何知之?(此点作者尚不敢完全确定,谨以求教当代之日本史专家。)至于以日本有贵妃墓及日本书籍载有贵妃事迹遂为贵妃确至日本之证据,似更无讨论之必要矣!

四　后人对杨贵妃之评价

马嵬事件后,后人对贵妃之吟咏,无代无之,多至不可胜数。其内容对贵妃或褒或贬,并无定论。其褒者未必即是贵妃之功,贬者亦未必即是贵妃之罪。诗人咏叹,各抒所怀而已,意见正不必一致。今欲指出者,乃历代诗章,各有其不同之时代背景,对贵妃之褒贬,亦常随时代而转移焉。兹举历代吟咏马嵬事件之诗篇若干首,借以分析各诗之时代背景以及后人对贵妃评价不同之原因,非为贵妃生平作定论也。

天宝之乱,咎在玄宗,然亦不能说与贵妃全无关系。唐人惩于大难,所有诗人对贵妃几全无好评。又因唐人不敢直斥玄宗,故众恶悉归于妃子。杜甫《北征》,喻贵妃为褒姒、妲己,已如上述。刘禹锡《马嵬行》:"军家诛佞幸,天子舍妖姬。"指贵妃为"妖姬",亦与老杜同调。白居易《长恨歌》虽盛道贵妃之美,然对杨氏亦有微词。如"可怜光彩生门户"及"不重生男重生女"等句,均非佳语。至唐末,郑畋之《马嵬坡》云:"肃宗回马杨妃死,云雨虽亡日月新,终是圣明天子事，景阳宫井又何人！"是直以玄宗之杀贵妃而不效陈后主之昵恋张丽华为明智之举矣！其对玄宗略有微词者，则除《长恨歌》"汉皇重色思倾国"一句外，尚有李商隐之《马嵬》："如何四纪为天子，不及卢家有莫愁。"隐喻玄宗之不才。此外则徐夤《马嵬》："张均兄弟皆何在？却是杨妃死报君。"讥玄宗之不识人，稍为贵妃分辨而已。唐代文风自由，若在明清，白、李等人之作，必兴文字狱矣。

宋朝时代已易，诗人咏杨妃，遂直斥玄宗。如陈尧佐《华清宫》："百首新诗百意精，不尤妃子即尤兵；争为一句伤前事，都为明皇恃太平。"陆游《题明皇幸蜀国》："天宝政事何披猖，使典相国胡奴王；弄权杨李不足怪，阿瞒手自裂纪纲；八姨富贵尚有理，何至诏书褒五郎。"许月卿《题明皇贵妃上马图》："三郎但念妃子醉，岂知身醉误国事。"皆此类也。

元明诗歌对贵妃之评价，大多拾唐宋余唾，并无新义。至清，因前人吟咏已多，欲出奇致胜，遂转而同情贵妃，百计为其文过。甚者谓贵妃有功于唐，行同忠臣烈士。兹举数例如下：

辛师雲《马嵬咏古》："燕啄王孙事已非，三皇太子血侵衣；玉环长解征歌舞，远胜当年武惠妃。"谓贵妃胜武惠妃，见解尚觉合理。李义文《登马嵬坡》："六军不发费传呼，万乘于兹注己孤；一死尚存唐社稷，西施回首愧姑苏。"谓贵妃胜西施，按诸史实，比拟已觉不伦。袁枚《再题马嵬驿》："到底君王负旧盟，江山情重美人轻；玉环领略夫妻味，从此人间不再生。"谓玄宗薄情，似亦过分。杨延亮《题马嵬驿》："孤负凭肩誓后身，六军相逼太无因；肯拚一死延唐祚，再造功应属美人。"赵翼《咏杨妃》："鼙鼓渔阳为翠娥，美人若在肯休戈？马嵬一死追兵缓，妾为君王拒贼多。"二诗皆谓贵妃有大功于唐，惟捕风捉影，曲解史实，只能以游戏笔墨视之矣！

历代歌咏对贵妃之臧否，代各不同，甚少有人论列其诗格之高下以及见解之是非。惟林则徐本忠君之传统观念，深咎白居易而盛赞杜甫、郑畋。其《题杨太真墓》："籍甚才名长恨篇，先王惭德老臣宣；诗家解识君亲义，杜老而还只郑畋。"[16] 林氏之评，观点未免过狭。作者之意，以为唐人咏贵妃之诗，确较接近事实。宋人诗亦大致离题不远。若清人之作，则只能以艳诗视之，不足称咏史之作也。

原载《中国时报》副刊"人间"，一九七四年一月二及三日

【注释】

[1] 杨妃小字玉环，见《马嵬志》卷二引《癸辛杂志》。

[2] 见《汉书》卷九十七上《外戚列传·李夫人传》。

[3] 见《后汉书》卷七十《郑太传》。

[4] 事见《晋书》卷三十一《后妃上·惠贾皇后传》。

[5] 事见《陈书》卷七《张贵妃传》。

[6] 见《北史》卷十四《后妃下·小尔朱氏》。

[7] 见《北齐书》卷二十八《元孝友传》。

[8] 事见《资治通鉴》卷二〇六。

[9] 见《新唐书》卷八十三《太平公主传》。

[10] 事见乐史《太真外传》（载《马嵬志》卷七）。

[11] 见《旧唐书》卷五十一《杨妃传》。

[12] 见《马嵬志》卷四引《宛委外编》。

[13] 见《续说郛》卷三十一《致虚杂俎》。

[14] 俞文引载于傅孟真《史学方法导论》（《傅孟真先生集》第二册）。

[15] 见同上傅文。

[16] 第四节所引诸家之诗，分见《马嵬志》卷十、十三、十四、十五、十六。

附记：去岁十一月，得日本东京大学池田温教授来函，谈及唐时日本"九州"之名称问题。承告以七、八世纪之交以前，"九州"之地，名为"九國"（"國"字之义，略同于唐之府州）。八、九世纪，一般人皆以"九國"称其地。至于"九州"一名，约自十二世纪以后，始广泛使用等云。据此，可知唐时日本尚无"九州"一名也。

来函并谈及"杨贵妃逃至日本"一说之起因，略谓此种说法，"固是无稽之小说，反映倾国不死之愿望而已。然八世纪时，日人之姓氏，有姓'楊貴'（Yagi）者，有出土之砖铭为证。或后世讹传杨贵妃来日之起因欤？"可知此说虽系附会，亦非毫无所凭也。

池田教授为日本唐史专家，著作等身，春秋正富，前途非可量度。其来函所言各点，解我积惑，获益实深。而函中自称"东夷后生"，其谦冲尤不可及，令人倾佩！谨将此项宝贵意见，附记于此，以飨读者，并向池田教授敬致谢忱。

一九七八年十月傅乐成记于台北

杜甫与政治

　　杜甫在天宝七载（公元七四八年）作的一首五言古诗，叫作"奉赠韦左丞丈二十二韵"，这首诗可以说是杜甫早年的一篇自传。诗中除了对他自己的身世所发的感慨外，并且说明了他生活上的三件大事：一是他的文名之盛，二是他的政治抱负及理想，三是他在政治上的失意。

　　关于他的文名，他在那首诗中说：

　　　　甫昔少年日，早充观国宾；读书破万卷，下笔如有神。赋料扬雄敌，诗看子建亲；李邕求识面，王翰愿卜邻。

　　这确是实况。他的好友如李邕、李白、高适、岑参、王维、贾至、郑虔、苏源明等，都是当时最有名的文人，只就这一点便可看出他在当时诗坛上的地位来。他死后不过四十年，元稹便下了"诗人已来，未有如子美者"的评语。如果他在当时没有名的话，以他生前的穷困颠连，死后不会遗留下那么完整的诗集的。

　　关于他的政治理想及抱负，诗中说：

　　　　自谓颇挺出，立登要路津。致君尧舜上，再使风俗淳。

虽是短短二十字，但很明显的可以看出，他的政治理想与抱负仍是脱不了儒家的一套。要致君尧舜（甚至以上），要移风易俗。他也自命是"儒"的，在他的许多诗中，常常可以看到他自称为"儒"、"腐儒"或"老儒"的句子。他的政治思想虽无多大出奇处，却是中国旧日文人的正统思想。我想后来人称他为"诗圣"，除了因为他的诗作得好之外，与这一点也许有些关系吧！

至于当时的政治环境使他的理想和抱负所实现的程度又如何呢？这一点他是失意极了。四十岁以前，应试屡次失败，不受政府的重视。到了四十几岁以后才作过几任芝麻大的闲员散吏，一生贫困，从未曾显达过。据说这首诗便是为他在天宝六载（七四七年）应试失败而作的。诗中对他的贫困失意说得很清楚：

> 骑驴三十载，旅食京华春；朝扣富儿门，暮随肥马尘；残杯与冷炙，到处潜悲辛。主上顷见微，欻然欲求伸；青冥却垂翅，蹭蹬无纵鳞。

"骑驴三十载"一句不可解，天宝七载杜甫不过三十七岁，难道他从七岁起便开始骑驴？因此仇兆鳌以为"三十载"是"十三载"之误，又有个日本人主张改为"已十载"*。这些都不必管，只看此外他描写当时困状的诗，实在是够令人悲悯的。

---

* 编者按：仇兆鳌《杜诗详注》此诗注云："汉灵帝时，执政皆骑驴。《后汉·独行传》：向栩或骑驴入市，乞丐于人。公两至长安，初自开元二十三年赴京兆之贡，后以应诏到京，在天宝六载为十三载也。他本作三十载，断误。"

至于他诗中所说应征失败的事，宋人鲁訔的《杜甫年谱》认为可能是指天宝六载唐玄宗下诏求才，而为李林甫所蒙蔽破坏的事。《资治通鉴》二一五说：

> 六载……上欲广求天下之士，命通一艺以上，皆诣京师。李林甫恐草野之士对策斥言其奸恶，建言："举人多卑贱愚聩，恐有俚言，污浊圣德。"乃令郡县长官，精加试练，灼然超绝者，具名送省。委尚书覆试，御史中丞监之，取名实相副者闻奏。既而至者皆试以诗、赋、论，遂无一人及第者。林甫乃上表，贺野无遗贤。

如果杜甫果真应过这一次考试，那么李林甫所"遗"的便不止是"贤"了。这不过是杜甫直接吃李林甫的一次亏，其实杜在整个天宝年间在政治上的不如意，也可以说与李有很大的关系。杜甫在政治上不是没有强大背景的，他有许多作大官的朋友，而他本人又是极想作官的；但李林甫的在位，却使他和他的朋友在政治上都走上失败之途。至于天宝以后杜在政治上的失意，则另有原因。

杜甫的积极想作官，诚然一方面想改善他的生活，因为他太穷了，他想改善，自也是情理之常，但另一方面，他对政治不特有理想抱负，且有着高度的爱国心的。他对君国的依恋忠爱，在他的《自京赴奉先县咏怀五百字》一诗中（天宝十四载作），表现得极其真切：

> 杜陵有布衣，老大意转拙。许身一何愚，窃比稷与契。居然成濩落，白首甘契阔。盖棺事则已，此志常觊豁。穷年忧黎元，叹息肠内热。取笑同学翁，浩歌弥激

烈。非无江海志，萧洒送日月。生逢尧舜君，不忍便永诀。当今廊庙具，构厦岂云缺？葵藿倾太阳，物性固莫夺。顾惟蝼蚁辈，但自求其穴。胡为慕大鲸，辄拟偃溟渤？以兹悟生理，独耻事干谒。兀兀遂至今，忍为尘埃没。

试看他那种难割难舍无可奈何的心情，简直把皇帝当作爱人。所以苏东坡说他"一饭未尝忘君"，这种伟大情操，是值得景仰的。我们总不致笑杜甫不懂得"民主"吧！杜甫虽然具有这样浓厚的爱国热忱，但他的性格却是不适合干政治的。因为诗人的性格，大半是率真的，这种性格，却是干政治者的大忌。凡具有这种性格的人去干政治，一定极容易吃亏，遭人暗算。至于所谓"爱国热忱"，事实上与干政治是没有多大关系的。有时在某一种的政治环境中，热爱国家反足以促成其人在政治上的失败。杜甫固然一生在政治上没有得意过，即令他能作大官，在天宝时他不过是张九龄、李邕之续；在天宝以后，他也只能作房琯第二。总之，他是注定要失败的。因为杜甫和张、李、房等人的性格，有极大相似之处，他们的性格都是不适合干政治的。

杜甫所认识的当时的大官中，交游最密的要推李邕、严挺之、张均、张垍、房琯、高适、严武等人了。李邕作过太守，严挺之（严武的父亲）作过中书侍郎，张均作过尚书，张垍是唐玄宗的女婿，房琯在肃宗时作过宰相，高适、严武则作过节度使。此外，他可能与天宝时的宰相张九龄、李适之认识，至少也有间接的关系。因为严挺之是张九龄的心腹，杜甫在大历初作过一首《八哀诗》，用来追悼八个死去的人，其中大半是他的好友，而张九龄也是八人之一，所以他可能与张直接认识。而李适之则与房琯很要好。上面这些人，在性格方面也都和杜甫差不多。现在把两《唐书》诸传对他们的性格所作的描述，和杜甫的性格作个比较：

　　九龄在相位时……性颇躁急，动辄忿詈，识者以此少之。（《旧唐书》九九《张九龄传》）

　　邕性豪侈，不拘细行。所在纵求财货，驰猎自恣。（《旧唐书》一九〇《李邕传》）

　　适之性疏，为其（按：指李林甫。）阴中。（《旧唐书》九九《李适之传》）

　　挺之素负气，薄其（按指李林甫。）为人，三年非公事，竟不私造其门，以此弥为林甫所嫉。（《旧唐书》九九《严挺之传》）

　　帝（按：指唐玄宗。）嗟怅，顾力士曰："吾岂欲诬人哉！均等（按：指张均、张垍兄弟。）自谓才器亡双，恨不大用，吾向欲始终全之，今非若所料也。"（《新唐书》一二五《张垍传》）

　　琯好宾客，喜谈论。……琯为宰相，略无匡懑之意，但与庶子刘秩、谏议李揖、何忌等高谈虚论，说释氏因果，老氏虚无而已。（《旧唐书》一一一《房琯传》）

　　适尚节义，语王霸衮衮不厌。遭时多难，以功名自许。而言浮其术，不为缙绅所推。（《新唐书》一四三《高适传》）

　　严武……性本狂荡，视事多率胸臆，虽慈母言不之顾。（《旧唐书》一一七《严武传》）

再看杜甫：

> 甫性褊躁，无器度，恃恩放恣。尝凭醉登武之床，
> 瞪视武曰："严挺之乃有此儿！"武虽急暴，不以为忤。
> (《旧唐书》一九〇下《杜甫传》)
>
> 武以世旧，待甫甚善，亲入其家。甫见之，或时不
> 巾，而性褊躁傲诞。……甫旷放不自检，好论天下大事，
> 高而不切。(《新唐书》二〇一《杜甫传》)

从上面的记载看来，杜甫和他那批显达的友人，在性格上有许多相同之处。概括来说，他们的性格大都是恃才负气，疏率放荡，好放言高论而不检细行。总之他们大都是率真任性的。以这样的性格来作大官，是非常危险的。无论多么好的皇帝，都不会喜欢具有这种性格的大臣；能够容忍的，已经是难得的了。在君主专制的政治下，一个大臣的性格开始为皇帝所不喜，便是他的政治生命行将终了的预告。倘再遇到一个具有皇帝所喜欢的性格的人和他为敌，他便垮得更快。因为唐玄宗还不是个坏皇帝，杜甫的这般友人，所以还能作大官；但他们却遇到一个皇帝所喜欢的政敌李林甫，因此他们大部在政治上迅速的走向失败之途。

李林甫自开元二十二年（七三四年）起开始作宰相，他也有相当才能，但性格巧佞阴险，猜忌自私，因此其才适足以济其恶。《旧唐书》一〇六《李林甫传》：

> 林甫面柔而有狡计，能伺候人主意，故骤历清列，
> 为时委任。而中官妃家，皆厚结托，伺上动静，皆预知
> 之。故出言进奏，动必称旨。而猜忌阴中人，不见于词
> 色。朝廷受主恩顾，不由其门，则构成其罪。与之善者，
> 虽厮养下士，尽至荣宠。

　　像李林甫这样的品行，杜甫的那班朋友如何能看得起。同时李的学识甚差，差到"仅能秉笔"，有时还写别字（例如把"弄璋"写作"弄麞"），闹过不少笑话，因此特别仇视有学问的人。而杜甫的那班朋友，大都是能文之手。他们和李自然无法合作，但他们又如何是李的对手呢？因此李作宰相后，在很短的时间中便把他们一个个的收拾了。到开元二十四年（七三六年），张九龄的相权首被解除，严挺之也被贬出任外官。天宝五载（七四六年），李陷杀李适之*。次年，杀害李邕。房琯（那时作给事中）也因与李适之相善被贬。张氏兄弟因与唐玄宗有亲戚关系，李害不了他们，但也竭力排挤，使他们不能登相位。至于高适，李也始终不用他，严武自然更不必说了。因此把张氏兄弟（后来杨国忠也排挤他们）及房琯逼得与安禄山交结；把高适、严武逼到哥舒翰的幕下去。天宝十一载（七五二年），李林甫死掉，杨国忠继任为宰相。他比李的能力差得多，却比李更不识大体；作起恶来，更无分寸。在这种政治情况下，杜甫还想作什么官？但他对政治仍是有兴趣的。他在天宝十载（七五一年）向玄宗献《三大礼赋》；次年又参加考试，都没有弄到官作。直到十四载，才弄到一个"河西尉"（是河西节度使部下的一个小官），他却

---

*　编者按：李适之系天宝五载贬官，次年因故自杀。《旧唐书》卷九九本传云："五载，罢知政事，守太子少保。……竟坐与韦坚等相善，贬宜春太守。后御史罗希奭奉使杀韦坚、卢幼临、裴敦复、李邕等于贬所，州县且闻希奭到，无不惶骇。希奭过宜春郡，适之闻其来，仰药而死。"《旧唐书》卷一八六下云："罗希奭，本杭州人也……为吏持法深刻。天宝初，右相李林甫引与吉温持狱，又与希奭姻娅……自韦坚、皇甫惟明、李适之、柳勣、裴敦复、李邕、邬元昌、杨慎矜、赵奉璋下狱事，皆与温锻炼，故时称'罗钳吉网'，恶其深刻也。"

又怕麻烦，不愿意干。于是改作"右卫率府胄曹参军"，是一个从八品的散官。他曾为此事作过一首诗，题目是"官定后戏赠"：

> 不作河西尉，凄凉为折腰。老夫怕趋走，率府且逍遥。耽酒须微禄，狂歌托圣朝。故山归兴尽，回首向风飙。

你看他四十来岁的人，却自称"老夫"，怕"折腰"，怕"趋走"。这等脾气，又如何能作官呢？

天宝十四载，也就是杜甫开始作官的那一年，安禄山造反。次年打破西京，张氏兄弟便靠拢了，作了伪宰相。房琯逃出来，肃宗即位后也作了宰相。严武因房的援引作给事中，后来官至剑南节度使。杜甫到灵武后作右拾遗，自然极可能也是房保荐的。至于高适则于安史之乱初起时因哥舒翰向玄宗推荐，作左拾遗，肃宗时也官至剑南节度使（严武的前任）。所以安史之乱也是若干政治失意者的一个出头机会。这样的政治环境，对杜甫可以说是极其有利，与天宝时不能同日而语。但肃宗至德元载（七五六年），房琯率军与安军作战，因采取"春秋车战之法"，大败于陈涛斜，损失四万人。其后又因崇尚虚谈，不理政务，且有贪污情事，终于乾元元年（七五八年）被贬为邠州刺史，以后一直未再得意过。杜甫则因于至德二载上疏营救房琯，几乎获罪，从此不受肃宗重视。乾元元年六月房琯被贬时，他也被外放为华州司功，此后他永远失去在中央政府作官的机会。次年，他跑到四川投奔严武，总算过了几年平静的日子。后来严武保举他为"节度参谋检校工部员外郎"，自然仍是个拿干薪的差事，但"工部"二字却是后人称呼他的正式官衔。不幸的是永泰元年（七六五年），高适和严武相继去世，自此他便与政治永远绝缘了。严武的后任郭英乂，也与杜甫熟识。《旧唐书·杜甫传》说："英乂武人粗暴，无能刺谒"。"无能刺谒"四字好像说杜高攀不上郭似的，其实杜与郭的气味不相投，恐怕杜根本便无"刺谒"的意思。至德二载（七五七年）郭作陇右节度使，杜曾送给他一首诗，其中有两句说："径欲依刘表，还疑厌祢衡"，显然是瞧不起郭且不愿投奔郭的。所以"无能"二字，我觉得应当改为"不愿"才合事实。他宁可过流浪的生活，也不愿投奔与他气味不合的人，这是杜甫可佩的地方之一，也是他只能作大诗人而不能作大官的证据之一。

　　杜甫的作大官的朋友，在政治上十九是失败的，只有严武、高适二人，算是保功名以终。严武死时只有四十岁，要是晚死几年，以他在四川的所作所为，是谁也不敢担保他不生事端的。他死的时候他的母亲哭着说："而今而后吾知免为官婢矣"（《新唐书》一二九《严武传》）。可见对他的担心。高适发迹很晚，天宝中他已五十多岁，死时总当在七十岁左右。也许风波经得多了，比较有些官场经验，还未曾闹过大乱子。但他的脾气，也是为当时要人所讨厌的。《旧唐书》他的传说："有唐已来，诗人之达者，唯适而已。"言下叹为异数。总之，严、高二人在政治上的未曾失败，实在是极少数的例外。如此说来，我们对杜甫的不能作大官，反而应该为他庆幸了。

原载台大《事与言》一卷四期，一九五四年六月

杜甫的死

　　关于杜甫的死，最早有两种说法。一说杜在耒阳吃了县令的牛炙白酒，因而"饱死"，亦即"胀饫而死"。一说杜在耒阳为江水溺死。这两种说法在杜死后不久，即已流传，但不见于正式传记，只是些私人笔记及诗上曾提到过，现在就以距杜甫时间最近的李观及韩愈二人的著作为例。《杜诗详注》卷二十三说：

> 又唐人李观作《杜传补遗》，谓公往耒阳，聂令不礼。一日过江上洲中，醉宿酒家，是夕江水暴涨，为惊湍漂没，其尸不知落于何处。泊玄宗还南内，思子美，诏天下求之。聂令乃积空土于江上曰："子美为牛肉白酒，胀饫而死，葬于此矣。"

同书《咏杜附编》上卷引韩愈的《题杜子美坟》一诗说：

> 一堆空土烟芜里，虚使诗人叹悲起，怨声千古寄西风，寒骨一夜沉秋水。当时处处多白酒，牛炙如今家家有，饮酒食炙今如此，何故常人无饱死？……捉月走入千丈波，忠谏便沉汨罗底，固知天意有所存，三贤所归同

一水。……坟空饿死已传闻，千古丑声竟谁洗。明时好
古疾恶人，应以我意知终始。

李观是唐德宗贞元时人，和韩愈同时。他二人同是否认饱死
之说而主张杜甫是溺死的。可见饱死之说来得更早。杜甫是
代宗大历五年死的，距德宗贞元不过十余年，所以可能杜甫
死后不久，饱死之说便流传了。李文在史实上有极大错误，
其所说玄宗诏求杜甫一事的荒诞可笑，粗知历史者即可看出。
《过子美坟》一诗又不见于韩愈的本集。因之后人疑二人的作
品为伪作。其实即使真是二人所作，也不是有价值的史料。
因为李文之荒唐，直是小说家言；韩诗也乏证据，而且那首
诗坦白自称其目的在为杜洗刷"千古丑声"，当然是一篇基
于情感的作品。所以溺死之说，证据极其薄弱，令人难以置
信。关于杜甫事迹最早最可靠的史料，当然要算宪宗时元稹
的《唐故检校工部员外郎杜君墓志铭》，但铭里并未言及杜的
死因，只说杜"扁舟下荆楚，竟以寓卒"。这铭是杜的孙子嗣
业拜托元作的，对杜的死因，可能有所隐讳。其后唐文宗时
人郑处诲的《明皇杂录》则说杜是饮酒过多而死：

　　杜甫客耒阳，游岳祠，大水遽至，涉旬不得食，县
令具舟迎之，令尝馈牛炙白酒。
　　后漂寓湘潭间，羁旅憔悴于衡州耒阳县，颇为令长所
厌。甫投诗于宰，宰遂致牛炙白酒以遗甫，甫饮过多，一
夕而卒。《集》中犹有《赠聂耒阳》诗也。（见《杜诗详注》
卷二十三注）

此书比较具有历史价值，至今仍为研究唐史的重要参考书。

从文字及内容上看，与两《唐书》的《杜传》大致相似，可能是两《唐书·杜传》的蓝本。即使不是，两《唐书·杜传》必另有所本，而《明皇杂录》也必不会没有根据。既然正史和比较正式的记载都说杜的死与酒肉有关，那么这个说法，大致是可信的。但我只承认杜甫的死"与酒肉有关"，却不相信杜是"胀饫而死"，因为以酒食致死的原因很多，"胀饫"并不是饮酒食肉后惟一可能引起的病症。我写此文的目的，是在对杜因饮酒食肉所引起的病症作一合理的推测。对于正史的记载，不是翻案文章，只可说是一种补充或注脚。

《旧唐书》是五代时石晋刘昫所修的，那时正是斯文扫地之秋，而杜生前又不是什么要人，所以《杜传》作得极其马虎，有不少错误，因之影响后人对此书《杜传》的信心。《旧唐书·文苑传》对于杜的晚年记载如下：

> 永泰元年夏，（严）武卒，甫无所依。及郭英义代武镇成都，英义武人粗暴，无能刺谒。乃游东蜀，依高适。既至而适卒。是岁，崔宁杀英义，杨子琳攻西川，蜀中大乱。甫以其家避乱荆、楚，扁舟下峡，未维舟而江陵乱；乃泝沿湘流，游衡山，寓居耒阳。甫尝游岳庙，为暴水所阻，旬日不得食。耒阳聂令知之，自棹舟迎甫而还。永泰二年，啖牛肉白酒，一夕而卒于耒阳。时年五十九。

传里说杜于严武死后"游东蜀，依高适"，而据同书《高适传》说高适死在严武之前三个月。又说"崔宁杀英义"，其实杀英义的是崔旰。又说杜"扁舟下峡，未维舟而江陵乱"，其实杜在江陵住过半年。最可笑的是说杜死于永泰二年（即大历元年），竟然擅自为杜减去四年的寿命。杜集中明明有《大历三年春白帝城放船出瞿塘峡四十韵》的诗，可见为他作传的人，竟连他的诗也没有看见过。因为这些错误，使后人连带对此传所说杜甫的死因，也难免怀疑，这当然是不足怪的。

宋仁宗时修成的《新唐书》，便仔细得多，把《旧唐书》杜传的上项错误都加以改正。但对杜甫的死因，除加上"大醉"二字外，仍保留旧书的说法。《新唐书·杜甫传》对杜的晚年，作下列叙述：

> 武卒，崔旰等乱，甫往来梓夔间。大历中，出瞿塘，下江陵，沂沅湘以登衡山，因客耒阳。游岳祠，大水遽至，涉旬不得食，县令具舟迎之，乃得还。令尝馈牛炙白酒，大醉，一夕卒。年五十九。

新《书》对杜甫死因所以仍保留旧《书》的说法，当然是因为没有证据或理由来推翻它，还是史家应具的正确态度，同时更可加强旧书说法的正确性。可是后人对杜甫的这种死法，总表不满。清人仇兆鳌就说过"牛酒饫死之惨，旧史既诬于殁后"，好像说老天爷断不会让杜甫死得那么不体面，而是作史的人故意与他为难似的。这种看法，当然是由于过分爱慕杜甫而起的。至于由来已久的溺死之说，本来也是为爱护杜甫而产生的，不料后人仍难满意，认为"此欲雪牛酒饫死之冤，而反加以水淹身溺之惨，子美何不幸罹此奇祸！"（《杜诗详注》卷二十三）。言下大有非给杜甫安排一种好的死法不可之意。

可是要完全推翻正史的记载，谈何容易，更何况是情感用事的论证！在一筹莫展之际，乃有人转而着重考证杜甫去世的地点。因为如果证明杜不死在耒阳，便可间接证明杜不是在耒阳饫死或溺死，那么至少也可以弄一个"死因不明"。

《杜诗详注》曾繁征博引,翻覆申辩,认为杜甫在大历五年的秋天或冬天,业已离开耒阳,决不是那年夏天死于耒阳的。此书首卷注说:

> 鹤《谱》云:"夏如郴,因至耒阳,访聂令。经方田驿,阻水旬余,聂致酒肉。"而史云:"令尝馈牛炙白酒,大醉,一夕卒。"尝考《谢聂令》诗有云:"礼过宰肥羊,愁当置清醥。"其诗题云"兴尽本韵",又"且宿留驿近山亭",若果以饫死,岂复能为是长篇,又复游憩山亭。以诗证之,其诬自可不攻。况元稹作《志》在旧史前,初无此说。按:是秋下洞庭,故有《暮秋将归秦奉留别亲友》诗。又有《洞庭湖》诗云:"破浪南风正,回樯畏日斜。"言南风畏日,又云回樯,则非四年所作甚明。当是是年自衡州归襄阳,经洞庭诗也。
>
> 鳌按:五年冬,有《送李衔》诗云:"与子避地西康州,洞庭相逢十二秋。"西康州即同谷县,公以乾元二年冬寓同谷,至大历五年之秋为十二秋。又有《风疾舟中》诗云:"十暑岷山葛,三霜楚户砧。"公以大历三年春适湖南,至大历五年之秋为三霜。以二诗证之,安得云是年之夏,卒于耒阳乎?

同书卷二十三注又载:

> 王彦辅《麈史》:"世言子美卒于衡之耒阳。"《寰宇记》亦载其坟在县北二里。《唐书》称耒阳令遗白酒黄牛,一夕而死。予观子美,侨寄巴峡三岁,大历三年二月始下峡,流寓荆南,徙泊公安;久之,方次岳阳,即四年冬

178

末也。既过洞庭，入长沙，乃五年之春。四月，遇臧玠之乱，仓皇往衡阳，至耒阳，舟中伏枕，又畏瘴，复沿湘而下，故有《回棹》之作。又《登舟将适汉阳》云："秋帆催客归。"盖回棹在夏末，此篇已入秋矣。又继之以《暮秋将归秦留别湖南幕府亲友》诗，则子美北还之迹，见此三篇，安得卒于耒阳也。

关于杜甫死于夏天的说法，其说不知来自何处，正史根本就没有这样的记载。至于仇注所说杜的《过洞庭湖》一诗是大历五年杜自耒阳回乡重经洞庭湖时的作品，此点大有问题。此诗据说本出无名氏之手，后人编入杜集（见《杜诗详注》二十三引《潘子真诗话》）。这且不论。即令果真是杜的作品，诗中所谓"破浪南风正，回樯畏日斜"两句，乃是夏天景象；杜预备于大历五年暮秋返乡（有《暮秋将归秦留别湖南幕府亲友》一诗为证），他怎可能在那年夏天即已过洞庭湖。由此可见，这首诗决非杜甫北归之作。又仇说杜的《送李衔》诗（即《长沙送李十一》）是大历五年冬在长沙作的，也说不通。杜既于秋天告别湖南亲友，却又在那年冬天在长沙为别人送行，已觉有点离奇；同时诗中对他本人返乡的事，只字未提。诗中"竟非吾土倦登楼"一句，也像是在那里寄寓许久而非过路的口吻。仇又引此诗的"与子避难西康州，洞庭相逢十二秋"二句为证，说从乾元二年（西元七五九年）冬天杜甫避难同谷县起，至大历五年（西元七七〇年）秋天，是"十二秋"。仇把诗中的"秋"字当作"秋天"讲，本身先站不住，因为从乾元二年冬天到大历五年秋天，其间只经过十一个秋天，而不是"十二秋"。这个"秋"字，如果作年字讲，如"三秋"、"千秋"的意思一样的话，倒还说得过去。因为杜甫从大历四年夏天直到五年春天，都在潭州（即长沙）。从乾元二年到大历五年正是十二个年头。所以《送李衔》诗可能是大历四年深冬或五年年初作的，但决不是五年冬天的作品。仇又以"三霜楚户砧"来证明杜在大历五年秋天还活着，这本不成问题，因为正史及比较正式的杜甫传记上，都没有说杜死于夏天。但却不能以此证明杜不死于耒阳。至于王彦辅《麈史》以《登舟将适汉阳》及《暮秋将归秦留别湖南幕府亲友》二诗来证明杜甫于大历五年秋已离耒阳，更无理由，难道王连"将"字的意思都不懂？综合以上各点，可知以杜诗证明杜甫于大历五年秋天或冬天已离开耒阳的说法，实难成立。此外又无其他材料可以证明杜不死于耒阳，因此我们就不得不承认正史所载杜死于耒阳的说法了。

再看杜甫是否因吃了耒阳县聂令的酒肉而致死的呢？我说是的。杜甫于耒阳阻水，聂曾送给他酒肉，杜并曾以诗答谢，诗题是"聂耒阳以仆阻水书致酒肉疗饥荒江诗得代怀兴尽本韵至县呈聂令陆路去方田驿四十里舟行一日时属江涨泊于方田"（载《杜诗详注》卷二十三）。后人以为"若果以饫死，岂复能为是长篇"？这话只能证明杜并非于阻水被救后吃了聂的酒肉当天便死的，但聂既与杜有旧，而杜又贫困无依，聂送给杜酒肉，当不止一次。同时正史上也没有说杜甫于阻水被救后当天便死，《旧唐书·文苑传·杜甫传》说：

> 甫尝游岳庙，为暴水所阻，旬日不得食。耒阳聂令知之，自棹舟迎甫而还。永泰二年，啖牛肉白酒，一夕而卒于耒阳。

从这段记载上，我们可以显然看出杜甫阻水为县令迎还是一回事,"永泰二年"啖牛酒而死是另一回事。大概因"旬日不得食"一语而发生联想作用,才使人把两事混为一谈。《新唐书·杜甫传》说:

> 游岳祠,大水遽至,涉旬不得食。县令具舟迎之,乃得还。令尝馈以牛炙白酒,大醉,一夕卒。

"令尝馈牛炙白酒"一语的意思是说聂令"曾经"送给杜酒肉,当然是指的另一回事。如果是指聂令于杜甫被救当天送给杜酒肉,那个"尝"字,便用不着。所以聂令于杜甫被救时送杜的酒肉(即杜甫答谢诗中所说的酒肉),决不是杜甫吃了因而致命的"牛炙白酒"。《新唐书》所说杜的阻水和杜的吃酒肉致死,只是杜的两件事实连贯的叙述,其相互之间并不发生关系。《明皇杂录》也明明说聂令送给杜甫两次酒肉,一次在杜阻水遇救后,一次在杜"羁旅于衡州耒阳"时。所以杜甫无疑的并非死于阻水遇救后的当天晚上。但我们却不能断言杜甫的死与聂令的酒肉无关。

我们既无法否认杜因吃酒肉而致死,那么杜是否即是"胀饫而死"呢?我认为不是的。"胀饫"二字,正史根本没有提到。而且"胀饫"并不是饮酒食肉后所可能引起的唯一病象,至于"胀饫而死",更是极少见的事。这事唐人即表怀疑,韩愈的《题杜子美坟》就说:"当时处处多白酒,牛炙如今家家有;饮酒食炙今如此,何故常人无饱死?"虽然他的"杜甫溺死说"缺乏证据,但这个问题,问得真有道理。据医生说,饮食过量所引起的病症是"急性胃扩张",可使患者痛苦,而不足以致命。除非患者平日患有严重的肠胃病如肠胃溃疡等症,因饮食过量而使肠胃穿孔,才有致命的危险。再看杜甫，虽是个"多愁多病身"，胃口却极好，在他的诗集中，有许多与人饮宴的诗，如果有肠胃病，怎还能大吃大喝？"胀饫而死"的说法，既不见于正史，从医学上看又极少可能，我们当然不能对它相信。这种说法，自然是后人的一种错觉，认为"饮酒食肉而死"即等于"胀饫而死"，当然是不正确的。

杜甫的死既与酒肉有关，若不是"胀饫而死"，究竟是什么病致死呢？依我的看法，他是因脑溢血而死。因为他素患血压高症，而饮酒最易刺激血压，因饮酒过量而引起脑溢血，是极可能的事。我们从杜甫诗中可以看出他患过许多种病，其中最严重的便是肺病和血压高症。血压高症也就是他诗中所说的"风疾"。肢体麻痹，头目晕眩，是风疾最通常的病象。这些现象在他五十岁左右时，已甚显著。如乾元二年（西元七五九年）他的《寄赞上人》一诗中说：

年侵腰脚衰，未便阴崖秋。

又上元元年（西元七六〇年）的诗中说：

幽栖地僻经过少，老病人扶再拜难。（《宾至》）

到了广德二年（西元七六四年），他的身体已呈麻痹现象，同时并患神经性头痛。

老妻忧坐痹，幼女问头风。（《遣闷奉呈严公二十韵》）

大历元年（西元七六六年），他的足部，已有举动不灵之感。

> 卧愁病脚废，徐步视小园。（《客居》）
> 欹倾烦注眼，容易收病脚。（《西阁曝日》）

大历二年（西元七六七年）以后，他的视觉模糊、肢体麻痹的程度更形增加。

> 眼复几时暗，耳从前月聋。（《耳聋》，大历二年秋作）
> 汝啼吾手战，吾笑汝身长。（《元日示宗武》，大历三年作）
> 此身飘泊苦西东，右臂偏枯耳半聋。（《清明二首》，大历四年春作）
> 春水船如天上坐，老年花似雾中看。（《小寒食舟中作》，大历五年作）
> 耻以风病辞，胡然泊湘岸。（《舟中苦热遣怀奉呈阳中丞通简台省诸公》，大历五年作）

大历五年他又有《风疾舟中伏枕书怀三十六韵奉呈湖南亲友》一诗，有人看作是杜甫的绝笔，其中有几句令人酸鼻的句子：

> 葛洪尸定解，许靖力难任，家事丹砂诀，无成涕作霖。

《杜诗详注》卷二十三此诗注说："但云葛洪尸定解，盖亦自知不久将殁也。"我们拿这几句诗来与杜的其他叙述头痛手战眼暗耳聋的诗相互对证，便可知道杜的"风疾"，在他的暮年严重到何种地步。若在今日，慢说是饮酒，医生一定连油盐也不会准他吃。这种病至今无药可治，即使吃"大米斋"，都难保不生危险，更何况饮酒呢？但千余年前，那有这等的医学常识。杜甫患着那么严重的血压高症，却又嗜酒如命，他不死于酒又将何待呢？《明皇杂录》说："甫饮过多，一夕而卒。"明明说酒是他的致命伤。《新唐书》说他："大醉，一夕卒。"也是在着重说明他的死与酒有关。同时似乎只有脑溢血，才能使他那样急遽的死去。所以我认为说杜甫是"脑溢血而死"或"中风而死"，远比说他"胀饫而死"或"饱死"为有根据。

假使我为杜甫作传的话，我一定要作这么一个结尾：

> 他曾游岳庙，为大水所阻，十来天没吃饭，后来耒阳县令聂某亲自乘船把他救出来。聂某与他有旧，常送食物给他。他本患有严重的血压高症，而又嗜酒如命，不知节制。一天，聂县令又送来牛肉白酒，他便乘兴痛饮，因饮酒过量，竟引起脑溢血症，当晚不治身死。享年五十九岁。他本想于暮秋还乡的，可惜他未能达到这个愿望。

我所说杜甫的死因，自然仅能说是一种推测。因为活人的病还有许多诊断不出，何况是死人的病，更何况是死了一千多年的人的病，当然不能作过分的肯定。但我根据杜的病历，从医理及史实上来推测他的死因，我认为至少是一种合理的推测。但是否有人会说我是"附会"，那就不得而知了。

附记：我写此文，承台大医院实习医生钱煦兄告诉我许多医学知识，如果没有他的帮助，这篇文章恐怕写不成，特此志谢。

原载《大陆杂志》六卷四期，一九五三年二月

唐代宦官与藩镇的关系

一

唐代之宦官与藩镇，并兴于玄宗时。安史乱后，臻于极盛，同为唐室政治上之毒瘤，祸乱相乘，直至唐亡。就表面看来，唐室信用宦官而畏忌藩镇，其势颇似对立。实则有唐后期之大部时间内，两者之勾结甚力，藩镇赖宦官以巩固其割据，宦官倚藩镇而维持其窃柄，貌似相制相克，实则相辅相成。藩镇之中，除安史余孽如卢龙、成德、魏博、淄青等数镇，自成一系，为宦官之势力所不能达，其余绝大多数之藩镇，几无不与宦官有密切之关系。故盛唐以后之政治，大体说来，可谓宦官与藩镇合作之政治，此所以宦官愈盛而藩镇亦愈强者也。

藩镇之设，由于府兵制之破坏；而宦官之盛，又由于藩镇之兴起。府兵制为一种区域性之征兵制，唐初于若干指定之地区设折冲府，征调其辖区内一部分强健富有之子弟，充当府兵，组成一专司战斗之团体。每过征伐，皆临时命将，事毕兵归其府，将上其印，故兵将之关系不密。至玄宗，府兵之制渐坏，遂改行募兵。职司保卫京师之彍骑，与夫捍卫边疆之节度使麾下之兵卒，率皆来自招募，而沿边诸镇将，又多久其任，以是兵将成为不可分离。唐室为防武人拥兵自专，遂以宦官为监军以监督之。监军之设，始于何年，不可确知。惟玄宗天宝六载（西元七四七年），唐将高仙芝伐小勃律，其军中已有监军。及至安史乱起，其制大行。此辈监军，与居中用事之宦官，遥通声息，极为皇帝所信赖。然此种制度，始终无效果可言，反予宦官以勾结藩镇之机会。由于宦官之不谙军事，每参军谋，无不败事。其贪横者又广收贿赂，干扰军政。若干不肖之武人，遂利用其贪冒，与之相结，使其虚报战功，保举官职。而于功高望重不肯趋附者，监军反嫉之若仇。所谓"诛杀良将，磨折好人"，实当时绝大多数监军之写照。唐室用宦官以制藩镇，而藩镇之祸愈演愈烈，良由此也。兹分论之。

安史乱前，即有宦官与藩镇勾结之事，宦官受藩镇之赂，为其隐没败状，掩饰逆谋。兹举二例：

（一）《旧唐书》卷一〇三《张守珪传》：

> （开元）二十六年，（幽州节度使张）守珪裨将赵堪、白真陁罗等假以守珪之命，逼平卢军使乌知义，令率骑邀叛奚余烬于湟水（乐成案："湟水"应作"潢水"，即今辽河。）之北，将践其禾稼。知义初犹固辞，真陁罗又诈称诏命以迫之，知义不得已而行。及逢贼，初胜后败，守珪隐其败状，而妄奏克获之功。事颇泄，上令谒者牛仙童往按之。守珪厚赂仙童，遂附会其事，但归罪于白真陁罗，逼令自缢而死。

（二）《旧唐书》卷二百上《安禄山传》：

> 杨国忠屡奏禄山必反，（天宝）十二载，玄宗使中官

辅璆琳觇之，得其贿赂，盛言其忠。

牛仙童、辅璆琳虽非监军，其任务则与监军相若，而竟收受贿赂，掩败为胜，誉逆为忠，则其不可信任，亦甚明矣。

安史乱起，监军之制大行，宦官与藩镇之勾结亦愈力，直至唐亡，未尝稍止。叛逆之奸谋，败将之劣迹，与夫武夫之贪暴，率由宦官为之掩饰弥缝。至于取节钺，猎高位，亦多由此辈之荐举。兹再以数人为例：

（一）史思明、许叔冀。《旧唐书》卷一一一《张镐传》：

> 时贼帅史思明表请以范阳归顺，镐揣知其伪，恐朝廷许之，手书密表奏曰："思明凶竖，因逆窃位，兵强则众附，势夺则人离，包藏不测，禽兽无异。可以计取，难以义招，伏望不以威权假之。"又曰："滑州防御使许叔冀，性狡多谋，临难必变，望追入宿卫。"肃宗计意已定，表入不省。镐为人简淡，不事中要。会有宦官自范阳及滑州使还者，皆言思明、叔冀之诚款。肃宗以镐不切事机，遂罢相位，授荆州大都督府长史。后思明、叔冀之伪，皆符镐言。

（二）周智光。《旧唐书》卷一一四《周智光传》：

> 周智光本以骑射从军，常有戎捷，自行间登偏裨。宦官鱼朝恩为观军容使，镇陕州，与之狎昵。朝恩以扈从功，恩渥崇厚，奏请多允，属于上前赏拔智光，累迁华州刺史、同华二州节度使。……初，与陕州节度使皇甫温（乐成案：皇甫温亦鱼朝恩党，见《旧唐书》卷一八四

《朝恩传》。）不协，监军张志斌自陕入奏，智光馆给礼慢，志斌责其不肃。智光大怒曰："仆固怀恩岂有反状，皆由尔鼠辈作福作威，惧死不敢入朝。我本不反，今为尔作之。"因叱下斩之，脔其肉以饲从者。……大历二年正月，密诏关内河东副元帅、中书令郭子仪率兵讨智光，许以便宜从事。

（三）卢从史。《旧唐书》卷一三二《卢从史传》：

德宗中岁，每命节制，必令采访本军为其所归者。（李）长荣卒，从史因军情，且善迎逢中使，（乐成案：《通鉴》卷二三六谓从史潜与监军相结，而得节钺。）得授昭义军节度使。渐狂恣不道，至夺部将妻妾。……属王士真卒，从史窃献诛（王）承宗计，以希上意，用是起授，委其成功。及诏下，讨贼兵出，逗留不进，阴与承宗通谋。

（四）韩全义。《旧唐书》卷一六二《韩全义传》：

全义将略非所长，能以巧佞财贿结中贵人，以被荐用。及师临贼境，又制在监军。每议兵出，一帐之中，中人十数，纷然争论莫决。蔡贼闻之，屡求决战。（贞元）十六年五月，遇贼于溵水南广利城，旗鼓未交，诸军大溃。……十七年，全义自陈州班师，而中人掩其败迹，上待之如初。

（五）严绶。《旧唐书》卷一四八《裴垍传》：

严绶在太原，其政事一出监军李辅光，绶但拱手而已。《旧唐书》卷一四六《严绶传》：

> 绶自帅师压贼境，无威略以制寇。到军日，遽发公藏以赏士卒，累年蓄积，一旦而尽。又厚赂中贵人，以招声援。师徒万余，闭壁而已，经年无尺寸功。裴度见上，屡言绶非将帅之才，不可责以戎事。乃拜太子少保代归。

以上诸人，若史思明、许叔冀、周智光、卢从史，均叛逆也，其始皆受宦官之庇护提携。至韩全义、严绶，先后总讨伐淮西之任，或丧师失地，或闭垒不战，而因宦官之助，竟无丝毫之罚，依然保其富贵。则其余两者相结、蠹国害政之事，亦可以想见矣。

宦官与藩镇之狼狈为奸，已如上述。然藩镇之中，犹不乏功高望重、忠勇正直之士，宦官以其不肯趋附，又忌其功名，反视之如仇。郭子仪、李光弼以唐军之元戎，百战之名将，而为总监诸军之宦官鱼朝恩及居中用事之宦官程元振所嫉，遂沮挠军计，横加谗毁，而致子仪屡失兵柄，光弼不敢入朝。唐室之所以不能肃清河朔，终遗大患者，与此极有关系。《旧唐书》卷一八四《鱼朝恩传》：

> 时郭子仪频立大功，当代无出其右，朝恩妒其功高，屡行间谍。子仪悉心奉上，殊不介意。

同书卷一二〇《郭子仪传》：

> 中官鱼朝恩，害子仪之功，因其不振媒孽之，寻召

还京师。……代宗即位，内官程元振用事，自矜定策之功，忌嫉宿将。以子仪功高难制，巧行离间，请罢副元帅。……上元元年九月，以子仪为诸道兵马都统，管崇嗣副之，令率英武、威远等禁军及河西、河东诸镇之师，取邠宁、朔方、大同、横野，径抵范阳。诏下旬日，复为朝恩所间，事竟不行。

《旧唐书》卷一一〇《李光弼传》：

> 观军容使鱼朝恩屡言贼可灭之状，朝旨令光弼速收东都。光弼屡表贼锋尚锐，请候时而动，不可轻进。仆固怀恩又害光弼之功，潜附朝恩，言贼可灭。由是中使督战，光弼不获已进军，列阵于北邙山下。贼悉精锐来战，光弼败绩，军资器械，并为贼所有。时李抱玉亦弃河阳，光弼渡河保闻喜。朝旨以怀恩异同致败，优诏征之。……广德初，吐蕃入寇京畿，代宗诏征天下兵，光弼与程元振不协，迁延不至。……光弼御军严肃，天下服其威名，每申号令，诸将不敢仰视。及惧朝恩之害，不敢入朝，田神功等皆不禀命，因愧耻成疾。

唐室之讨平安史，所以功亏一篑者，由于不能专任郭李；而郭李之未竟全功，由于宦官之沮军败计；其事均彰彰明甚。其后唐室委讨贼之任于仆固怀恩，亦缘其附鱼朝恩之故。史称怀恩恐乱平宠衰，欲树党援，因而保护安史余孽，建议朝廷，复以河北与之。其事虽不甚可信，然怀恩之忠直，远逊郭李，要亦不争之事实。乱定之后，怀恩复与中使骆奉仙交恶，而致叛变，几酿大祸。凡此种种，皆由宦官辈之妨功害能，排斥异己所致也。此外如令狐彰，对朝廷素著忠勤，亦与宦官结怨。《通鉴》二二四大历八年：

> 二月壬申，永平节度使令狐彰薨。彰承滑亳离乱之后，治军劝农，府廪充实。时藩镇率皆跋扈，独彰贡赋未尝阙。岁遣兵三千诣京西防秋，自赍粮食，道路供馈皆不受，所过秋毫不犯。……遗表称，昔鱼朝恩破史朝义，欲掠滑州，臣不听，由是有隙。（乐成案：《旧唐书》一二四《令狐彰传》作"顷因鱼朝恩欲掠亳州，遂与臣结怨。"《新唐书》卷一四八《彰传》不载其事，仅言与朝恩有隙。）及朝恩诛，值臣寝疾，以是未得入朝，生死愧负。

以上所言宦官与正人之为敌，犹不过肃、代间事。肃、代两朝，宦官之势虽大，尚未至根深蒂固，故程、鱼诸竖，代宗犹能诛之，代宗后期，且不以宦官典禁兵。至德宗，惩于泾原兵变，嫉视宿将，遂扩充神策禁军，由宦官主之，于是宦官之势复炽。代宗时，置枢密使，职司出纳章奏，由宦官任之。德宗以后，枢密使权势亦盛，渐至干预政事，凌驾宰相。宦官既掌握中央军政大权，其势乃不可复制。自德宗后期起，除河北安史诸镇，为宦官势力所不能达，其余节度使，或出禁军，或由朝士，莫不以宦官为奥援，而宦官藩镇勾结之局，自是遂大定矣。

二

禁军为唐后期中央军队之主力，宦官之横，与掌握禁军有关。自高宗至德宗，禁军先后成立十军，即羽林、龙武、神武、神策、神威，各分左右，号"北衙十军"，而以左右神策为最强。神策军始置于玄宗天宝，时哥舒翰攻破吐蕃磨环川（今甘肃临洮县西），唐以其地置神策军，以成如璆为军使，其始乃边防军也。安史之乱，如璆遣其将卫伯玉领千人入援，屯军于陕（今河南陕县）。旋以神策故地沦没，唐遂以陕兵号神策军，以伯玉为节度使，而由鱼朝恩监其军。其后伯玉罢职，神策军权辗转入于朝恩。广德元年（公元七六三年），代宗奔陕以避吐蕃，朝恩率军迎扈。及京师平，唐室乃以神策改隶禁军。其后声势渐盛，分为左右厢，渐居诸禁军之上。朝恩并请以京师附近县邑，隶于神策，于是其势益炽。

肃、代之时，宦官李辅国、程元振、鱼朝恩相继典掌禁军。至代宗，三人相继贬诛，北衙诸军，遂不委宦官。德宗初，唐室屡以神策出征，强兵劲卒，耗损甚众。神策军使白志贞不以奏闻，而受市井富儿之赂，以之充数。其人虽名列军籍，岁受给赐，而皆在市尘，贩鬻为业。泾原兵变，叛军直入京师，神策军无一至者，德宗几至不免。乱定后，德宗忌宿将握兵，稍稍罢之。并整顿神策等禁旅，以宦官窦文场、霍仙鸣等掌之，于是宦官再典禁军，直至唐亡。《旧唐书》卷一八四《窦文场霍仙鸣传》：

> 时窦霍之权，振于天下。藩镇节将，多出禁军；台省清要，时出其门。

当时禁军大将之出为节度者，率以巨资贿赂禁军领袖之护军中尉而得之。《通鉴》二四三太和元年：

> 自大历以来，节度使多出禁军。其禁军大将资高者，皆以倍称之息，贷钱于富室，以赂中尉，动逾亿万，然后

得之，未尝由执政。至镇，则重敛以偿所负。

此辈因贿以进之节度使，时称"债帅"，其品格才能，不问可知。然以宦官所援引，其地位遂牢不可破。

此外又有"神策行营"之设，其制亦始自德宗。德宗初年，以李晟率禁军讨河北，及泾原兵变，晟还救京师，唐室以晟为神策行营节度使，屯军渭北。神策军之给赐，远较边兵为优，于是边将纷请遥隶神策，称神策行营。神策军乃大为扩充，而宦官之权势亦随之增长。《通鉴》卷二三五贞元十四年：

> 八月，初置左右神策统军。时禁军戍边，禀赐优厚，诸将多请遥隶神策，称行营。皆统于中尉，其军遂至十五万人。

然神策军给赐虽厚，战斗力则甚薄弱。由于待遇之不公，边兵之不满，亦可想见。《通鉴》卷二四一元和十五年：

> 李光颜发邠宁兵救泾州，邠宁以神策受赏厚，皆愠曰："人给五十缗而不识战斗者，彼何人邪？常额衣资不得而前冒白刃者，此何人邪？"汹汹不可止。光颜亲为开陈大义以论之，言与涕俱，然后军士感悦而行。

《通鉴》卷二五四广明元年：

> 乙亥，张承范等将神策弩手发京师。神策军士，皆长安富家子，赂宦官窜名军籍，厚得禀赐，但华衣怒马，

凭势使气，未尝更战陈。闻当出征，父子聚泣，多以金帛雇病坊贫人代行，往往不能操兵。

禁军出身之节将，既多"债帅"，其士卒又不更战阵，以是外强中干，徒有其表。神策将领虽间有一二良将如尚可孤、高崇文等，其余率皆驽材下驷。即以淮西之役为例，其前后将帅如韩全义、高霞寓等，皆起自禁军，而遇敌莫不奔败。其后虽由李愬讨平，然以全国之兵，伐三州之地，三年而后克之，唐室武力之不振，亦可知矣。至于宪宗之平定河北，亦实由于安史余孽本身之衰落，王船山《读通鉴论》论之详矣。宪宗虽号中兴，然数年之间，再失河朔。至唐亡不能复取者，岂无故哉！

宪宗以后至宣宗之四十余年间，国事虽未大坏，而政局始终动荡不安。其所以尚能勉强维持朝局于不坠者，一则由于朝士虽分党派，然皆听命于宦官，宦官与朝士尚能合作。二则由于中央禁军虽弱，而神策行营与夫禁军出身之节度使（其中且有不少为宦官之亲属或假子），遍及要害之区，与宦官亦尚能相安。非禁军系统之藩帅，则多为书生朝士，亦较易制。其余虽间有一二藩镇与宦官不合，亦不敢冒然举兵，盖恐一旦起事，即被叛逆之名，且恐他镇议其后也。至于河北安史余孽，为宦官势力所不及，唐室固久视为化外。故有唐后期大部时间之政治，大体说来，实宦官与藩镇合作之局也。

宣宗以后，宦官系之藩镇趋于极盛，即以僖宗一朝为例。当时宦官杨复光之假子为牧守将帅者，即达数十人。《旧唐书》卷一八四《杨复光传》：

（复光）诸假子：守亮，兴元节度使；守宗，忠武节

度使；守信，商州防御使；守忠，洋州节度使。其余以守
为名者数十人，皆为牧守将帅。

此外如西川节度使陈敬瑄，乃神策中尉田令孜之兄；东川节
度使杨师立，原为神策大将，亦令孜心腹。山南四川，为有
唐后期重要财赋之区，故宦官遍布党羽，视如私产。余如淮
南为东南重镇，义武为河北雄藩，其节度使高骈、王处存，
亦皆出身禁军也。虽黄巢乱后，局势大变，然直至五代，倔
强凤翔之李茂贞，雄据巴蜀之王建，固皆是有唐之禁军将
校也。

安史乱后，唐室仍加意提倡文学，重科举之选，用以粉
饰太平。外朝卿相，固多出身于进士明经，即节度使亦颇用
儒臣。此类藩帅，亦大多听命于宦官，虽亦有与监军发生冲
突之事，如德宗时义成节度使姚南仲之与监军薛盈珍者，然
其例绝少，即偶而有之，最后胜利亦多在宦官也。宪宗时，
牛、李党争起，双方各以一部宦官为后援，相互倾轧，一党
得势，必尽逐其政敌于外，故当时颇有卿相大臣出为节度使
者。迨时势推移，失败者复入阙庭，再以其道还之。而居中
主其沈浮者，仍为宦官。李德裕为李党领袖，与牛党之李宗
闵、牛僧孺等相敌对。文宗初，裴度荐德裕为相，而李宗闵
得宦官之助，出之于外。及武宗即位，德裕由宦官杨钦义之
援手，遂得入相。《旧唐书》卷一七四《李德裕传》：

> 太和三年八月，召为兵部侍郎，裴度荐以为相。而
> 吏部侍郎李宗闵有中人之助，是月拜平章事，惧德裕大
> 用。九月，检校礼部尚书，出为郑滑节度使。

195

《通鉴》卷二四六开成五年：

> 初，德裕在淮南，敕召监军杨钦义，人皆言必知枢密，德裕待之无加礼，钦义心衔之。一旦独延钦义，置酒中堂，情礼极厚。陈珍玩数床，罢酒，皆以赠之，钦义大喜过望。行至汴州，敕复还淮南，钦义尽以所饷归之。德裕曰："此何直！"卒以与之。其后钦义竟知枢密，德裕柄用，钦义颇有力焉。

牛僧孺于文宗之初拜相，虽为李宗闵所引，而李固以宦官为奥援者。至牛罢相出镇淮南，虽由文宗不满其对维州事变之措施而起，而以此事陈诉于文宗之前者，固仍是宦官也。《旧唐书》卷一七四《李德裕传》略云：

> （太和）五年九月，吐蕃维州守将悉怛谋请以城降，遣人送款德裕，（乐成按：德裕时为西川节度使。）尽率郡人归成都。德裕乃发兵镇守，因陈出攻之利害，时牛僧孺沮议，言新与吐蕃结盟，不宜败约。乃诏德裕却送悉怛谋一部之人还维州，赞普得之，皆加虐刑。六年，监军王践言入朝知枢密，尝于上前言悉怛谋缚送以快戎心，绝归降之义。上颇尤僧孺。其年冬，召德裕为兵部尚书，僧孺罢相，出为淮南节度使。

由此可知，大臣之出入将相，两党之升沈进退，莫不操于宦官之手，则其权势之薰炙可知矣。

兹再举二例，以明宦官与藩镇之固结：

顺宗即位，翰林学士王叔文等用事，颇有善政。叔文欲夺宦官兵权，为若干宦官所忌。然叔文既得顺宗之信任，复有一部宦官如李忠言者之赞助，以是反王之宦官无如之何。既而叔文以丁母忧去职，宦官俱文珍等遂利用太子纯欲早日即位之心理，外结藩镇，以顺帝有疾不能亲事为辞，请太子监国。终至顺宗被迫逊位，叔文亦遭窜诛，史称此事为"永贞内禅"。《旧唐书》卷一四〇《韦皋传》略云：

> 皋知叔文人情不附，自以大臣可议社稷大计，乃上表请皇太子监国。太子优令答之，而裴均、严绶笺表继至，由是政归太子，尽逐（王）伾、（王叔）文之党。皋在蜀二十一年，重赋敛以事月进，卒至蜀土虚竭，时论非之。

严绶赂宦官以招声援，已如上述；史书亦称裴均"缘附宦官"（见《通鉴》卷二三七元和三年）；则韦皋与宦官之关系，虽史无明文，亦可想见为何如矣！又《韦皋传》谓自皋"重赋敛以事月进"，虽指进奉皇帝，然以德宗后期之政情而论，恐亦不能略去宦官也。

文宗时，宰相李训，欲以京城卫卒及藩镇兵力，诛除宦官，结果失败，造成太和九年之"甘露之变"。宦官仇士良擅以神策军屠灭李训、王涯、贾餗等大臣数十家，杀金吾卫士及诸司吏卒两千余人，造成空前未有之惨剧。而全国藩镇数十，除昭义节度使刘从谏外，竟无一人声讨宦官之罪，若非平日深相结纳，何以至此！且刘从谏之节钺，固亦贿赂宦官而得，其暴露仇士良之罪，亦因感王涯之私恩，非全激于公义也。《旧唐书》卷一六一刘悟及其子从谏《传》略云：

> （敬宗）宝历元年九月，（悟）病卒，赠太尉。遗表请

以其子从谏继续戎事。敬宗下大臣议，仆射李绛以泽潞内地，与三镇事理不同，不可许。宰相李逢吉、中尉王守澄受其赂，曲为奏请。二年，（从谏）充昭义节度使。（文宗太和）九年，李训事败，宰相王涯等四人被祸。从谏素德涯之私恩，心颇不平，四上章请涯等罪名，仇士良辈深惮之。是时中官颇横，天子不能制，朝臣日忧陷族。赖从谏论列，而郑覃、李石方能粗秉朝政。

武宗时，从谏死，侄稹自为留后，唐室遂加以讨伐。史称昭义之伐，李德裕力主之。《旧唐书》卷一六一从谏及稹《传》：

> 会昌三年，（从谏）卒，大将郭谊等匿丧，用其侄稹权领军务。时宰相李德裕用事，素恶从谏之奸回，奏请刘稹护丧归洛，以听朝旨，稹竟叛。德裕用中丞李回奉使河朔，说令三镇加兵讨稹。乃削夺稹官，命徐、许、滑、孟、魏、镇、幽、并八镇之师，四面进攻。

实则此役之兴，必与仇士良有关，德裕不过尸其名耳。《通鉴》卷二四七会昌三年：

> 初，昭义节度使刘从谏累表言仇士良罪恶，士良亦言从谏窥伺朝廷。及上即位，从谏有马，高九尺，献之，上不受。从谏以为士良所为，怒杀其马，由是与朝廷相猜恨。

《新唐书》卷二一四《藩镇传》泽潞：

> 从谏畜马高九尺，献之帝，帝不纳。疑士良所沮，

怒杀马，益不平。又闻士良宠方渥，愈忧惑。欲自入朝，恐不脱祸，因被病，卒。

夫武宗为士良所立，德裕因宦官以进，而泽潞又士良之深仇，如谓昭义之伐，与宦官无关，不可得也。

三

代德以降，直至宣宗，百年之间，为宦官之鼎盛时期。在此期间，外朝士大夫虽分党派，但均依附宦官。宦官亦有派系，然无论何派得势，均可完全掌握中央政府，对外则与藩镇勾结，故局面尚未大坏。宣宗时，宦官与士大夫渐形对立。此因若干皇帝（如文宗、宣宗），屡次联士大夫诛除宦官，宦官逐渐发生族类之自觉，团结一致，专意控制外朝。士大夫与宦官积怨既深，亦联合与宦官相抗，双方遂同水火。然宦官手握军符政权，外有藩镇之声援，士大夫固无如之何。此种形势，直至僖宗时之黄巢之乱，始大为改观。

僖宗时，流寇猖獗，黄巢攻陷长安，僖宗狼狈幸蜀。其时神策禁军，损失甚重，宦官之实力渐弱。乱定后，新兴之藩镇，崛起黄河南北，一为河东节度使李克用，一为宣武节度使朱全忠，前者为沙陀酋长，讨平黄巢之功臣，后者则黄巢降将也。此两镇兵力强盛，非宦官所能制。而太原为关东重镇，汴州为运河要冲，两地既为强藩所据，不特北方失一屏蔽，东南财赋亦为遮绝。宦官所主持之中央政府，因而益衰。

僖宗返跸后，仍信用宦官田令孜。既而令孜与河中节度使王重荣争安邑解县两盐池之利，终至兵戎相见。重荣结援河东，令孜则联邠宁节度使朱玫、凤翔节度使李昌符讨重荣，

李克用救之，败二镇之师，致使僖宗再幸兴元，令孜亦终遭
贬逐。僖宗死，宦官杨复恭立昭宗，遂擅朝政。复恭自其叔
父玄价、从兄复光（均为宦官）时即与李国昌、克用父子相
结，至是更依河东为外援，于是克用之势大盛。惟昭宗痛恨
宦官，时欲联朝士以驱除之，而斯时宦官已不能完全宰制朝
廷，外朝士大夫乃乘机勾结藩镇，与宦官相抗衡。于是藩镇
亦分两派，往日宦官内制朝廷外控藩镇之局面，至此破坏。

杨复恭既倚河东为援，宰相张濬亦与朱全忠相结。大顺
元年（八九〇年），昭宗以濬统军讨克用，欲外幸成功而内制
复恭，结果大败，昭宗不得已贬濬。濬之失败，复恭之从中
沮挠，为主要原因之一。《通鉴》卷二五八大顺元年：

> 是役也，朝廷倚朱全忠及河朔三镇。及濬至晋州，
> 全忠方连兵徐、郓，虽遣将攻泽州，而身不至。行营乃求
> 兵粮于镇、魏，镇、魏倚河东为扞蔽，皆不出兵，惟华、
> 邠、凤翔、郓、夏之兵会之。兵未交而孙揆被擒，幽、云
> 俱败。杨复恭复从中沮之，故濬军望风自溃。

张濬既败，复恭、克用之势益炽，而昭宗以复恭专擅，
必欲除之。乃宠任复恭假子守立，赐姓名李顺节，以分其权。
继而昭宗诏复恭致仕，复恭奔兴元，依其兄子山南西道节度
使杨守亮，起兵叛唐，终被擒斩。于是克用在中央政府之势
力大衰，而朱全忠与外朝交结益固。

杨复恭死后，昭宗仍恨宦官，与宰相崔胤图谋，颇有诛
杀。胤一面与朱全忠相结，一面谋去宦官，于是内外朝益相
水火。光化三年（九〇〇年），宦官刘季述谋乱，矫诏以太子
裕监国而废昭宗。崔胤召朱全忠入援，全忠兵不即发。胤乃

与神策军将孙德昭等合谋，诛刘季述及其党羽，迎昭宗复位。实则全忠最初亦与季述相结，昭宗之废，其驻京邸官程严实与其事。后全忠因李振之劝告，始一意与宦官为敌。《新唐书》卷二〇八《刘季述传》略云：

> （季述）乃外约朱全忠为兄弟，遣从子希正与汴邸官程严谋废帝。会全忠遣天平节度副使李振上计京师，严因曰："主上严急，内外慑恐，左军中尉欲废昏立明，若何？"振曰："百岁奴事三岁郎主，常也。乱国不义，废君不祥，非吾敢闻。"希正大沮。帝夜猎苑中，醉杀侍女三人。明日，季述卫皇太子至紫廷院，左右军及十道邸官俞潭、程严等诣思玄门请对，士皆呼万岁。入思政殿，宫监掖帝出，后以传国宝授季述，就帝辇，左右十余人，入囚少阳院。（崔）胤告难于朱全忠，使以兵除君侧。全忠封胤书与季述，曰："彼翻覆，宜图之。"季述以责胤，胤曰："奸人伪书，从古有之，必以为罪，请诛不及族。"季述易之，乃与胤盟。胤谢全忠曰："左军与胤盟，不相害，然仆归心于公，并送二侍儿。"全忠得书，恚曰："季述使我为两面人。"自是始离。季述子希度至汴，言废立本计；又遣李奉本赍示太上皇诰，全忠狐疑不决。李振入见曰："竖刁、伊戾之乱，以资霸者。今阉奴幽劫天子，公不讨，无以令诸侯。"乃囚希度、奉本，遣振至京师，与胤谋。

宦官首领，既屡遭诛杀，神策军亦不复绝对听命于宦官，而崔胤得昭宗之信任，复倚强藩为援，以是权势薰炙，宦官转居劣势。

然宦官亦自有其交通之藩镇，最主要者为凤翔节度使李茂贞。茂贞出身禁军，与宦官素有渊源，又与崔胤不合，因而支持宦官。刘季述既诛，崔胤等奏请罢宦官兵权，以大臣典禁军，因茂贞之反对而罢。《新唐书》卷二〇八《韩全诲传》：

> 刘季述之诛，崔胤、陆扆见武德殿右庑。胤曰："自中人典兵，王室愈乱。臣请主神策左军，以扆主右，则四方藩臣不敢谋。"昭宗意不决。李茂贞语人曰："崔胤夺军权未及手，志灭藩镇矣。"帝闻，召李继昭等问以胤所请奈何，对曰："臣世世在军，不闻书生主卫兵。且罪人已得，持军还北司便。"帝谓胤曰："议者不同，勿庸主军。"乃以（韩）全诲为左神策中尉，（张）彦弘为右。

《通鉴》卷二六二天复元年正月：

> 以枢密使韩全诲、凤翔监军使张彦弘为左右中尉。全诲，亦前凤翔监军也。

观此可知茂贞与全诲等早有过从，全诲等之得主神策，实茂贞之力也。既而茂贞与崔胤恶感益深，双方之敌对亦益显。《通鉴》卷二六二天复元年五月：

> 崔胤之罢两军卖麹也，并近镇亦禁之。李茂贞惜其利，表乞入朝论奏，韩全诲请许之。茂贞至京师，全诲深与相结。崔胤始惧，阴厚朱全忠益甚，与茂贞为仇敌矣。

《旧唐书》卷二〇八《韩全诲传》：

全诲等知胤必除己乃已，因讽茂贞留选士四千宿卫，以李继筠、继徽主之。胤亦讽朱全忠内兵三千，居南司，以娄敬思领之。

至是双方冲突，已无法避免，惟有作最后角力，以定胜负。既而崔胤密召朱全忠西迎车驾，而宦官劫昭宗幸凤翔。全忠围攻凤翔，茂贞无以取胜，遂杀韩全诲等宦官七十余人，与全忠和解。昭宗返跸后，崔、朱又奏杀宦官数百人，并令全国藩镇，诛杀监军。于是内外宦官，屠杀殆尽。而唐室中央遂为全忠所控制，随之以亡。

总之，唐室初以宦官为监军，以制藩镇，而宦官一意党助凶顽，摧折良将。既而宦官内典禁军，外结藩镇，内外胶固，宦官之凶焰益炽，藩镇之势力益强。及至唐末，宦官之势渐弱，士大夫遂联藩镇以尽诛之，遂成藩镇独盛之局，而唐室亦亡于藩镇。此有唐后期一百五十年政治演变之大略也。

原载《大陆杂志》二十七卷六期，一九六三年九月

唐代夷夏观念之演变

一

《资治通鉴》卷一九八贞观二十一年：

> （五月）庚辰，上御翠微殿，问侍臣曰："自古帝王虽平定中夏，不能服戎狄。朕才不逮古人，而成功过之。自不谕其故，诸公各率意以实言之。"群臣皆称："陛下功德，如天地，万物不得而名言。"上曰："不然，朕所以能及此者，止由五事耳。自古帝王多疾胜己者，朕见人之善，若己有之。人之行能，不能兼备；朕常弃其所短，取其所长。人主往往进贤则欲置诸怀，退不肖则欲推诸壑；朕见贤者敬之，不肖者则怜之，贤不肖各得其所。人主多恶正直，阴诛显戮，无代无之；朕践祚以来，正直之士，比肩于朝，未尝黜责一人。自古皆贵中华，贱夷狄，朕独爱之如一，故其种落皆依朕如父母。此五者，朕所以成今日之功也。"

文中所言五事，皆太宗自谓超迈前古之处。其实嘉善纳谏，大度包容，历代贤君，亦优为之。独于中华夷狄，兼爱如一，为前人所无。盖李唐皇室，起源于北朝胡化之汉人，承异族累叶之政权，于所谓夷夏观念，本甚薄弱。故建国之后，虽四征不服，既服之后，则视如一国，不加猜防。唐初每定异族，即于其地置羁縻府州，以其酋长任都督刺史，予以高度之自治权。甚至委异族以中央要职，与汉人比肩于朝。贞观四年（西元六三〇年），太宗既平东突厥，其酋长任职中央，五品以上者百余人，殆与朝士相半，因而入居长安者近万家。此种华夷一家之盛况，诚空前未有之事也。

贞观十三年（西元六三九年），突厥突利可汗之弟结社率反，进犯九成宫。事平之后，言事者多云突厥留河南不便。太宗遂以李思摩为可汗，率所部建牙于河北。其后思摩因受薛延陀之侵凌，又以不善抚御，其部落弃之，渡河而南，唐以胜夏二州处之。而思摩轻骑入朝，拜为右武卫将军。由唐室之不阻突厥部众南渡，复不责思摩之擅离职守看来，可知太宗之夷夏观念，并不因结社率事件而有所改变也。

太宗死后，所谓华夷一家之观念及政策，仍为唐室所继续保持。高宗武后之世，异族将才之盛，不减贞观，如黑齿常之、李多祚、泉献诚、论弓仁等，皆其杰也。此种现象，愈演愈烈，至玄宗天宝，遂委异族以方面之任，沿边十节度，率为胡人矣。以异族出任方面，史书谓其议倡自李林甫。《旧唐书》卷一〇六《李林甫传》：

> 国家武德、贞观已来，蕃将如阿史那社尔、契苾何力，忠孝有才略，亦不专委大将之任，多以重臣领使以制之。开元中，张嘉贞、王晙、张说、萧嵩、杜暹皆以节度使入知政事。林甫固位，志欲杜出将入相之源，尝奏曰："文士为将，怯当矢石，不如用寒族、蕃人。蕃人善战有勇，寒族即无党援。"帝以为然，乃用（安）思顺代林甫

领使，自是高仙芝、哥舒翰皆专任大将。林甫利其不识文字，无入相由，然而（安）禄山竟为乱阶，由专得大将之任故也。[《新唐书》卷二二三上《李林甫传》及《资治通鉴》二一六天宝六载所载均略同，惟《通鉴》更申论曰："上悦其（按指李林甫）言，始用安禄山。至是诸道节度，尽用胡人。精兵咸戍北边，天下之势偏重，卒使禄山倾覆天下，皆出于林甫专宠固位之谋也。"]

玄宗之重任蕃将，实形势使然，非必全由李林甫专宠固位所致。林甫固属奸佞，而玄宗尚非昏愚，若林甫之言全无根据，玄宗亦不致悦而相从。文人怯当矢石，好树朋党，固历代通有之现象；而当时蕃将之骁勇善战，要亦不争之事实。自高宗武后起，盛行科举，重文章之选，进士科成为汉族士人竞趋之对象，往昔尚武之风，逐渐消失。而蕃人识字者少，仍以弓马为能事，且其部落率居边区，犷悍之风，依然保持。太宗时之汉人名将，至此泰半凋谢，而汉人既已沾染尚文之风，武将之缺，自不能不以蕃人充选。加以高宗末年以后，北则突厥、契丹，西则吐蕃，同时炽盛，给予唐室甚大之侵扰。太宗以降三十年四夷宾服之局，自此破坏。大战既起，唐室对于蕃将，倚仗更切。及至玄宗，锐意开边，于是益重用蕃将，渐至"诸道节度，尽用胡人"。此种形势，实由唐室中央提倡文人政治，汉将人才缺乏而造成。安史之乱，乃此种形势自然演变之结果，岂一李林甫所得为力者哉！兹再引史书二节，以证吾论。

《旧唐书》卷一九九上《高丽传》附《泉献诚传》：

> 献诚授右卫大将军，兼令羽林卫上下。天授中，则

天尝内出金银宝物，令宰相及南北衙文武官内，择善射者五人，共赌之。内史张光辅先让献诚为第一，献诚复让右玉钤卫大将军薛吐摩支，摩支又让献诚。既而献诚奏曰："陛下令简能射者五人，所得者多非汉官，臣恐自此已后，无汉官工射之名，伏望停寝此射。"则天嘉而从之。（《新唐书》一一〇《泉献诚传》载献诚曰："陛下择善射者，然皆非华人，臣恐唐官以射为耻，不如罢之。"《资治通鉴》卷二〇四天授元年则载献诚曰："陛下令选善射者，今多非汉官，窃恐四夷轻汉，请停此射。"又薛吐摩支，《通鉴》作薛咄摩，薛延陀人。）

《资治通鉴》卷二一六天宝八载：

> 时承平日久，议者多谓中国兵可销。于是民间挟兵器者有禁，子弟为武官，父兄摈不齿。猛将精兵，皆聚于西北，中国无武备矣。

可知武后之时，汉将之武技，已远逊蕃将。而玄宗天宝之际，内地重文轻武之风，已蔓延甚烈，与边区居人之勇武是尚，判然不同。中央与地方在精神文化上之对立，不待安史乱后，田承嗣、李怀仙辈之割据河北而业已完成。总之，唐朝前期，异族人才所以能在中国之政治舞台上，崭露头角，占有重要之地位者，实有二因：一由唐人夷夏观念之薄弱，对异族不予猜防，因而能量才录用。二由科举制度之盛行，汉族才智之士，多以文章猎取功名，而御敌安边之事，乃不得不委诸蕃将。就整个唐朝前期之政治史观之，此实自然之趋势也。

此外尚有一事须注意者，即玄宗之时，唐室中央，虽已稍有重文轻武之迹象，然对异族，固仍保持初唐以来之传统观念。而异族文化之输入中国，反于此时至于极盛。盖自太宗贞观四年（六三〇年）至玄宗天宝四载（七四五年）之一百一十五年间，外族为唐所俘或降附唐室因而入居中国者，达一百七十万人以上，包括突厥、铁勒、高丽、吐蕃、党项、吐谷浑以及西域诸国之人。此外来华经商传教者，亦极众多。波斯、大食以及西域贾胡等，遍及广州、洪州、扬州诸地。而新罗及昆仑等种人，多为国人用为奴隶。由于异族之大量来华，异族文化亦随之输入，在中国境内自由发展。举凡音乐、歌舞、技艺、衣食，皆为唐人所普遍爱好。自开元末直至天宝末，风靡尤甚，贵族士女，莫不以胡化是尚。《旧唐书》卷四五《舆服志》：

> 开元来……太常乐尚胡曲；贵人御馔，尽供胡食；士女皆竞衣胡服；故有范阳羯胡之乱。

开元天宝，正海内承平之日，士女耽于安逸，风气流于奢靡。其时唐人所吸收之胡化，不出娱乐享受之范围，于胡人之勇武精神，反弃之若遗。安史之乱，所以能一举滔天者，正由唐人精神萎靡，贪于享受之故。而此种风气之造成，又与科举制度之过分膨胀，有其不可分割之关系也。

二

安史乱后，唐室对于武人，深怀顾忌；夷夏之防，亦因而转严。然一种具有悠久传统之观念，往往不易于短时间完全改变，故有唐后期国人之夷夏观念，犹不若宋人之严，如不细心体察，即难知其真相。故历来史家，类皆强调唐人华夷一家之精神，以说明此段时间内国人民族思想之特色，然于此种观念之演变，则鲜有论及。实则有唐后期国人之民族思想，已较前期颇有不同，殊不应混为一谈也。

唐室之疏忌武人，始于安史乱时。宦官之所以能乘时揽权，出任监军，入统禁旅，朝廷唯其言是听者，亦即此种思想之具体表现。其后大难虽平，然河北、淄青诸地，犹为安史余孽所盘据。唐室既无力加以征服，不得已行姑息之政，视其地如化外，以致祸延后世，此点当于后节详论之。至于唐室中央对待其嫡系之将领，亦极尽猜防之能事，尤以异族将领为甚，此可以李光弼、仆固怀恩、李怀光三人之事迹为例。

李光弼，契丹人，为讨平安史之主将，再造唐室之元勋，与郭子仪齐名。其对于唐室之忠诚，实无可疑。而初因愤恨文臣之轻慢，擅杀御史崔众；继因与宦官程元振不协，拥兵不赴京师之难；复惧宦官鱼朝恩之害，致终身不敢入朝。然猜阻至此，必有其内在原因，未可以武人好犯上概之也。《旧唐书》卷一一〇《李光弼传》：

> 肃宗理兵于灵武，遣中使刘智达追光弼、子仪赴行在。授光弼户部尚书，兼太原尹、北京留守、同中书门下平章事，以景城、河间之卒五千赴太原。时节度使王承业军政不修，诏御史崔众交兵于河东。众侮易承业，或裹甲持枪，突入承业厅事，玩谑之。光弼闻之，素不平。至是，交众兵于光弼。众以麾下来，光弼出迎，旌旗相接而不避。光弼怒其无礼，又不即交兵，令收系之。顷中使至，除众御史中丞，怀其敕，问众所在。光弼曰："众有罪，系之矣。"中使以敕示光弼，光弼曰："今只斩侍御史，

若宣制命，即斩中丞；若拜宰相，亦斩宰相。"中使惧，遂寝之而还。翌日，以兵仗围众，至碑堂下，斩之，威震三军。

同书同传又云：

观军容使鱼朝恩，屡言贼可灭之状，朝旨令光弼速收东都。光弼屡表贼锋尚锐，请候时而动，不可轻进。仆固怀恩又害光弼之功，潜附朝恩，言贼可灭。由是中使督战，光弼不获已，进军列阵于北邙山下。贼悉精锐来战，光弼败绩，军资器械，并为贼所有。

又云：

广德初，吐蕃入寇京畿，代宗诏征天下兵。光弼与程元振不协，迁延不至。十月，西戎犯京师，代宗幸陕。朝廷方倚光弼为援，恐成嫌疑，数诏问其母。吐蕃退，乃除光弼东都留守，以察其去就。光弼伺知之，辞以久待救不至，且归徐州，欲收江淮租赋以自给。代宗还京，二年正月，遣中使往宣慰。光弼母在河中，密诏子仪与归京师。其弟光进，与李辅国同掌禁兵，委以心膂，至是以光进为太子太保，兼御史大夫、凉国公、渭北节度使，上遇之益厚。光弼御军严肃，天下服其威名，每申号令，诸将不敢仰视。及惧朝恩之害，不敢入朝，田神功等，皆不禀命，因愧耻成疾，遣卫将孙珍，奉遗表自陈。广德二年七月，薨于徐州，时年五十七。

崔众身在河东，朝廷犹遥除为御史中丞，其为肃宗所亲信，自无疑问。至于程元振、鱼朝恩之为代宗所宠任，史书言之甚详。三人之所以敢于凌侮大将，实恃朝廷为后盾，如朝廷对之不过分纵容，则此辈亦焉能至此。朝廷所以对之优宠有加，惟其言是听者，实因此辈负有监视诸将之责任也。崔众以侍御小官，光弼犹敢诛之。鱼朝恩以观军容使之尊，光弼无如其何，邙山之败，全由朝恩偾事，不闻朝廷有丝毫罪责。光弼与程元振交恶之事迹不详，《新唐书》卷二〇七《程元振传》仅谓元振"素恶李光弼，数媒蝎以疑之"。使光弼不能尽忠朝廷，终亏大节者，鱼朝恩、程元振虽不能辞其咎，然则迎其母至京师以为质，出其弟为节度使以防变，代宗本人对光弼之畏忌，固亦明甚。朝恩、元振之仇视光弼，实不过希旨求宠之手段。元振之贬，虽由藩镇之不满而起，其事实出于无奈，并非表示代宗对武人之态度有所改变。观夫元振既流之后，鱼朝恩继起用事，仍与武人为敌者，可知之矣。至朝恩之诛，实缘其骄横过甚，代宗虑其难制而除之，更与代宗对武人之态度改变与否无关也。

仆固怀恩，铁勒人，为朔方大将。安史乱时，唐室借兵回纥，全由怀恩主持，其后复统率唐军，扫平河朔。史称其无役不与，一门死王事者四十六人。乱定后，因与河东节度使辛雲京不协，为雲京及宦官骆奉先所媒孽，复以朝廷不辨曲直，遂于代宗广德二年（公元七六四年）愤而造反。《旧唐书》卷一二一《仆固怀恩传》：

> （宝应二年）诏怀恩统可汗还蕃，遂自相州西郭口趣潞州，与回纥可汗会，出太原之北。怀恩初至太原，辛雲京以可汗是其子婿，疑其召戎，闭关不报；且惧可汗相

袭，不敢犒军。及还，亦如之。（《新唐书》二百二十四上《怀恩传》谓"辛雲京内忌怀恩，又以其与回纥亲，疑可汗见袭，闭关不敢犒军"。）怀恩父子，宣力王室，攻城野战，无役不从。一举灭史朝义，复燕、赵、韩、魏之地，自以为功无以让。至是，又为雲京所拒，怀恩怒，上表列其状，顿军汾州。会中官骆奉先使于雲京，雲京言怀恩与可汗为约，逆状已露，乃与奉先厚结欢。奉先回至怀恩所，其母数让奉先曰："尔等与我儿约为兄弟，今又亲雲京，何两面乎？虽然，前事勿论，自今母子兄弟如初。"酒酣，怀恩起舞，奉先赠缠头彩。怀恩将酬其贶，奉先遽告发。怀恩曰："明日端午，请宿为令节。"奉先固辞，怀恩苦邀之，命藏其马。中夕谓其从者曰："向者责吾，又收吾马，是将害我也。"奉先惧，遂逾垣而走。怀恩惊，遽令追还其马。奉先使回，奏其反状。怀恩累表请诛雲京、奉先，上以雲京有功，手诏和解之，怀恩遂有贰于我。

《新唐书》卷二〇七《骆奉先传》：

> 广德初，监仆固怀恩军者，奉先恃恩贪甚，怀恩不平。既而惧其谮，遂叛。事平，擢奉先军容使，掌籤内兵，权焰炽然。

当时回纥入援，恃恩横暴，所至钞掠。辛云京之闭门不报，措置本未可厚非。然勾结阉宦，诬告人反，则为卑鄙之行为。以怀恩之功，横遭谗口，代宗不为之辨理曲直，仅令其和解，自难使之心服。代亲之所以祖护辛雲京，实因听信骆奉先片面之词，而对怀恩发生疑忌之故。怀恩初无叛志，本拟亲身入朝，为其将范志诚所劝阻，实则怀恩入朝，亦难保不为来瑱第二。故怀恩之叛，虽由辛、骆之诬陷，而代宗之疑忌，实为最主要之原因。观夫怀恩平而奉先擢，可知代宗不特不以奉先之进谗为非，反奖其告密之功也。

李怀光，靺鞨人，亦朔方名将。德宗时，因泾原兵变，京师沦陷，德宗出奔奉天。时怀光正讨河北，闻讯率军驰救。既而为奸相卢杞所间，不得陛见，愤而叛乱。《旧唐书》卷一二一《李怀光传》：

> 明年（建中四年）十月，泾原之卒叛，上居奉天。朱泚既僭大号，遣中使驰告河北诸帅。怀光率军奔命，时属泥淖，怀光奋厉军士，道自蒲津渡河，败泚骑兵于醴泉，直赴奉天。……怀光性粗厉疏愎，缘道数言卢杞、赵赞、白志贞等奸佞，且曰："天下之乱，皆此辈也。吾见上，当请诛之。"杞等微知之，惧甚，因说上令怀光乘胜逐泚，收复京师，不可许至奉天。德宗从之。怀光屯军咸阳，数上表暴扬杞等罪恶。上不得已为贬杞、赵赞、白志贞以慰安之。又疏中使翟文秀，上之信任也，又杀之。怀光既不敢进军，迁延自疑，因谋为乱。……兴元元年二月，诏加太尉，兼赐铁券。遣李升及中使邓鸣鹤赍券喻旨，怀光怒甚，投券于地曰："凡人臣反，则赐铁券，今授怀光，是使反也。"

李怀光千里赴难，解奉天之围，功亦伟矣，而咫尺之间，不得觐见天子，其事实悖乎情理。此固由奸臣之间沮，若非德宗对武人早具成见，则事亦何至于此。怀光之罪状卢杞，全由不得入朝而起。而德宗贬窦杞等之后，仍不召见怀光，故杞等虽贬，怀光之疑惧益甚。太尉之加，铁券之赐，只能速其反耳。可知怀光之叛，实由德宗之猜忌而激成者也。

三

唐室对于中央之嫡系将领，犹猜防若此，则其对于河北安史余孽之畏忌，更可想见。史称安史余孽所以仍能保有其广土强兵，由于仆固怀恩欲倚之为持宠固位之资。《新唐书》卷二二四上《仆固怀恩传》：

> 初，帝（按指代宗）有诏，但取朝义，其它一切赦之。故薛嵩、张忠志、李怀仙、田承嗣见怀恩皆叩头，愿效力行伍。怀恩自见功高，且贼平则势轻，不能固宠，乃悉请裂河北，分大镇以授之，潜结其心以为助，嵩等卒据以为患云。

其实怀恩之受降，不过秉代宗之诏命。代宗之所以优容降将，一则因此辈兵力尚强，一时不易征服；又以回纥在中国多为不法，欲战争早日结束，遣返其国。《资治通鉴》卷二二二广德元年：

> 时河北诸州皆已降，（薛）嵩等迎仆固怀恩，拜于马首，乞行间自效。怀恩亦恐贼平宠衰，故奏留嵩等及李宝臣分帅河北，自为党援；朝廷亦厌苦兵革，苟冀无事，因而授之。

文中所谓"朝廷厌苦兵革"，不外指此二事。以怀恩之强直，未必有此机心，持宠之说，当系后来唐室诬过之辞。观夫怀恩之叛，只与回纥、吐蕃勾结，河北藩镇，并无一兵一卒以响应者，亦可知其事之诬矣。

河北藩镇，其将士多为胡人，故其所控制之地区，日益胡化，卑弃文教，崇尚武力。唐室中央，则仍以科举取士，德宗尤奖励文辞，以粉饰太平。故虽战乱频仍，而当时文学之盛，犹能上追贞观、开元。以是河北藩镇与唐室中央所直接控制之地盘，在精神文化上形成两个截然不同之区域。由于精神文化之不同，此两地区，渐形敌对，裂痕日深。宪宗时，河朔一度归命，然唐室之文治手段，终不能为河朔人士所悦服。穆宗长庆元年（公元八二一年），卢龙首叛，成德、魏博继之。数月之间，河山变色，上距诸镇顺从，不过二三年耳。其后终唐之世，不复禀中央号令。而卢龙之叛，实缘中央所委派之节度使张弘靖，不知适应当地之风习所致。《旧唐书》卷一二九《张弘靖传》：

> 弘靖之入幽州也，蓟人无老幼男女，皆夹道而观焉。河朔军帅冒寒暑，多与士卒同，无张盖安舆之别。弘靖久富贵，又不知风土，入燕之时，肩舆于三军之中，蓟人颇骇之。弘靖以禄山、思明之乱，始自幽州，欲于事初，尽革其俗。乃发禄山墓，毁其棺枢，人尤失望。（《新唐书》一二七《弘靖传》："俗谓禄山、思明为二圣，弘靖惩始乱，欲变其俗，乃发墓毁棺，众滋不悦。旬一决事，宾客将吏，罕闻其言，委成于参佐。"）从事有韦雍、张宗厚数辈，复轻肆嗜酒，常夜饮醉归，烛火满街，前后呵叱蓟人所不习之事。又雍等诟责吏卒，多以"反虏"名之，谓军士曰："今天下无事，汝辈挽得两石力弓，不如识一丁字。"

军中以意气自负，深恨之。刘总归朝，以钱一百万贯赐军士，弘靖留二十万贯，充军府杂用。蓟人不胜其愤，遂相率以叛。

张弘靖曾任宣武节度使，以宽简得众心。韦雍辈，弘靖之参佐，亦非阘茸，其轻狂嗜酒，卑视武夫，固亦当时文人之常态。夫以弘靖朝廷之重臣，内地之能吏，而一帅卢龙，立酿巨变者，可知河朔犷悍之风，其基既深且固，非中央尚文之政，所得而化之者也。

由于内地尚文之风蔓延，中央嫡系藩镇之节度使，亦多用文臣。其中虽不乏豪杰之士，究以怯懦萎靡者为多。河朔既叛，唐室所以不能复取，与此亦甚有关系。《旧唐书》卷一七四《李德裕传》：

德裕曰："泽潞国家内地，不同河朔，前后命帅，皆用儒臣。"

《资治通鉴》卷二五〇咸通三年：

初，王智兴既得徐州，募勇悍之士二千人，号银刀、雕旗、门枪、挟马等七军。常以三百余人自卫，露刃坐于两庑夹幕之下，每月一更。其后节度使多儒臣，其兵浸骄，小不如意，一夫大呼，其众皆和之，节度使辄自后门逃去。

泽、潞、徐州，皆关东重镇，而其节度使率用儒臣，则其余诸镇如何，可想而知。儒臣为节度之结果，至于骄兵一呼，辄仓皇逃去，则欲其克敌定难，肃清河朔，岂非梦想！故河北三镇再叛之后，唐室中央，自知无力征服，遂采放任态度，视如化外。《新唐书》卷一四八《史孝章传》：

> 孝章见父（宪诚）数奸命，内非之，承间谏曰："大河之北号富强，然而挺乱取地，天下指河朔若夷狄然。"

《资治通鉴》卷二七四会昌三年：

> 李德裕独曰："……河朔习乱已久，人心难化，是故累朝以来，置之度外。"

《全唐文》卷七五四杜牧《罪言》：

> 天宝末，燕盗徐起，出入成皋函潼间，若涉无人地。郭李辈常以兵五十万，不能过邺。自尔一百余城，天下力尽，不得尺寸，人望之若回鹘、吐蕃，义无有敢窥者。

《新唐书》卷二一〇"藩镇魏博"：

> 安史乱天下，至肃宗，大难略平，君臣皆幸安。故瓜分河北地，付授叛将，护养孽萌，以成祸根。乱人乘之，遂擅署吏，以赋税自私，不朝献于廷。效战国肱髀相依，以土地传子孙。胁百姓，加锯其颈，利怵逆污，遂使其人自视由羌狄然。一寇死，一贼生，讫唐亡百余年，卒不为王土。

河北三镇之辖区，除卢龙外，成德、魏博均属内地。其境内之人，虽染胡风，究以汉人居多；而天下视之如夷狄，其与唐初华夷一家之思想，相去何远！此实安史乱后，唐人夷夏之辨渐严之明证也。五代之时，石敬瑭父事契丹，一举而割燕云十六州。其地居民，因沾染胡化，在精神上反与异族接近，以是割地时竟无丝毫阻碍。而中国之人，反视其地为戎墟，弃之若遗者久矣。

四

　　玄宗时，唐帝国西北两大强邻，一为吐蕃，一为回纥。吐蕃与唐为敌，回纥则与唐亲善。安史乱起，吐蕃于数年之间，侵陷唐河西、陇右数十州。回纥则四次遣兵入援，唐赖以扫平大难。然回纥在中国，所为多横暴，致激起国人之不满。《杜诗详注》卷七《留花门》：

　　　　花门天骄子，饱肉气勇决，高秋马肥健，挟矢射汉月。自古以为患，诗人厌薄伐，修德使其来，羁縻固不绝。胡为倾国至，出入暗金阙，中原有驱除，隐忍用此物。公主歌黄鹄，君王指白日，连云屯左辅，百里见积雪。长戟鸟休飞，哀笳曙幽咽，田家最恐惧，麦倒桑枝折。沙苑临清渭，泉香草丰洁，渡河不用船，千骑常撇烈。胡尘逾太行，杂种抵京室，花门既须留，原野转萧瑟。（《杜臆》注：题曰"留花门"，言不当留也。)*

---

*　编者按：括注见仇兆鳌《杜诗详注》卷七该诗题解，无"注"字。查王嗣奭《杜臆》卷二原文为："'隐忍用此物'，'隐忍'二字，有说不尽之苦在。不得已而用之，如何可留？题曰'留花门'，病在'留'字。"

此诗写于肃宗乾元二年（七五九年），正唐军遭邺城之败，战局危殆之时。而老杜不嘉其赴援救难之功，反以倾国而至为备，原野萧瑟为忧，而谓其不当留，则唐人对回纥之忌视，亦可知矣。

回纥于安史乱时，虽有助战之功，然每战必索报酬，至于克服城池后，大肆杀掠。故唐室唯冀战事早日结束，遣还其国。唐室之招纳安史降将，与此大有关系。此外回纥又与唐室成立一种国际贸易，以其特产之马，向唐倾销。马一匹易绢四十匹（或谓五十匹），而其马体质弱劣，多无所用。唐室以其助战有功，不得已与之交易。然此事引起唐人之不满，自在意中。白居易《长庆集》卷四《阴山道》：

> 阴山道，阴山道，纥逻敦肥水泉好。每至戎人送马时，道傍千里无纤草。草尽泉枯马病羸，飞龙但印骨与皮。五十匹缣易一匹，缣去马来无了日。养无所用去非宜，每岁死伤十六七。缣丝不足女工苦，疏织短截充匹数。藕丝蛛网三丈余，回鹘诉称无用处。咸安公主号可敦，远为可汗频奏论。元和二年下新敕，内出金帛酬马直。仍诏江淮马价缣，从此不令疏短织。合阙将军呼万岁，捧授金银与缣彩。谁知黠虏启贪心，明年马来多一倍。缣渐好，马渐多，阴山虏，奈尔何！

白诗极言回鹘之贪，其中虽亦道及唐室之诈，然所谓"缣渐好，马渐多"，盖直言不必以诚实之道待回鹘矣，亦可见忌视之甚也。

安史乱后，吐蕃方炽。唐室不敢再树一敌，以是代宗采纳郭子仪之建议，一意联络回纥，备御吐蕃，局势始渐好转。

至德宗，此项政策一度遭遇阻碍。因安史乱时，德宗为雍王，曾为回纥所辱，深恨之。而若干唐军将领，亦深恶回纥之骄横，思加制裁。故建中元年（七八〇年）德宗即位之初，振武留后张光晟，即擅杀过境之回纥使者突董等九百余人。其时幸回纥合骨咄可汗新立，不敢与唐为敌，始未成大衅。其后德宗仍与回纥绝交，而与吐蕃谋和。贞元二年（七八六年），唐与吐蕃盟于原州。吐蕃伏兵盟所，杀唐官兵数百人，擒千余人。自经此变，唐室始恢复联回抗吐之政策，与回鹘修好，前后数十年未启边衅。文宗时，回鹘为黠戛斯所破，诸部逃散。其中一支南逃，于武宗时进窥边境，屡为唐室所败，降者数万人。《旧唐书》卷一九五《回纥传》：

> （会昌）二年冬三年春，回鹘……七部共三万众，相次降于幽州，诏配诸道。

《新唐书》卷二一七下《回鹘传》：

> 分其兵（指回鹘），赐诸节度。虏人惮隶食诸道，据滹沱河叛，刘沔坑杀三千人。

此种处置回鹘之办法，实深含防制之意，较之唐初以北方边区，委诸突厥者，迥不侔矣。

唐代后期，唐人对异族文化，亦渐有歧视之意。玄宗时，士女多衣胡服。胡服之特征，为窄衣短袖。安史乱后，唐人衣着已恢复旧风，改尚宽长。此点近人已先言之，兹不复赘。（参看陈寅恪：《元白诗笺证稿》第五章《新乐府·上阳人》。）然胡风尚未尽涤，国人犹有椎髻赭面之习。白居易《长庆集》

220

卷四《时世妆》：

> 圆鬟无鬓椎髻样，斜红不晕赭面状。昔闻被发伊川
> 中，辛有见之知有戎。元和妆梳君记取，髻椎面赭非华风。

夫椎髻为北狄装束，赭面为吐蕃习俗，而乐天以其非华风，至以被发伊川喻之，则其对胡风之厌恶，可想见之。此与盛唐士女之观念，又大不同矣。至如韩昌黎之痛斥佛教，实亦有浓厚之夷夏观念，存于其间也。

唐末，沙陀渐强。懿宗时，庞勋之乱，赖沙陀酋长李国昌助战，始得讨平。僖宗时，又赖国昌子克用平黄巢之乱。昭宗时，凤翔节度使李茂贞、镇国节度使韩建称兵入京，擅杀宰相，谋废昭宗，亦赖李克用入援，始得无事。综其前后事迹，对唐室可谓有功。虽亦有时跋扈不听命，然较之其他诸镇，对唐犹稍具忠心。而唐之朝臣，宁与盗匪出身之朱全忠合纵，而拒克用于千里之外，实缘克用为外族故也。《资治通鉴》卷二五八大顺元年，克用曾上表责昭宗曰：

> 朝廷当贴危之时，则誉臣为韩、彭、伊、吕；及既安之后，则骂臣为戎、羯、胡、夷。

此当时实况，非虚语也。其后宰相崔胤，密召朱全忠以兵迎车驾。宦官闻讯，劫昭宗至凤翔，依李茂贞。朱全忠率军西进，围攻凤翔。《新唐书》卷二一七下《回鹘传》：

> 昭宗幸凤翔，灵州节度使韩逊表回鹘请率兵赴难。
> 翰林学士韩偓曰："虏为国仇旧矣。自会昌时伺边，羽翼

未成不得逞。今乘我危以翼幸，不可开也。"遂格不报。

夫于围城危急之时，唐室君臣，犹拒回鹘之援，其中固尚有其他原因，然唐人之夷夏之防，固彰彰明甚也。

五代时，后唐、后晋、后汉三朝，皆沙陀人所建。沙陀居中国既久，沾染汉化，亦渐重夷夏之防，身虽为夷，而自居为夏。故石敬瑭借兵契丹，刘知远不欲其称子。而后唐废帝宁自与敬瑭决战，亦不愿与契丹和亲而借其力。石晋既立，成德节度使安重荣以奉事契丹为耻，屡与为敌。至晋出帝，更拒绝称臣。及耶律德光灭晋，刘知远据太原自立。郭威以汉人建后周，至世宗，遂有伐辽之举。综上所论，唐代后期，夷夏之防已渐严。五代时，胡人虽据中原，然此种观念并未因而废绝。至宋，复尚科举，形成文人政治；又因遭契丹、女真之侵略，夷夏观念遂益严矣。

原载《大陆杂志》二十五卷八期，一九六二年十月

突厥大事系年

序言

关于突厥史料，中国史书如《北史》及周、隋、两唐诸《书》所载，可称详备。《资治通鉴》更逐年系录其事，析辨精审，条贯分明。然诸书于西突厥之记述，间有错误遗漏，每致疑难，是其失也。近世法人沙畹（E. Chavannes），著《西突厥史料》(*Documents Sur Les Tou-Kiue, Turcs Occidentaux*)一书，取中国及西洋之此类文献，综合比较，颇获新见；于突厥及西域地名，订正亦多。尤难得者，即其中引述西突厥与其西方邻国如波斯、东罗马等国关系之记载，足补我国史书之缺略。作者近年讲授隋唐史，每至突厥部分，辄感卷帙过繁，不便初学。久思取《通鉴》所记突厥事迹，加以简化；并补入沙书所载资料，成为一编，求其文省事增，易于阅读。上月中着手写作，历二十日，始成初稿。谨先付梓，从应编者之命；增订删削，容俟来日。兹编记事力求简要，于其必须详加诠释之处，则附以注解。遇有新旧史料发生矛盾，是非莫判，或史家考证，诸说不一，而尚乏定论者，亦并记于附注中，以备参考。至于确信《通鉴》记事或系年有误之处，则予改正；重要地域，则标今名。惟作者以才力所限，辨误之中，或更有误，幸读者谅之。

作者谨序　一九五九年三月五日

魏太武帝太延五年（西元四三九年）

魏太武帝拓跋焘灭北凉，突厥部酋阿史那率其族五百家北奔柔然（又名茹茹或蠕蠕）。突厥盖北凉势力范围（今甘肃张掖县一带）内之一小部落，中国旧载或谓其先为"平凉杂胡"[1]，或谓为"匈奴别种"[2]，或谓为"古匈奴北部"[3]，莫衷一是。至其习俗，则大体与匈奴同[4]。

柔然时为北方大国，其地西至焉耆（今新疆焉耆县一带），东至朝鲜，北则渡沙漠穷瀚海（今外蒙古沙漠），南则临大碛（当指今内蒙古沙漠）[5]。阿史那既至，柔然居之于金山（今阿尔泰山）下。金山状如兜鍪，俗呼兜鍪为突厥，因以为号；后世且以阿史那为氏焉。突厥人擅于铁作，为柔然铁工。

西魏文帝大统十一年（东魏孝静帝武定三年、西元五四五年）

二月，西魏丞相宇文泰遣酒泉胡安诺槃陀始通使于突厥。时其酋土门在位，势渐强大，颇侵魏西边。

大统十二年（东魏武定四年、西元五四六年）

（一）土门遣使献方物于西魏。

（二）铁勒[6]将伐柔然，土门率所部邀击破之，尽降其众五万余家。

大统十七年（北齐文宣帝天保二年、西元五五一年）

（一）三月，魏文帝殂。土门遣使来吊，赠马二百匹。

（二）六月，土门恃其强盛，求婚于柔然，柔然不许。土门怒杀其使者，遂与之绝，而求婚于魏。魏丞相宇文泰以长乐公主妻之。

废帝元年（北齐天保三年、西元五五二年）

正月，土门发兵击柔然，大破之。柔然可汗阿那瓌自杀，其子庵罗辰奔齐，余众复立阿那瓌叔父邓叔子为主。土门遂自号伊利可汗，号其妻为可敦，子弟谓之特勤[7]，别将将兵者皆谓之设。

废帝二年（北齐天保四年、西元五五三年）

（一）二月，伊利可汗卒，子科罗立，号乙息记可汗[8]。三月，乙息记献马五万匹于魏；再破柔然。同月，乙息记卒，舍其子摄图而立其弟俟斤，号木杆可汗[9]。木杆善用兵，邻国畏之。建牙于都斤山（今外蒙古杭爱山之一部）。

（二）十一月，突厥复攻柔然，柔然大举奔齐。齐文宣帝自晋阳（今山西阳曲县）北击突厥，迎纳柔然。立阿那瓌子庵罗辰为可汗，置之马邑川（今名灰河，在今山西宁武县境）；亲追突厥于朔州（今山西朔县），突厥请降，许之而还，自是贡献相继。

恭帝二年（北齐天保六年、西元五五五年）

（一）十二月，木杆可汗击柔然邓叔子，破之，邓叔子收其余烬奔魏。先是庵罗辰叛齐，文宣帝屡击破之，部众丧失殆尽。至是突厥来伐，遂灭其国。木杆恃其强，请尽诛邓叔子等于魏，使者相继于道。魏太师宇文泰遂收邓叔子以下三千余人，付其使者，尽杀之于长安青门外。

（二）木杆既灭柔然，复西破嚈哒[10]，东走契丹[11]，北并契骨[12]，威服塞外诸国。其地东至辽海（当指今渤海北部），西至西海（当指今里海），长万里；南自沙漠（今内蒙古沙漠）以北至北海（今贝加尔湖），五六千里皆属焉。

恭帝三年（北齐天保七年、西元五五六年）

木杆可汗袭击吐谷浑（今青海湖沿岸），假道于魏，魏使凉州刺史史宁帅骑随之。虏吐谷浑征南王，并获其可汗夸吕妻子。

北周武帝保定三年（北齐武成帝河清二年、西元五六三年）

周人与木杆可汗连兵伐齐，周并许纳木杆女为后。十二月，周师会突厥十万骑，进逼晋阳。

保定四年（北齐河清三年、西元五六四年）

（一）正月，齐人悉锐师迎战，周师败还。突厥引兵出塞，大掠而归；自晋阳以北，七百余里，人畜无遗。

（二）九月，突厥寇齐幽州（今河北省北部地区），入长城大掠而还。闰月，突厥再寇齐幽州。

保定五年（北齐后主天统元年、西元五六五年）

（一）二月，周遣使诣突厥可汗牙帐逆女。

（二）五月，突厥遣使至齐，始与齐通。

天和二年（天统三年、西元五六七年）

（一）突厥西部可汗室点密遣康居人曼尼牙克（Maniach）出使东罗马，谒其帝查士丁二世（Justin II）于君士坦丁堡，欲于其国销售丝绢。盖其时波斯人欲垄断海上丝利，方抵制陆地丝物之输入也[13]。

（二）室点密者，伊利可汗之弟，木杆可汗之叔。初从伊利，有兵十万，往平西域诸胡国；自为可汗，号十姓部落，世统其众。在本蕃为莫贺咄叶护[14]。

天和三年（北齐天统四年、西元五六八年）

（一）二月，木杆可汗贰于周，更许齐人以婚，稽留周使，数年不返。会大雷风，坏其穹庐，木杆以为天谴，始备礼送其女于周。

（二）东罗马皇帝查士丁二世遣返曼尼牙克，并遣使报聘突厥，谒室点密于白山（Ektag，当在新疆库车以北）。自此双方信使屡通，谋制波斯，其后东罗马与波斯攻战，亘二十年（西元五七一至五九〇年），突厥之策动实有力焉[15]。

建德元年（北齐武平三年、西元五七二年）

木杆可汗卒，复舍其子大逻便而立其弟，是为佗钵可汗。佗钵以摄图为尔伏可汗，统其东面；又以其弟褥但可汗之子为步离可汗，居西面[16]。周人与之和亲，岁给缯絮锦彩十万段；齐人亦畏其为寇，争厚赂之。佗钵益骄。

建德二年（北齐武平四年、西元五七三年）

突厥求婚于齐。

建德四年（北齐武平六年、西元五七五年）

突厥西部可汗室点密卒于是年末或翌年初，子玷厥继立，号达头可汗[17]。

建德五年（北齐隆化元年、西元五七六年）

（一）周伐齐，齐遣使求救于突厥。

（二）东罗马遣佛兰亭（Valentin）出使突厥，晋谒西部可汗达头，告以泰伯瑞牙斯（Tiberius）之即帝位，并说突厥讨击波斯。时室点密新丧，佛兰亭从其俗劖面致哀[18]。

建德六年（北齐幼主承光元年、西元五七七年）

周灭齐，突厥救之无及。齐定州刺史范阳王高绍义奔突厥，佗钵立之为齐帝。

宣帝宣政元年（西元五七八）

四月，突厥寇周幽州。五月，周武帝率诸军伐突厥，会殂，停军。十一月，突厥围酒泉（今甘肃酒泉县）。

大成元年（静帝大象元年、西元五七九年）

（一）佗钵可汗请和于周，周以宗女千金公主妻之；且命执送高绍义，佗钵不从。

（二）突厥寇周并州（今山西省中南部地区）。六月，周发山东诸州民修长城以备之。

静帝大象二年（西元五八〇年）

二月，突厥入贡于周，且迎千金公主。六月，周遣长孙晟等送千金公主于突厥。七月，突厥送还高绍义[19]。

隋文帝开皇元年（西元五八一年）

（一）突厥佗钵可汗卒，子庵罗继立。佗钵原欲传位大逻便，及卒，摄图持异议，国人遂立庵罗。庵罗寻以国让摄图，号沙钵略可汗，而自降为第二可汗。沙钵略既立，以大逻便为阿波可汗。沙钵略勇而得众，北方诸国皆畏附之。

（二）隋文帝既立，待突厥礼薄，突厥大怨。千金公主时为沙钵略可敦，伤其宗祀覆灭，日夜言于沙钵略，请为周室复仇。突厥因为寇，文帝患之，敕缘边增修守备。

（三）初，长孙晟送千金公主入突厥，留居竟岁，得与突厥诸贵人相亲友。沙钵略弟处罗侯，号突利设，尤与晟善。晟与之游猎，因察山川形势，部众强弱，靡不知之。及突厥入寇，晟上书略曰："玷厥之于摄图，兵强而位下；外名相属，内隙已彰，鼓动其情，必将自战。又处罗侯者，摄图之弟，奸多而势弱，曲取于众心，国人爱之；因为摄图所忌，其心殊不自安，迹示弥缝，实怀疑惧。又阿波首鼠，介在其间，颇畏摄图，受其牵率，唯强是与，未有定心。今宜远交而近攻，离强而合弱；通使玷厥，说合阿波，则摄图回兵，自防右地；又引处罗，遣连奚霫，则摄图分众，还备左方[20]。首尾猜嫌，腹心离阻，十数年后，承衅讨之，必可一举而空其国矣。"[21] 文帝用之，遣太仆元晖出伊吾道，诣达头，赐以狼头纛[22]。达头使来，引居沙钵略使上。又以晟出黄龙（今热河期阳县）道，赍币赐奚、霫、契丹，遣为向导，得至处罗侯所，深布腹心，诱之内附。反间既行，突厥果相猜贰。

开皇二年（西元五八二年）

五月，突厥悉发诸可汗控弦之士四十万人入长城，尽隋西北二边，无不被寇。十二月，沙钵略、达头自兰州（今甘肃皋兰县一带地）入，屡败隋师，缘边诸地，六畜咸尽。沙钵略更欲南入，达头不从，引兵而去。长孙晟又说处罗侯之子染干[23]，诈告沙钵略曰：“铁勒等反，欲袭其牙。”沙钵略惧，回兵出塞。

开皇三年（西元五八三年）

（一）二月，突厥寇隋北边。四月，隋八道出师击突厥，大败之，隋军死者亦众。

（二）五月隋师与阿波可汗相拒于凉州（今甘肃武威县一带地）边外，阿波屡败。长孙晟因遣使劝阿波附隋，阿波然之，遣使随晟入朝。沙钵略素忌阿波骁悍，又闻阿波贰于隋，先归袭阿波牙帐，杀阿波之母。阿波还无所归，西奔达头。达头大怒，遣阿波帅兵而东，其部落归之者十万骑，复得故地，兵势益强。达头既助阿波，亦与沙钵略攻战不已，突厥遂分裂为二国。史称沙钵略为东突厥或北突厥，达头为西突厥[24]。

（三）西突厥据乌孙故地（今伊犁流域及其附近地区），东拒都斤山与东突厥为邻，西越金山至雷翥海（今咸海或里海）；南至疏勒（今新疆疏勒县），龟兹（今新疆库车县）、伊吾及西域诸胡悉附之；北至瀚海（今外蒙古沙漠西北部）。自焉耆国西北七日行至其南庭，又正北八日行至其北庭[25]。

开皇四年（西元五八四年）

东 九月，沙钵略可汗数为隋所败，乃请和亲；千金公主自请改姓杨氏，为文帝女。隋遣使赴突厥。更封千金公主为大义公主。

西 二月，达头可汗请降于隋。

开皇五年（西元五八五年）

東七月，沙钵略既为达头所困，又畏契丹，遣使告急于隋，请将部落度漠南，寄居白道川（今绥远归绥县北）。文帝许之，命晋王广以兵援之；沙钵略因西击阿波破之。沙钵略与隋立约，以碛为界，并上表愿永为隋藩附，且遣其子库合真入朝。自是岁时贡献不绝。

开皇六年（西元五八六年）

東正月，隋颁历于突厥。

开皇七年（西元五八七年）

東沙钵略可汗死，弟处罗侯立，是为叶护可汗[26]。以沙钵略子雍虞闾为叶护。隋使长孙晟持节拜之，赐以鼓吹幡旗。叶护勇而有谋，西击阿波，擒之[27]。

开皇八年（西元五八八年）

東十二月，叶护可汗西击邻国，中流矢而卒。国人立雍虞闾，号颉伽施多那都蓝可汗。

西西突厥遣军与东罗马夹击波斯，突厥众达三十万，由康居小王统之。时波斯王赫米兹四世（Hormizd IV）在位，遣大将伯拉（Bahram Tschoubin）拒战，败突厥兵[28]。

开皇十三年（西元五九三年）

東突厥大义公主为诗叙陈亡以自寄，文帝恶之。都蓝可汗亦不修职贡，颇为边患。时处罗侯之子染干号突利可汗，居北方。隋遣裴矩说突利谮公主于都蓝，饵之以婚姻。突利从之，都蓝因发怒杀公主，更表请婚。隋不许，而许突利尚公主。

开皇十七年（西元五九七年）

東七月，突利可汗至隋逆女，隋妻以宗女安义公主。文帝欲离间都蓝，故特厚其礼。突利本居突厥北方，既尚公主，长孙晟说其率众南徙，居度斤旧镇[29]。都蓝怒绝朝贡，亟来抄掠边鄙。突利伺知动静，辄遣使奏闻，由是隋每先有备。

开皇十八年（西元五九八年）

西（一）达头可汗遣使致国书于东罗马皇帝马莱士（Maurice），书中自称为"七姓大首领、世界七国之主人"，并述征服回纥等族及戡定内乱诸事，颇事矜耀[30]。

（二）波斯王库萨和（Khosrou Parwiz）遣将讨击嚈哒、贵霜（即大月氏），突厥援军三十万渡乌浒河，败波斯军。突厥旋退军，波斯军复攻贵霜，大掠而归。库萨和者，赫米兹四世之子也[31]。

开皇十九年（西元五九九年）

东（一）二月，都蓝可汗与西突厥达头可汗结盟合兵，掩袭突利，大战长城下。突利大败，都蓝尽杀其兄弟子侄。四月，长孙晟挟突利朝隋，隋遣师击破都蓝、达头。十月，隋以突利为意利珍豆启民可汗，华言意"智健"也。时安义公主已卒，隋复以宗女义成公主妻之。并徙启民之众于胜（今绥远托克托县一带地）、夏（今陕西横山县一带地）二州间黄河以南地，其地东西至河，南北四百里，令处其内，使得任情畜牧。

（二）十二月，都蓝为部下所杀。隋遣启民部下分道招慰都蓝部众，降者甚众。

西达头自立为步迦可汗，其国大乱。

开皇二十年（西元六〇〇年）

西四月，步迦可汗犯塞，隋击破之。步迦复遣其弟子俟利伐攻启民，隋发兵助启民，俟利伐退走。

仁寿元年（西元六〇一年）

东五月，突厥男女九万口降隋。

西 正月，步迦可汗犯塞，败隋师于代州（今山西代县一带地）。隋以杨素、长孙晟挟启民北征步迦。

仁寿二年（西元六〇二年）

东 突厥思力俟斤等南渡河，掠启民男女六千口、杂畜二十万而去，隋师追击大破之。自是突厥远遁，碛南无复寇抄。

仁寿三年（西元六〇三年）

西 步迦可汗所部大乱，铁勒、仆固等十余部皆叛步迦，降于启民。步迦众溃，奔吐谷浑。长孙晟送启民置碛口，启民于是尽有步迦之众。

炀帝大业元年（西元六〇五年）

西 初，阿波可汗为东突厥叶护可汗所虏，国人立鞅素特勤[32]之子，是为泥利可汗。步迦之奔，泥利亦败；及死[33]，其子达漫立，号泥橛处罗可汗。其母向氏，本中国人。处罗居无恒处，然多在乌孙故地。复立二小可汗分统所部，一在石国（今苏联 Tashkent）北，以制诸胡国；一居龟兹北，其地名鹰娑。处罗抚御失道，国人多叛，外复为铁勒所困。

大业三年（西元六〇七年）

东 正月，启民可汗入朝。四月，炀帝北巡。八月，幸启民可汗帐。

大业四年（西元六〇八年）

西 二月，隋遣使慰谕处罗，处罗贡汗血马。

大业五年（西元六〇九年）

东 正月，启民可汗来朝。十一月，启民卒。隋立其子咄吉，是为始毕可汗。表请尚义成公主，诏从其俗。

大业七年（西元六一一年）

西 初，炀帝西巡，处罗可汗不赴召，帝怒。会西突厥酋长射匮遣使求婚，隋讽谕其使，使叛处罗，饵以婚姻，并许立之为大可汗。射匮遂兴兵袭处罗，大败之。十二月，处罗奔隋。射匮者，咄陆之子，泥利之弟，初统西突厥西部以及西突厥治下最西诸国[34]；处罗既败，射匮遂独主西突厥。拓地东至金山，西至海（当指雷翥海），玉门（今甘肃玉门关）以西诸国多役属之，建庭于龟兹北三弥山[35]，与东突厥为敌。

大业八年（西元六一二年）

西 隋分处罗可汗之众为三：使其弟阙达设[36]将羸弱万余口，居于会宁（今甘肃靖远县西北）；又使特勤大奈[37]别将余众，居于楼烦（今山西静乐县一带地）；命处罗将五百骑常从车驾巡幸，赐号曷萨那可汗。

大业十一年（西元六一五年）

东 始毕可汗怨隋欲以宗女妻其弟叱吉设，复怨隋诱杀其臣下；二者皆裴矩之策，欲以削弱东突厥者也。八月，炀帝北巡，始毕率骑数十万围炀帝于雁门（今山西代县），急攻之，矢及御前。帝遣间使求救于义成公主，公主遣使告始毕云北边有急。九月，始毕解围去。

大业十二年（西元六一六年）

东 突厥数寇北边，隋以晋阳留守李渊等击之。

恭帝义宁元年（西元六一七年）

东 五月，突厥数万寇晋阳。同月，李渊于晋阳举兵。刘文静劝渊结突厥为援，渊从之，遂遣文静使突厥请兵，并称臣于突厥[38]。八月，始毕可汗以兵五百人马二千匹助渊。

西 七月，西突厥阿史那大奈（即特勤大奈）率其众从李渊。

唐高祖武德元年（西元六一八年）

东 五月，始毕可汗遣骨咄禄特勤使唐，高祖宴之于太极殿。时中国人避难者多入东突厥，东突厥益强，东自契丹、室韦[39]，西尽吐谷浑、高昌（今新疆吐鲁番县）诸国皆臣之，控弦百余万。帝以初起资其兵马，前后饷遗，不可胜纪。突厥恃功骄倨，每遣使者至长安，多横暴，帝每优容之。

囗(一)三月，隋炀帝被弑于江都（今江苏江都县），曷萨那可汗随宇文化及北上。十二月，曷萨那自宇文化及所降唐，唐封之为归义王。

(二)射匮可汗卒，弟统叶护可汗立。

武德二年（西元六一九年）

囗闰二月，始毕可汗会梁师都兵于夏州，以五百骑授刘武周[40]，欲寇太原。会始毕卒，弟俟利弗设立为处罗可汗，复尚隋义成公主。六月，突厥遣使来告始毕之丧，高祖为之举哀，废朝三日，复厚赠之，突厥兵始退。

囗(一)七月，统叶护可汗遣使入贡。统叶护勇而有谋，北并铁勒，西拒波斯，南接罽宾（今巴斯坦 Kabul 河下流一带地），悉归之。控弦数十万，据乌孙故地，又移庭于石国北千泉（今苏联 Talass）。西域诸国皆臣之，统叶护各遣吐屯监之，督其征赋[41]。

(二)东突厥遣使于唐，请杀曷萨那可汗。九月，高祖纵东突厥使者杀之[42]。

武德三年（西元六二○年）

囗(一)二月，处罗可汗迎隋炀帝萧后及齐王暕之子政道于窦建德所[43]，立政道为隋王，隋末中国人在突厥者悉隶于政道，行隋正朔，置百官，居于定襄（今山西平鲁县西北），有众一万。

(二)十一月，处罗死，弟莫贺咄设立，号颉利可汗；复尚义成公主。颉利遣使告哀于唐，高祖礼之如始毕之丧。

234

西统叶护可汗遣使于唐，贡条支[44]巨卵。高祖厚加抚结，与之并力，以图东突厥。统叶护许以五年冬大军将发，颉利闻之大惧，与之通和。

武德四年（西元六二一年）

东三月，颉利可汗承父兄之资，士马雄盛，有凭陵中国之志。义成公主弟善经避乱在突厥，与王世充[45]使者共说颉利伐唐，颉利乃数入寇。

武德五年（西元六二二年）

东二月，唐高祖遣使赂颉利可汗，且许结婚。颉利亦遣使于唐以修好，然自春至冬，仍屡次入寇。

武德六年（西元六二三年）

东梁师都、高开道、苑君璋[46]等先后引突厥寇唐。

武德七年（西元六二四年）

东七月，唐高祖欲徙都樊邓（今河南省西南一带地）以避突厥，秦王世民谏止。八月，颉利可汗与始毕子突利可汗[47]倾国入寇，唐以秦王世民、齐王元吉将兵拒之于长安城西，世民遣使说突利以利害，突利悦而从之；颉利欲战，突利不可。颉利乃遣突利与其从叔夹毕特勒阿史那思摩见世民请和亲。世民与突利结为兄弟，与盟而去。唐赐思摩爵为和顺王，并遣裴寂使于东突厥。

武德八年（西元六二五年）

东突厥入寇不已，四月，唐复置十二军，简练士马，拟大举击突厥。

西统叶护可汗遣使请婚，唐许之。遣高平王立（高祖从子）至其国，统叶护大喜。

武德九年（西元六二六年）

东八月，梁师都为东突厥画策，劝令入寇。于是颉利、突利合兵十余万入寇，进抵渭水便桥（在长安西北）之北，京师戒严。时太宗初即位，亲与颉利盟于便桥之上，赂以金帛，东突厥始引兵退。

太宗贞观元年（西元六二七年）

东 初，突厥政令质略，颉利可汗得华人赵德言，委用之。德言多变更旧俗，政令烦苛，国人不悦。颉利又好信任诸胡而疏突厥，胡人多反覆，以是兵革岁动。会大雪深数尺，杂畜多死，民皆冻馁。由是内外离怨，兵势浸弱。初西突厥处罗可汗方强，铁勒诸部皆臣之。处罗征税无度，铁勒相率叛之，附于东突厥。及颉利政乱，薛延陀与回纥、拔野古等叛之，颉利不能制[48]。

西 (一) 统叶护可汗遣使来唐迎公主，东突厥阻之，婚未成。

(二) 东罗马联西突厥及可萨突厥[49]夹攻波斯。先是波斯于隋大业十年（西元六一四年）寇钞东罗马属亚洲行省，陷耶路撒冷。两国遂于武德五年（西元六二二年）再启战端，连亘数年；至是西突厥参战，助东罗马。九月，联军进入波斯境，西突厥畏冬季将届，相率逃亡，终至全军遁走。东罗马军续进。

贞观二年（西元六二八年）

东 (一) 颉利可汗遣突利可汗讨薛延陀、回纥等部，突利兵败，颉利怒而挞之，突利由是怨；上表于唐，请入朝。颉利发兵攻突利，四月，突利遣使求救于唐。

(二) 四月，唐遣军围朔方，杀梁师都；突厥来救，唐击破之。

(三) 东突厥北边诸姓，多叛颉利归薛延陀。十二月，唐遣使册拜薛延陀俟斤夷男为真珠毗伽可汗，以图颉利。夷男建牙于大漠之郁督军山（今外蒙古杭爱山北）下，东至靺鞨[50]，西至西突厥，南接沙碛（应系今外蒙古沙漠），北至俱伦水（可能属于今鄂尔浑河）；回纥、拔野古、同罗、仆骨、霫、诸部皆属焉。

西（一）年初，波斯都城变起，其王库萨和遇害。其子科瓦（Kavadh）继立，与东罗马议和。其时西突厥国势隆盛，其境界已抵信度河（今 Indus）上。然东罗马及波斯战争既久，国势皆弱，而大食遂兴矣[51]。

（二）统叶护可汗自负强盛，无恩于国，部众咸怨；十二月，为其伯父莫贺咄所杀。莫贺咄自立，是为屈利俟毗可汗[52]。国人不附，弩失毕部迎统叶护子咥力特勤于康居而立之，是为乙毗沙钵罗肆叶护可汗。与莫贺咄相攻，连兵不息，于是西域诸国及铁勒先役属西突厥者皆叛之。

贞观三年（西元六二九年）

东（一）八月，薛延陀毗伽可汗遣其弟入贡，颉利可汗大惧，始遣使称臣，请和亲。唐以其援梁师都，遣李靖等讨之。

（二）十二月，突利可汗入朝于唐。靺鞨亦遣使入贡。

贞观四年（西元六三〇年）

东（一）正月，李靖袭破定襄，获隋萧后及炀帝孙政道。二月，李靖破颉利可汗于阴山。三月，唐擒颉利。颉利部落或北附薛延陀，或西奔西域，其降唐者尚十万口。太宗用温彦博策，处突厥降众，东自幽州（今河北蓟县），西至灵州（今宁夏灵武县）；分突利故地，置顺、祐、化、长四州都督府；又分颉利之地为六州，置定襄、云中两都督府以统其众。五月，以突利为顺州都督，使帅其部落之官；以阿史那思摩为北开州都督，使统颉利旧众。其余酋长至者，皆拜将军、中郎将，布列朝庭；五品以上百余人，殆与朝士相半；因而入居长安者近万家。

（二）东突厥既亡，东北诸夷奚、霫、室韦等十余部，皆内附。九月，伊吾城主入朝于唐。隋末，伊吾内属，置伊吾郡。隋乱，臣于突厥。颉利既灭，举其属七城来降；唐因以其地置伊西州。

西（一）五月，唐以旧西突厥特勤史大奈为丰州（今绥远五原县一带地）都督。

（二）肆叶护可汗引兵击屈利俟毗可汗，俟毗逃于金山，为泥孰设[53]所杀，诸部兵推肆叶护为大可汗。

贞观五年（西元六三一年）

东（一）五月，唐以金帛赎隋末中国人之没于东突厥者，凡得八万口。

（二）突利可汗病卒。

贞观六年（西元六三二年）

东十月，唐以颉利可汗为右卫大将军。

西七月，肆叶护可汗发兵击薛延陀，为薛延陀所败。肆叶护猜狠信谗，素忌泥孰，阴欲图之，泥孰奔焉耆。于是部下叛之，肆叶护奔康居，寻卒。国人迎泥孰而立之，是为咄陆可汗，遣使内附。唐遣使立咄陆为阿娄拔奚利邲咄陆可汗。

贞观七年（西元六三三年）

东十二月，唐太宗从上皇置酒故汉未央宫[54]。上皇命颉利可汗起舞，又命南蛮首长冯智戴咏诗，既而笑曰："胡越一家，自古未有也。"

贞观八年（西元六三四年）

东正月，颉利可汗卒，唐命国人从其俗，焚尸葬之。赠归义王，谥曰荒。

西咄陆可汗卒，其弟同娥设立，是为沙钵罗咥利失可汗。

贞观九年（西元六三五年）

西 （一）咥利失可汗上表请婚于唐，献骑五百匹。唐厚加抚慰，未许其婚。

（二）十月，处月初遣使入贡。处月、处密，皆西突厥之别部 [55] 也。

贞观十年（西元六三六年）

东 正月，唐以东突厥拓设阿史那社尔（处罗可汗子）为左骁卫大将军，尚皇妹南阳公主，典兵屯于苑内。

贞观十二年（西元六三八年）

西 （一）初西突厥咥利失可汗分其国为十部，每部有酋长一人，仍各赐一箭，谓之十箭。又分为左右厢，一厢各置五箭。左厢号五咄陆，置五大啜 [56]，居碎业（今苏联 Tokmak 南）以东；右厢号五弩失毕，置五大俟斤 [57]，居碎叶以西。通谓之十姓。

（二）咥利失失众心，东部立欲谷设 [58] 为乙毗咄陆可汗，与咥利失大战，杀伤甚众；因中分其地，自伊列水（即伊犁河）以东属乙毗咄陆，以西属咥利失 [59]。

贞观十三年（西元六三九年）

东 （一）四月，唐太宗幸九成宫，突利可汗弟结社率谋反，拥突利子贺逻鹘及故部落数十人进犯行宫，事未成，为部下所杀。唐投贺逻鹘于岭表。

（二）自结社率之反，言事者多云突厥留河南不便。七月，唐以李思摩（即阿史那思摩）为乙弥泥孰俟利苾可汗，率所部建牙于河北（今套外地）。时薛延陀强盛，突厥惮之，不肯出塞。唐赐薛延陀玺书，戒勿犯突厥。

西 咥利失可汗之臣俟利发作乱，咥利失走死钹汗（今苏联 Fergana）。弩失毕部落迎其弟子薄布特勤立之。是为乙毗沙钵罗叶护可汗。建庭于睢合水北，谓之南庭，自龟兹、鄯善（今新疆罗布诺尔南）、且末（今新疆且末县北）、吐火罗（今阿富汗 Kabul 北）、焉耆、石国、史国（今苏联 Karshi）、何国（今苏联 Samarkand 北）、穆国（今 Amu Darya 西）、康国（今苏联 Samarkand 北）皆附之。咄陆建庭于镞曷山西[60]，谓之北庭；自厥越失、拔悉弥、驳马、结骨、火燖、触木昆等国皆附之[61]。以伊列水为境。

贞观十四年（西元六四〇年）

东 三月，唐置宁朔大使，以护突厥。

西 唐以侯君集讨高昌，咄陆可汗遣其叶护屯可汗浮图城（今新疆孚远县）为高昌声援。

及君集至，咄陆惧而西走千余里，叶护以城降。

贞观十五年（西元六四一年）

东 （一）正月，俟利苾可汗始率部落济河，建牙于定襄故城，有户三万，胜兵四万，马九万匹。

（二）初，东突颉利可汗既亡，薛延陀真珠可汗率其部落移庭于独逻水（今外蒙古土拉河）南之都尉楗山[62]。胜兵二十万，其势甚强。及俟利苾北上，十一月，真珠发同罗、仆骨、回纥、鞨鞨、霤等部兵，合二十万渡漠南以击突厥；俟利苾不能御，率部落入长城，保朔州。十二月，唐兵败薛延陀，追至漠北。

西 （一）沙钵罗叶护可汗，数遣使入贡于唐。七月，唐遣使即其所号立为可汗。

（二）乙毗咄陆可汗与沙钵罗叶护相攻，乙毗咄陆浸强，西域诸国多附之。未几，乙毗咄陆使石国吐屯击沙钵罗叶护，擒之以归，杀之。

贞观十六年（西元六四二年）

西乙毗咄陆可汗击吐火罗，灭之，自恃强大，遂拘留唐使者，侵暴西域，遣兵寇伊州（今新疆哈密县），唐安西都护郭孝恪击败之。乙毗咄陆又遣处月、处密二部围天山县（今新疆吐鲁番县西南），孝恪击走之，追奔至遏索山[63]，降处密之众而归。旋乙毗咄陆部下为乱，弩失毕诸部遣使于唐，请废乙毗咄陆，更立可汗。唐更立莫贺咄之子为乙毗射匮可汗，乙毗咄陆西奔吐火罗。

贞观十八年（西元六四四年）

东俟利苾可汗不善抚御，众不惬服。十一月，悉弃俟利苾南渡河，请处于胜夏二州之间，唐许之。俟利苾轻骑入朝，唐以为右武卫将军。

贞观二十年（西元六四六年）

西六月，乙毗射匮可汗遣使入贡于唐，且请婚，太宗许之；且使割龟兹、于阗（今新疆和阗县）、疏勒、朱俱波（今新疆叶城县）、葱岭（今新疆蒲梨县）五国，以为聘礼。

贞观二十一年（西元六四七年）

东十一月，车鼻可汗遣使入贡。车鼻名斛勃，本突厥同族，世为小可汗。颉利之败，车鼻归薛延陀；后叛去，建牙于金山之北，自称乙注车鼻可汗。突厥余众稍稍归之，数年间，胜兵三万人；及薛延陀败，其势益张。

贞观二十二年（西元六四八年）

西初，乙毗咄陆可汗以阿史那贺鲁[64]为叶护，居多逻斯水（今新疆喀喇额尔齐斯河），在西州（今新疆吐鲁番县附近）北千五百里，统处月、处密、姑苏、葛逻禄、弩失毕五姓之众。乙毗咄陆奔吐火罗，乙毗射匮可汗遣兵逐之，部落散亡。四月，贺鲁率其余众数千帐内属，唐处之于庭州（今新疆奇台孙附近）。十二月，唐以贺鲁为泥伏沙钵罗叶护。

贞观二十三年（西元六四九年）

困正月，车鼻可汗不入朝，唐发回纥、仆骨等兵击之。诸部落相继来降，拔悉密吐屯肥罗察降，以其地置新黎州。以突厥所部置舍、利等五州，隶云中都督府；苏、农等六州，隶定襄都督府。

西二月，唐置瑶池都督府，隶安西都护；以阿史那贺鲁为瑶池都督。

高宗永徽元年（西元六五〇年）

困六月，唐高侃击擒车鼻可汗于金山。九月，唐处车鼻余众于郁督军山，置狼山都督府以统之，于是突厥尽为唐封内之臣。分置单于、瀚海二都护府，单于领狼山、云中、桑干三都督，苏、农等二十四州[65]；瀚海领瀚海、金徽、新黎等七都督，仙、葶等八州；各以其酋长为都督、刺史。

永徽二年（西元六五一年）

西阿史那贺鲁招集杂散，庐帐渐盛；闻太宗崩，谋袭取西庭二州，未果。贺鲁拥众西走，击破乙毗射匮可汗，并其众，建牙于双河（今新疆博罗塔拉河）及千泉，自号沙钵罗可汗，咄陆五啜、弩失毕五俟斤皆归之，胜兵数十万，与乙毗咄陆连兵，处月、处密及西域诸国多附之。七月，沙钵罗寇庭州，唐以梁建方、契苾何力等率兵三万及回纥五万骑以讨之。

永徽三年（西元六五二年）

西梁建方等大破处月。

永徽四年（西元六五三年）

西乙毗咄陆可汗卒。其子颉苾达度设号真珠叶护，始与沙钵罗可汗有隙，与五弩失毕共击沙钵罗，破之[66]。

永徽五年（西元六五四年）

西 唐以处月部置金满州。

永徽六年（公元六五五年）

西 六月，唐以程知节讨沙钵罗可汗。十一月，唐遣使册拜颉苾达度设（即真珠叶护）为可汗，沙钵罗发兵拒之，礼臣竟不册拜而归。

显庆元年（西元六五六年）

西 十二月，程知节破西突厥于鹰娑川，旋以逗留追贼不及免官。

显庆二年（西元六五七年）

西 闰正月，唐以苏定方等发回纥兵，自北道讨沙钵罗可汗。并以前西突厥酋长阿史那弥射（室点密五世孙）及族兄步真为流沙安抚大使，自南道招集旧众。十二月，苏定方至金山北，破处木昆部。继破沙钵罗于曳咥河西[67]，十姓皆降。沙钵罗西走石国，为石国人执送于唐。唐遂分西突厥地，置蒙池、昆陵二都护府。以阿史那弥射为昆陵都护兴昔亡可汗，押五咄陆部落；阿史那步真为蒙池都护继往绝可汗，押五弩失毕部落。诸姓降者，准其部落大小，位望高下，授刺史以下官。

显庆三年（西元六五八年）

西 十一月，唐分沙钵罗种落[68]为六都督府。其所役属诸国，皆置州府，西尽波斯，并隶安西都护府。沙钵罗寻死于长安。

显庆四年（西元六五九年）

西 三月，兴昔亡可汗与真珠叶护战于双河，斩真珠叶护。

龙溯二年（西元六六二年）

西 十二月，继往绝可汗诬告兴昔亡可汗谋反，唐咖海道大总管苏海政杀兴昔亡。继往绝寻卒^[69]，十姓无主，其酋阿史那都支及李遮匐收余众，附于吐蕃。

麟德元年（西元六六四年）

囷正月，唐改云中都护府为单于大都护府，以殷王旭轮为单于大都护。

咸亨二年（西元六七一年）

西四月，唐以阿史那都支为匐延都督^[70]，以安集五咄陆之众。

调露元年（西元六七九年）

囷十月，单于大都护府突厥阿史德温傅、奉职二部俱反，立阿史那泥熟匐为可汗；二十四州酋长皆叛应之，众数十万。唐讨之大败。十一月，唐再以裴行俭等率兵三十余万讨之。

西十姓可汗^[71]阿史那都支及其别帅李遮匐，与吐蕃连和，侵逼安西。时吐蕃雄强，咸亨初，陷西域十八州，唐罢安西四都督府（龟兹、于阗、焉耆、疏勒）；复败唐师于大非川（今青海湖西）；以是西突厥附之。七月，唐遣裴行俭以计擒都支，遮匐亦降。十姓自是日衰。

永隆元年（西元六八〇年）

囷三月，裴行俭大破突厥于黑山（在今绥远省境内），擒其酋长奉职，可汗泥熟匐为其下所杀^[72]。

开耀元年（西元六八一年）

囷正月，裴行俭军既还，颉利从兄子阿史那伏念复自立为可汗，与阿史德温傅连兵为寇，唐复以裴行俭讨之。闰七月，伏念执温傅降，并斩于东京。

永淳元年（西元六八二年）

囷突厥余党阿史那骨咄禄、阿史德元珍等复叛，入寇并州及单于府之北境；唐以薛仁贵破之。

西二月，西突厥阿史那车薄率十姓反。四月，唐安西都护王方翼连破之于伊丽水（即伊犁河）及热海，西突厥遂平。

弘道元年（西元六八三年）

东三月，阿史那骨咄禄、阿史德元珍围单于都护府，杀司马张行师。五月，寇蔚州（今山西灵丘县一带地），杀刺史李思俭。

则天皇后光宅元年（西元六八四年）

东七月，阿史那骨咄禄等寇朔州。

垂拱元年（西元六八五年）

东四月，突厥寇代州，败唐军于忻州（今山西忻县）。

西初，兴昔亡、继往绝二可汗既死，十姓无主，部落多散亡。唐乃以兴昔亡之子元庆为昆陵都护，袭兴昔亡可汗，押五咄陆部落。

垂拱二年（西元六八六年）

东九月，突厥入寇，唐以黑齿常之拒之。

西九月，唐以继往绝可汗之子斛瑟罗为濛池都护，袭继往绝可汗，押五弩失毕部落。

垂拱三年（西元六八七年）

东七月，骨咄禄等寇唐朔州，黑齿常之等大破之。十月，唐以爨宝璧引精兵万三千人出塞击骨咄禄，全军尽没。唐诛宝璧，改骨咄禄为不卒禄。

永昌元年（西元六八九年）

东五月，唐以僧怀义北讨突厥，至紫河（今绥远和林格尔县南），不见虏而还。九月，复以怀义讨之。

天授元年（西元六九〇年）

西西突厥十姓自垂拱以来，为东突厥所侵掠，散亡略尽。濛池都护继往绝可汗斛瑟罗收其余众六七万人，入居内地。

则天以斛瑟罗为右卫大将军，改号竭忠事主可汗。

如意元年 [73]（西元六九二年）

[西] 兴昔亡可汗阿史那元庆为酷吏来俊臣诬谋反，被害；其子献配流崖州（今海南岛琼山县东南）[74]。

延载元年（西元六九四年）

[东] 东突厥可汗骨咄禄卒 [75]，弟默啜自立为可汗。正月，则天以僧怀义讨之，未行，虏退而止。

[西] 二月，武威道总管王孝杰破吐蕃勃论赞刃及突厥可汗俀子 [76] 等于冷泉及大岭（在今青海省东境）。碎叶镇守使韩思忠破泥熟俟斤等万余人。

天册万岁元年（西元六九五年）

[东] 十月，默啜遣使请降，则天册授为左卫大将军归国公。

万岁通天元年（西元六九六年）

[东] 九月，东突厥寇凉州，执都督许钦明。旋默啜请为则天子，并为其女求婚；愿悉归河西降户，率其部众为中国讨契丹。则天册授默啜左卫大将军、迁善可汗。十月，则天进拜默啜为颉跌利施大单于、立功报国可汗。

[西] 九月，吐蕃将论钦陵请罢安西四镇戍兵，并求分十姓突厥之地 [77]；则天不许。

神功元年（西元六九七年）

[东] 正月，突厥寇灵州、胜州。三月，默啜求丰、胜、灵、夏、朔、代六州降户及单于都护之地。六州降户，皆咸亨中突厥人之降中国者。则天许之，遂悉驱六州降户数千帐以与默啜，并给谷种四万斛，杂彩五万段，农器三千事，铁数万斤；并许其婚。默啜由是益强。

[西] 来俊臣诬告斛瑟罗反，诸酋长诣阙割耳剺面讼冤者数千人。六月，来俊臣以罪诛，事乃得免。

圣历元年（西元六九八年）

囯 六月，则天命淮阳王武延秀入突厥，纳默啜女为妃；并以阎知微等赍金帛巨亿以送之。八月，武延秀至默啜南庭，默啜以其非李氏子而拘之。以阎知微为南面可汗，言欲使之主唐民。遂入寇，陷定州，杀刺史孙彦高及吏民数千人。九月，则天改默啜为斩啜。默啜围赵州（今河北赵县）。则天以太子为河北道元帅，狄仁杰副之，以讨突厥。默啜尽杀所掠赵定等州男女万余人，大掠而回。默啜还汉北，拥兵四十万，据地万里，西北诸夷皆附之。阎知微还，则天杀之。

圣历二年（西元六九九年）

囯 默啜立其弟咄悉匐为左厢察，骨咄禄子默矩为右厢察，各主兵二万余人。其子匐俱为小可汗，位在两察上，主西突厥处木昆等十姓兵四万人，又号为拓西可汗。

西 八月，西突厥突骑施[78]部酋乌质勒，遣其子遮弩入见。则天亦遣使安抚乌质勒及十姓部落。

久视元年（西元七〇〇年）

囯 十二月，突厥掠陇右诸监马万余匹而去。

西 则天以西突厥竭忠事主可汗斛瑟罗为平西大总管，镇碎叶[79]。

长安元年（西元七〇一年）

囯 八月，默啜寇边。则天以相王旦统诸军击之，未行而虏退。

长安二年（西元七〇二年）

囯 正月，突厥寇盐（今宁夏盐池县）、夏二州。三月，寇并州。七月，寇代州。九月，寇忻州。

长安三年（西元七〇三年）

囯 六月，默啜遣其臣莫贺干来，请以女妻皇太子之子，则天许之。

囯 (一) 则天召还阿史那献于崖州，袭兴昔亡可汗，充安抚招慰十姓大使。献以本蕃为默啜及乌质勒所侵，遂不敢返国。

(二) 斛瑟罗用刑残酷，诸部不服。乌质勒本隶斛瑟罗，号莫贺达干，能抚其众，诸部归之，斛瑟罗不能制。后攻陷碎叶，徙其牙帐居之。斛瑟罗部众离散，因入朝，不敢复还。乌质勒悉并其地[80]。

长安四年（西元七〇四年）

东八月，默啜遣淮阳王武延秀还。

西正月，则天以斛瑟罗之子阿史那怀道为西突厥十姓可汗[81]。

中宗神龙二年（西元七〇六年）

东十二月，默啜寇鸣沙（今宁夏中卫县），唐军死六千人。复进寇原（今甘肃镇原县一带地）、会（今甘肃靖远县一带地）等州，掠陇右牧马万余匹而去。

西正月，唐以突骑施酋长乌质勒为怀德郡王。十二月，乌质勒死，唐以其子娑葛袭嗢鹿州都督怀德王。

景龙元年（西元七〇七年）

东十月，唐朔方道大总管张仁愿击突厥，大败之。

景龙二年（西元七〇八年）

东三月，唐张仁愿筑三受降城于河北（今套外地），以绝突厥南寇之路。拓地三百里，自是朔方无复寇掠。

西十一月，突骑施酋长娑葛自立为可汗，杀唐使者；唐讨之而败，娑葛遂陷安西[82]，断四镇路。唐赦娑葛罪，册为十四姓可汗[83]。

景龙三年（西元七〇九年）

西七月，突骑施娑葛遣使请降，唐拜之为钦化可汗，赐名守忠。

睿宗景云二年（西元七一一年）

东正月，突厥可汗默啜遣使请和，唐许之。三月，以宋王成器女为金山公主，许嫁默啜。默啜遣其子杨我支及国相随逢尧入朝。后帝以传位，婚竟未成。

西（一）十二月，唐以兴昔亡可汗阿史那献为招慰十姓使。

（二）突骑施可汗守忠之弟遮弩，恨所分部落少于其兄，遂叛入东突厥，请为向导以伐守忠。默啜遣兵击擒守忠，与遮弩并杀之[84]。

玄宗开元元年（西元七一三年）

东八月，默啜遣其子杨我支来求婚，许以蜀王女南和县主妻之。

开元二年（西元七一四年）

东二月，默啜遣其子同俄特勤及妹夫火拔颉利发石阿失毕将兵围北庭都护府[85]，唐斩同俄。闰二月，石阿失毕奔唐。四月，默啜复遣使求婚于唐，自称"乾和永清太驸马天上得果报天男突厥圣天骨咄禄可汗"。

西（一）西突厥十姓酋长都担叛，三月，唐碛西节度使阿史那献克碎叶等镇，擒斩都担，降其部落二万余帐。

（二）葛逻禄[86]等部及突厥十姓胡禄屋等诸部，以默啜衰老昏虐而叛之，分诣凉州及北庭，请降于唐，唐抚存之。

开元三年（西元七一五年）

西（一）突厥十姓降者，前后万余帐，唐皆以河南地（今套内地）处之。而葛逻禄、胡禄屋、鼠尼施等部屡为默啜所破，唐发兵援之。

（二）突骑施守忠既死，默啜兵还。守忠部将苏禄，鸠集余众，为之酋长；十姓部落，稍稍归之，有众二十万。是岁遣使入见，唐以苏禄为左羽林大将军、金方道经略大使。

开元四年（西元七一六年）

东六月，默啜北击拔曳固，大破之于独乐水（今外蒙古土拉河），恃胜轻归，为拔曳固逃卒所杀。骨咄禄之子阙特勤尽杀默啜诸子，立其兄左贤王默棘连，是为毗伽可汗。毗伽以阙特勤为左贤王，专典兵马；以暾欲谷为谋主；国人附之。

西突骑施苏禄自立为可汗。

开元五年（西元七一七年）

西七月，突骑施引大食、吐蕃谋取四镇，围钵换（今新疆阿克苏县）及大石城（今新疆乌什县）；唐发葛逻禄兵与阿史那献击之。

开元六年（西元七一八年）

东正月毗伽可汗请和，许之唐。

开元七年（西元七一九年）

西十月，唐册拜突骑施苏禄为忠顺可汗。

开元八年（西元七二〇年）

东十一月，突厥破拔悉密；继而寇甘（今甘肃张掖县一带地）、凉等州，大败唐兵于删丹（今甘肃山丹县）。毗伽由是大振，尽有默啜之众。

开元九年（西元七二一年）

东二月，毗伽可汗复遣使求和于唐。

开元十年（西元七二二年）

西十二月，唐以西突厥十姓可汗阿史那怀道女为交河公主，嫁突骑施可汗苏禄。

开元十二年（西元七二四年）

东七月，毗伽可汗遣其臣哥解颉利发求婚于唐；唐以其使者轻，礼数不备，未许婚。

开元十三年（西元七二五年）

东 毗伽可汗遣使入贡，唐仍不许婚。

开元十四年（西元七二六年）

东 四月，唐于定、恒（今河北获鹿县东南）、莫（今河北任丘县北）、易（今河北易县）、沧（今河北沧县东南）五州置军，以备突厥。

西 唐安西都护杜暹以事杖突骑施交河公主使，苏禄大怒，发兵寇四镇，人畜储积，皆为所掠，安西仅存。时暹已入相，苏禄闻之始退，寻遣使入贡。

开元十五年（西元七二七年）

东 九月，吐蕃寇唐瓜州（今甘肃安西县东），遗毗伽可汗书，欲与之俱入寇。毗伽遣其大臣梅录啜入贡，并献吐蕃书；玄宗嘉之，听于西受降城外为互市，每岁齎缣帛数十万匹，就市戎马，以助军旅。

开元十八年（西元七三〇年）

西 突骑施遣使入贡于唐。

开元十九年（西元七三一年）

东 三月，突厥左贤王阙特勤卒[87]，唐玄宗赐书吊之。

开元二十年（西元七三二年）

东 毗伽可汗为其大臣梅录啜所毒死[88]，子伊然可汗立，寻卒[89]；弟登利可汗立。

开元二十三年（西元七三五年）

西 十月，突骑施寇北庭及安西拨换城。

开元二十四年（西元七三六年）

西 正月，唐北庭都护盖嘉运击突骑施，大破之。八月，突骑施遣其大臣胡禄达干请降，唐许之。

开元二十六年（西元七三八年）

西 突骑施可汗苏禄以三国女为可敦[90]，又立数子为叶护，用度浸广，不复惠分部下，由是诸部离心。酋长莫贺达干[91]、都摩支两部最强；其部落又分黄姓黑姓[92]，互相乖阻。莫贺达干夜袭苏禄杀之，都摩支立苏禄之子骨啜为吐火仙可汗，收其余众，与莫贺达干相攻。吐火仙与都摩支据碎叶城，黑姓可汗尔微特勤据怛罗斯城（今苏联 Talass），相与连兵以拒唐。

开元二十七年（西元七三九年）

西 八月，唐碛西节度使盖嘉运攻碎叶城，擒突骑施吐火仙可汗。分遣夫蒙灵察与拔汗那（即鏺汗）王阿悉烂达干，潜引兵突入怛罗斯城，擒黑姓可汗尔微；遂入曳达城（当在怛罗斯城附近），取交河公主；悉收散发之民数万，以与拔汗那王，威震西陲。

开元二十八年（西元七四〇年）

西 三月，唐立阿史那怀道之子昕为十姓可汗。四月，以昕妻李氏为交河公主。十一月，突骑施莫贺达干以唐立阿史那昕为可汗，率诸部叛。唐遂立莫贺达干为可汗，使统突骑施之众。十二月，莫贺达干降。

开元二十九年（西元七四一年）

东 七月，登利可汗为其从叔判阙特勤所杀，立毗伽可汗之子为可汗，俄为骨咄叶护所杀；更立其弟，寻又杀之；骨咄叶护自立为可汗。唐以突厥内乱，遣使招谕回纥、葛逻禄、拔悉密等部落。

天宝元年（西元七四二年）

东 八月，拔悉密、回纥、葛逻禄三部共攻骨咄叶护，杀之，推拔悉密酋长为颉跌伊施可汗；回纥、葛逻禄自为左右叶护。突厥余众共立判阙特勤之子为乌苏米施可汗。唐朔方节度使王忠嗣遣使说拔悉密等部使攻之，乌苏遁去。突厥降唐者甚众，东突厥遂微。

西 四月，唐发兵纳十姓可汗阿史那昕于突骑施，至俱兰城[93]，为莫贺达干所杀。突骑施大纛官都摩支来降。六月，唐册都摩支为三姓叶护。

天宝三载（西元七四四年）

东 八月，拔悉密攻斩突厥乌苏可汗。国人立其弟鹘陇匐白眉特勤，是为白眉可汗，于是突厥大乱。回纥、葛逻禄共攻拔悉密颉跌伊施可汗，杀之；回纥骨力裴罗自立为骨咄禄毗伽阙可汗。唐册拜裴罗为怀仁可汗。于是怀仁南据突厥故地，立牙帐于乌德鞬山；旧统叶逻葛等九姓，其后又并拔悉密、葛逻禄，凡十一部，各置都督以统之。

西 五月，唐河西节度夫蒙灵察讨斩突骑施莫贺达干。六月，唐册拜黑姓伊里底蜜施骨咄禄毗伽为十姓可汗，数通贡使。

天宝四载（西元七四五年）

东 正月，回纥怀仁可汗击杀突厥白眉可汗。毗伽可敦率众降唐，唐封可敦为宾国夫人，岁给粉值钱二十万。东突厥故地，尽入回纥，于是北边晏然，烽燧无警矣。

天宝八载（西元七四九年）

西 七月，唐册突骑施移拨为十姓可汗。

天宝十二载（西元七五三年）

西 九月，以突骑施黑姓可汗登里伊罗蜜施为突骑施可汗[94]。

原载《幼狮学报》一卷二期，一九五九年四月

【注释】

[1] 见《隋书》八四《突厥传》。

[2] 见《周书》五十《突厥传》。

[3] 见《新唐书》二一五上《突厥传》。

[4] 据《隋书·突厥传》等所载突厥之习俗与《史记》、《汉书》《匈奴传》等所载匈奴之习俗加以比较，其相同处，约有八点：一、突厥俗以畜牧为事，随逐水草，不恒厥处；匈奴亦然。二、突厥贱老贵壮；匈奴亦然。三、突厥父兄死，子弟妻其群母及嫂；匈奴亦然。四、突厥于每年五月中，多杀羊马以祭天；匈奴亦于五月大会龙城，祭其先天、地、鬼、神。五、突厥无文字，刻木为契；匈奴亦无文字，以言语为约束。六、突厥有死者，家人亲属，绕帐号哭，以刀划面，血泪交下；匈奴亦有此俗。七、突厥可汗妻可贺敦可参预军谋；匈奴单于妻阏氏权亦甚重。八、突厥每候月将满，辄为寇抄；匈奴举事，亦常随月盛壮以攻战，月亏则退兵。

[5] 见《北史》九八《蠕蠕传》。

[6] 铁勒即敕勒，其部落有回纥、薛延陀、同罗、仆固等十五种，散居于今西伯利亚贝加尔湖沿岸。

[7] 特勤（tegin），中国史书多作"特勒"，误。

[8] 沙畹西突厥史料冯译本页四一谓，据日玉连（S. Julien）所选突厥史料，土门（Boumin）殁于公元五五二年。

[9]《隋书》八四《突厥传》云："（伊利）卒，弟逸可汗立。"今从《周书》及《北史》《突厥传》。

[10] 嚈哒即《梁书》五四所载之"滑国"，亦即《隋书·突厥传》所谓之"挹怛"；居今里海以东之乌浒河（今 Amu Darya）上。《西突厥史料》页一六〇谓嚈哒素恃柔然为外援而与波斯为敌，柔然既灭，波斯遂联突厥攻灭嚈哒。又谓嚈哒之灭，当在西元五六三至五六七年之间；而亲征嚈哒之突厥可汗，实为西部可汗室点密而非木杆。特以木杆为突厥之最高可汗，故以其在位时（西元五五三至五七二年）之胜利属之。

[11] 契丹时居今热河省及辽河上游一带。

[12] 契骨古称"坚昆"，亦即唐时之"结骨"或"点戛斯"，初居于西域伊吾（今新疆哈密县）以西焉者以北地区。

[13] 冯译《西突厥史料》页一六六至一六八略谓，突厥于乌浒河北破嚈哒而据其地之时，其境与波斯接，而于里海之北，又可与东罗马帝国相交通；由是与二国遂渐发生贸易关系。中国之丝绢贸易，为

当时亚洲重要商业之一。其商道有二，其一最古，为出康居（今苏联 Samarkand 及 Bukhara 一带地）西行之陆路，其一为经由印度诸港西行之海路。丝绸顾客，多为罗马人及波斯人；居间贩卖者则为中亚之游牧民族及印度洋之商船，而波斯人同时又为东罗马之丝绸掮客。东罗马政府为避免居间贩卖之弊，曾提倡养蚕，惜无大效。西元五三一年，东罗马政府并曾遣使至阿剌伯西南之牙门（Yemen），与其地之希亚利人（Himyarites）约，命其往印度购丝，而转售之于罗马人，盖其地时有舟航赴印度也。然波斯欲完全垄断印度诸港之海上丝利，遂一面阻止希亚利人为罗马人居间贩丝，一面妨碍陆地运丝民族之贸迁。其时于西亚贸迁丝物者，以康居人为众。康居初臣属于嚈哒，及嚈哒亡，乃移属于突厥。适值波斯人垄断丝业，以是康居人要求室点密可汗转请波斯许在波斯管领诸国之中经营丝业，室点密遂遣曼尼牙克使于波斯，交涉此事，为波斯所拒。其后室点密复遣使，又多为波斯毒死，由是与波斯修怨，遂有曼尼牙克使东罗马事。

[14] 参看《旧唐书》一九四下《突厥传》下及《新唐书》二一五下《突厥传》。

[15] 参看冯译《西突厥史料》页一六八至一七〇。

[16] 突厥系分邦自治，最高可汗（大可汗）之下，尚有若干小可汗，若尔伏、步离者皆小可汗。小可汗各有一定之地盘及武力，仅于名义上服从大可汗，实际等于独立。《周书》五十《突厥传》所谓"虽移徙无常，而各有地分"者是也。突厥西面可汗为室点密，此处所谓步离可汗之居西面者，当系居尔伏可汗之西。

[17] 见冯译《西突厥史料》页一七三。

[18] 参看冯译《西突厥史料》页一七一。

[19]《北史》九九《突厥传》谓佗钵迎公主及遣返高绍义事俱在大象三年（即隋文帝开皇元年）。今从《周书·突厥传》。

[20] 右地谓突厥西面地，左方谓突厥东面地。盖其时达头阿波居西面，处罗居东面。然《隋书》五一《长孙晟传》谓阿波居地为"北牙"，则知阿波领土当为突厥之西北面也。

[21] 长孙晟上书详见《隋书·长孙晟传》。

[22] 突厥以狼为国徽，相传突厥之祖与狼交而生十男，其后各为一姓，阿史那即其一。旗纛上施金狼头，示不忘本也。参看《北史》九九《突厥传》。

[23]《隋书》八四《突厥传》谓染干为沙钵略子，今从《隋书·长

孙晟传》。

[24] 中国史书记突厥分裂事，有误以西突厥始祖为阿波者，如《隋书》八四《突厥传》云："西突厥者，木杆可汗之子大逻便也。与沙钵略有隙，因分为二，渐以强盛。"有误为木杆者，如《旧唐书》一九四下《突厥传下》云："初，木杆与沙钵略可汗有隙，因分为二。"惟《新唐书》二一五下《突厥传》云："西突厥，其先讷都陆之孙吐务，号大业护。长子曰土门伊利可汗；次子曰室点蜜，亦曰瑟帝米。瑟帝米之子曰达头可汗，亦曰步迦可汗，始与东突厥分乌孙故地有之。"所记为正确。盖室点密自土门以来，即为西部可汗，其子达头继之，达头以后之西突厥可汗，亦皆室点密父子之后裔，而阿波不过为直接导致突厥正式分裂之肇事者而已。冯译《西突厥史料》页一引阙特勤（Kul-tegin）突厥文碑文云："人类子孙之上，有吾辈之祖先布民可汗（Boumin kagan，按即土门可汗）及伊室点密可汗（Istämi kagan，按即室点密可汗）。"可知土门与室点密实为东西两支突厥民族之始祖，而其分裂之形势，固早形成于突厥民族起源之时也。又《西突厥史料》以突厥分裂于西元五八二年（隋开皇二年）顷，《资治通鉴》则记其事于陈长城公至德三年（隋开皇五年、西元五八五年）。按突厥分裂既由阿波而起，而阿波于开皇三年（西元五八三年）奔达头（据《通鉴》，《隋书·突厥传》及《长孙晟传》均不详），则以其事系于此年为是。

[25] 参看《隋书·突厥传》及《旧唐书·突厥传》下。据二书所载，可知东突厥领土，东至渤海北部，北至西伯利亚，南至内蒙古，西至外蒙古杭爱山。西突厥则领有杭爱山以西阿尔泰山以南之整个伊犁流域，南至天山南路疏勒一带，西至里海以东附近地区。

[26] 《隋书·突厥传》云："处罗侯竟立，是为叶护可汗。"同书《长孙晟传》则谓："（开皇）七年，摄图死，遣晟持节拜其弟处罗侯为莫何可汗。"《通鉴》因之，亦作莫何可汗。然同书《突厥传》又谓沙钵略于开皇五年上表，自称"大突厥伊利俱卢设始波罗莫何可汗臣摄图"，是莫何乃摄图汗号而非处罗侯号甚明，《晟传》误。

[27] 冯译《西突厥史料》页四一以沙钵略及处罗侯皆殁于西元五八七年之前，未知何据。

[28] 参看冯译《西突厥史料》页一七三至一七四。

[29] 《资治通鉴》一七八注曰："度斤旧镇，盖即都斤山，突厥沙钵略旧所居也。"

[30] 参看冯译《西突厥史料》页一七五至一七八。

[31] 参看冯译《西突厥史料》页一八。

[32] 据冯译《西突厥史料》页二考证，鞅素特勤即咄陆可汗，为步迦之子。

[33] 同上页四四谓泥利可汗之死，应在西元六〇三年及六〇四年之间，或即在六〇三年。

[34] 参看冯译《西突厥史料》页一八七。

[35] 冯译《西突厥史料》页一八八谓三弥山似在今新疆省帖克斯河流域。昔日东罗马使臣谒射匮曾祖室点密及其祖父达头之 Ektag，似即此处。

[36] 阙达设，《新唐书》八六《李轨传》作"达度阙设"；同书二一五下《突厥传》作"阙达度设"。《隋书》八四《突厥传》作"达度阙"。今从《旧唐书》一九四下《突厥传》下。

[37] 特勤大奈即史大奈，《新唐书》一一〇有传。

[38] 李渊称臣于突厥事，史书虽无正面记载，然《旧唐书》六七《李靖传》云："太宗初闻靖破颉利，大悦，谓侍臣曰："朕闻'主忧臣辱，主辱臣死'。往者国家草创，太上皇（按指高祖）以百姓之故，称臣于突厥；朕未尝不痛心疾首，志灭匈奴，坐不安席，食不甘味。今者暂动偏师，无往不捷，单于款塞，耻其雪乎？"足可为证。

[39] 室韦，契丹别种，居契丹东北，今外蒙古东部及黑龙江北部一带；北魏时始通中国。

[40] 梁师都、刘武周均隋末之起兵者，梁据朔方（今陕西榆林县西北），刘据马邑（今山西马邑县），均依附东突厥。

[41] 冯译《西突厥史料》页一八九谓室点密时之西境，以乌浒河为界，六世纪末年拓地乌浒之南，至是遂霸西域诸国。

[42]《新唐书》二一五下《突厥传》云："明年（按指武德二年）射匮使使来，以曷萨那有世憾，请杀之。帝（中略）纵使者戕之，不宣也。"按同传谓射匮死于武德元年，又谓明年使使来，显有错误。《旧唐书》一九四下突厥传下云："（曷萨那）先与始毕有隙，及在京师，始毕遣使请杀之。"按始毕死于武德二年闰二月，九月始杀曷萨那；果系始毕请唐杀之，则何以唐不杀之于始毕生前，而必杀之于始毕已死半年之后？故《旧唐书》所云，亦有未洽。当系处罗遣使杀之。

[43] 窦建德，隋末起兵群雄之一，据今山东河北二省黄河以北地区，亦附突厥。萧后及杨政道（炀帝孙）等于炀帝被杀后，为宇文化及挟而北上；其后化及为窦建德所破，萧等为窦所得。

[44]《旧唐书》一《高祖纪》云："（武德三年）三月癸酉，西突厥叶护可汗、高昌王麴伯雅遣使朝贡；突厥贡条支巨鸟。"今从同书《突厥传》下。又《西突厥史料》页二三谓希尔特 Hirth 考订条支为巴比伦 Babylonie。

[45] 王世充，西域人。本隋大臣，炀帝末年守东都（今河南洛阳）。及炀帝死，世充于武德二年自立，国号郑；四年五月降唐。其时唐军攻王，进围东都，故王求援于东突厥。

[46] 高开道、苑君璋皆隋末起兵者。高于武德元年据渔阳（今河北蓟县），自立为燕王，七年为部下所杀。苑为刘武周妹婿，武周于武德三年为唐所败，奔突厥，旋为突厥所杀。苑遂据朔州（今山西朔县），仍受突厥支持，与唐为敌，后降唐。

[47] 突利可汗建牙直幽州之北，主突厥之东偏，管奚、霫等数十部。

[48] 前已谓西突厥统叶护可汗"北并铁勒"，今又谓铁勒诸部叛颉利。盖铁勒分布甚广，其为统叶护所并及叛颉利者皆非其全部。《隋书》八四《铁勒传》所谓"分属东西两突厥"者是也。

[49] 可萨突厥（Khazirs）居里海沿岸，可能臣于西突厥，但系另一种突厥，不能与西突厥相混。参看冯译《西突厥史料》页一八一至一八四。

[50] 靺鞨，种族名，凡分七部，居今黑龙江下游及松花江下游一带。

[51] 参看冯译《西突厥史料页》一八四。

[52]《旧唐书》一九四下《突厥传》下谓统叶护伯父自立为"莫贺咄侯屈利俟毗可汗"。今从《新唐书》二一五下《突厥传》。

[53] 泥孰设为莫贺设之子，据《西突厥史料》页二考证，莫贺设当为统叶护可汗之弟。

[54] 汉故未央宫在长安太极宫城北，禁苑之西偏。

[55] 处月居今新疆迪化县以东，博克达鄂拉山以北；处密居迪化以西玛纳斯河沿岸。

[56] 咄陆五啜为处木昆律啜、胡禄屋阙啜、摄舍提暾啜、突骑施贺逻施啜、鼠尼施处半啜。见《新唐书》二一五下《突厥传》。

[57] 弩失毕五俟斤为阿悉结阙俟斤、哥舒阙俟斤、拔塞干暾沙钵俟斤、阿悉结泥孰俟斤、哥舒处半俟斤。亦见《新唐书》二一五下《突厥传》。

[58] 冯译《西厥史料》页二谓欲谷设似与咥利失为同辈，确否难断。然欲谷设为西突厥可汗之子弟，则无疑问，盖突厥"设"(chad)之

官号，非可汗子弟不能有之。

[59] 两《唐书》《突厥传》皆谓伊利水以西属咄陆。以东属咥利失。细审后文，即知其误。冯译《西突厥史料》页二六辩证甚详，兹不赘。同书页一九○又谓，咄陆五部，居热海（今苏联 Issyk Koul）以东，弩失毕五部，居热海以西。

[60] 睢合水及镞曷山地理位置均不详。

[61] 厥越失、火燖居地均不详。结骨即点戛斯，见前注。拔悉弥在葛逻禄（今新疆乌伦古河及喀喇额尔齐斯河沿岸）以西。驳马在突厥之北。触木昆即处木昆，为咄陆五部之一。参看冯译《西突厥史料》页二七及三十，《资治通鉴》卷一九五注。

[62] 都尉稒山即乌德稒山。《新唐书》四三《地理志》云："乌德稒山左右嗢昆河、独逻河，皆屈曲东北流，至（回纥）衙帐东北五百里合流。"按独逻河为今外蒙古土拉河，嗢昆河为今鄂尔浑河。据此，乌德稒山当属今都兰哈拉山。

[63] 冯译《西突厥史料》页二八谓此遏索山应在迪化西三百余里之哈屯 Katoun 诸山之中。

[64] 阿史那贺鲁为咥利失可汗弟步利设子。

[65] 《旧唐书》一九四上《突厥传》上作"苏农等一十四州"；今从《新唐书》二一五上《突厥传》。《资治通鉴》卷一九九注云："旧书作一十四州，又考是后调露元年，温傅、奉职二部反，二十四州皆叛应之。则二字为是。"又谓单于都护府所领，见于史者，仅十九州，其五州逸无所考。

[66] 冯译《西突厥史料》页一九○谓西突厥自统叶护可汗死后，两厢几常各立可汗。弩失毕除在短期之中臣属于同一可汗外，常自有其可汗，如肆叶护、咥利失、叶护、射匮、真珠叶护皆已。其特为咄陆之可汗者，则有莫贺咄、乙毗咄陆、贺鲁诸人。莫贺咄杀统叶护而自立，国人不附，弩失毕立肆叶护可汗，则莫贺咄仅主东方五部。肆叶护走死康居，泥孰继立，似长十部，咥利失在位之初亦然。惟至六三八年，乙毗咄陆分主东方五部。六三九年，咥利失死，弩失毕迎立叶护。后咄陆杀叶护并其国，弩失毕不服叛去。贺鲁似统咄陆、弩失毕十姓，然真珠叶护则主五咄失毕，与之对立。

[67] 曳咥河在伊犁河东，似为博罗塔拉河。

[68] 谓沙钵罗前所统多逻斯水上之种落。

[69] 《新唐书》二一五下《突厥传》谓继往绝死于乾封（西元六六

二至六六七年）时。

[70] 显庆二年平沙钵罗，以处木昆为匐延都督府。

[71]《新唐书》二一五下《突厥传》谓"仪凤（西元六七六至六七八年）中，都支自号十姓可汗。"

[72]《旧唐书》一九四上《突厥传》上谓奉职被擒、泥熟匐被杀均在调露元年。今从《新唐书》二一五上《突厥传》。

[73] 是年四月，改元如意；九月，改元长寿。自四月以前，犹是天授三年。

[74]《新唐书》二一五下《突厥传》谓献流振州（今海南岛崖县）；今从《旧唐书》一九四《突厥传》下。

[75]《旧唐书》一九四上谓骨咄禄死于天授（西元六九〇至六九一年）中；《新唐书》二一五《突厥传》则谓死于天授初。《通鉴》系于此年。

[76] 阿史那俀子，阿史那元庆之子，献兄；为吐蕃所册立。见《旧唐书》九七《郭元振传》。

[77] 则天时东突厥、吐蕃俱盛，并侵西突厥。中国虽于长寿元年复安西四镇，得以屯兵拒吐蕃；而东突厥披猖，中国无以制之，其后遂有默啜委派可汗主西突厥之事。

[78] 突骑施原为咄陆五部之一。

[79]《新唐书》二一五《突厥传》载此事于圣历二年。

[80]《资治通鉴》卷二〇七系其事于此年，同书同卷注曰："天授元年书斛瑟罗入居内地；神功元年来俊臣诬陷斛瑟罗；则其入朝必不在是年。此因书乌质勒事，叙其得国之由，遂及斛瑟罗失国事耳。"按《新唐书》二一五下《突厥传》斛瑟罗于圣历二年为平西大总管后，以乌质勒张甚，不敢归。然《资治通鉴》二〇七久视元年略谓是年阿悉吉薄露反，则天以田扬名等讨之，军至碎叶。扬名又引斛瑟罗之众攻其城，于九月诱斩之。据此斛瑟罗似又返其故地，而碎叶至少于久视元年九月尚未为乌质勒所陷。故仍系斛瑟罗事于此年。

[81]《旧唐书》九七《郭元振传》略谓"顷年，忠节请斛瑟罗及怀道俱为可汗，亦不能招胁得十姓，却遣碎叶数年被围。"据此可知怀道为可汗，亦徒拥虚名。

[82] 安西都护府时在龟兹，今新疆库车县。

[83]《资治通鉴》二〇九注云："西突厥先有十姓，今并咽面、葛逻禄、莫贺达干、都摩支为十四姓。"按咽面部落在今苏联 Ala-Kul 及 Balkhash 两湖之间。葛逻禄见前注。莫贺达干、都摩支为突骑施两大部

落。日人松田寿男《焉耆与碎叶》一文（载《西北古地研究》）以为十四姓应系西突厥九姓（除去突骑施），外加突骑施之黄黑二姓及葛逻禄之谋落、炽俟、踏实力三姓。

[84]《资治通鉴》系默啜伐守忠事于玄宗开元二年（西元七一四年），然冯译《西突厥史料》页三十八谓"考阙特勤碑文，默啜讨突骑施一役，事在阙特勤之第二十六年（西元七一一年）。"按《新唐书》二一五上《突厥传》谓："景云（西元七〇一至七一一年）中，默啜西灭娑葛。"与突厥碑文所记正合，故系于此年。又《西突厥史料》页二〇四至二〇五略谓"默啜既以其子匐俱为小可汗，典处木昆等十姓，突骑施亦应隶之；则其于七一一年杀娑葛，乃以主君之名义行之矣。"

[85] 北庭都护府在庭州（今新疆迪化县）。

[86] 葛逻禄为隶于西突厥咄陆之其他部落。《新唐书》二一七下谓其"本突厥诸族，在北廷西北、金山之西，跨仆固振水。"按仆固振水为今新疆喀喇额尔齐斯河。

[87]《旧唐书》一九四上《突厥传》上谓阙特勤死于二十年。今从《新唐书》二一五上《突厥传》。

[88] 毗伽之死，《资治通鉴》系于开元二十二年十二月。然《旧唐书》一九四上《突厥传》上谓毗伽死于二十年。《新唐书》二一五下《突厥传》于毗伽之死，不著年月；惟云毗伽于阙特勤卒后不久被毒死。故系其事于此年。

[89]《新唐书·突厥传》谓"伊然可汗立八年卒"。今从《旧唐书·突厥传》上。

[90] 三可敦一为阿史那怀道之女交河公主，次为东突厥毗伽可汗女，三为吐蕃王女。

[91] 冯译《西突厥史料》页二〇六考证，莫贺达干时为处木昆阙律啜。又谓苏禄应死于回历一一九年（西元七三七年），与《通鉴》相差一年，殆因苏禄死讯次年始达中国之故。

[92]《新唐书》二一五下《突厥传》："（突骑施）种人自谓葛娑后者为黄姓，苏禄部为黑姓。"

[93] 俱兰城，《资治通鉴》二一五注曰："俱兰国所都城也。俱兰，或曰俱罗弩，或曰屈浪拏，与吐火罗接。"按，俱兰城在怛逻斯东六十里。

[94]《资治通鉴》记西突厥事至此止，盖因安史乱后，西突厥与中国隔绝，资料缺略，无法编年。仅《新唐书》二一五下《突厥传》略有

记载云:"至德（西元七五六年至七五七）后，突骑施衰，黄黑姓皆立可汗相攻，中国方多故，不暇治也，乾元（西元七五八年至七五九）中，黑姓可汗阿多裴罗犹能遣使者入朝。大历（西元七六六年至七七九）后，葛逻禄盛，徙居碎叶川；二姓微，至臣役于葛逻禄，斛瑟罗余部附回鹘。"同书二一七《葛逻禄传》亦云:"至德后，葛逻禄浸盛，与回纥争强；徙十姓可汗故地，尽有碎叶、怛逻斯诸城。然限回纥，故朝会不能自达于朝。"

突厥的文化和它对邻国的关系

一　绪论

中国旧日的史书，对异族一向"夷狄遇之"，采取轻视的态度。因此旧史关于异族的记载，不够详尽，有时且有许多错误，使人不易得到清楚正确的概念。近人的著作，则又过分著重敷陈前人对外的功业声威，把前人对异族艰苦奋斗的事迹，说得容易而又简单，有时去事实较旧史尤远。陈寅恪先生在他的《唐代政治史述论稿》一书中，曾慨乎言之："唐代武功，可称为吾民族空前盛业。然详究其所以与某甲外族竞争，卒致胜利之原因，实不仅由于吾民族自具之精神及物力，亦某甲外族本身之腐朽衰弱有以招致中国武力攻取之道，而为之先导者也。国人治史者于发扬赞美先民之功业时，往往忽略此点，是既有违学术探求真实之旨，且非史家陈述覆辙，以供鉴诫之意。"因此我们研究异族的历史，首先应屏除情感和成见，才不致使研究结果与事实有背道而驰的危险。

关于历史上的北方异族，无论我们把国界放在长城或阴山，总得把我们国界以北的异族区，看作是个与我们平等的独立世界。他们有自己的文化，同时他们的文化也不是全无作用的。（《大陆杂志》四卷四期姚从吾先生《契丹汉化的分析》一文，认为契丹与中国是以"长城与山海关为分野的两个世界与两种文化",这种见解,是值得治史者所采纳的。)所谓"汉化"只是指与中国邻接的极小范围的少数异族而言,事实上中国的文化,始终未能穿越蒙古大沙漠而发生作用。他们也和我们一样,有盛衰兴废,也有分裂和统一。同时中国与他们双方的盛衰起伏,也常是互为因果的,一方之衰,常是另一方强盛的原因。历来中国的对外战争,多半不是乘人之危,便是为人所乘。其间虽然也有两强相遇拼个你死我活的时候,如汉武帝之与匈奴者,但却是颇少见的。由于战术、地势、社会状况等各方面的关系,中国与北方异族的战争,中国常处于被动形势,"戎狄交侵"远较我们"犁庭扫穴"的次数为多。中国虽然也有若干次主动的出击,且曾造成辉煌的战绩,却不是纯以武力对付异族的,中国对付异族最主要且有成效的办法,乃是政治外交策略的运用,而非全恃武力。

就以突厥来说,在六世纪中叶(北齐北周分立时期),突厥已是个强大的帝国,到七世纪初(隋末唐初)更成了东亚大部民族的主人。它的勃兴虽说是领导得人,也显然是由于中国内部的分裂;其后唐太宗能一举而覆灭突厥,主要的原因,还是在突厥本身的内乱及天灾。隋唐的两度征服突厥,其所用的政治外交策略,往往有惊人的效果。最著名的是分化及和亲政策(和亲有时亦为分化手段之一种)。这些办法,曾导致突厥多次的分裂及内哄。而唐朝对被征服民族的处置,尤具有泱泱大国的风度,与近世帝国主义不能相提并论。所以唐代的武功,并不是完全建筑在"武"字上的。突厥的文化,对中国也有相当的影响。唐初中国北方的"胡化",与唐室的衰亡,有直接关系,而突厥便是影响唐朝"胡化"诸异族中有力的一员。这些都是值得注意的问题。此外,突厥除开与中国的关系外，尚与许多其他异族发生广泛而密切的关系，我们也应当认为突厥与他们的关系和与我们的关系有同样的重要。同时我们必须明了突厥与他们的关系，才能对突厥与我们的关系有更深刻的了解。此文便是根据以上几个观点写成的。

二　突厥的文化——起源与习俗

突厥的来源，据《周书》五十《突厥列传》说："突厥者，盖匈奴之别种，姓阿史那氏。"《隋书》八十四《突厥列传》说："突厥之先，平凉杂胡也，姓阿史那氏。"《新唐书》二一五《突厥列传》说："突厥阿史那氏，盖古匈奴北部也。"此外《北史》与《周书》的说法相同。《旧唐书》则没有说明。"胡"字在中国旧史上是一个变化多端的字，例如汉朝的胡是指匈奴而言，到南北朝时便几乎指所有北方的异族。唐朝的胡人，则又大致指西域诸国人，如所谓"西域贾胡"等；而"杂胡"则是指突厥与契丹的混合种。因其混乱至此，所以《隋书》所说的"平凉杂胡"究竟是指那些异族，不得而知。至于《周书》和《新唐书》所说的"匈奴之别种"和"古匈奴北部"，虽不一定完全正确，但就突厥的习俗与匈奴相比较，则颇有相似之处。虽然对突厥的种属，至今已无法深究，但就这一点理由，可以说《周书》与《新唐书》的说法，比较正确。

五世纪初年，那时正是"五胡乱华"的时代，突厥只是一个处于北凉匈奴沮渠氏势力范围（今甘肃张掖一带）之下的小部落。公元四三九年魏太祖灭渠牧犍，突厥首领阿史那率部族五百家投奔当时的大国柔然（又名茹茹或蠕蠕），定居于金山（今阿尔泰山）之下。据《隋书·突厥列传》说："金山状如兜鍪，俗（按当系指柔然）呼兜鍪为突厥，因以为号。"这便是突厥名称的来源。

关于突厥的习俗（或者说文化），《隋书·突厥列传》说：

> 其俗畜牧为事，随逐水草，不恒厥处。穹庐毡帐，被发左衽，食肉饮酪，身衣裘褐，贱老贵壮。官有叶护，次设特勤，次俟利发，次吐屯发，下至小官，凡二十八等，皆世为之。有角弓鸣镝甲矟刀剑，善骑射，性残忍。无文字，刻木为契。候月将满，辄为寇抄。谋反叛杀人者皆死，淫者割势而腰斩之。斗伤人目者偿之以女，无女则输妇财。折支体者输马，盗者则偿赃十倍。有死者，停尸帐中，家人亲属多杀牛马而祭之，绕帐呼号，以刀划面，血泪交下，七度而止。于是择日置尸马上而焚之，取灰而葬，表木为茔，立屋其中，图画死者形仪及其生时所经战阵之状。尝杀一人，则立一石，有至千百者。父兄死，子弟妻其群母及嫂。五月中，多杀羊马以祭天。男子好樗蒲，女子踏鞠，饮马酪取醉，歌呼相对。敬鬼神，信巫觋，重兵死而耻病终。大抵与匈奴同俗。

从这段记载看来，可知突厥人过的完全是一种游牧生活。至于所谓与"匈奴同俗"，除掉游牧民族共有的特征外，最显著的要算"父兄死，子弟妻其群母及嫂"这件事了。虽然以妻群母及嫂为习惯法的民族并不止匈奴和突厥，例如契丹女真也都有这种"蒸母报嫂"的习俗，但根据中国史书对异族的记载，可以看出这种习俗究不是一般的现象。所谓"贵壮贱老"的风俗，也可能在匈奴与突厥两民族中特别显著，因为这一点也是史书特别标明的。而突厥的可敦（可汗之妻的官称）能过问国家大事，也很像匈奴的阏氏。（以上所述匈奴的诸种风俗,《史记》、《汉书》《匈奴传》均有记载。)这几点很可以为《周书》、《新唐书》所载匈奴与突厥同种的说法,作一注脚。

突厥的文化水准,诚然是低落的,但我们尚不能把它看作是个野蛮民族。他们虽无文字,但"刻木为契",至少也有一种类似文字的符号。而且二十八等的官阶,也并不是十分简单的政治组织。同时突厥是一个擅长铁工的民族,它最初以此种技术为柔然服役,可以知道柔然至少在这一方面是不如它的。它之以五百家崛起,并吞北亚强国的柔然,可能即因为他们能制造较优良的武器而补给又快的关系。沙畹教授在《西突厥史料》中,曾叙述罗马使臣谒见西突厥室点密可汗的情形。那个使臣在可汗帐中看到许多豪华陈设如两轮金椅、金床、金瓶以及银盘和银制动物肖像等(沙书冯译本一六九至一七〇页);也可以说明突厥并非如通常所想象的野蛮民族一样。所以沙氏称突厥是"半开化的民族",这种说法是比较正确的。

三 突厥的强大和分裂

突厥的强大,应从西元五四六年开始。自然它不是于那一年突然强起来,而前此须经过培养实力的一段长时间,只是从那年起,它的实力才开始有所表现。那年居住于现在贝加尔湖附近的铁勒部落准备进攻柔然,而为突厥酋长土门(即伊利可汗)所邀击,铁勒投降者五万人,因此突厥的实力大增。五五〇年,土门向柔然求婚未遂,一怒脱离柔然而独立。柔然在五世纪初年,已是大国。据《北史·蠕蠕列传》说,它的版图是:"西则焉耆(今新疆焉耆县一带地)之地,东则朝鲜之地,北则渡沙漠穷瀚海(今外蒙古沙漠),南则临大碛（当指今内蒙古沙漠）。”至六世纪中，依然强盛。但突厥脱离柔然五年后，突厥的木杆可汗，则一举攻灭柔然。同时突厥又击败和并吞了若干邻国，《北史》九十九《突厥传》说它：“西破嚈哒，东走契丹，北并契骨，威服塞外诸国。其地东自辽海以西，至西海，万里；南自沙漠以北，至北海，五六千里，皆属焉。”嚈哒即《梁书》所说的滑国，居于里海以东的乌浒河（Oxus）上，辽海则当是指现在渤海的北部，北海指今贝加尔湖，而这里所说的“沙漠”，无疑的是现在的内蒙古沙漠，这是多么辽阔的版图。

就在突厥开始强大的时候，也开始与中国发生来往。那时中国正值魏分东西、齐周二国行将形成杀得难分难解的时候，这种局势，给予突厥一个极其有利的南进机会。齐周两方都不惜出极大代价来争取这个强大的外援，五四五年，周太祖宇文泰（那时是西魏丞相）且把西魏的长乐公主嫁给土门。《周书》五十《突厥传》说：

> 朝廷既与和亲，岁给缯絮锦彩十万段。突厥在京师者，又待以优礼，衣锦食肉者常以千数。齐人惧其寇掠，亦倾府藏以给之。他钵弥复骄傲，至乃率其徒属曰：“但使我在南两个儿孝顺，何忧无物邪！”

周齐拉拢突厥的手段，毕竟以周为高，因此突厥曾于五六四年派骑兵十万，助周伐齐，使齐国遭受严重的损失。但突厥是不希望把齐国灭掉的，它知道必须维持“两儿”的均势，然后才能不忧无物。所以它自此以后即依违于齐周之间，想长久的坐享渔人之利。但没有料到周竟于五七七年迅速灭齐，等到突厥出兵援齐，为时已晚。于是突厥又立齐范阳王高绍义为齐帝，想贯澈"两儿"的政策，但周既已灭齐，便不像从前那样听话。次年，周高祖准备亲自统军大举讨伐突厥，因病死而未果。其后周又修筑长城，以便防守。大概突厥也看到北周实力的不可侮，于是又和周表示亲善，周以千金公主嫁给他钵，突厥把高绍义交还给周。这可以说是突厥外交的大失败，从此他对中国失去了控制的力量。等到隋文帝篡周以后，突厥在外交上更处于被动的地位，军事也因之连连失利、终至造成内部的分裂与衰乱。

突厥的分为东西二国，《西突厥史料》说是在西元五八二年（即陈宣帝太建十四年，隋文帝开皇二年）开始，《资治通鉴》则记于陈长城公至德三年（隋文帝开皇五年，西元五八五年）中，但按诸《资治通鉴》记载这件事的口吻，是在追述往事，所以应以《西突厥史料》所说的时间为正确。突厥分裂的原因，则因有大逻便者，是突厥已故木杆可汗的儿子，与当时的突厥可汗沙钵略有隙，投奔当时西面可汗达头，达头给他十万兵以攻沙钵略，大逻便兵势益强。但从此沙钵略与达头连兵不息，终至分为二国，西方是达头的势力，东方是沙钵略的势力。在西方的突厥史称西突厥，东方的仍称突厥，又称北突厥或东突厥。突厥的分裂，与隋室的离间政策有莫大关系。《西突厥史料》说：

> 当时中国固以离间政策制驭突厥者也，见达头势强于沙钵略，乃以狼头纛赐达头，谬为钦敬。达头使臣至中国，则引居摄图之上（按摄图为沙钵略之名）。反间既行，果相猜贰。五八四年，炀帝幸陇州（按炀帝系文帝之误），达头遂降。嗣后达头势强，中国又助北突厥以与之抗。（一五五页）

隋朝对突厥施行离间的经过，留待下章详述。但有一可注意的地方，应先加以认识，就是当时突厥帝国尚未发展至中央集权的地步，而是分邦自治的。原来突厥的最高领袖可汗（大可汗）之下尚有若干可汗（小可汗），他们各统有一定的地盘和武力，只是名义上服从大可汗，实际是独立的。《周书》五十说突厥"虽移徙无常，而各有地分"，就是指这种现象而言。由此可知突厥并不是一个集权的帝国，仅具有一种联邦性质。西方突厥自达头的父亲室点密起，便处于独立状态，《隋书》八四说达头"旧为西面可汗"，顾名思义，即知他是个独霸一方的突厥领袖。又如《隋书》五一《长孙晟传》说：

> 晟先知摄图、玷厥、阿波、突利等叔侄兄弟各统强兵，俱号可汗，分居四面，内怀猜忌，外示和同，难以力征，易可离间。

因此我们可以知道，突厥早已先具有分裂的因素，而后隋人的计策，才得以施展。

《隋书》记载西突厥的最大错误，便是认为大逻便是西突厥的始祖。其实西突厥的始祖应为室点密，达头是室点密之子，达头以后的西突厥可汗，也都是室点密和达头的子孙。大逻便并不是西突厥的可汗，只是惹起突厥东西分裂的肇事者。《旧唐书》因袭《隋书》的说法，更把大逻便误为木杆。直到《新唐书》，才改正了上项的错误。

至于西突厥的版图，《隋书》的记载不详，两《唐书》记载较详，且大致相同。《旧唐书》一九四下《突厥传下》：

> 其国即乌孙之故地，东至突厥国，西至雷翥海，南

至疏勒，北至瀚海，在长安北七千里。自焉耆国西北七日行，至其南庭，又正北八日行，至其北庭。

据《西突厥史料》说，乌孙故地为今伊犁河流域及其附近，雷翥海为里海或咸海，瀚海则为外蒙古沙漠的西北部。但《旧唐书》没有说明西突厥在何处与东突厥接境。《隋书·突厥列传》则说西突厥"东拒都斤，西越金山，龟兹、铁勒、伊吾及西域诸胡悉附之。"据《西突厥史料》说，都斤山为杭爱的一部。其地本为木杆可汗建牙之地，当系东西突厥的边界。金山则为外蒙古的阿尔泰山，亦即阿史那奔柔然后所世居状如兜鍪的金山。至此，我们对东西突厥的版图，大致可得到一个印象。东突厥的领土，东到渤海北部，北到西伯利亚，南到内蒙古沙漠，西到外蒙古的杭爱山。西突厥则领有杭爱山以西阿尔泰山以南的整个伊犁河流域，南至天山南路的疏勒一带，西至里海的东部。

这两大帝国，东西对峙了一百五十年，他们不但对外或相互发生了多次的战争，其自身内部也经过了无数变乱。直到唐玄宗时，他们都失却对北方民族的领导权，而为后起者取而代之。

四　突厥与隋唐

中国历史上对于北方外族的战争，在军事方面，中国常居于被动地位。因为游牧民族，习于骑射，来去自如，而沙漠又是他们最好的藏身之所。中国是农业社会，人虽多而大规模的军队不易调动。国防线又长，军队不易集中。欲大举进攻，则马队少，而最大的困难，则是粮食之不易运输。因此异族进攻中国极容易，他们经常的战术是突袭，以骑兵突破一点，杀掠而去。中国派兵去打他，他便在沙漠中和中国军队捉迷藏，等到中国军队的粮食一尽，即使他们不反攻，中国军队也得撤退。唐开元时东突厥谋主暾欲谷有几句话说：

> 王晙（唐朝方大总管）兵马，计亦无能至此。必若能来，候其临到，即移衙帐向北三日，唐兵粮尽，自然去矣。（《旧唐书·突厥传》上）

这真是高明的战略，无怪当时的人比他为李靖、李勣了。开元八年，唐兵即因此而遭大败，这件事也正是中国对北方异族作战的最大困难的实例。

在这种形势之下，中国能固守边防，已极不容易。若要作主动的出击，则非出极大的代价不可；即使打胜仗，也往往得不偿失。汉武帝伐匈奴，即是一例。隋文帝开始改变军事上的硬拼办法，尽量利用政治外交策略，以促成或助长突厥内部的分裂或不安，或引起突厥与其他异族的冲突，然后以武力取之；或迫其不得不服从中国。这办法自然是比较进步的。突厥对中国也有他的策略，主要的不外乘虚寇边或是利用中国人打中国人，使中国同时出现两个或两个以上的政权，以造成或延长中国的分裂局面，这些办法也曾给予中国多次的困扰与灾害。这是他们比匈奴高明的地方。匈奴充其量不过是利用中行说一流的人物作政治军事顾问，还没有突厥这样的政治头脑。这些办法此后成为异族侵略中国的惯技，其实也正是隋朝对付突厥的策略；不过双方对这些办法的运用，突厥是远不如隋朝的。

现在先谈隋朝对突厥所发动的离间政策。这个政策的主持人是长孙晟。他是唐太宗的岳父，所以唐人修撰的《隋书》

难免对他有过分渲染的地方。但无论如何，他总算得上是当时的外交奇才和伟大的战略家。他于周宣帝时，护送千金公主往突厥，以擅长弹射深得当时突厥沙钵略可汗的欢心，因此得与突厥可汗的诸子弟和贵人们相亲友。沙钵略的弟弟处罗侯（号突利设）素以得众心为沙钵略所忌，长孙晟便对他竭力笼络，并利用处罗侯为掩护从事调查突厥的内部情形。《隋书》五十一《长孙晟传》说：

> 晟与之（指处罗侯）游猎，因察山川形势，部众强弱，皆尽知之。

其后至五八一年（隋开皇元年），他上书给隋文帝，主张对突厥采取离间政策。书中对突厥内部的人事纠纷，说得极其透澈：

> 玷厥之于摄图，兵强而位下，外名相属，内隙已彰，鼓动其情，必将自战。又处罗侯者，摄图之弟，奸多而势弱，曲取于众心，国人爱之；因为摄图所忌，其心殊不自安，迹示弥缝，实怀疑惧。又阿波首鼠，介在其间，颇畏摄图，受其牵率，唯强是与，未有定心。今宜远交而近攻，离强而合弱。通使玷厥，说合阿波，则摄图回兵，自防右地。又引处罗，遣连奚、霤，则摄图分众，还备左方。首尾猜嫌，腹心离阻，十数年后，承衅讨之，必可一举而空其国矣。（《隋书·长孙晟传》）

摄图即沙钵略可汗，为木杆可汗兄子。玷厥即达头，是沙钵略的从父，当时突厥的西面可汗。阿波则是木杆之子大逻便。

从长孙晟的上书看，达头的势力最强，沙钵略只是他名义上的领袖。阿波的领地，虽然史无明文，但《隋书·长孙晟传》又称阿波的所在地为"北牙"，再参看上文，可知阿波的领土是突厥的北部或西北部。处罗侯则领有突厥的东部地方。文帝采纳长孙晟的意见，首先拉拢达头，派太仆元晖赐以狼头纛。后来于宴会时又故意把达头使者的座位，排在沙钵略使者上面，因此沙钵略与达头种下嫌隙。果然五八二年（开皇二年），沙钵略以四十万骑攻隋而达头不从。此后长孙晟又设计离间阿波与沙钵略，结果阿波西奔达头，因而造成突厥的正式分裂。隋朝的离间政策，成功得如此顺利，自然归功于长孙晟的洞察敌情和巧妙的连用。沙畹对此曾作结论说：

> 总之中国始终用其远交而近攻，离强而合弱之政策，是为妨碍突厥建设一持久帝国之要因。设无此种反间政策，突厥之国势不难推想得之，数百年后蒙古之得势，可以例已。（《西突厥史料》一五六页）

这个评论，大致是公允的。

东西突厥分裂互战的结果，迫使沙钵略上表投诚，愿为藩附，并且遣子入朝和不断的入贡。于是隋朝又帮助沙钵略打西突厥。五八七年（开皇七年），东突厥生擒阿波，至此东西突厥的战争暂时稳定下来。同年，沙钵略死掉，由其弟处罗侯继承汗位，处罗侯于五九三年（开皇十三年）西征战死，传位于沙钵略子雍虞间，是为都蓝可汗。至此长孙晟又设计离间都蓝可汗与其弟突利可汗（《隋书》说突利是沙钵略之子，但《资治通鉴》则说是处罗侯之子）的情感。五九七年（开皇十七年），隋以宗女安义公主下嫁突利，都蓝自以为是大可汗，反不如突利，因此老羞成怒，断绝对隋的朝贡。突利本居突厥的北部地方，长孙晟又劝他率众南下，居于度斤旧镇，监视都蓝而为隋作耳目。自此以后，都蓝每有所行动，隋室总先知道而有所准备。气得都蓝与达头联合攻打突利，突利全军覆没，只身随长孙晟入朝。隋朝封他为意利珍豆启民可汗，在黄河南岸胜夏二州（今绥远南部及陕西北部）之间，划出四五百里的地方，作为他部落的畜牧居地。同时隋室趁突厥内乱，对东西突厥作大规模的进攻。混战了四五年，把东突厥打跑到内蒙古沙漠以北去，打得西突厥也发生内乱，达头跑到吐谷浑去。六○三年（仁寿三年），长孙晟又把启民迁出塞外，接收了达头的部众，正式作了突厥的大可汗。启民的地位，完全是隋朝一手造成的，对隋朝自然惟命是从。这是隋朝离间政策的又一大成功。六○九年（炀帝大业五年）启民死，其子始毕可汗立，对隋朝仍表忠顺。直到六一五年（大业十一年）才开始叛乱。那时隋朝因炀帝的骄奢黩武，乱亡之象已充分暴露出来，故突厥敢于反叛。两三年后隋室便告覆灭，隋文帝经营二十年始获成果的突厥政策，至此也随着告终。

隋室对付突厥的另一策略，是和亲政策。这办法常为后人所非笑，但在当时，也确有它的用处。突厥的可敦，权威甚大，有左右军国大事的力量。《资治通鉴》一八二说："突厥之俗，可贺敦预知军谋。"可以为证。隋文帝篡周，周千金公主即曾劝沙钵略入寇以复仇。其后始毕可汗叛隋，围炀帝于雁门，事先隋义成公主曾遣使告变，其后又遣使诈告始毕北边有急，才解雁门之围。从这些地方看，突厥可敦是颇能左右可汗的。所以当时中国对突厥的和亲政策，至少有两种直接作用：一是以中国籍的可敦左右可汗，使之勿侵扰中国。

其次是以中国可敦，监视可汗，假如一旦战争爆发，可敦可以为中国的内应，而且也许可以先期告变，使中国获得可靠的情报。由此可见和亲政策并非全为敦睦邦交，而是具有极大的政治作用的。

此外还有一种重要的意义，那就是用和亲作为利用某一可汗的手段。因为异族文化落后的关系，对中国总不免存着些自卑感。他们的首领，认为能娶到中国皇室小姐作太太，便是无上的光荣；可以因此傲视群伦，其同类对之也常刮目相看，这光景恰似中国旧日市井暴发户之攀婚士族一般。隋人看清这一点，就以和亲来拉拢所要拉拢的突厥首领，而达到分化的目的。例如五九三年（开皇十三年）东突厥都蓝可汗求婚于隋。长孙晟认为：

> 雍（虞）闾（都蓝名）反覆无信，特共玷厥有隙，所以依倚国家；纵与为婚，终当必叛。今若得尚公主，承藉威灵，玷厥、染干（即突利可汗）必又受其征发；强而更反，后恐难图。（《隋书·长孙晟传》）

因此隋朝把公主（安义公主）嫁给突利；一方面弄得突利受宠若惊，对隋朝惟命是从；一方面气得都蓝断绝朝贡，终至发生内战。可见和亲与异族领袖的荣誉与地位，是有重大关系的。隋炀帝时裴矩又献策以宗女嫁给始毕可汗之弟叱吉设，叱吉设不敢受。不然的话，都蓝、突利的事件，可能又要重演。所以隋朝的和亲政策，也可以说是离间政策的一种。裴矩的策略，虽与长孙晟并无二致，但用于炀帝末年，不但无效，反而惹起雁门之围的大祸；便是因裴的政策，已没有足够的实力来支持了。不仅如此，隋朝的乱亡，更给予突厥一

276

个极好的发展机会。

隋末唐初的几年中，正是东突厥最得意的时候。那时因中国内乱，中国人纷纷逃入突厥避难，因此东突厥的实力大增。《旧唐书·突厥传》上说那时的突厥：

> 东自契丹、室韦（今中国东北一带地），西尽吐谷浑、高昌（今新疆东南部及青海北部）诸国，皆臣属焉。控弦百余万，北狄之盛，未之有也。

当时中国北部起兵的群雄，如薛举、窦建德、王世充、刘武周等都向东突厥称臣；东突厥并封他们为"可汗"。唐高祖自亦无法例外，初起兵时，曾接受过东突厥的军援，也向东突厥称臣纳贡过，为的是使东突厥不要阻碍他的统一工作。但唐室的统一，不但为东突厥所不愿，同时隋室余孽也抱定"宁赠外国，不予家奴"的心理，鼓动东突厥入寇。而与李氏同起逐鹿的刘武周、梁师都等，也都向东突厥借兵。在这种种的情势之下，东突厥焉有不卷入漩涡的道理。从六二一年（唐高祖武德三年）到六二六年（武德九年），这几年之中，东突厥的颉利可汗无岁不发兵入寇，每次都是饱载而归。六二四年（武德七年）高祖被逼得几乎徙都邓樊。六二六年（武德九年）后，东突厥内乱及天灾的关系，对唐室的侵略才停顿下来，给予唐室一个喘息与准备的机会。

东突厥的衰乱，主要是内因华人赵德言的乱政及六二七年（贞观元年）的大雪灾，外因薛延陀的叛乱，遂致授予唐室以绝好的复仇机会。但六二四及六二六年（武德七年及九年），正值突厥全盛之时，颉利曾前后两次举国入侵，均出乎意外的与唐室结盟而退，而没有动武。不管唐太宗事后如何吹嘘，或是史书对他如何赞美，当时如果真正动起手来，唐室是绝无取胜把握的，因为双方的实力太悬殊了。但唐太宗何以能够不战而却敌呢？实则仍是得力于离间政策。唐太宗利用东突厥颉利可汗（始毕之弟）和突利可汗（始毕之子）中间的矛盾，拉拢突利，与之结为兄弟，以致颉利怀疑，不敢作战。终于颉利与突利发生冲突，突利于六二九年（贞观三年）率众奔唐。这一来东突厥的实力，更大为减损。因此唐太宗乃能乘其内忧外患之际，于六三〇年（贞观四年）一举攻灭东突厥，生擒颉利可汗。东突厥灭亡后，其残余部落除北附薛延陀和西奔西域者外，投降唐朝的尚有十余万口。关于这些降众的处置，朝臣各有不同的意见，大致可以分为三派：一派以魏徵、颜师古、李百药为代表，主张把降众遣返"河北"（指今陕甘宁黄河上游以北）的老家；"树首长俾统部落，视地多少，令不相臣，国小权分，终不得亢衡中国。"另一派以温彦博为代表，主张把降众置于沿边地方，使为中国守门；"如汉建武时置降匈奴，留五原塞，全其部落，以为扞蔽，不革其俗，因而抚之，实空虚之地，且示无所猜。"还有一派主张把降众置于今山东河南一带之"内地"，便与中国人同化；认为应"悉籍降俘，内充豫闲处，使习耕织，百万之虏，可化为齐人，是中国有加户而漠北遂空也。"（引文均见《新唐书·突厥传》上）。结果，唐太宗采纳了温彦博的意见，把东起幽州（今河北一带）、西至灵州（今甘肃宁夏一带）的边塞地区，作为安置东突厥降众之用，并委任突利为顺州都督，以统理其部落；以阿史那思摩（即李思摩）为北开州都督，以统颉利旧众。二人皆听命于唐室。此外东突厥诸酋长拜官在五品以上的有一百多人，入居长安城的近一万家。但到六三九年（贞观十三年），结社率（突利之弟）在京师谋反，唐室才感到突厥寄居中国的严重性；因此封李思摩为乙弥泥孰俟利苾可汗，建牙于"河北"，将东突厥降众遣返东突厥故地。可是不数年俟利苾又因薛延陀的侵逼，帅部南移。结果唐室又把他们安置在胜、夏二州之间，其后又把他们分置于云中、定襄两都督府的管制之下，俟利苾则入居京师。这是唐太宗对突厥的最后措施了。

俟利苾南下后，东突厥故地为突厥酋长车鼻可汗所盗有。直至六五〇年（高宗永徽元年），唐兵擒车鼻于金山，处其余众于郁督军山，并设狼山都督府以统之，至此东突厥可以说全部降服。唐朝又于是年设立单于、瀚海二都护府，单于领狼山、云中、桑干三都督，苏、农等二十四州；瀚海领金徽、新梨等七都督，仙、萼等八州。这些州府的都督刺史都由突厥酋长来担任，并授予高度的自治权；但最高长官的都护，则须由唐人出任。都护府的任务，主要在监视及指导各部落，以防其入寇；此外并维持各部落之间的秩序，如调处部落之间的冲突，镇压各部落内部之叛乱，以及保护弱小，救济灾害等等。这些措施，有时简直是赔本生意；但对中国边防的巩固以及各部落间和平秩序的维持，则确有其贡献。六四六年（贞观十八年），唐太宗曾预言在五十年内中国无突厥之患。（《新唐书·突厥传》作五十年，《资治通鉴》一九七则作十五年，当以《新唐书》为正确。就习惯说，对某事作时间的推测，其时间较长久者，多用整数，如十年二十年等，甚少有挂零者。且唐太宗好夸大，区区十五年，似不过瘾也。）他作此保证的最大理由，即是他对突厥有恩。他说："突厥贫弱，吾收而养之，计其感恩，入于骨髓，岂肯为患！"（《资治通鉴》一九七）。从这几句话里，也可以看出唐朝对被征服民族的处置态度，这是值得赞美的。唐太宗的预言，结果有一大部分兑现；自贞观以降，东突厥未发生问题者达三十年之久。

六七九年（调露元年），正值高宗末年武则天当权的时候，单于大都护管内的东突厥首领阿史德温傅、奉职二部叛变，立阿史那泥熟匐为可汗，诸州的突厥酋长，都群起响应，共有众数十万人。唐室以四十八万人讨之，虽将温傅、奉职等或擒或杀，但突厥余众的叛乱，此覆彼起，不可遏止。其后几乎年年寇边，唐室对它只有征伐一途。但唐室对命将太无选择，甚至以僧怀义带兵去打突厥，结果只有使局面更形恶化。六九〇年（天授元年）武后称帝后，突厥对唐的外交也渐次取得主动，因契丹首领李尽忠、孙万荣的反叛，东突厥的默啜可汗，便以此对唐发动和平攻势，于六九六年（万岁通天元年）请为太后子，为唐讨伐契丹。武后立即拜默啜为颉跌利施大单于立功报国可汗。次年又被默啜骗去突厥降户数千帐，谷四万斛，铁数万斤。默啜的和平攻势获胜后，实力大为增强，态度便又转强硬。六九八年（圣历元年），武则天派淮阳王武延秀入突厥纳默啜女为妃，默啜以其非李氏子，将武拘留，一面入寇，一面扬言将立李氏子为帝，而不承认武氏政权。吓得武后赶快立庐陵王（中宗）为皇太子，然后派兵讨伐突厥，所以中宗的复位，东突厥也帮了不小的忙，结果东突厥大肆杀掠而去。此役以后，东突厥的声势益壮，对中国也益加轻视。终武则天之世，突厥连年寇边，达十余年之久。

直到唐玄宗开元初年，默啜因衰老昏虐，内部渐有乱象。七一四年（开元二年），东突厥十姓胡禄屋等部率众来降，前后万余帐，唐朝皆以"河南地"（今陕甘宁黄河上游以南地）处之。七一六年（开元四年），默啜为其部属拔曳固部卒所杀，其兄左贤王默棘连立为毗伽可汗，因知人善任，国内复趋稳定，曾于七二〇年（开元八年）大败唐兵。他的谋主暾欲谷老成持重，主张与唐连和，故自七二〇年以后，终毗伽之身，与唐和平相处者十余年。这十余年突厥与中国可以说同处于和平繁荣之中。七三四年（开元二十二年），毗伽为臣下毒死，其后突厥诸酋长以争夺领袖地位发生过多次流血政争，直至七四二年（天宝元年），东突厥的拔悉密、回纥、葛逻禄三部联合击杀突厥可汗骨咄叶护，而立拔悉密的酋长为颉跌伊施可汗，突厥余众则共立了一位乌苏米施可汗。唐朝方节度使王忠嗣劝乌苏内附，乌苏迁延不行，王于是说拔悉密、回纥等共击之，东突厥降者甚众，从此衰微下去。七四四年（天宝三载）拔悉密攻杀乌苏可汗，突厥人又立乌苏之弟为白眉可汗。同年回纥、葛逻禄又联合攻杀拔悉密颉跌伊施可汗，唐朝乃册拜回纥酋长骨力裴罗为怀仁可汗。七四五年（天宝四载）回纥怀仁可汗攻杀东突厥白眉可汗，毗伽可汗的可敦率余众归降唐室，东突厥的阿史那氏王朝，自此灭亡。其土地及权威都为回纥所代替。

再说西突厥，自达头奔吐谷浑后，西突厥于七世纪初分为两个势力，一为最高领袖处罗可汗，居伊犁河流域；一为射匮可汗（达头之孙、处罗之叔），其势力范围为西突厥西部以及西突厥治下的最西诸国。隋朝以婚姻为诱饵，劝射匮背叛处罗。六一一年（大业七年）射匮击败处罗，处罗率数千人奔隋，炀帝赐号为曷萨那可汗。后来炀帝在江都被弑，曷萨那自宇文化及处投奔唐高祖。那时东突厥正强，遣使赴唐请杀曷萨那，高祖不得已，把他交给东突厥使者，因而被害。西突厥自射匮取得领袖地位后，《旧唐书·突厥传》下说它的版图"东至金山，西至海，自玉门已西诸国皆役属之"。又说："遂与北突厥为敌，乃建庭于龟兹（今新疆库车）北三弥山。"射匮死后，其弟统叶护继立，国势更强，《旧唐书·突厥传》下说他：

> 北并铁勒，西拒波斯，南接罽宾（今印度克什米尔一带地），悉归之。控弦数十万，霸有西域，据旧乌孙之地，又移庭于石国北之千泉（今苏联 Alam Ata 东）。其西域诸国王悉授颉利发，并遣吐屯一人监视之，督其征赋。西戎之盛，未之有也。

那时也正是东突厥的黄金时代，如果不受西突厥的牵制，对唐的威胁必然更大。当时唐高祖仍沿用"远交近攻"的策略，拉拢西突厥。六二〇年（武德三年），双方约定于六二二年（武德五年）冬联合进攻东突厥。东突厥的颉利可汗大恐，乃与统叶护讲和。其后统叶护遣使向唐求婚，并遣人迎接公主，但因颉利屡次遣兵遮断西突厥通唐的道路，因此未能成婚。六二八年（贞观二年），统叶护为其伯父所杀，此后国内连年战乱，终于六三八年（贞观十二年）西突厥又分裂为东西二部。原来西突厥的十个政治区域"十部"（又名十箭或十姓），由东西分辖五部，以伊列水（今伊犁河）为界。东郡可汗建庭于睢合水北，谓之"南庭"；西部建庭于镞曷山西，谓之"北庭"。西域诸小国，也分附于两部。六四一年（贞观十五年），西突厥西部的沙钵罗叶护可汗，屡次遣使入贡，唐遣使即依其自号立之为可汗。但就在那一年，沙钵罗叶护可汗为东部乙毗咄陆可汗所击杀。次年，乙毗咄陆灭吐火罗，拘留唐使者，侵暴西域，并进寇伊州，结果为唐兵击败，乙毗咄陆因部下作乱逃奔吐火罗。其叶护阿史那贺鲁率众数千帐于六四八年（贞观二十二年）内属，唐室把他安置于庭州（今新疆迪化一带），次年又任命他为瑶池都督。六五一年（永徽二年），阿史那贺鲁拥众西走，重新统一了西突厥的东西两部，又回兵入寇。唐室派兵讨伐，直到六五七年（显庆二年）才擒住贺鲁，将西突厥的土地分为濛池、昆陵二都护府。以突厥酋长阿史那弥射为昆陵都护兴昔亡可汗，管理东部五部（又名五咄陆）；以阿史那步真（弥射族兄）为濛池都护继往绝可汗，统治西部五部（又名五弩失毕）。至于原来阿史那贺鲁所统多逻斯水（今新疆北端喀喇额尔齐斯河）上的种落和他所役属诸国，西至波斯，皆设州府，一起置于安西都护府的治下。

六六二年（唐高宗龙朔二年）继往绝可汗唆使唐炤海道大总管苏海政杀兴昔亡可汗，继往绝不久亦死，十姓无主，由部酋阿史那都支及别帅李遮匐收拾余众，附于吐蕃。六七一年（咸亨二年），唐以阿史那都支为左骁卫大将军兼匐延都督以安集突厥余众。到了六七九年（调露元年），阿史那都支自号十姓可汗，与李遮匐连和吐蕃，侵逼安西。唐以裴行俭计擒阿史那都支，并招降李遮匐，自此西突厥日渐衰落下去。到了六八五年（武则天垂拱元年），西突厥两部人众日益离散，唐以兴昔亡之子元庆袭兴昔亡可汗，押五咄陆部落。次年又以继往绝之子斛瑟罗袭继往绝可汗，押五弩失毕部落。那时东突厥正是默啜可汗在位的时候，西突厥十姓被他侵略得死亡殆尽。最后于六九〇年（天授元年）由继往绝可汗收集余众六七万人，入居内地，改号为竭忠事主可汗。次年，又以之为平西大总管，镇碎叶（碎叶城在今苏联吹河 Chu 南岸，靠近伊斯色克库尔湖）。过了三年，西突厥别种突骑施的酋长乌质勒，攻破碎叶，把斛瑟罗赶回唐朝。乌质勒又把牙帐移至碎叶，他的地盘东北与东突厥为邻，西南与西域诸胡相接，东至唐朝的西南庭州。西突厥的阿史那王朝，自此乃告结束。

七〇八年（唐中宗景龙二年），乌质勒子娑葛自立为可汗，并侵陷安西。次年请降，唐朝封他为钦化可汗，赐名守忠。七一四年（玄宗开元二年），东突厥默啜攻杀守忠，守忠部将苏禄鸠集余众，自立为可汗。七一九年（开元七年），唐拜苏禄为忠顺可汗。苏禄虽也与唐发生过若干次冲突，但大体相安者十余年。直到七三五年（开元二十三年），才大举入寇。次年，苏禄为唐兵所破而请降，不久为其部下所杀。其子继立为吐火仙可汗，又为唐兵所擒。开元末唐朝复立阿史那昕为十姓可汗，以统突厥余众，但不久便为突骑施所杀。以后十余年，西突厥故地的主人是突骑施。肃宗至德以后，突骑施发生内乱渐至衰落，唐朝也因内乱而无暇过问他们的事。代宗大历以后，突骑施已衰微不堪而臣役于葛逻禄，西突厥阿史那氏的余众，则归附了回纥。

五　西突厥与波斯、东罗马

突厥与中国的来往，不过是其国际关系的一环，除中国外，他们尚与许多国家发生往来。尤其是西突厥，它与吐蕃、西域诸国以及东罗马、波斯等国的关系，比较与中国的关系，更为密切。但因中国历史记载的简略，故不能得知其详，对当时西突厥与东罗马、波斯等国的关系，尤为隔阂，有加以叙述的必要。同时可以帮助我们了解东方与西方文化交流的真象。

远在六世纪中叶，突厥在乌浒河北攻破嚈哒而据有其地的时候，即开始与波斯接境；同时在里海之北，又可与东罗马帝国相交通；因此突厥即与两国逐渐发生贸易关系。中国的丝绢贸易，是当时亚洲的重要商业之一。丝绢由中国向西方输入，有两条主要的路线：一是出康居向西走的陆路，也是最古的一路；一是经过印度诸港向西行的海路。当时丝绢的顾客，多为罗马人和波斯人，而居间贩卖的则是中亚的游牧民族和印度洋的商船，而波斯人同时又为东罗马的丝绢掮客。

东罗马皇帝查斯提年（Justinien）为避免居间贩卖的种种剥削，曾提倡养蚕；但在当时蚕业并不发达。他并于五三一年（梁武帝中大通三年）遣使到阿剌伯西南的牙门（Yémen）地方与希亚利人（Himyarites）商议，请他们往印度购丝，转售于罗马人；因为当地常有去印度的船只，可以办这件事。但波斯则想完全垄断印度诸港的海上丝利，因此一面阻止希亚利人为罗马人居间贩丝，一面妨碍陆地运丝民族的贸迁。当时在西亚贸迁丝物的，以康居人为最多。康居最初臣属于嚈哒，等到嚈哒灭亡康居人移属于突厥时，正值波斯人垄断丝业，因此康居人要求突厥室点密可汗转请波斯允许他们在波斯管领的诸国中经营丝业，室点密乃派康居人曼尼牙克（Maniach）出使波斯，交涉这件事，而为波斯所拒绝。后来突厥又派若干使臣赴波斯交涉，结果不但没有达到目的，使臣们更多半为波斯所毒害，因此突厥与波斯结下仇怨，其后曼尼牙克又得突厥允许出使东罗马以求通商，他穿越高加索，于五六七年（陈临海王光大元年）到达东罗马首都君士坦丁堡，觐见东罗马皇帝查士丁（Justin），陈述可汗贺词并呈献了大量丝绢。次年，查士丁送曼尼牙克返国，并派遣使臣报聘。其后双方信使往还，邦交日固，东罗马因有此强大与国的支持鼓励，终至与波斯展开历时二十年（五七一至五九〇）的大战。

东罗马、波斯战争的末期，西突厥也加入战团，于五八八年（隋文帝开皇八年）派兵三十万进攻波斯，同时东罗马自叙利亚沙漠进兵。时波斯王赫米兹四世（Hormizd）在位，遣大将伯拉（Bahram Tschoubin）抵御突厥，突厥战败。后来伯拉受人中伤，又在高加索东部为东罗马击败，波斯王对他加以侮辱，因此一怒而造反，废赫米兹并于五九〇年（开皇十年）拥立赫米兹子库萨和（Khosrou）。不久伯拉又于麦丁（Madaiu）自立为王，库萨和乃求救于东罗马。五九一年（开皇十一年），东罗马皇帝马来士（Maurice）派兵援助库萨和，把伯拉击败，伯拉逃奔突厥，库萨和厚赂突厥的可敦把伯拉杀掉。波斯、东罗马的战争，也告一段落。

其后从五九七到五九八年（开皇十七到十八年），波斯王库萨和遣兵讨击贵霜（大月氏）等国，突厥援兵三十万渡乌浒河败波斯军。但突厥兵迅速撤回，波斯军于突厥人去后又复进攻贵霜，大掠而归。此后波斯又借故攻击东罗马，六一四年（隋炀帝大业十年）攻陷耶路撒冷。六二二年（唐高祖武德五年），东罗马乃与波斯再度决战。这场战争连续七年之久（六二二至六二八），最后突厥又加入战团。居于里海沿岸的可萨突厥（Khazars）可汗（可萨突厥可能臣于西突厥，但系另一种突厥，不能与西突厥相混）与西突厥叶护可汗，皆出兵援东罗马。六二八年（唐太宗贞观二年），波斯都城发生变乱，库萨和遇害，其子科瓦（Kavadh）继立，与东罗马议和。

因了罗马与波斯的长期战争，结果两败俱伤，两国皆无法抵御新兴的大食。六三六年（贞观十年），东罗马叙利亚省为大食所侵占，其后波斯王也被大食逼得弃国而走。同时西突厥也因与中国构衅屡遭败创，以致不能维持统一的局面。七世纪中叶，西突厥已不能称为帝国，其境内仅是若干小国割据的局面。这三个庞大帝国，竟同时趋于衰落。

上面已说过，中国的丝，在六世纪中叶输入欧洲，以西突厥为陆路转运地，也可以说它是当时中国、东罗马、波斯、印度四大国间商业交际的仲介人。除此以外，西突厥对于中西宗教思想的交流，也有相当贡献。《西突厥史料》二一九页：

> 六二八年（贞观二年）玄奘通行突厥国境，自北而南，安抵信度河者，赖西突厥统叶护之保护，有以致之。六二六年（武德九年）光智等未随唐使至长安以前，曾受统叶护之旦夕祗奉。六二一年（武德四年），初建火祆寺于长安。六三一年（贞观五年），祆教师何禄始莅中国。六三五年（贞观九年），景教师阿罗本自叙利亚经西突厥境而来至长安。此类年月之相近，并非出诸偶然，其事可证明西突厥帝国之存在，便利通行亚洲之往来商人。赖其便利行人，遂有助火祆、基督、摩尼三大宗教之发展。前二者树植于中国，而后一教则更见隆盛焉。

此外回教的得以发展于波斯，也与西突厥有一点间接关系。因为波斯人所崇奉的火祆教本是与回教相冲突的，回教当然为波斯所抵制。但因波斯遭受西突厥和东罗马的夹攻而衰落，回教乃随着大食的势力迅速扩展于波斯。从这些史实看来，我们不难看出当时西突厥在西亚国家中所处的地位，比较它在东方更具有重要性。

六　突厥与唐代中国北方的胡化

突厥在它接境的诸大国之间，文化是比较落后的，因此它的文化不易对这些文明国家发生影响，却不是毫无影响的。例如唐初宫廷以及中叶以后河北藩镇的"胡化"，都与突厥有关。固然影响唐朝胡化的不止突厥一族，但突厥是与中国边境接壤最广，关系亦最密切的外族，所以它对中国的影响也最大。从文化的观点上看来，这种影响是消极的，其价值是副号的。现在就以唐室的胡化为例证，说明低文化的影响。不过一个民族对一种外来文化的感染，其过程是渐进的，且常是潜移默化的。所以过程的转折细节，有时不易看得出来。这里仅能就唐室胡化的几个比较明显的迹象，加以论述。

唐室的胡化，如果推本溯源，则六三〇年（贞观四年）的处置东突厥的降众，实为关键；唐太宗对于这件事应负很大的责任。太宗用温彦博的建议，将十万突厥的大部安置于东自幽州西至灵州的边塞地区，并留一部于京师。《资治通鉴》一九三说：

> （突厥诸酋长拜官）五品已上百余人，殆与朝士相半，因而入居长安者近万家。

这种为华夷主的尊荣地位，凡是好大喜功的君主，没有不喜欢干的。温彦博的言论主张，不过是腐儒大言，而太宗独排众议而采用温的办法者，即因此办法甚为迎合太宗的心理。

突厥人在唐朝为官和入居长安的既有这么多，唐太宗本人又好与突厥人接近，例如颉利的从叔李思摩和颉利的侄儿突利都是他的好友。此外他更以突厥人充任侍卫，突利之弟结社率便是以郎将宿卫，因而闹出六三九年（贞观十三年）九成宫的叛变的。所以当时的朝廷和长安城，是"华洋杂处"的。因此唐朝的宫庭中也不知不觉染上了若干胡化色彩，太宗的废太子承乾沾染突厥习俗，便是最好的例子。《新唐书》八十《常山悯王承乾传》说：

> （承乾）又好突厥言及所服，选貌类胡者，被以羊裘，
> 辫发，五人建一落，张毡舍，造五狼头纛，分戟为阵，系
> 幡旗，设穹庐自居。使诸部敛羊以烹，抽佩刀割肉相啖。
> 承乾身作可汗死，使众号哭剺面，奔马环临之。忽复起
> 曰："使我有天下，将数万骑到金城，委身思摩当一设，
> 顾不快邪！"

这完全是儿童对某种事物的好奇及模仿的表现。但承乾身为
太子，生长于深宫之中，其行动不会如常人的自由，如果不
是在宫中常与突厥人接近，则其好奇心与模仿举动从何而
来？由此可知突厥人之能出入掖庭者，必不在少数，而胡俗
竟亦因此深入宫庭中。至于突厥人对当时京师风气的影响，
自也不难想象。

唐室于六三九年（贞观十三年）徙突厥余众于黄河上游以
北，太子承乾也于六四三年（贞观十七年）被废，因此唐室中
央的胡化，迅速遏止，其影响尚不严重。但到唐玄宗时，唐
帝国的东北部地方（大致为黄河下游以北地方）开始了范围更
广程度更深的胡化，时间也极长。直至唐亡，胡化仍在持续
着。这个区域的胡化，其关键在于安史之乱。但安禄山辈所
以能霸占河北、操当地军政全权者，则由于李林甫之以蕃人
出任方面所致，自然最大的责任应由唐玄宗来负。《旧唐书》
一〇六《李林甫传》：

> 国家武德、贞观已来，蕃将如阿史那社尔、契苾何
> 力，忠孝有才略，亦不专委大将之任，多以重臣领使以制
> 之。开元中，张嘉贞、王晙、张说、萧嵩、杜暹皆以节度
> 使入知政事。林甫固位，志欲杜出将入相之源，尝奏曰：

"文士为将，怯当矢石，不如用寒族、蕃人。蕃人善战有勇，寒族即无党援。"帝以为然，乃用思顺代林甫领使，自是高仙芝、哥舒翰皆专任大将。林甫利其不识文字，无入相由，然而禄山竟为乱阶，由专得大将之任故也。

安禄山、哥舒翰皆有突厥血统（安母为突厥，哥舒父为突厥），史思明则系纯粹突厥人。而安禄山既专方面，即自建立一独立而善战的新军事集团，渐与唐室的武力抗衡。这个集团的份子，包括多种外族，如同罗、奚、契丹等，而以突厥人为主力。开元末年东突厥内乱，东突厥西叶护阿思布等帅部众千余帐于七四二年（天宝元年）投降唐朝，而东突厥从此衰落。因此我们可以推知阿思布的部众，当是东突厥的精锐。玄宗待阿思布甚厚，赐名李献忠，累迁为朔方节度副使。为安禄山所嫉。七五二年（天宝十一载），禄山发兵击契丹，奏请阿思布率同罗（同罗为铁勒诸部之一，与突厥同类）骑兵助战，阿思布因恐为禄山所害，因而叛变。次年阿思布为回纥所破，禄山招降其部落，实力大增。《资治通鉴》二一六说："由是禄山精兵，天下莫及。"阿思布的部众，究有多少，史书并未说明，但据《通鉴》二一六所载，禄山于七五三年（天宝十二载）五月招降阿思布部落，九月阿思布穷蹙被擒时麾下尚有数千人；由此可揣知突厥散失而为禄山接收的部众，当远过此数。禄山于七五一年（天宝十载）曾大败于契丹，自接收阿思布的部众，乃能于十三载十四载两年之间连破奚、契丹，而以兵精闻天下，可知突厥实为安军的主力。同时禄山如不能破奚、契丹，亦必不敢倾巢而西。因此也可以说突厥是安禄山叛唐的最大资本。《通鉴》二一七说：

> 禄山发所部兵及同罗、奚、契丹、室韦凡十五万众，
> 号二十万，反于范阳。

这里所说安禄山"所部兵"（即基本队伍）之中，必有一部或大部是阿思布的精兵。

安史之乱平后，河北诸镇始终在安史余孽的掌握中。安史部众既多胡人，因此胡人所控制的地区，乃随之逐渐胡化。因此辈胡人全系以军权来维持政权，自易影响当地的习俗。《新唐书》一四八《史孝章传》：

> 大河之北号富强，然而挺乱取地，天下指河朔若夷狄然。

同书二一○《藩镇传》又说：

> 遂使其人自视由羌狄然，一寇死，一贼生，讫唐亡百余年，卒不为王土。

所谓胡化的主要特征，即是卑弃文教而崇尚武力，养成一种好勇斗狠的风气。所以当时军人第一的河北与以诗赋取士的长安，在文化上是两个截然不同的区域。不但如此，即连黄河南岸的若干区域，也曾经沾染上胡风，蔡州即其一例。《通鉴》二四○说：

> （蔡州）虽居中土，其风俗犷戾，过于夷貊。故以三州之众，举天下之兵，环而攻之，四年然后克之。

即因蔡州最初的首领李忠臣、李希烈等，也是安禄山部下的原故。蔡州的地方势力虽于宪宗时讨平，但河北诸镇则始终处于半独立状态。实因河北因胡化而培植成的武力，过于强大，唐室中央武力无法与之对抗，因此不得不采取放任政策。河北的胡化，不但直接影响唐帝国的分裂与衰亡，若详细论之，就是对唐朝以后数百年的政局，都不能说没有关系，自然这已是本题以外的话了。

原载《边疆文化论集》(中)，一九五三年十二月

回纥马与朔方兵
——唐朝与回纥外交关系的讨论

　　杜甫的《诸将》诗有两句说:"岂谓尽烦回纥马，翻然远救朔方兵。"这两句诗原是对安史之乱时回纥出兵助唐一事所发的感慨，但在无意中指出了唐朝中叶一个极大的外交问题，那就是回纥与唐室外交关系的问题。这个问题，又包括两件事:一件是回纥马的对唐大量倾销，一件是唐朔方军人的主持对回纥外交政策。这两件事对中唐以后的外交、经济、军事、政治等方面，都有极大的影响，可以说是关系整个国家的安危。老杜的《诸将》诗是代宗大历初年他寓居夔府时作的，那时正是回纥马向唐大批输入获致暴利，同时也是朔方军人忠诚谋国主持亲善回纥的外交政策的时候。杜诗对回纥马充满"不敢领教"的意味，对朔方军人更有"诸君何以答升平"的责备。自然这两句诗的原意未必即指此二事，同时我们也不应以杜甫诗的态度去论列这两件事，因为这两件事的真正得失，是不易遽下论断的。回纥马的输入，至少到文宗时才停止;回纥马对唐朝的各种影响，必须要在代宗一朝以及代宗以后五十年的历史中找答案。朔方军人所主持的亲回政策，至少须到德宗时才能看出它的功效。现在我们即就这两件事加以讨论，以求能够多明了一点唐朝与回纥外交关系的真象。

　　回纥（又称回鹘）本属所谓"敕勒诸部"，其部落共有薛延陀、同罗、仆固等十五种，居住于今西伯利亚贝加尔湖沿岸一带地方，回纥乃是其中的一种。元魏时总称为铁勒（敕勒之讹）部落，突厥强盛后，回纥乃臣属于突厥。到了隋炀帝大业中，回纥因不堪东突厥处罗可汗的横暴，一度叛变，其后又复臣于东突厥始毕可汗。到了颉利可汗，回纥与薛延陀、拔野古等部一起叛变。颉利派兵讨伐他们，于唐太宗贞观元年（公元六二七年）被回纥酋长菩萨大败于马鬣山，从此回纥的声势大振。不过当时敕勒诸部最强大的是薛延陀，回纥只是依附于薛延陀。次年，唐太宗册派薛延陀俟斤夷男为真珠毗伽可汗，与之共图颉利。当时薛延陀的版图是东至靺鞨（松花江下流一带地），西至西突厥，南接沙碛（应系外蒙古沙漠），北至俱伦水（可能属于今鄂尔浑河），回纥则居于薛延陀北境的娑陵水上（今色楞格河）。贞观四年（六三〇年），东突厥颉利可汗被擒，北方异族只有薛延陀和回纥为最强。贞观十五年（六四一年），薛延陀真珠可汗以三十万人渡沙漠，南击新自唐朝边区迁至黄河以北的突厥俟利苾可汗，唐朝派兵击败薛延陀。十九年（六四五年），薛延陀的多弥可汗乘唐伐高丽而南侵，又被唐兵大败于夏州。因此薛延陀的内部发生骚动，回纥酋长吐迷度乃乘机与仆固、同罗共击薛延陀，杀掉多弥可汗。回纥于是占领了薛延陀的地盘，并和铁勒其他部落，相继遣使入贡于唐。二十一年（六四七年），唐改铁勒诸部为府，以回纥为瀚海府，唐朝的北边，至此名义上算是完全平定。但吐迷度对唐朝却是阳奉阴违，私下里自称为可汗，政治组织也一律仿效突厥。其后回纥与唐室保持了十余年的和平关系，并曾派兵帮助唐朝讨伐不服。如高宗永徽二年（六五一年），回纥曾派兵五万助唐讨伐西突厥叛酋阿史那贺鲁。永徽六年（六五五年），又派兵随萧嗣业讨高丽。但到了龙朔元年（六六一年），与唐室亲善的回纥酋长婆闰死掉，他的侄子比粟毒代领其众，会合同罗、仆固等部前来犯边，结果仍为唐室所平服。三年（六六三年），唐朝徙燕然都护府于回纥，更名瀚海都护府（其后又改为安北都护府），管理沙漠以北的所有州府，回纥酋长相继受都督官号以统理蕃州。

武则天时，东突厥的势力复强，回纥又臣属于突厥。此后回纥本身的力量也日益强大，玄宗开元中曾杀唐凉州都督王君㚟，断安西诸国入长安的通路，唐派兵讨逐，回纥退保乌德鞬山（在今外蒙古鄂尔浑河附近）。开元末，东突厥内乱，唐乃招谕回纥、葛逻禄、拔悉密等部。天宝元年（七四二年），三部共攻杀东突厥首领骨咄叶护，事后三部共推拔悉密酋长为可汗，而回纥、葛逻禄为左右叶护。三载（七四四年），唐朔方节度使王忠嗣会合回纥、葛逻禄攻杀拔悉密可汗，唐朝册拜回纥酋长骨力裴罗为怀仁可汗。次年怀仁可汗又击杀东突厥余孽的白眉可汗，至此回纥尽有东突厥故地，立牙帐于乌德鞬山，它的地盘是"东际室韦（今松花江上游一带地），西抵金山（阿尔泰山），南跨大漠"（《资治通鉴》二一五），成为当时中国北方的第一强国。

天宝十四载（七五五年）安史乱起，其后肃宗为迅速恢复失地，于至德元载（七五六年）派敦煌王李承寀与仆固怀恩使于回纥，请兵入援。怀仁可汗以骑兵二千入援，与唐朔方节度使郭子仪合兵，大破安史叛众于榆林河北。次年，怀仁可汗又派其子叶护将精兵四千人入援，克复西京。其后又两次助唐收复东京，对唐朝确实帮了不少的忙。但回纥是个贪财的民族，《旧唐书》一九五《回纥传》说它："人性凶忍，善骑

射，贪婪尤甚，以寇抄为生。自突厥有国，东西征讨，皆资
其用，以制北荒。"回纥既然贪财，自然不会白替唐室打仗，
所以每战必索报酬。克西京时要掠财货，广平王俶（即后来
的代宗）亲拜于叶护马前，才算了事。至德二载（七五七年），
首次克复东京时，父老献罗锦万匹，才免掉抢掠。同时唐朝
除封叶护为司空忠义王外，每年还送回纥绢二万匹以为酬劳。
宝应元年（七六二年），第二次克东京时便大大的杀掠了一
阵。但唐人在当时那种情形下是不敢得罪这个友邦的，因此
一切忍让。回纥人在当时真是"天之骄子"（杜甫的《留花门》
诗便称回纥为"天骄子"），在中国作出种种的不法行为。除
此以外，回纥更与唐朝成立一种国际贸易，就是以他们特产
的马，来换取唐朝的绢。但这种交易是不公平的，其中含有
浓厚"敲竹杠"的意味。因为回纥马索价甚高，一匹马要换
四十匹绢，而马的体质又劣，没有用处，可是唐朝却又无法
拒绝。《新唐书》二一七上《回鹘传》说：

> （回鹘）自乾元后益负功，每纳一马，取直四十缣，
> 岁以数万求售，使者相蹑，留舍鸿胪。驼弱不可用，帝厚
> 赐欲以愧之，不知也。

这段话真是《旧唐书》所说回纥"贪婪尤甚"四字的最好注
脚。当时唐室财政困难，代宗被回纥马弄得焦头烂额，拿不
出绢来，只好赊账，因此欠了回纥许多的马债。德宗建中三
年（七八二年），回纥曾要求唐室偿还所欠马值绢一百八十万
匹，但这只是欠账，至于代宗时与回纥"现钱交易"所用去
的绢究有多少呢？史书并没有确实数目记载。但据《新唐书》
五一《食货志》说：

> 时回纥有助收西京功，代宗厚遇之。与中国婚姻，岁送马十万匹，酬以缣帛百余万匹，而中国财力屈竭，岁负马价。

我们可以此作个最慎重的估计，抛开肃宗不管，仅就代宗一朝而论，从代宗广德元年（七六三年）起，到大历十四年（七七九年），凡十七年，每岁给回纥马价绢一百余万匹，那么代宗一朝因买马用去的绢已有一千七百余万匹。除去欠账一百八十万匹，"现钱交易"的应在一千五百余万匹以上。如果从肃宗乾元元年（七五八年）算起，则当在二千万匹左右，这是何等庞大的数字。

唐室在代宗时既已欠了回纥一百八十万匹绢的马债，但交易仍继续进行，建中三年以后又欠了回纥多少绢，史无明文，想象之中自然是愈欠愈多。这且不论，我们仅看唐室对这一百八十万匹绢的马债，究竟偿还了多少。兹将两《唐书》及《资治通鉴》所载代宗以后唐室给予回纥的马价，综列于下：

德宗建中三年（七八二）诏以帛十万匹、金银十万两偿其马直。

贞元三年（七八七）归其马价绢五万匹。

贞元六年（七九〇）赐马价绢三十万匹。

贞元八年（七九二）给回纥市马绢七万匹。

穆宗长庆二年（八二二年）二月，赐回纥马价绢五万匹。三月，又赐马价绢七万匹。

文宗大和元年（八二五）以绢二十万匹赐回纥充马价。

大和三年（八二八）以绢二十三万匹充马价。

以上共计绢九十万匹、帛十万匹、金银十万两。

代宗时所欠的马债，唐朝还了五十年，才凑上以上的数目，代宗以后的马债，自然是更没有还。若不是文宗以后回纥衰落下去，这种债务纠纷，恐怕一直要持续到唐亡。至此我们可以得到另外一个结论，那就是回纥向唐卖马固然"敲竹杠"，但唐室却也赖掉不少的债。

从上面的史实看，回纥向唐朝倾销马匹，唐室宁愿吃大亏来维持这项交易，而唐室赖债，回纥也没有过分逼索，双方居然没有发生过严重的事故。至少在表面上，双方的邦交是相当稳固的。我们不免要问两国的邦交何以能臻此呢？这里我们就不能不谈到安史乱后唐室与回纥的外交问题了。安史乱时，唐朝求助于回纥之处甚多，乱平之后，又因吐蕃的猖獗，仍不得不拉拢回纥以为外援。故自代宗时，唐室即确立一种外交政策，其基本方针是"联络回纥，抵抗吐蕃"，这个外交政策的建立人就是唐朔方军人领袖郭子仪。吐蕃在唐初即已强大，唐朝受其威胁，因此竭全国之力经营西北，而致无法充分经营东北。唐太宗征高丽的无功，高宗征高丽的得而复失，都与吐蕃的牵制有关。玄宗开元时，回纥又强盛起来。天宝时唐朝持重边将如王忠嗣等，鉴于这种情势的险恶，即主张对吐蕃采取守势，可惜玄宗未能采纳这种意见，命哥舒翰攻吐蕃石堡城，损失数万人。及安史乱起，唐朝竟无足够的兵力来抑平祸乱，这一点与玄宗经营西北的过分浪费，也不无关系。唐朝本身既无平乱能力，乃不得不借重外力，于是有向回纥借兵之举，而主持交涉借兵事务以及其后与回纥并肩作战者，均为朔方军人。

朔方节度使是唐玄宗开元十年所设置的，其任务为拱卫首都长安的北部，管理十州一府的地方（据《旧唐书》三八《地理志》），其地区大致在今陕西北部、绥远南部，和甘肃、宁夏东部一带，为关内重兵的屯驻区。安禄山破西京，肃宗不西窜巴蜀而北走朔方军总部所在地的灵州（今宁夏灵武），即想就此重要兵站，重整武力，以图恢复。开元时铁勒诸部，尚臣服于唐室，回纥、契丹、思结、浑等部，都在唐河西节度使的治下。回纥因与朔方邻近，关系也很密切。天宝初，唐朔方节度使王忠嗣曾联络回纥等部攻击东突厥，东突厥因之衰亡。肃宗时，派仆固怀恩主持向回纥借兵事务。怀恩在朔方军中的地位，仅次于郭子仪，其女为回纥登里可汗可敦，因为他系出铁勒，所以唐朝以他拉拢回纥。此外，郭子仪的德威，也极受回纥的敬仰。凡此种种，均可看出回纥与朔方军曾发生长时间的往来，且有相当浓厚的情感。再看吐蕃，安史之乱给予它一个良好的入侵机会，于数年之间，侵陷唐西北数十州，将旧日唐河西陇右两节度使的辖地，尽行占去。朔方节度使设置的目的，本在"捍御北狄"，至此因河陇的失守，平空又添了一个"西戎"，更加重了朔方军的任务。朔方军的统帅郭子仪（郭于肃宗初年为朔方节度使，其后虽屡次升迁，而朔方军始终受其节制），权衡时势，力主备御吐蕃，对回纥则百计笼络，以免使朔方陷于两面受敌的境地。《资治通鉴》二二二说：

> （广德元年夏四月）郭子仪数上言："吐蕃、党项不可忽，宜早为之备。"

同书二二三又说：

> （永泰元年春三月）庚戌，吐蕃遣使请和，诏元载、杜鸿渐与盟于兴唐寺。上问郭子仪："吐蕃请盟，何如？"

对曰："吐蕃利我不虞，若不虞而来，国不可守矣。"

同书二二四又说：

> （大历八年八月）壬申，回纥复遣使者赤心，以马万
> 匹来求互市。……有司以回纥赤心马多，请市千匹。郭
> 子仪以为如此逆其意太甚，自请输一岁俸为国市之。上不
> 许。十一月戊子，命市六千匹。

郭子仪对吐蕃与回纥的态度，甚为明显。但郭的这种联回抗
吐的政策，因受宦官程元振的离间，最初并未得到代宗的注
意。广德元年（七六三年）乃有吐蕃入寇攻陷长安之事发生，
逼得代宗出奔陕州。及吐蕃兵退，代宗回到长安，才对子仪
致"用卿不早故及于此"的歉语。次年，仆固怀恩引诱回纥、
吐蕃入寇，仗了郭与回纥的人缘，才说服回纥，未成大变。
自此以后，郭的政策始为代宗所采纳。

此外唐的联回抗吐，还有另一重要意义，那就是唐室对
回纥马的依赖。唐朝为备御吐蕃，必需大量的马匹，唐朝内
部又不产马，国外的来源只有回纥，回纥马虽然货不真价不
实，但总有几匹能用的，换句话说，也就是"聊胜于无"。唐
朝虽在财政极其困难之时，仍无法断绝与回纥的马的交易，
这也是主要原因之一。从天宝时起，唐朝即与回纥发生马的
交易，当时名将王忠嗣即曾购回纥马而用之备御吐蕃。《旧唐
书》一〇三《王忠嗣传》说：

> 先是忠嗣之在朔方也，每至互市时，即高估马价以
> 诱之，诸蕃闻之，竞来求市，来辄买之，故蕃马益少而汉

军益壮。及至河、陇，又奏请徙朔方、河东戎马九千匹以
实之，其军又壮。迄于天宝末，战马蕃息。

文中所说"诸蕃"自应以回纥为主，因为它与朔方接境而又
盛产马匹。由此可见唐室备御吐蕃，虽于天宝盛时犹须从他
地购马来充实战备。肃代之时，因战乱而马匹益少，因此对
抗吐蕃，时常失利。我们可以代宗大历八年（七七三年）与吐
蕃的宜禄之战为例，《资治通鉴》二二四：

> 冬十月……吐蕃众十万寇泾、邠，郭子仪遣朔方兵
> 马使浑瑊将步骑五千拒之。庚申，战于宜禄。瑊登黄茸原
> 望虏，命据险布拒马，以备其驰突。宿将史抗、温儒雅
> 等意轻瑊，不用其命。瑊招史击虏，则已醉矣，见拒马，
> 曰："野战，乌用此为！"命撤之。叱骑兵冲虏阵，不能
> 入而返，虏蹑而来之，官军大败，士卒死者什七八。……
> 郭子仪召诸将谋曰："败军之罪在我，不在诸将。然朔方
> 兵精闻天下，今为虏败，何策可以雪耻？"

我们可以看出这场战争失败的原因，主要在双方实力的
悬殊，而唐朝骑兵的软弱，也于此表露无遗。例如浑瑊命布
拒马以防吐蕃骑兵之驰突，以及唐骑兵冲吐蕃阵之不能下，
皆可证明唐骑兵的弱于吐蕃。故虽朔方精兵，亦无法抗此强
敌。次年，郭子仪入朝，备述与吐蕃作战的艰苦，急得老泪
纵横，他并且上封事说出兵源马匹的不足。《旧唐书》一二〇
《郭子仪传》：

> （大历）九年入朝，代宗召对延英。语及西蕃充斥，

苦战不暇，言发零涕。既退，复上封论备吐蕃利害，曰："朔方，国之北门，西御犬戎，北虞猃狁，五城相去三千余里。开元、天宝中，战士十万，战马三万，才敌一隅。自先皇帝龙飞灵武，战士从陛下收复两京，东西南北，曾无宁岁。中年以仆固之役，又经耗散，人亡三分之二，比于天宝中有十分之一。今吐蕃充斥，势强十倍，兼河、陇之地，杂羌、浑之众，每岁来窥近郊。以朔方减十倍之军，当吐蕃加十倍之骑，欲求制胜，岂易为力！近入内地，称四节度，每将盈万，每贼兼乘数四。（《新唐书》一三七《郭传》作"虏来称四节度，将别万人，人兼数马"。）臣所统将士，不当贼四分之一，所有征马，不当贼百分之二，诚合固守，不宜与战。"

根据上文，我们即算吐蕃沿朔方边境所驻的四节度的军力为兵四万人，马十六万匹，则朔方军仅有兵一万人，马三千二百匹。从代宗广德元年至大历九年，共有十二年之久，若以《新唐书·食货志》"岁送马十万匹"的话为准，回纥在这段时间内输入唐朝的马，应该已经有一百二十万匹，而"国之北门"的朔方重镇，竟只有马三千匹，可见回纥马的骗人与唐朝损失的惨重。但唐朝在"敦睦邦交"与"聊胜于无"的双重条件的逼迫下，仍不得不维持这项交易，这滋味恐也不亚于"哑子吃黄连"。但从另一方面看，唐朝的损失虽大，却换来与回纥之间的和平，而可专心一意的对付吐蕃。

广德元年（七六三年）以后，终代宗之世，唐朝对郭子仪的政策，可以说是完全实行的。对回纥始终委曲求全，对吐蕃则坚决抵抗，因此朔方诸将成了吐蕃的死敌。但到了德宗时，郭的政策一度受到阻碍。因德宗为雍王时，曾受回纥之侮辱，因此极恨回纥。同时一部分朔方军人，因恨回纥的骄横，也想利用德宗的心理，对回纥加以制裁。因此德宗即位之初（建中元年，七八〇年），振武留后张光晟即杀回纥使者突董等九百余人。当时所以未成大衅，一因回纥内乱，合骨咄禄可汗新立，不敢遽与唐为敌，二因想与唐和亲，以增声价，因此仍欲与唐和好。但德宗因恨回纥过甚，故一面与回纥绝交，一面归还吐蕃俘虏而与之议和。建中四年（七八三年），并与吐蕃结盟。谁知结盟不久，吐蕃又于贞元二年（七八六年）大举入寇，为朔方军所败。吐蕃的大臣尚结赞，视朔方军人如眼中钉，想设计除去唐朝名将李晟、浑瑊（李、浑皆朔方军人）、马燧等。当时三人中李晟是朔方军统帅，对吐蕃主战最烈，尚结赞乃首先散布谣言，中伤李晟，使多疑的德宗对李不敢信任。继之又向马燧求和，并请修盟而后归返所占去的唐朝土地。马燧与当时的宰相张延赏因与李晟不协，皆主与吐蕃和亲。德宗也想联合吐蕃进攻回纥，因此解除李晟的兵权，决心与吐蕃结盟，并派浑瑊为代表，与吐蕃盟于平凉。其实吐蕃之意，乃在乘结盟时，生擒浑瑊而出卖马燧。《资治通鉴》二三二：

> 初，吐蕃尚结赞恶李晟、马燧、浑瑊，曰："去三人，则唐可图也。"于是离间李晟，因马燧以求和，欲执浑瑊以卖燧，使并获罪，因纵兵直犯长安，会失浑瑊而止。

这个计策可谓巧妙之极，幸而浑瑊自盟所单骑逃出，使吐蕃未完全达到目的。但当时在盟所的唐朝官兵数百人被杀，千余人被擒，而李晟、马燧也都失掉兵权，这自然是吐蕃的极大收获。

德宗自吃了这次大亏后，对吐蕃才完全绝望。当时的宰相李泌，乘机进言，主张恢复"联回抗吐"的政策。《资治通鉴》二三二说：

> （贞元三年）回纥合骨咄禄可汗屡求和亲，且请昏，上未之许。会边将告乏马，无以给之，李泌言于上曰："陛下诚用臣策，数年之后，马贱于今十倍矣。……臣愿陛下北和回纥，南通云南，西结大食、天竺，如此则吐蕃自困，马亦易致矣。"上曰："三国当如卿言，至于回纥则不可。"泌曰："臣固知陛下如此，所以不敢早言，为今之计，当以回纥为先，三国差缓耳。"……上曰："朕与之为怨已久，又闻吐蕃劫盟，今往与之和，得无复拒我，为夷狄之笑乎？"对曰："不然。臣曩在彭原，今可汗为胡禄都督，与今相国白婆帝，皆从叶护而来，臣待之颇亲厚，故闻臣为相而求和，安有复相拒乎？臣今请以书与之约，称臣，为陛下子，每使来不过二百人，印马不过千匹，无得携中国人及商胡出塞，五者皆能如约，则主上必许和亲。如此，威加北荒，旁詟吐蕃，足以快陛下平昔之心矣。"……上从之。既而回纥可汗遣使上表称儿及臣，凡泌所与约五事，一皆听命。

李泌乘边马告乏的机会，与德宗讨论和回纥复交的问题，终至德宗不得不允其所请，可见回纥马对唐室的重要性。唐室既允与回纥和亲，吐蕃对唐朝的寇扰，乃受到极大牵制。《资治通鉴》二三三说：

> （贞元四年九月）回纥合骨咄禄可汗得唐许昏，甚喜，

遣其妹骨咄禄毗伽公主及大臣妻并国相、跌跌都督以下千余人，来迎可敦，辞礼甚恭，曰："昔为兄弟，今为子婿，半子也。若吐蕃为患，子当为父除之！"因詈辱吐蕃使者以绝之。

同时唐朝不但可专意对付吐蕃，且获得回纥的援助。贞元七年（七九一年）吐蕃寇灵州，回纥即曾出兵助唐，击败吐蕃。此后，唐朝对吐蕃更改变战略，南攻北守，一面命剑南西川节度使韦皋联络云南，捣吐蕃腹心；一面命朔方大将杨朝晟先后筑盐州、方渠、合道、木波等城，以资防守。唐朝对吐蕃，至此才由劣势而渐居上风。吐蕃虽曾多次入寇，但始终未能给予唐朝严重威胁，直至其国家衰乱而后已。至宣宗时，唐朝遂能收复河湟。而唐朝与回纥的修好，亦历顺、宪、穆、敬、文诸朝而不辍，前后数十年未启边衅。直至武宗时其国衰乱，始于边境发生冲突。然当时回纥国已不国，不久灭亡，唐室不过收其乱众，实已算不上国际战争。而于懿宗咸通七年（八六六年）杀吐蕃元恶尚恐热而致吐蕃加速灭亡的，乃北庭都护治下回纥仆固俊的功劳。至此唐朝联回抗吐政策的功效，才完全表露出来。可知一种政策的得失，有时是不易于短期间下论断的。《新唐书》二一六下《吐蕃传》说：

赞曰：唐兴，四夷有弗率者，皆利兵移之，蹴其牙，犁其庭而后已。惟吐蕃、回鹘号强雄，为中国患最久。赞普遂尽盗河湟，薄王畿为东境，犯京师，掠近辅，残齧华人。谋夫虓帅，圜视共计，卒不得要领。晚节二姓自亡，而唐亦衰焉。

其实唐朝所用的"联回抗吐"的政策，甚为有效，怎能说是"不得要领"呢？吐蕃的亡，唐朝与回纥的夹攻，是一重要因素，又怎能说是"自亡"呢？以代德时唐朝内部的紊乱，如果不能把握这个政策，其结果是不难想象的。我们读唐史，每每嘉叹朔方军人的为国苦战，不知这么一个眼光远大的外交政策，竟也是由他们创画和建立，他们的见识也是同样值得钦佩的。

原载《边疆文化论集》(中)，一九五三年十二月

沙陀之汉化

一

沙陀源出西突厥，自唐太宗时即附中国。宪宗时，为吐
蕃所败，其酋朱邪执宜率余众归唐，唐居之盐州（今宁夏盐
池县北），隶灵盐节度使范希朝。希朝徙镇太原，执宜从之，
居于定襄神武川（今山西朔县一带）。执宜死，子赤心继统
其众。懿宗时，庞勋乱起，赤心率沙陀部众助战，击灭庞勋，
唐赐赤心姓李名国昌，并以之为振武节度使（治所在今绥远
和林格尔县）。赤心子克用，善骑射，从讨庞勋，勇冠诸将。
僖宗乾符中，黄巢乱起，而国昌父子以扩地未遂，举兵叛唐。
其后国昌父子为唐兵所败，逃入鞑靼（属靺鞨种，时居阴山
一带），而黄巢势焰日炽，竟陷长安。克用遂乘机南下，陷忻
（今山西忻县）、代（今山西代县）二州。唐欲藉其力以灭黄
巢，遣使赦国昌父子之罪。克用乃率所部万七千人入援，会
诸路唐兵，攻克长安，巢亦随之败灭。此役克用之功最多，
唐以之为河东节度使，以酬其勋，其后并封晋王。

既而，克用与宣武节度使朱全忠交恶，相互攻伐。昭宗
之世，双方各以联络宦官、朝士为手段，以扩张势力。惟克
用派之宦官杨复恭不久失势，而与朱全忠勾结之朝士崔胤，
则甚受昭宗之信任，以是克用之势力大弱。而全忠复威服河

北诸镇，并吞河中、淄青，克用遂转居劣势。天祐四年（公元九〇七年），全忠篡唐，克用无如之何。次年，为梁所逼，忧劳而卒。子存勖嗣晋王位。存勖娴于军事，嗣位不久，连败全忠之师。其后更并吞河朔，与梁人夹河大战，终于龙德三年（九二三年），一举灭梁，建国号曰唐，定都洛阳，是为庄宗。于是沙陀种人，始称帝于中原之区，俨然全国之主宰矣。

其后晋汉代兴，亦皆沙陀所建。然至周，其政权竟轻易复归汉人。周太祖郭威以一汉卒，何以能位至将相，取沙陀人之皇位如拾芥？窃以为欲解答此一问题，必先明了沙陀人之逐渐汉化。盖自李克用镇河东，即开始沾染汉俗。及庄宗灭梁，徙都洛阳，沙陀种人，相率入居汉化中心之河南地区，遂展开大规模之汉化。其后沙陀之汉化，愈演愈烈，至周，沙陀几与汉人无明显之界线；至宋，则已完全同化于中国矣。沙陀入中国后所以能迅速汉化，揆其原因，不外五点：一、沙陀人数过少，因讨庞勋、黄巢，及与朱全忠争衡，大肆扩军，其军队遂吸收不少汉人。二、梁亡后，沙陀人建中央政府于汉化中心之河南地区，所采制度，全系汉制；政府官员，亦多汉人。三、沙陀酋长，多娶汉女，唐、晋、汉三朝后妃，诸如李克用次妃曹氏，唐庄宗刘后，明宗魏后，愍帝孔后，废帝刘后，晋出帝冯后，汉高祖李后，皆为汉人。至沙陀士众之与汉人连婚，虽史无明文，想亦为数不少。四、沙陀酋长，因受环境影响，亦好尚汉化。五、沙陀种人，自相残杀，其众愈少，受汉化之感染因而愈速。至于沙陀汉化之过程，史书所载，历历可考，兹特述而论之，以见中国同化力之伟大也。

二

沙陀最初入居中国时之人数，已不可确考。史称其随范希朝至河东时，不过万骑；黄巢乱时，李克用勤王之师，亦不过一万七千。（见《新五代史》卷四《唐本纪》）是其种人繁殖，始终未至大盛。然其能以少数兵力，连灭巨寇，则其族之勇武可知也。而僖宗以前，沙陀虽居汉境，犹未沾染汉俗，亦可知也。揆诸史实，庞勋乱后，李国昌、克用父子盘据代北之十余年，实为沙陀汉化之开端；至黄巢乱后，克用节度河东，其汉化乃益趋明显。兹分论之。

克用正室刘氏，代北人；次妃曹氏（庄宗母），太原人。按沙陀助唐讨庞勋时，克用不过十五岁，故刘氏当娶于乱平之后不久。复按庄宗约生于僖宗光启二年（八八六年），而克用于中和三年（八八三年）任河东节度使，故曹氏当娶于克用镇太原后不久。曹氏为汉人无疑，刘氏籍贯，见欧阳修《新五代史》，欧史于沙陀或其他异族之人，莫不标明其族类，刘氏虽籍隶代北，然欧史未言其为外族，则亦似为汉人。夫克用不娶沙陀之女，而必与汉人联姻，则其具有汉化之倾向，实甚显然。而克用据代北时，更广收雄杰之士为养子，号义儿军，其份子亦多为汉人。《新五代史》卷三十六《义儿传》，卷六《明宗纪》及卷二十五《唐臣传》，载此辈之身世如下：

1. 李嗣昭，本姓韩，汾州大谷人。（《旧五代史》卷五十二《嗣昭传》云："不知族姓所出"。）

2. 李嗣本，本姓张，雁门人。

3. 李嗣恩，本姓骆，吐谷浑部人。

4. 李存信，本姓张，其父君政，回鹘李思忠之部人。

5. 李存孝，代州飞狐人，本姓安。

6. 李存进，振武人，本姓孙。

7. 李存璋，身世不详。(《旧五代史》卷五十三《存璋传》作"云中人"。)

8. 李存贤，许州人，本姓王。

9. 李存审，陈州人，本姓符。

10. 李嗣源（即唐明宗），世本夷狄，无姓氏。

以上十人，其源出胡族者，不过李嗣恩、李存信、李嗣源三人。义儿之外，其余佐命立功之士，亦以汉人为多。兹再据《新五代史》卷二十五及二十八《唐臣传》，三十八《宦者传》，列举数人：

1. 张承业，原唐宦官。(《旧五代史》卷七十二《承业传》作"同州人"。)

2. 李袭吉，洛阳人，原唐进士。

3. 卢汝弼，父简求尝为唐河东节度使，为唐名家。

4. 周德威，朔州马邑人。

5. 史建瑭，雁门人。

以上诸人，或为克用创业之辅佐，或为麾下之猛将，亦皆为汉人。其时胡族将领之知名者，除三义儿外，不过康义诚、药彦稠等人而已。

克用虽曾叛唐，然自镇河东后，对唐稍具忠心，较之朱全忠及关中诸节度使，迥乎不同。此点当系受张承业之影响。承业，僖宗时宦官，昭宗时，为河东监军。崔胤诛宦官，诏命宦官在外者悉就所在杀之，克用怜承业而匿之。昭宗崩，乃出承业，复为监军。克用临终，以庄宗属承业，庄宗常兄事之。承业忠于唐室，梁既篡唐，承业志切恢复。其后庄宗称帝，承业悲戚而卒。《通鉴》卷二七一龙德元年，载其事甚详：

蜀主、吴主，屡以书劝晋王（即庄宗）称帝，晋王以书示僚佐曰："昔王太师亦尝遗先王书，劝以唐室已亡，宜自帝一方。先王语余云：'昔天子幸石门，吾发兵诛贼臣，当是之时，威振天下。吾若挟天子，据关中，自作九锡禅文，谁能禁我？顾吾家世忠孝，立功帝室，誓死不为耳。汝他日当务以复唐社稷为心，慎勿效此曹所为！'言犹在耳，此议非所敢闻也。"因泣。既而将佐及藩镇劝进不已，乃令有司市玉造法物。……张承业在晋阳闻之，诣魏州谏曰："吾王世世忠于唐室，救其患难，所以老奴三十余年为王掊拾财赋，召补兵马，誓灭逆贼，复本朝宗社耳。今河北甫定，朱氏尚存，而王遽即大位，殊非从来征伐之意，天下其谁不解体乎？王何不先灭朱氏，复列圣之深仇，然后求唐后而立之，南取吴，西取蜀，汛扫宇内，合为一家。当是之时，虽使高祖、太宗复生，谁敢居王上者？让之愈久，则得之愈坚矣！老奴之志无他，欲为王立万年之基耳。"王曰："此非余所愿，奈群下意何！"承业知不可止，恸哭曰："诸侯血战，本为唐家，今王自取之，误老奴矣！"即归晋阳，邑邑成疾，不复起。

夫违天子诏命以匿之，临死又托之以孤，则克用对承业之信任可知；如谓克用完全不受承业之影响，殆不可能。昭宗之世，克用实有保障王室之志。所惜者，中央朝士，夷夏之观念过严，对之始终猜防，至于宁与盗匪出身之朱全忠合从，而拒克用于千里之外，终至覆灭宗社。昭宗时，克用尝上表，谓"朝廷当阽危之时，则誉臣为韩、彭、伊、吕；及既安之后，则骂臣为戎、羯、胡、夷。"（表载《通鉴》卷二五八，大顺元年）实当时唐室中央对克用态度之写真也。

克用之延揽汉族之文人武将，亦系形势使然。因沙陀种人，为数过少，既有建功立业之志，则不能不广延英俊，扩充军队；沙陀既不敷用，则只有取材于汉人。故如谓克用之延揽汉人，为一种自动自发之汉化，亦不甚允当。而克用久居边陲，生长戎马之间，勇悍之气，至死未除，故其镇河东后，虽有显著之汉化形式，然实质上仍未脱胡族之气习。所以其兵力始终强劲，能于其身后一举而灭梁者也。

克用虽任用汉人，对沙陀胡人，实甚宠借。史书言其麾下亲军，多以胡人任之，优宠之余，至于骄纵不法。据此可知克用亲军以外之镇兵，多为汉人；而克用对其节制之军队份子，尚有胡汉之分也。兹举二例以证之，《通鉴》卷二六三天复二年：

> 克用亲军，皆沙陀杂虏，喜侵暴良民，河东甚苦之。其子存勖以为言，克用曰："此辈从吾攻战数十年，比者帑藏空虚，诸军卖马以自给。今四方诸侯，皆重赏以募士，我若急之，则彼皆散去矣！吾安与同保此乎？俟天下稍平，当更清治之耳。"

同书卷二六六开平二年：

> 先王之时，多宠借胡人及军士，侵扰市肆。（李）存璋既领职，执其尤横暴者戮之。旬月间，城中肃然。

故克用之兵，实以沙陀为核心，而其子存勖之胡汉观念，则较克用为淡薄也。

312

三

唐庄宗李存勖之汉化程度，远较其父为深。其于弓马之外，习音律，好俳优，可为明证。《旧五代史》卷二十七《庄宗纪》：

帝洞晓音律，常令歌舞于前。十三习《春秋》，手自缮写，略通大义。及壮，便射骑，胆略绝人。

《新五代史》卷三十七《伶官传》：

庄宗既好俳优，又知音，能度曲。至今汾、晋之俗，往往能歌其声，谓之御制者，皆是也。

《通鉴》卷二七二同光元年：

帝幼善音律，故伶人多有宠，常侍左右。帝或时自傅粉墨，与优人共戏于庭，以悦刘夫人。（按：庄宗刘后，魏州成安人。）

夫知音度曲，粉墨登场，岂胡族车马客所能为者；而庄宗精通之，足见其汉化之深矣。

又庄宗每以唐太宗自拟，盖晋阳乃唐室龙兴之地，其本人亦甚英武，故以太宗自况。其称帝于魏州，建国号曰唐，实为自然之结果。然庄宗既谓绍唐统，则其不以夷狄自居，彰彰明甚。《通鉴》卷二六九乾化四年：

或说赵王镕曰："大王所称尚书令，乃梁官也，大王既与梁为仇，不当称其官。且自太宗践阼已来，无敢当其名者。今晋王为盟主，勋高位卑，不若以尚书令让之。"镕曰："善。"乃与王处直各遣使推晋王为尚书令。晋王三让，然后受之。始开府置行台，如太宗故事。

同书卷二六九贞明三年：

> 契丹乘胜进围幽州，声言有众百万。……周德威遣间使诣晋王告急。王方与梁相持河上，欲分兵，则兵少；欲勿救，恐失之。谋于诸将，独李嗣源、李存审、阎宝劝王救之。王喜曰："昔太宗得一李靖，犹擒颉利；今吾有猛将三人，复何忧哉！"

庄宗既自比太宗，盖久有帝制自为之意，其心不待诸将之劝进而后生，张承业犹喋喋以复唐宗社劝之，其迂甚矣！而庄宗既自比太宗，复以契丹况颉利，盖自居为夏，反视契丹为夷狄矣。

庄宗灭梁后，定都洛阳。河南之地，素为汉化之中心，庄宗既都其地，又自以绍继唐统，欲复唐政之旧观，以是展开大规模之汉化。其延揽士流，宠任宦官，皆其欲复唐政之表现也。其大臣如豆卢革、卢程、韦说等，皆唐代士族，庄宗特以虚名而延揽之。《通鉴》卷二七二同光元年：

> 豆卢革、卢程，皆轻浅无他能，上以其衣冠之绪，霸府元僚，故用之。

《新五代史》卷二十八《唐臣传》：

314

豆卢革，父瓒，唐舒州刺史。豆卢为世名族，唐末
天下乱，革避地之中山。唐亡，为王处直掌书记。庄宗在
魏，议建唐国，而故唐公卿之族遭乱丧亡且尽，以革名家
子，召为行台左丞相。庄宗即位，拜同中书门下平章事。
革虽唐名族，而素不学问，除拜官吏，多失其序，常为尚
书郎萧希甫驳正，革颇患之。庄宗已灭梁，革乃荐韦说为
相。说，唐末为殿中侍御史，坐事贬南海，复事梁为礼部
侍郎。革以说能知前朝事，故引以佐己。而说亦无学术，
徒以流品自高。

庄宗重视流品，风气所及，至于郭崇韬以代北之武夫，
河东之元从，亦以门第相尚。《旧五代史》卷五十七《郭崇韬
传》：

豆卢革谓崇韬曰："汾阳王代北人，徙家华阴，侍中
世在雁门，得非祖德欤？"崇韬应曰："经乱失谱牒，先人
常云去汾阳王四世。"革曰："故祖德也。"因是雅别流品，
援引薄徒，委之心腹；佐命勋旧，一切鄙弃。旧僚有干进
者，崇韬谓之曰："公虽代邸之旧，然家无门阀；深知公
才技，不敢骤进者，虑名流嗤余故也。"及征蜀之行，于
兴平拜尚父子仪之墓。

此外庄宗复宠任宦官，唐代后期宦官干政之恶习，于是
再见。《通鉴》卷二七三同光二年：

敕："内官不应居外，应前朝内官及诸道监军并私家先
所畜者，不以贵贱，并遣诣阙。"时在上左右者已五百人，

至是殆及千人，皆给赡优厚，委之事任，以为腹心。内诸
司使，自天祐以来以士人代之，至是复用宦者，浸干政事。
既而复置诸道监军，节度使出征，或留阙下，军府之政，
皆监军决之，陵忽主帅，怙势争权，由是藩镇皆愤怒。

而郭崇韬痛恨宦官，亦唐末士流仇视内朝之旧习。《旧五
代史》卷五十七《郭崇韬传》：

> （崇韬）常从容白继岌曰："蜀平之后，王为太子，待
> 千秋万岁，神器在手，宜尽去宦官，优礼士族，不唯疏斥
> 阉寺，骗马不可复乘。"内则伶官巷伯，怒目切齿；外则
> 旧寮宿将，戟手痛心。

郭崇韬以开国重臣，名流自居，压抑勋旧，仇视宦官，
至于内外切齿。唐末朝局之乱象，复萌之于后唐开国之初。
其后崇韬伐蜀，竟为宦官所杀。其实即崇韬不死，后唐亦未
有不乱之理。盖庄宗大规模汉化之结果，诸如宠信伶宦，奖
掖浮华，势必引起未完全汉化之沙陀军人以及唐末以来若干
胡化藩镇余孽之不满。故皇甫晖邺都一呼，河北变色；李嗣
源倒戈相向，两京不守；而晖者魏博之小校，嗣源则沙陀军
人之领袖也。庄宗欲以伶人所将之禁卒，抵御勇悍未除之劲
兵，又焉有不败之理！此与北魏末年之"六镇之变"颇有相
似之处也。

庄宗虽醉心汉化，然其本人仍具有小部分之胡人习惯及
意识，庄宗之好猎，即其一端。此外史书载一有趣之事，亦
可证明庄宗之胡人意识，并未全泯。《新五代史》卷三十七
《伶官传》：

（敬）新磨尝奏事殿中，殿中多恶犬，新磨去，一犬起逐之。新磨倚柱而呼曰："陛下勿纵儿女啮人！"庄宗家世夷狄，夷狄之人讳狗，故新磨以此讥之，庄宗大怒。

然如庄宗不死，大规模之汉化，必继续进行，则沙陀人之完全同化，将不待北宋而完成。因明宗李嗣源之入统，晋汉之继立，而后沙陀人之汉化，始稍呈迟缓。然此辈沙陀，既居河南，仍无法抗御此种同化之趋势。故二三十年后，沙陀种人，遂在中国史上，消失于无形矣。

四

明宗李嗣源，为克用养子，素以善战著称。克用常以其所将五百骑号"横冲都"，而其麾下大将如石敬瑭、刘知远辈，皆沙陀人；故嗣源所将之兵，即克用之沙陀亲军，当属无疑。灭梁之役，嗣源首入汴州，庄宗至有"天下与尔共之"之言，则其军队之精强，声势之浩大，皆可以想见。庄宗之世，嗣源历镇横海、宣武、成德诸镇，军队始终未大量沾染中央政府汉化之风习，其勇悍之气亦因而未灭。庄宗末年，嗣源以名盛位高见忌，故其于同光三年（九二五年）末入朝后，庄宗即留而不遣。邺都之叛，大臣皆请遣嗣源讨贼，庄宗不许；群臣屡请，庄宗始不得已而遣之。嗣源至邺，其部下欲"令公帝河北"，遂与叛军合势。及其反戈南下，月余而至洛阳，时庄宗已死，遂取帝位。故魏州之叛，明宗之反，实为沙陀军人与胡化藩镇对中央汉化不满之表现。观夫河北诸镇乘乱攻杀监军，而明宗即位不久，复下诏悉诛宦官一事可知矣。《通鉴》卷二七四天成元年：

时近侍为诸道监军者，皆恃恩与节度使争权。及邺都军变，所在多杀之。安义监军杨继源，谋杀节度使孔勍，勍先诱而杀之。武宁监军以李绍真从李嗣源，谋杀其元从，据城拒之；权知留后淳于晏帅诸将先杀之。

同书卷二七五天成元年：

又罢诸道监军使，以庄宗由宦官亡国，命诸道尽杀之。

同书同卷同年又云：

宦官数百人窜匿山林，或落发为僧。至晋阳者七十余人，诏北都指挥使李从温悉诛之。

以宦官外任监军，乃有唐旧制，庄宗复之，实为后唐中央政府汉化之主要措施；而诸镇乘乱攻杀监军，可为河北诸镇不满中央汉化之明证也。

明宗之夷夏观念，远较庄宗为深，庄宗自比太宗，以华夏自居，几已忘其为何族人；明宗则因毕生在戎马中，汉化之沾染不深，故仍保持明显之胡人性格。及身为天子，始知汉族文化之不可轻视，故颇知尊重师儒，有时且流露胡人之自卑感。《新五代史》卷二四《唐臣传·安重诲传》：

明宗为人虽宽厚，然其性夷狄，果于杀人。

同书卷六《唐本纪》：

（明宗）夷狄性果，仁而不明，屡以非辜诛杀臣下。

同书同纪又云：

（明宗）尝夜焚香，仰天而祝曰："臣本蕃人，岂足治天下！世乱久矣，愿天早生圣人。"

可知明宗之胡人性格，始终未除，且始终未以汉人自居。虽亦深感汉族文化之重要，因而尊重师儒，喜闻经义，其目的亦只在有助于政治，对整个汉族文化，实无深切之爱好。且以庄宗为鉴，力戒子弟学习文章。然其诸子，如秦王从荣、愍帝从厚，皆习染汉化甚深，而从荣尤好文学。《新五代史》卷十五《唐明宗家人传》：

（秦王从荣）其人轻隽而鹰视，颇喜儒，学为歌诗，多招文学之士，赋诗饮酒，故后生浮薄之徒，日进谀佞，以骄其心，自将相大臣皆患之。明宗颇知其非，而不能裁制。从荣尝侍侧，明宗问曰："尔军政之余，习何事业？"对曰："有暇读书，与诸儒讲论经义尔。"明宗曰："经有君臣父子之道，然须硕儒端士，乃可亲之。吾见先帝好作歌诗，甚无谓也。汝将家子，文章非素习，必不能工，传于人口，徒取笑也。吾老矣，于经义虽不能晓，然尚喜屡闻之，其余不足学也。"

《旧五代史》卷十四《唐闵帝纪》：

帝髫龀读《春秋》，略通大义。

《新五代史》卷七《唐本纪》：

> 愍皇帝，明宗第五子从厚也，为人形质丰厚，寡言
> 好礼。

其后愍帝继位，颇有求治之心，然失之宽柔，致有"菩萨"
之称。《通鉴》卷二七八长兴四年：

> 帝自终易月之制，即召学士读《贞观政要》、《太宗实
> 录》，有致治之志。然不知其要，宽柔少断。

夫以宽柔好礼之君，值藩镇跋扈之时，而欲上侪贞观，虽有
求治之心，其愚亦可悯矣。宰相朱弘昭辈复轻率以激怒藩镇，
乃至立不数月，而凤翔兵起，帝业旋亡。其所以至此者，实
由愍帝倾心汉化，其威武不足以慑藩镇故也。

废帝李从珂，原镇州王氏子，幼时为明宗所掠，养以为
子。虽为汉人，然长于沙陀戎马之中，勇敢善战，有"生铁"
之号，其气质盖已同于胡人矣。既取帝位，亦逐渐倾向汉化。
兹以一事为例，《通鉴》卷二七九清泰二年：

> 太常丞史在德，性狂狷，上书历诋内外文武之士，
> 请遍加考试，黜陟能否。执政及朝士大怒，卢文纪及补阙
> 刘涛、杨昭俭等，皆请加罪。帝谓学士马胤孙曰："朕新
> 临天下，宜开言路，若朝士以言获罪，谁敢言者？卿为朕
> 作诏书，宣朕意。"乃下诏，略曰："昔魏徵请赏皇甫德参，
> 今涛等请黜史在德，事同言异，何其远哉！在德情在倾
> 输，安可责也！"

以废帝之刚严，而知广开言路，其受汉化之影响，自无疑问。五代之际，沙陀武人，勇悍绝伦，然一入河南，立染汉化。此由于中央制度，皆为汉制；朝中文武，多为汉人；虽沙陀之雄，亦不能不陶冶于汉化之中，不能自拔。然则汉族同化力之强，于此亦可见一斑矣！

其后石敬瑭反，废帝宁拒契丹之援，而不与之和亲，终丧社稷。《通鉴》卷二八〇天福元年：

> 端明殿学士、给事中李崧退谓同僚吕琦曰："吾辈受恩深厚，岂得自同众人，一概观望邪？计将安出？"琦曰："河东若有异谋，必结契丹为援。契丹母以赞华在中国，屡求和亲，但求蓟州等未获，故和未成耳。今诚归蓟州等，与之和，岁以礼币约直十余万缗遗之，彼必欢然承命。如此，则河东虽欲陆梁，无能为矣！"崧曰："此吾志也，然钱谷皆出三司，宜更与张相谋之。"遂告张延朗。延朗曰："如学士计，不惟可以制河东，亦省边费之什九，计无便于此者。若主上听从，但责办于老夫，请于库财之外捃拾以供之。"他夕，二人密言于帝，帝大喜，称其忠，二人私草《遗契丹书》以俟命。久之，帝以其谋告枢密直学士薛文遇，文遇对曰："以天子之尊，屈身奉夷狄，不亦辱乎？又，虏若循故事求尚公主，何以拒之？"因诵戎昱《昭君诗》曰："安危托妇人。"帝意遂变。一日，急召崧、琦至后楼，盛怒，责之曰："卿辈皆知古今，欲佐人主致太平，今乃为谋如是！朕一女尚乳臭，卿欲弃之沙漠邪？且欲以养士之财，输之虏庭，其意安在？"二人惧，汗流浃背。……自是群臣不敢复言和亲之策。

废帝之拒和契丹，耻于"安危托妇人"一语耳。隋唐盛世，屡
与外族和亲，又何尝以之为耻哉！然唐中叶以后，惩于安史
之乱，夷夏之防渐严，遂有此等外交观念。废帝之拒和，实
受此种观念之影响也。

五

晋高祖石敬瑭，其先世或谓出于沙陀（《通鉴》卷二七一
贞明五年），或谓出于西夷（《新五代史》卷八《晋本纪》）。
其父臬捩鸡，曾从朱邪赤心入居阴山，后从李克用征伐有功。
敬瑭少长沙陀中，即令其先世出于西夷，其本人实已与沙陀
无异。敬瑭为明宗麾下勇将，明宗以女妻之，明宗邺都反戈，
入即帝位，敬瑭之谋居多。明宗之军，为克用父子军队之主
力，而敬瑭与废帝，又为明宗军队之两大支柱。敬瑭之胡人
气质，始终未除。废帝末，敬瑭举兵叛唐，为求契丹之援，
对之称臣称子而不以为耻者，实由其视契丹为同类，而并未
接受汉人之观念也。及敬瑭称帝，对契丹仍奉事惟谨，乃至
朝野咸以为耻。《通鉴》卷二八一天福三年：

> 帝事契丹甚谨，奉表称臣，谓契丹主为父皇帝。每
> 契丹使至，帝于别殿拜受诏敕。岁输金帛三十万之外，吉
> 凶庆吊，岁时赠遗，玩好珍异，相继于道。……小不如
> 意，辄来责让，帝常卑辞谢之。晋使者至契丹，契丹骄
> 倨，多不逊语……朝野咸以为耻，而帝事之曾无倦意。

夫以朝野咸以为耻之事，而敬瑭恬然行之而不顾，此中原因，
只可以对外观念之不同解释之。兹举数事，以见晋臣之仇视
契丹。《通鉴》卷二八一天福二年：

契丹主自上党过云州，大同节度使沙彦珣出迎，契丹主留之，不使还镇。节度判官吴峦在城中，谓其众曰："吾属礼义之俗，安可臣于夷狄乎？"众推峦领州事，闭城不受契丹之命，契丹攻之，不克。应州马军都指挥使金城郭崇威亦耻臣契丹，挺身南归。

《通鉴》卷二八一天福三年：

帝遣兵部尚书王权使契丹谢尊号。权自以累世将相，耻之，谓人曰："吾老矣，安能向穹庐屈膝！"乃辞以老疾，帝怒。戊子，权坐停官。

《通鉴》卷二八二天福六年：

成德节度使安重荣，耻臣契丹。见契丹使者，必箕踞慢骂；使过其境，或潜遣人杀之。契丹以让帝，帝为之逊谢。六月戊午，重荣执契丹使者拽剌，遣骑掠幽州南境，军于博野。上表称吐谷浑、两突厥、浑、契苾、沙陀各帅部众归附。……表数千言，大抵斥帝父事契丹，竭中国以媚无厌之虏。

上之观念如彼，而下之行事如此，故敬瑭未及身殁，而内乱已起。敬瑭外胁于契丹，不得不讨杀重荣。然晋臣反契丹之意识，始终未除，至出帝，遂与契丹兵戎相见矣。

晋出帝石重贵，为敬瑭兄子，其人仍颇具胡人性格。《旧五代史》卷八十一《少帝（即出帝）纪》略云：

帝少而谨厚，但性好驰射，有祖祢之风。高祖镇太原，命琅琊王震以《礼记》教帝，不能领其大义，谓震曰："此非我家事业也。"是岁六月十三日乙丑，高祖崩，承遗制命柩前即皇帝位。庚午，遣右骁卫将军石德超等，押先皇御马二匹，往相州西山扑祭，用北俗礼也。

出帝对契丹初无仇视之心，而朝臣则颇有反契丹者，尤以景延广为最。出帝初即位，告哀于契丹，延广力请致书称孙而不称臣，出帝从之，卒以此挑起战端。然出帝对契丹之和战，实无主见，观其与契丹开战不久，即起用主和之桑维翰而出延广于外，继而复向契丹称臣可知矣。然晋军初与契丹战，竟能屡破之；白沟之役，耶律德光仅以身免，亦可见晋军之敌忾同仇。晋之终于败亡者，实由出帝无死战之决心，且狃于始胜，以为天下无虞；复沾染汉人之恶习，奢侈骄泰，宠爱优伶，政事日非，乃至军心瓦解，不可收拾。《通鉴》卷二八五开运二年：

> 帝自阳城之捷，谓天下无虞，骄侈益甚。四方贡献珍奇，皆归内府，多造器玩，广宫室，崇饰后庭，近朝莫之及。作织锦楼以织地衣，用织工数百，期年乃成。又赏赐优伶无度。桑维翰谏曰："向者陛下亲御胡寇，战士重伤者，赏不过帛数端；今优人一谈一笑称旨，往往赐束帛、万钱、锦袍、银带；彼战士见之，能不觖望？……"帝不听。

出帝行事，正蹈唐庄宗之覆辙。其后杜重威一降契丹，二十万人遽尔解甲，其军心之涣散，亦犹邺都变起之时也。终至出帝身为降虏，举家北迁。唐晋以来，沙陀之君，自相残杀，

益以其族之渐染汉化，故虽君临中原，而日以孤弱。及出帝
北迁契丹，沙陀名族之在中国者，惟余一刘氏矣。

汉高祖刘知远，沙陀人，原为石敬瑭亲将，其智略则高
出敬瑭远甚。唐废帝时，敬瑭叛于晋阳，北结契丹，以君父
事之，并许以土地，惟知远反对称子割地。《通鉴》卷二八〇
天福元年：

> 石敬瑭遣间使求救于契丹，令桑维翰草表，称臣于
> 契丹主，且请以父礼事之，约事捷之日，割卢龙一道及雁
> 门关以北诸州与之。刘知远谏曰："称臣可矣，以父事之
> 太过。厚以金帛赂之，自足致其兵，不必许以土田，恐异
> 日大为中国之患，悔之无及。"敬瑭不从。

及敬瑭即位，以知远镇守河东。契丹攻晋，知远困守晋阳，
未曾出击。出帝既降，知远遂即帝位，乘契丹北归，南复汴
洛，建国号曰汉。知远之敌视契丹，与夫敬瑭之曲意奉承，
迥不相同；且建国曰汉，则其自居为汉者明矣。然其人之汉
化程度，究不甚深，可以其卑视书生一事见之。《新五代史》
卷十八《汉家人传》：

> 初，(隐)帝与(郭)允明等谋诛杨邠、史弘肇等，议
> 已定，入白太后。太后曰："此大事也，当与宰相议之。"
> 李业从旁对曰："先皇帝(按先皇帝谓知远)平生言，朝廷
> 大事，勿问书生。"太后深以为不可。

知远即位不久而死，子承祐继立，是为隐帝。帝年幼，大臣
郭威、史弘肇、杨邠、王章等掌政，国家粗安。刘氏虽以沙

陀暴兴，然隐帝之外，仅帝叔刘崇及其子赟，威望复不及郭等，故其势甚孤，而隐帝复亲狎优伶，暱近小人。既杀史弘肇、杨邠等，而郭威举兵邺都，遂取汉之帝位如拾芥。虽刘崇据河东，建北汉以与周抗，然亦不过困守一隅，仅延刘氏数十年之祀耳。自此而后，中原帝位，沙陀不复能问津矣！

六

周太祖郭威以一汉卒，老于沙陀戎马之中，位至将相，终乃取沙陀三朝二十八年之帝位。即位之后，曾亲谒孔子祠，以表其厌武修文之忱。《通鉴》卷二九〇广顺二年：

> 六月乙酉朔，帝如曲阜，谒孔子祠。既奠，将拜，左右曰："孔子，陪臣也，不当以天子拜之。"帝曰："孔子百世帝王之师，敢不敬乎！"遂拜之。又拜孔子墓，命葺孔子祠，禁孔林樵采。访孔子、颜渊之后，以为曲阜令及主簿。

此举于五代之君，实为空前未有之事。显示中原五朝，已由崇武转向尚文之途，而后唐以来沙陀所建之政权及其所遗之习俗，亦随之烟消雾散。至世宗，制礼作乐，遂奠北宋文治之始基。北宋之初，沙陀遗种之可考者，除北汉刘氏外，不过石曦、郭从义、杨承信、白重赞等数人而已，其余盖全无痕迹矣。

自唐宪宗初至郭威建号，不过一百五十年，至北宋亦不过一百六十年，而此一威临中国，连建三朝之异族，竟为中国所完全同化，亦可见汉族同化力之伟大矣！

原载《华冈学报》第二期，一九六五年十二月

唐型文化与宋型文化

一　唐代文化的渊源

唐代文化，上承魏晋南北朝。魏晋南北朝时代的文化对唐代文化直接发生影响的重要因素，不外三端：即老庄思想、佛教和胡人习俗。其中后两种因素自外族传入，而且是经历数百年的流播而形成的。唐代对这三种文化因素的承袭，也以后两种为主。在有唐近三百年的大半时间中，它们是文化的主流，造成唐代文化的异彩特色。至于中国传统文化的儒学，从魏晋开始，即受这三种文化因素的压制，日渐衰微；在唐代大半时间的情形，仍是如此。直到唐代后期，儒学始开启复兴的机运。兹将这三种文化因素的起源及发展情形，叙述如下：

中国文化，至东汉末年已呈衰象。由于自西汉武帝以来，儒学定于一尊，缺乏新思想学术的激荡；到东汉末年，儒学渐成为一种无灵魂的躯壳。学者着重于烦碎的考据，已无义理可言，使思想界几乎变成真空状态；而儒者所讲究的名节礼法，也渐流于虚伪；都不足以餍学者之望。当时较有独立思想的人，大都依附于老庄。同时平民的迷信也日渐加深，道教会便在这时成立。

由于老庄思想的发展，逐渐造成魏晋南北朝时代的清谈之风。这种风气流行于当时的士大夫之间，也就是一种抛开现实专尚理辩的谈论。清谈的起因，一方面固由于传统儒学的衰微，另一方面也由于政治的黑暗。东汉末年，宦官军阀无恶不作，国事已到绝望地步，为有识者所不满。因此乃有两种反动思想发生，一是崇法务实的申韩思想，一是率性自然的老庄思想。曹操是前派思想的代表，他一生始终以法术治国，摧抑豪强，整肃政风。而他的部下崔琰、毛玠之流，也都是法治的倡导者。后者在东汉末年尚找不出一个代表人物，但孔融、祢衡一般狂士的言论，已颇与儒家思想相背驰。例如孔融便曾否认父母与子女因血统关系而产生的情感 [1]，这种论调，已为魏晋人士归依老庄的先导。

曹操的法治，及身而斩。由于他在政治上过重现实，因此其部下也是势利之徒多而守正之士少。至其子魏文帝曹丕，雅好文辞，而又慕尚通远，以致法令宽缓，政事渐至废弛。其后直至西晋，政治始终黑暗腐化，法治精神也始终无法建立，于是老庄思想日益蔓延。一般学者，因灰心于现实政治，为免干犯忌讳，相率以谈论哲理为务，清谈之风大盛，事实上这也是对现实环境的一种消极反抗。

初期的清谈者，以评论人物为重心，还没有正式提倡老庄。这种风气，导源于东汉末期的乡党清议。但他们不敢议及朝政，也不愿涉及当时人物，只能舍近求远，以古人为其月旦的对象。同时避实就虚，不作具体事实的评判，只着重于分析人才的理论。魏时刘劭的《人物志》，便是此派的代表作。到魏正始时代（西元二四〇至二四八年）的何晏、王弼，已开始祖述老庄。何晏注《论语》，王弼注《易》，都以道家的主旨，解释儒家的典籍。此外王弼曾注《老子》，何晏曾作《道德论》，都阐扬老庄学说。《老》、《庄》、《周易》，号称"三玄"，便是清谈的主要内容。何、王二人，遂被后代称为清谈的始祖。何、王以后的清谈者，以阮籍、嵇康等人为代表。他们正值魏晋易代之际，忌讳滋多，清谈遂纯务玄虚。同时清谈者在行为上更流于放诞，他们的生活，通常是纵酒和不遵礼节。例如阮籍曾因司马昭为其子炎求婚，而一连沈醉六十日以拒绝之；其母去世时，他尚在与人弈棋。嵇康则是"头面常一月十五日不洗"。此外，若干清谈者竟至于经常裸体。这种行为可以说是对礼法的一种讽刺，而所谓礼法，也正是当时的篡窃者及其佐命功臣所加意提倡的[2]。

清谈本是对现实政治的一种逃避，阮、嵇等人在政治上均未负过实际责任。但到西晋时代，清谈之风，竟蔓延到政治舞台上去。当时不少达官贵人，一方面手握重权，一方面又大谈出世的玄理；把两种相反的事，揉在一起，造成西晋政治上的种种怪象，王衍便是这类人物的代表。从晋室南渡到南朝时代，清谈竟与一般世族的日常生活无法分开。这种风气对政治的影响是苟且偷安，不务实际；对社会的影响则是造成一种消极颓废的人生观。东晋时期王羲之所作的《兰亭集序》，充满人生哀乐相随的感慨，足可代表当时一般士大夫的心理。东晋南朝的始终不能恢复故土，不能说与这种风气无关。

东晋以后，佛学也渗入清谈的范围中，与老庄相互发明。老庄思想，以虚无为主；佛学宗旨，则以寂灭为归。两者的理论，本有若干相通之处，因而渐趋融合。若干佛教僧侣，为顺乎潮流，多以老庄之言，阐释佛典的精义。他们每每假借清谈，与士流周旋。如东晋中期的佛徒支遁，便以清谈著名于时，为胜流权贵所崇敬。所以东晋南朝时代的清谈，已大致是老庄思想与佛学的化合物。至于对清谈不满的士大夫，也颇不乏人，但习尚已成，非少数人的力量所能挽回。宋文帝时，设立玄学馆，与史、文、儒并列为四学，清谈益盛。梁武帝始崇经学，儒术稍振；但当时的经学，也受清谈的影响，只充作谈辩之资。直到隋朝统一，清谈才趋衰落。

道教会虽然成立于东汉末年，但其源流，则可上溯至战国时代。战国晚期，有所谓"黄老"思想出现，究其内容，只是老子的政治论。从战国末到汉初，著名的黄老学者多出于齐国，而齐国又是阴阳家的发源地，因此两者难免相互影响。汉人以老子为道家，但汉代有些所谓道家者流，实际就是求仙采药的方士。他们多依附老子以自抬身价，因此使老子日趋神化，最后竟做了道教的始祖。

汉初著名的黄老学者，有赵人田叔和齐人盖公。曹参为齐相时，曾受教于盖公。其后他于惠帝时，继萧何为相国，便谨守无为的政治原则。文帝与其后窦氏，也都好黄老家言。文帝死后，窦后仍有左右政治的力量，因此文景两世的政治作风，都是恭俭恬退的。从惠帝到景帝的五十几年，是黄老思想最流行的时期。到武帝提倡儒术，黄老的政治思想开始消沈。但另一方面他崇信神仙，于是阴阳家一流的方士，也随之兴起。方士与道家本有久远的关系，老子在古代名人中又是最具神秘性的，因此方士多自托为道家。他们已不知老子的政论为何物，只知以神仙丹药猎官诈财而已。

因方士们的依附，道家逐渐走向宗教之路。到东汉末年，黄老被尊奉为神，道家的宗教色彩更浓。桓帝曾派中常侍左悺到苦县为老子立祠，宫中也有黄老祠。这类淫祀又渐被巫师所利用，因此道家于求神炼丹之外，平添许多中国传统的巫术，诸如祈雨、厌诅、捉鬼、以符水治病等。道家不仅本身的迷信程度加深，其流布也越来越广，终至民间有道教会的产生。

道教会的初创，始于顺帝时张陵所创的五斗米道。他曾客居蜀土，学道鹄鸣山中，造作符书，为人治病降魔。入道者须纳米五斗，故当时又称"米贼"。张陵传子衡，衡传子鲁，鲁盘据汉中（今陕西南郑县），因深得下层社会的信仰，成为汉末割据的群雄之一。与张陵同时的，又有道士于吉，琅邪郡人，自称得神书百余卷，名"太平青领道"（即《太平经》），内容多阴阳灾异之说。他也以符水治病，尤好结交士大夫。灵帝时，钜鹿郡（治所在今河北晋宁县西南）人张角，根据《太平经》创立太平道，也以符水治病，荧惑细民。他的信徒极众，终于酿成黄巾之乱。乱平后，太平道消灭，而张鲁尚雄据汉中，自称师君，下设祭酒以治民，其法术与太平道相似。他割据凡三十年，至献帝末才为曹操所平。汉中的居民受他的影响，直到南北朝时还非常迷信。但五斗米道和太平道，都还没有奉老子为始祖。老子正式被尊为道教始祖的时代，不可确考，大概是魏晋以后的事了。

道教在晋时称天师道，士大夫信奉的甚多。例如东晋名族王氏，便世奉此道。当时道家可分丹鼎、符箓二派，前者以烧炼服食为事，后者以经咒醮祷为务。同时因玄学盛行，道家者流，常窃取《易经》、《老子》的义理，以自文饰。晋初葛洪所著的《抱朴子》，便是拿炼丹服药的理论，来附会《易》、《老》，这类道书，甚合江左士大夫的脾胃。东晋东南沿海地区，道教尤为盛行。东晋末年的孙恩、卢循，都是以道教惑众而倡乱的。但道教虽盛行于南方，其声势究不如佛教，南朝君主信道的也不多。梁武帝少时曾受道法，初即位时犹崇信道士陶弘景；陈武帝因世居吴兴（今浙江吴兴县），受当地风俗影响，也信道教；但二人后来均改信佛教。

北魏君主自道武帝起，开始奉佛。至太武帝，应崔浩之请，改信道教，并奉道士寇谦之为天师，于是道教盛行于北方。其时道教若干经典仪式，多取法于佛教，但其教义仍不出符箓丹鼎的范围，不如佛法的渊微。太武曾亲至道坛受符箓，其后魏室历朝君主即位时，也必受符箓，成为定例。东魏末年，高澄崇道，曾置馆宇于邺，使道者居之。北齐君主，多不信道。北周则崇信道教，但到周武帝时，道教与佛教同遭摧残。道教与佛教在北方同时盛行，因此双方屡次发生冲突。崔浩世奉天师道，因劝太武帝信道，遂有灭佛之举，其后更演为剧烈的政治斗争[3]。周武帝的灭佛，则系用道士张宾之言，因沙门力争，乃并罢道教。南朝因道教的势力，不敌佛教，始终没有发生剧烈的冲突。

就以上所言，清谈与道教，都与老庄具有不可分割的关系；同时又都受佛教的影响，而渐变其理论和仪式。道佛两教，虽然处于敌对地位，却也有相互影响之处。

佛教自东汉初年正式传入中国，但当时社会安定，佛教并没有多大的发展余地。到东汉末年及魏晋时代，国内大乱，人民生活痛苦，精神上也缺乏寄托；加以儒学衰微，思想界几乎成真空状态，因此佛教遂得乘虚而入。两晋南北朝的三百年间，佛教大盛。在其发展过程中，虽也曾遭遇若干顿挫，但始终未能严重影响其蔓延流布。佛教的若干重要宗派，也于此时萌芽。

汉时僧侣皆来自西域，大都以译经为务。最初的译经大师，为桓灵二帝时的安世高（安息人）和支娄迦谶（月氏人）。魏文帝时，始准人民受戒为僧。其时南方的吴国境内，佛教也很流行。西晋时有竺法护者，通晓多种外国语文，从事译经四十余年，卷帙之多，世所罕有。他的先世，出自月氏，但他本人则生于敦煌。助他译经的则为汉人聂承远、道真父子，均名著当世。所以竺法护也可以说是最早自译梵文经典的中国人。西晋末年，西域僧人佛图澄来华。他善诵神咒，并精图谶先知之术。其后诸胡叛变，北方混乱，他以方术为石勒、石虎所崇信，并以报应之说戒其残杀，蒙其益者甚多，诸胡遂大都奉佛。其时佛徒所译经文，多不易索解，学者讲佛，不过述其大意，以便诵习。至佛图澄的弟子道安（常山人），始注释佛经，诠解文义，并编纂佛教译经的目录。他对佛教的发扬光大，其功实不可没。

晋室南渡后，佛学也开始影响南方的思想界。其时南方盛行清谈，佛教僧侣如竺法深、支遁等，与名士们辩论玄理，因此士流思想，沾染了不少佛家色彩。中国僧侣第一位入天竺求法的，则为法显。他于晋安帝隆安三年（三九九年），自后秦的首都长安西行，经三十余国，至中天竺（今印度北部）；游学数年，于义熙十年（四一四年）自海道返回中国北方。佛教教义有大小乘之别，小乘专修个人，大乘则兼度他人。最初传译至中国的佛经，以小乘居多。至晋安帝时，西域僧人鸠摩罗什受后秦主姚兴的敦聘，前来长安，始以传译大乘经典为主，并校正旧译之误。一时译经之风大盛，佛教也自此成为一种普遍性的宗教。

到南北朝时代，佛教益盛，南北都弥漫着佞佛之风。当时的君主，不少是佛门弟子。南朝如宋明帝、齐明帝、梁武帝、陈武帝等皆笃信佛教；其中梁武帝迷信之深，更为旷世希有。北朝则自道武帝入中原，便开始信佛。至太武帝，因改信道教，并怀疑沙门谋反，遂有灭佛之举，佛法被废弃者达七年之久。到文成帝，又恢复佛法。其后献文、孝文、宣武诸帝，莫不信佛，对佛事的靡费也越来越大。北齐的几位君主都信佛，北周则到武帝时，又有灭佛之举。至于士大夫和平民信佛的，也极普遍，因此寺庙的建立，遍于南北。史载梁武帝时，仅建康一地，即有佛寺五百余所，僧尼十余万人。而北魏孝明帝时，寺院竟多达三万余所，僧尼二百余万人。周武帝于太建六年（五七四年）禁断佛教，经像皆毁，沙门勒令还俗；寺院及其财货，均赏赐臣下。九年（五七七年）灭齐后，关东佛教也遭遇同样的浩劫。总计武帝时寺庙被充公者四万余所，僧尼还俗者近三百万人[4]。至宣帝，又复佛法。其后隋文帝、炀帝均信佛，佛教乃恢复从前的盛况。

南北朝时代的佛教宗派，主要可分六宗，即成实、净土、三论、律、禅、天台六宗；其中除成实为小乘教义，其余皆为大乘。兹简述六宗的建立经过及其宗义：

成实宗得名于《成实论》，它的作者诃梨跋摩，生于佛灭后九百年。鸠摩罗什来华后，把它译出。齐梁之世，研究成实之风甚盛，梁武帝即皈依此宗。此宗认为万有皆空，并把空分为三个阶段。第一段以为物我二者，皆是假相，是为"人空"。第二段以为物我因系假相，即所以集合而呈现假相的若干实体，亦皆是空，是为"法空"。第三段主观上有一切皆空的思想，实际上仍非真正的空，必须使主观与客观均入于绝对的空，始为涅槃。

净土宗以教人奉行念佛法门，求生极乐世界清净佛土为宗旨，亦即由念佛而成佛。其主要根据为《无量寿经》、《阿弥陀经》及《观无量寿经》，世称净土三经。汉桓帝时，已渐行于中国。至东晋，慧远结社庐山，其宗风仪式因而大著。北魏中期，有昙鸾者，为此宗大师，与慧远成南北二派。

三论宗系依据天竺佛徒龙树（西元二百至三百年间之人）所创的《中论》、《十二门论》及其弟子提婆所创的《百论》而开宗派。鸠摩罗什为提婆三传弟子，他至长安后，尽译三论，遂成中国三论宗之祖。鸠摩罗什以后，三论宗渐衰，但仍流行于南朝。此宗主张破邪显正，归结于空，亦即破除一切"有所得"之见，而以"无所得"为归。

律宗于东晋末年传入中国北方。佛法可分三部：佛之教法谓之经，佛之教诫谓之律，弟子学者宗佛之经律而有所著述谓之论，合称"三藏"。此宗的要旨，则以修持佛门戒律为主。东晋末，中天竺人昙无谶来华，始译律宗经典。但其初入中国时，尚无中心准则，因而不盛。

禅宗初祖为菩提达摩（天竺人），于梁武帝普通年间（五二〇至五二六年）由南海至广州，曾晋谒武帝，讲说禅要。武帝不解，遂去北魏，至嵩山（在今河南省中部）少林寺，专修禅法。其宗义的特点是屏弃仪式，不立文字，直指本心，见性成佛。但南北朝时，其义尚不甚显。

天台宗的宗师为智者（即智𫖮），南北朝末期的人，他栖身于天台山（在今浙江省东部），传经说法，因以为宗名。又因以《法华经》为旨归，故又名法华宗。此宗是中国佛教诸宗首先对佛教经典作系统之整理判释的一宗，用以阐明《法华经》在群经中的地位，可以说集判释的大成，并为后世判释的准则。其宗义有"一心三观"、"圆融三谛"诸说，以为诸法不离空假，以中道观之，始能圆融无碍；并创"止观"法门，以为吾人普通对于宇宙人生的见解，皆是迷妄，烦恼由是而生；欲破除迷妄，则须用修行功夫，以显现本心中的净性[5]。

总之，两晋南北朝时代的佛教虽日见盛行，但当时的佛学大师，多着重于佛经的翻译和教义的传播；至于发挥佛理，推陈出新，则功效不宏。由于佛徒们对佛经未曾致力于深入的研究，所以当时虽有若干宗派萌芽，但其基础尚不稳固，无法到达辉煌灿烂的境地。

南北朝时代的社会风气，显然受老庄思想和佛学的支配。但两者之外，还有第三种力量影响着当时的社会，便是胡人的习俗。魏晋南北朝时代的胡化，其根源应上溯至西汉中期。自汉武帝始通西域，其后中国更长期掌握西域的霸权，因此这个地区逐渐成为东西文化交流的孔道。中国的丝绸，输向西方；西方的文化也大量传入中国，除佛教外，尚有音乐、歌舞、技艺等。东汉末年至魏晋时代，胡族披猖，逼晋室偏安于江左。整个东晋南北朝二百七十余年间，中国北方始终沦于外族。西域文化的输入，较前更为便利；而胡族的习俗，也在无形中感染着汉人。胡俗再与佛老思想相混合，形成了这个时代中若干独特的社会风气，是以往儒家社会中所罕见的。

佛教之外，祆教于北魏末年自中亚传入中国，当时称为"胡天"。北魏、北齐及北周帝室，均有信奉者，传布日广；长安、洛阳以及碛西诸州，均有祆寺。北魏盛时，西域人归化者达万余家。北魏分裂后，寄居洛阳的西域人大部为东魏、北齐所得，因此北齐的宫廷最为西域化。其时中国最流行的音乐是龟兹乐，直至隋唐，盛况不减。工艺技术方面，也受西域极大的影响。隋代的三大技术家宇文恺、阎毗、何稠都含有西域的血统，隋代许多宏丽精妙的建筑，都是他们以西域的奇技来附合中国的规制而完成的。隋代若干伟大工程如大兴城、洛阳城、仁寿宫、广通渠、通济渠等，也都是他们的杰作[6]。至于受胡俗影响而形成的社会风气，可分以下三点说明。

残杀是南北朝时代主要的社会风气之一。胡俗本好武嗜杀，这种风气自西晋末年传入中国。北朝所有胡族或胡化的君主，除了少数倾慕汉化的，其余莫不嗜杀。魏太武帝和北齐诸帝的凶残，尤著名于史册。南朝君主，虽不及胡族君主的残暴，但骨肉屠戮的事，也层出不穷。这种现象受胡族感染的成分较少，而与佛教有相当关系，佛教的主张出家，便是背弃伦理，根本否认血统上的情感。另一方面，佛教虽然戒杀，但有超度冤魂和赎罪的办法，为杀人者作护符，甚至有在杀人之前，先烧香火，以赎罪愆的，齐明帝便惯做这种事。因此佛教虽然戒杀，却无法止杀。

淫乱之风，也南北一致风行。这种风气的起因，北方主要受胡俗的影响，南方则受老庄思想的影响。胡族的伦理观念比较薄弱，因此北朝的君主及贵族，大都荒淫无度。北朝帝室最淫乱的，以北齐为最，其烝报丑行，为历代所罕见；后妃失德的，也所在多有。但胡族的男女地位，比较平等，影响所及，汉人女权也为之提高，这可以当时的"妒风"之盛为证。史称北齐时代的妇女，莫不"以制夫为妇德，能妒为女工"[7]，这与儒家社会以三从四德为信条相较，不能说不是一种解放。南朝虽是当时中国文化的正统，但环境优裕，人情耽于逸乐，又受老庄卑视礼法的影响，因而养成一种淫靡放荡的习气。当时的高门大家，虽犹知礼法，但内外的防闲，已较往昔为疏，名门妇女，有时也可与士大夫接谈。帝室妇女，则多不讲礼法，行为淫乱者颇不乏人。在这方面最有名的是宋前废帝姊山阴公主，她曾公开拥有"面首"三十人。至于公主们的跋扈骄纵，凌制夫家，更为习见，以致当时士大夫以联姻帝室为畏途。

另一种风气是过度的功利主义，这种风气由来已久。南朝士大夫所最重视的，是门第和既得权位的保持，对改朝换代，则漠不关心。至于在位者的贪污好货，更属常事。北朝功利主义的流行，则无疑与胡俗有关。胡俗本尚功利，其入据北方，宰制汉人，自以满足其功利欲望为最大目标。西晋末年，胡族倡乱，莫不以杀戮劫掠为务，遂使长安、洛阳等名城大都，化为墟丘。其后晋室南渡，胡族混战，北方糜烂更甚。后赵石虎都邺，大兴土木，穷奢极侈；北魏太武帝南伐，赤地千里；可想其搜括之甚和劫掠之惨。魏孝文帝汉化，风俗稍正，但其后风气又坏。贵族们的贪污腐化，愈演愈烈，至北齐，竟到达官商不分的地步。社会上也弥漫着重利之风，所谓"财婚"，便是最好的例证。至于这段时间杀父弑君的事特多，自然也是功利思想扩展到极致的结果。

二　唐代的佛化与胡化

唐代文化，渊源于魏晋南北朝，其主要因素为佛老思想及胡俗，已于上节说明。本节则叙述这三种文化因素与唐代文化的关系。

老庄思想，在魏晋南北朝时代，一方面造成清谈的风气，另一方面充实了道教的内容。清谈之风，自西晋以后，盛行于江左。隋朝承胡族累世的政权，以武力统一南北，南朝士大夫沦为降虏，失去政权的凭藉以及优美的物质环境，无复悠游谈玄的余暇，清谈之风，因而遽衰。其后李唐继隋而起，仍以武力定天下，虽太宗崇奖学术，但当时的文化精神，已与清谈的消极思想相背驰，以是清谈无由再振。虽然如此，清谈的流风余韵，仍一直维持到中唐[8]。至于唐代的道教，虽不如佛教的昌盛，却一直流行不衰。

道教在唐代，大体说来，是始终为皇室所尊奉的。李唐皇室之所以支持道教，一来因为老子姓李，李唐皇室，加以攀附，自谓是老子的后裔。二来因道士能制丹药，可以满足一般人祈求长生的心理。唐代皇帝之喜食丹药者，颇不乏人。由于以上两种原因，道士们乃能与皇帝接近而受其崇信。道教的缺点，在其除《道德经》以外，缺少益人智慧的经典，较之佛藏的渊博精微，相去甚远。而其若干仪节，也不如佛教合理。因此道教不但无法博取知识阶级的尊奉，也难以获得平民大众的普遍信仰；虽有皇室为后盾，其流布仍远不如佛教为广。

隋文帝虽然信佛，对道教也很尊崇，曾下诏予以保护。唐高祖虽对佛道都不感兴趣，但也曾亲谒终南山的老子庙。太宗时，佛道均流行，而道教比较尊崇，当时道士女冠的法定地位在僧尼之上。高宗乾封二年（六六七年），追号老子为太上玄元皇帝，道教的地位益隆。到武后临朝，因其出身于佛教家庭，久受薰染，遂加意提倡佛教。此外她并利用某些佛经，作其称帝的理论根据，广为宣传，因而佛教大盛。她称帝后，更把佛教的地位，提升至道教之上，道教的声势，乃大为低降。

到玄宗，又提倡道教，一面淘汰沙门，一面尊崇道士。他一度命道士女冠隶属于宗正寺，把他们视为宗室。又设崇玄学，置大学士一人，以宰相兼任，并领两京玄元宫及道院。当时全国的道观，共一千六百八十余所；公主妃嫔，多入道院为女冠，受"金仙"、"玉真"等封号。这时的道教，可以说达到极盛时代。肃、代二宗时，因国内战乱，对佛道都没有加意提倡。德宗与宪宗，则采佛道兼信的态度。武宗在藩邸时，即好道术。他即位后，宠信道士赵归真、刘玄靖等，并因归真等人的怂恿，禁断佛教。其后不久，宣宗又崇佛教，杀道士刘玄靖等十二人，道教的地位，再度降低。懿宗佞佛益笃，施舍无度，佛教益盛。但道教凭藉其与皇室的关系，终唐之世，从未遭受严重的挫折。

清谈之风，虽至中唐而斩，道教在唐代也不如佛教之盛，但老庄思想对唐人仍不能说没有影响。唐代士大夫，大都生活放纵，不拘小节，其原因虽甚复杂，但受魏晋南北朝以来老庄思想的感染，实为主要原因之一。对唐人的生活和思想最具影响力的，则无过于佛教与胡俗。

佛教的宗派，至唐而大兴。南北朝时代，佛教虽已有若干宗派，但大都在始创阶段，仅具雏形。到唐，信仰的狂热已减，才智之士，群趋于佛学的研究，其学益趋邃密，方法各有不同，因而宗派大盛。其时佛教的成实、净土、三论、律、禅、天台六宗，除成实就衰外，余均盛行于世。此外又有不少新宗派兴起，重要的有法相、华严、密、俱舍诸宗；前三者为大乘教义，后者则为小乘。这许多旧有和新兴的宗派，互争雄长，它们的兴衰起伏，把唐代的佛教世界，装点得空前灿烂。

唐代佛教各宗派的兴衰，可分前后两期：前期由唐初至玄宗，后期由安史之乱至唐亡。

前期佛教，极盛于北方。唐初，法相、华严二宗，同盛于京师。法相宗又名唯识宗，其宗师为玄奘，曾至天竺游学十七年，历五十六国。他于太宗贞观末年返国，其后译经说法，创立法相宗。此宗着重心理学（唯识）及论理学（因明）的研究，认为宇宙万有，皆是吾人识的表现，亦即吾人心的所变或所造，可以说是极端主观的唯心论。它以因明的方法，分析心理，多至六百六十法，是在作纯学理的探讨，已全无宗教的意味。这派思想，在天竺有其甚久的渊源，玄奘则受教于天竺的戒贤大师。

玄奘又是俱舍宗的创立者，此宗得名于天竺佛徒世亲的

《阿毗达磨俱舍论》。俱舍为梵文音译，原义为"藏"，故俱舍论亦可译为"藏论"。此论倡行"无我"说，以为一切万有皆是因缘和合的假相，并非实在；既非实在，自然无我。由此推之，人死后亦无灵魂。陈时，僧真谛曾译《俱舍论》，但信者不多。至玄奘，复译此《论》，研究者日众，渐至蔚成宗派。但此宗仅以注释《俱舍论》为务，未能发挥新义。

华严宗以研究《华严经》得名，此宗始创于天竺佛徒龙树。龙树的时代，约当中国的曹魏和西晋。其后，世亲继之。隋时，华严宗传入中国，初祖杜顺（即法顺），甚受炀帝及唐高祖的敬重。二祖智俨，居于长安城南的终南山，努力弘扬师说。至三祖法藏（即贤首大师），与玄奘同时，华严宗趋于极盛。此宗亦以研究心理学为主，但持论与法相不同，主张立一常恒不变的真心，为一切现象的根本，世上每一事物，皆是真心全体的表现。但它认为客观的世界，可以脱离主观而存在。

当法相、华严二宗盛时，其他宗派均为之失色，只有天台宗流行于南方，但声势不及。武后以后，法相、华严渐衰，大概因它们的理论过于深邃，常人不易领会所致。继二宗而起的，则有北派禅宗和密宗。禅宗到武后时，分为南北派，北派的宗师为神秀，南派为慧能。密宗以秘密"真言"立宗，故又名真言宗。此宗特重实践，自诵咒以至供养、设坛等仪式，皆有一定规范，不能逾越。玄宗开元时，天竺僧侣善无畏、金刚智及金刚智的弟子不空，相偕来华，世称"开元三大士"。他们携有不少密宗经典，加以翻译，因而一时称盛。此外，律宗自唐太宗时，道宣大师依四分律树立佛徒生活规范后，基础渐固。此宗虽未极盛，但持续的时间则甚久。

后期的佛教中心在南方。安史乱后，北禅衰微，而南派禅宗大盛于江南，天台宗受其侵逼，日趋没落。其宗义则南禅主顿悟，北禅主渐修；但两派思想的主旨，并没有多大差别。佛教的其他各宗，莫不重视拜佛，讲究礼仪。惟禅宗不然，它不但屏弃一切拜佛的礼节，有时甚至呵佛骂祖。它认为人人自有佛性，只须求诸自身，即可悟道成佛。而现性悟道是一种神秘境界，不是知识的研究可以求得的[9]。

禅宗思想，与天竺的佛教思想颇不相同；与法相宗的科学思辨，更不相类。倒是与儒家和老庄思想，某些地方有相近之处。禅宗思想的光大，可以说是佛教史上的一大革命。它使佛教从繁文缛节、烦琐的思辨和天竺的形式中解放出来，加以简易化和中国化。前期的法相宗，因崇尚细密的思辨，其宗派又渊源于天竺，因此其工作着重于留学和佛经的翻译。到禅宗昌盛，佛徒们大规模的译经和留学的狂热，都告终止；继之而起的，是生活的体验和心性的讲求。这种思想，可以说是宋代理学的先驱。唐武宗灭佛后，各宗衰微，惟有禅宗以秉守简朴的宗风，受祸较轻，仍为士大夫所普遍崇信，渐至儒学高度的禅化。此外净土宗也以宗义简单，得以流传于民间。

佛教对中国文化的最大贡献，是佛教经典的翻译。天竺的佛教思想，藉着这些翻译的经典在中国散播，使中国人的思想和生活都发生了剧烈的变动。从东汉末年到盛唐时代的六百年间，因翻译佛经而创造的新字汇和成语，便有数万之多，对中国语文的辞汇、形式和内容，无疑有极大的助益。同时，佛教思想与以儒道为主的中国传统思想，经数百年的激荡揉塑，而于唐代逐渐融合，形成一种新文化。唐人的诗，如王维、白居易等人的作品，已含有浓厚的佛学色彩。至于宋代的理学，则是儒学与佛学的结晶，所以禅宗也可以说是中国化的佛教。

　　佛教徒的译经工作，从两晋南北朝直到唐朝，从没有间断过。而唐代的译经工作，其规模的庞大，成就的高超，又远过前代。唐代第一位译经大师是玄奘，他于贞观十九年（六四五年）自天竺返国，携回佛经六百五十七部，凡五千二百卷，多为大乘经典；他回国后，从事译经，并有高僧多人助译，前后历十九年，共译经、律、论七十五部，一千三百三十卷。从译经的数量，可以看出他的热诚和精力的超人。玄奘以鸠摩罗什等前人的旧译，错误甚多，因此他译经专以传信为主。他的译品，文字不如旧译流畅，但忠于原著，务求存真，具有崇高的价值。唐代的译经事业，在玄奘时代达到最高潮，其后译事稍衰，但仍有不少成就。玄奘以后的著名译经者，有义净、实叉难陀、不空等人。安史之乱后，禅宗兴起，译经之风渐衰。德宗之后，译经事业，始完全中断。

　　除了经典的翻译，唐代僧侣在学术上尚有许多其他方面的贡献。由于他们的长途跋涉，远赴天竺求学，他们的亲身经历，便是极好的地理资料。唐代有不少僧侣，曾把他们所经历的国家和见闻，纪录成书。这类书籍，不但对唐人的地理知识，大有助益，更成为后世研究唐代国际交通的重要资料。例如玄奘的《大唐西域记》，义净的《大唐西域求法高僧传》和《南海寄归内法传》，都是这一类的名著。

　　唐代的天文学和数学，都受天竺的影响，而其媒介人也是佛教僧侣。宗教与天文学有密切的关系，天文又与数学不可分，因此不少这类的书籍，随着佛教传入中国。唐代曾屡次改易历法，开元时，僧一行作《大衍历》，最称精密，这是唐代天文学进步的结果。医学也随着佛教输入中国，其中最为中国人士所称许的是眼科医学。此外如催眠术、按摩法、长生术等，也都自天竺传入；并有不少天竺医籍，译为汉文。绘画也受天竺画法的影响，例如天竺的晕染法（即阴影法），自南北朝时传入中国，对后来中国绘画的风格技巧，有甚大的影响。又如中国建筑中常见的牌楼，也仿自天竺。这类艺术，大都随佛教东来。总之，在整个中国历史上，再没有一种外来思想，和佛教一样影响中国人如此大而且久的了。

唐代的胡化，乃承袭魏晋南北朝而扩大之。唐代武功特盛，四境大辟。李唐皇室，起源于北朝胡化的汉人，对所谓夷夏观念，本甚薄弱。唐帝国建立后，虽然对外屡次征伐，但等到外族降服，便视如一国，不加猜防。由于这种"华夷一家"观念的影响，外族入居中国的为数极多。估计从太宗贞观初至玄宗天宝初的一百二十年间，外族被唐俘虏或归降唐室因而入居中国的，至少在一百七十万人以上，包括突厥、铁勒、高丽、吐蕃、党项、吐谷浑以及西域诸国之人，他们并有不少在中国朝廷中做官。外族来华经商传教的，也极众多。波斯、大食人以及西域贾胡等，遍及广州、洪州、扬州诸地；新罗及昆仑等种人，多为国人用为奴隶。这些外族，定居中国，不少与中国人通婚。他们的文化也随之传入，在中国境内自由发展。所以唐代无论在血统或文化上，都是大规模与外族混合的时代。

当时诸外族，以西域的文化水准最高，所以唐人吸取的外来文化，仍以西域文化为主。唐代的外来宗教，除佛教、祆教来自唐代以前，其余如景教、摩尼教、回教，皆于唐代自中亚传入。景教为基督教别派，于贞观中传入，太宗并下诏于长安建寺，名为"波斯寺"，其后诸州均各建寺。玄宗时，以景教出自大秦（即东罗马帝国），下诏改名为大秦寺。德宗时，大秦寺僧景净等，立"大秦景教流行中国碑"，陈述其教德业之盛。至于景教经典，唐时译成中国文字的，多达三十五种。摩尼教传入中国，始自武后时代。安史乱起，回纥入援，回纥人多信此教，因此日盛。其寺院自长安及于诸州，称"大云光明寺"。回教约于高宗初自海道传入中国，最初只在广州一带流行。安史乱后，大食人自海路来华经商者日众，寺院益多，但仍限于南方。另一方面，回教随大食势力的东渐，传入中亚及天山南路。其后在中国西北及南方地区，日益扩展。

以上各教，在中国的流传，虽不如佛教的久远广大，但都具有某种程度的影响，尤以摩尼教和回教为最。唐武宗排佛，并禁断各外国宗教，祆教、景教因而衰落。摩尼教在诸新教中实力最强，其教徒也最顽悍。自遭武宗禁止，各地纷起反抗，以致京师摩尼教徒死者七十二人，各地死者过半。其后摩尼教与其他秘密宗教，虽仍为唐室所禁，但人民暗自私组教会，相互传习。其末流趋于妄诞，遂至发生叛乱。五代后梁末帝时，陈州（今河南淮阳）曾有摩尼教徒之乱。其秘密活动，至宋元犹未止息；其教义及仪式，亦与佛教相揉合。回教于唐宋时期，并不甚盛，至元朝统一后，始流传中国各地。

宗教之外，西域的音乐、歌舞、技艺、衣食，也大都为唐人所普遍爱好。唐时，胡乐依然流行。技艺方面，如击鞠（又名波罗球，类似今之马球）、绳技、双陆（大食棋戏）等，舞蹈方面，如柘枝舞、胡旋舞等，都自西域传来。此外胡食（如葡萄酒、沙糖、烧饼等）、胡服（其特征为窄领、小袖、短衣、长靴等），也都风靡一时。胡化之盛，至玄宗时达于极点。据史书记载，玄宗时，国家的礼乐机关太常，也以演奏胡曲是尚；一般贵族士女，都喜好胡衣、胡食。可以看出唐人醉心胡化的一斑[10]。

至于魏晋南北朝的社会风气，在唐代仍未稍改。唐代刑罚与隋制大致相同，用法虽较隋为审慎，但残杀之风，仍未能完全戢止，而在唐代的大部分时间中出现。太宗于高祖末年，发动玄武门政变，杀其兄建成及弟元吉，并尽杀建成、元吉诸子十人，手段可谓残酷。但太宗称帝后及高宗时代，用法颇称宽和。至武曌垂帘及称帝时代，为巩固其政权，采取恐怖政策，任用酷吏，大肆诛杀，冤滥达于极点。史载仅武曌称制时代，即"先诛唐宗室贵戚数百人，次及大臣数百家；其刺史、郎将以下，不可胜数。"[11] 其后中宗时代，韦后、安乐公主乱政，也承袭武曌作风，滥事屠戮。玄宗天宝时，李林甫当政，屡兴大狱，冤死甚多。安史乱后，各地藩镇跋扈，目无法纪，屠杀之风，遍及全国，愈演愈烈。唐室中央，也视杀人为儿戏。如懿宗时，流寇乱起，国家危如累卵，而帝因其女同昌公主死，迁怒医官，一举而杀翰林医官韩宗劭二十余人，收捕其亲族三百余人。总之，唐朝后期，屠杀之惨，较之南北朝时代，实不多让。

淫乱之风，到唐代亦不稍止。唐代的社会，充满色情，歌台妓馆，到处林立。文人士子，大都风流自赏，有不少韵事，流传于后代。以杜甫的严正，也有携妓的诗篇，其余概可想见。李氏皇室的淫乱，也名著史册。太宗于玄武门政变杀建成、元吉后，并娶元吉妻杨氏为妃。高宗皇后武曌，本系太宗才人，致父子有"聚麀"之讥。而玄宗贵妃杨氏，原系玄宗子寿王瑁妃。武曌的荒淫，更属空前，她即帝位后，竟设控鹤监（后改名奉宸府），广蓄男妾，不以为耻。推其原因，一方面由于李唐皇室出身于北朝胡化的汉人，不甚讲究伦理，另一方面也是受南北朝风气的薰染。至于唐室公主，性行骄纵，不让前代。而公主改嫁，也习以为常，有多至四五次者。但唐代因男女地位比较平等，妇女受教育的机会较多，其知识水准，也显然提高。

功利主义，更是唐人立身处事的准则。唐室自高祖起，至于唐亡，皇位继承权的争夺，几于无代无之。骨肉屠戮，史不绝书。究其原因，自是为权力欲所驱使。唐代官吏，大都通达权变，勇于进取，因此能臣极多；但欲求高风亮节、谦让恬退之士，则不可多见。此种风气，更弥漫于知识界，文人学士，为求显达，多钻营奔竞，不择手段。狂傲如李白，亦曾上书韩荆州，祈求援引。一代文宗如韩愈，当其不得意时，也曾屡次上书宰相，以求委用，措辞极为谦卑。而其作品中，更多谀墓之文。至于科举士子，于应试前之干谒权贵，以冀高中，更视为当然。由于嗜欲多，而致天机浅；唐代除若干僧侣外，所以缺乏第一流的思想家者，实与此种风气有关。

总之，唐代社会上若干独特风气的形成，实直接承自南北朝。从好的方面看，自魏晋以降，思想界脱离儒家的束缚而得到解放，同时又注入胡族的勇敢进取的精神。佛老思想与胡人习俗，经数百年的揉塑混合，乃能下开隋唐的盛世，文治武功，均极辉煌。从坏的方面看，儒学究不失为维持社会政治秩序的较好办法，儒学既衰，以佛老胡俗形成的政治秩序，始终动荡不安。隋帝国维持不久即告乱亡，固不待言；而唐帝国的盛世，远不如两汉的长久，也正由于这种文化的缺陷。

三 唐代民族思想的滋长与儒学的复兴运动

唐代虽是大量吸收外来文化的时代，但安史之乱后，唐人的夷夏观念，渐趋严格，对外来文化也开始采取敌对态度。国人的民族思想所以在中唐以后日渐滋长，最主要的原因有二：一是由于外族叛乱及侵凌的刺激。安史之乱，是中国境内胡族的大叛乱，几使唐帝国趋于瓦解。经八年血战，乱事虽勉强平定，但唐代前期的盛世，已一往而不可复。继之而起的是安史余孽的割据河朔，外族如吐蕃、南诏的乘机入侵，由是引起国人对外族的仇视。二是科举制度的发达。唐自太宗施行科举，历朝诸帝，均大力提倡，用以笼络英俊，粉饰太平。才智之士，群趋科举考试以取富贵，社会上逐渐形成重文轻武的风气，进而产生中国文化至上的观念。对外族的尚武精神及其文化，自然轻视卑弃。基于上述两点原因，国人仇视外族及其文化的态度，日益坚决；相反的对中国传统文化产生热爱，逐渐建立了以中国为本位的文化。这两种现象，从唐朝后期直到明清，持续了一千余年。

李唐皇室，起源于北朝胡化的汉人，他们的民族思想，亦即所谓夷夏观念，本甚薄弱。唐太宗曾说："自古皆贵中华，贱夷狄，朕独爱之如一。"[12]贞观初，唐平东突厥，其酋长任职中央，五品以上者达百余人，突厥人入居长安的也将近一万家。这种华夷一家的盛况，可以说是空前未有的。太宗以后，华夷一家的观念和政策，仍为唐室所继续保持。高宗、武后之世，科举始盛，国人逐渐弃武就文，风气所趋，唐初百战百胜的汉将雄才，至此已不可多见。武后天授中，泉献诚以高丽亡国降虏，其弓马便捷竟列中央武官第一，其次则为薛延陀人薛咄摩[13]。当时汉将的武技，既已逊于蕃将，汉人将才之凋零，从而可知；而民族尚武精神的日见消失，由此亦可得一证明。

玄宗时，汉人尚文之风，达于极点。杜甫《游何将军山林》诗云："将军不好武，稚子总能文。"[14] 按何当为旷骑十二卫之将军，徒知悠游山林，不理武事；而童稚亦复附庸风雅，则世风之萎靡可想。又史称玄宗天宝中期，"承平日久，议者多谓中国兵可销。于是民间挟兵器者有禁，子弟为武官，父、兄摈不齿。猛将精兵，皆聚于西北，中国无武备矣"[15]。在这种情形下，异族将领的重要性日增，武将之缺，边防之任，遂不得不由此辈充选。加以高宗末年以后，突厥、契丹、吐蕃诸族，同时炽盛，给予唐室莫大的侵扰。而玄宗复锐意开边，对蕃将的倚仗更殷，遂至沿边十节度使，率由胡人充任。胡人屯聚边疆，勇武是尚；而内地尚文之风，蔓延益烈；双方在精神文化上的对立，于天宝承平之日而业已形成。又以府兵制的废坏，内地成真空状态。因此安史之乱，能一举滔天，几亡中国。这种情势，实是唐室提倡文人政治自然演变的结果。

安史乱起，唐室忧于祸害，对武人深怀顾忌；夷夏之防，也因而转严。宦官所以能乘时擅权，出任监军，入统禁旅，朝廷惟其言是听，便是唐室此种观念所造成的结果。其后大乱虽勉强平定，但河北、淄青等地，仍为安史余孽所盘据。此辈实力强固，非尚文的中央政府所能征服，终于迫使唐室予以放弃，视同化外，俨然敌国。至于唐室中央对待其嫡系的将领，也极尽猜防的能事，尤以异族将领为甚。安史乱后，若干有功异族将领如仆固怀恩、李怀光等人的叛变，都与受中央的猜忌歧视有关。河北藩镇的将士，多为胡人，他们控制的地区，因之日益胡化，而胡化区遂由边疆展延至内地。胡化的特征，是卑视文教，崇尚武力。而北方民性强悍，亦最易感染胡风。唐室中央，仍一贯的盛倡科举，崇奖文辞。河北藩镇与唐室中央所直接控制的地盘，在精神文化上既已形成两个截然不同的敌对地区，唐帝国名义上虽仍是一统，实际上已是分裂之局。

宪宗时，因代德两朝的积储，对藩镇痛加挞伐，河朔一度归命。但唐室仍以文治手段，管理其地，终不能为河朔人士所悦服。穆宗时，以张弘靖节度卢龙，而弘靖不知适应当地的风习，仍以内地简静迂缓的作法治军理政。其从官韦雍等，轻狂嗜酒，卑视武夫，动辄詈之为"反虏"；又谓军士曰："汝辈挽得两石力弓，不如识一丁字。"[16] 由是卢龙突叛，诸镇继之，数月之间而河北变色。其时上距宪宗时诸镇从服，不过两三年。弘靖本为内地的能吏，而一帅卢龙，立酿巨变；可知河朔犷悍之风，业已根深蒂固，非中央尚文之政所能感化。至于唐室中央嫡系藩镇的节度使，也多用文臣，且多由宦官的推引而膺选。其中虽不乏豪杰之士，但究以怯懦贪渎不任军事者居多。河朔再叛，所以终唐之世不能复取，与此甚有关系。唐室既弃河朔，而举国视其地如夷狄，不屑与同。这与唐初华夷一家的思想，已有极大的距离，也是安史乱后唐人夷夏之辨渐严的明证。到五代，石敬瑭父事契丹，一举割燕云十六州。当地居民，久染胡化，精神上反与异族接近，因此割地时竟无丝毫阻碍。

安史乱起时，吐蕃乘机入侵，数年之间，侵陷河西、陇右数十州。另一外族回纥，则与唐亲善，曾四次遣兵入援。但回纥恃功而骄，行为横暴，甚为国人所厌恶。乱平后，回纥又与唐室成立一种国际贸易，以他们特产的马，向唐强迫倾销。当时回纥马一匹可换唐绢四十匹，但马的体质劣弱，多无用处，唐室亦尔虞我诈，将绢疏织短截，以充匹数。唐人对回纥的印象，极为恶劣，大诗人杜甫、白居易都有骂回纥人的诗。杜的《留花门》，以回纥倾国而至，损毁田原，引为深忧，认为不当留其人于中国。白的《阴山道》，更直言不必以诚实之道待回纥。德宗时，振武留后张光晟更曾一举杀回纥使者突董及其随员九百余人。但大体说来，安史乱后，唐室一直维持"联回抗吐"的政策，一意笼络回纥，备御吐蕃。这政策甚有成效，终使中国转危为安。文宗时，回纥为黠戛斯所破，诸部逃散。其中一支南逃，于武宗时进窥边境，屡为唐室所败，降者数万人。唐室把回纥降众拆散，分交全国各地的节度使统辖。这办法深含防制之意，与唐太宗平东厥后，把整个中国北边交给突厥人居住的措施，已不大相同。

中唐以后，国人的民族思想滋长，对异族的仇视防制，已如上述。此外唐人对异族文化，也渐有歧视之意，对胡俗渐感厌恶，对佛教也由狂热的信仰变为公开排斥。由于这种文化意识上的自觉，逐渐引起儒学的复兴运动。

玄宗时，士女多衣胡服。胡服的特征，为短衣窄袖。安史乱后，唐人的衣着，已恢复旧观，改尚宽长。此点近人已有论述，不必赘言。但当时胡风并未尽除，国人仍有椎髻赭面的风习。白居易诗云："圆鬟无鬓椎髻样，斜红不晕赭面状。昔闻被发伊川中，辛有见之知有戎。元和妆梳君记取，髻椎面赭非华风。"椎髻为北狄装束，赭面为吐蕃习俗，而居易以其非华风，至以"被发伊川"喻之，则其对胡风的厌恶，可以想见。这与盛唐士女的观念，完全相反[17]。

安史之乱以前，佛教僧侣的地位极高。当时南北朝时代佛徒传教译经的狂热已减，才智之士，多沉潜于佛学的研究，因此宗派大兴，佛学益趋精微。但佛教虽盛，同时却也遭遇两种中国传统文化力量的无形抗拒。其一是科举。因科举须考试经书，知识分子为求取功名，参加考试，不能不读儒家经典，因而无法专究佛藏。二是中国人的家族观念。国人素来重视家庭，以结婚生子为无可推卸的天职，至有"不孝有三，无后为大"的典训。因此对佛教的出家修行，大都不敢尝试。这两种力量，是佛教在中国始终无法克服的困难问题。安史乱后，禅宗盛行，此派不重仪式、文字，主张明心见性，顿悟成佛。因此国人不必出家，亦可信佛，又可读孔子之书，猎取功名。而禅宗宗义，与儒家心性之学，颇有相通之处，不特两者并无违碍，而禅学且可助于儒学的深入研究，为儒学辟一新境，因此士大夫多好禅学。这种现象，固然使儒学渐受佛学的浸润，但从佛教在中国的发展过程来看，禅宗之兴，也可说是佛教对中国传统文化的一种妥协表现。同时自禅宗盛行后，佛学的研究之风渐息，也是佛教衰落的象征。佛教既衰，遂启儒学复兴的机运。若干士大夫，为提倡儒学，遂排斥佛教。禅学虽渐入于儒，但佛教宗派，不止禅宗一宗，其天堂地狱因果报应之说，以及拜佛求福的种种仪节形式，皆与儒学不合。若干士大夫复受民族意识的驱使，遂起而排佛。唐代第一位公开排佛的，是中唐时期的大文豪韩愈。

宪宗曾命人迎佛骨于凤翔（今陕西凤翔县），留宫中三日，以求福祉。朝臣韩愈上表论谏，痛诋佛教，被贬为潮州（今广东潮安县）刺史。韩愈辟佛的理论，纯以传统的儒家思想为依据，他对佛学并无深刻的认识，所言甚为俚浅。他的结论，只是认为佛教来自夷狄，非先王之教，不宜崇信；对佛家的因果报应之说，表示怀疑而已[18]。这类批评，在当时并没有发生多大影响。但其在举世滔滔之际，言人之所不敢言，其民族思想的浓烈，对中国传统文化态度的忠实，实为有唐以来的第一人。

韩愈并提倡古文，主张为文应效法古代经典以及秦汉时代文章的体例，反对魏晋南北朝以来的骈俪文体。他并主张

"文以载道"，他所谓的道，也就是儒家思想。他的提倡古文，实际也是对佛教的一种排斥。因为自南北朝以来，骈文盛行，佛经的翻译，也无形中受了这种文体的薰染，不少译成的佛经，文辞优美，深具骈偶风格。他主张屏弃骈文，自然也包括佛经文字在内，实含有"正本清源"的用意。到宋代，古文大盛，风靡一世，虽不能说是韩愈一人之力，但他确是开风气的先驱。苏轼说他"文起八代之衰，道济天下之溺"[19]，可见宋人对他的崇拜。总之，韩愈是唐代科举制度培养成的士大夫对外来文化发动猛击的第一人，他阐发了儒学的权威性和正统性，也开启了唐代及其以后儒学复兴的机运。

谈到唐代儒学的复兴运动，不能不追溯魏晋南北朝以及唐代前期的儒学概况。东汉以后，儒学渐趋衰微，玄学与佛学继之而兴。虽然如此，儒学却始终有它自己的领域，经书仍是不少人研究的宝典。玄学和佛学，远不如儒学与政治的关系来得密切；儒家政治理论的完整，更非佛老所能及；因此它们无法取代儒学的政治地位。历代的中央政府，无论尊儒与否，总有借重儒学之处。所以不管道教或佛教，在政治上如何为统治阶级所崇信，在社会上如何流行，儒学仍能衰而不绝。魏晋南北朝时代如此，隋唐也是一样。

东汉的儒学以郑玄集大成，他治经兼重古文和今文。所谓古文，是汉代陆续发现的秦以前的古本儒家经典，今文则是汉人以当时文字追忆记录而成的经书。其后曹魏的王肃，极端相信古文，风向所趋，所有古文家的学说，都有人研究。而汉代古文经学未立学官的，魏时也都列入学官。古文盛行以后，诸家又各分派别。例如《周易》有王弼、郑玄二家，《毛诗》有郑玄、王肃二家，《左传》有服虔、杜预二家，立说颇多不同。东晋以后，经学又分为南北二派，各有所宗。南派

《周易》宗王弼，《尚书》宗孔安国，《左传》宗杜预；北派则《尚书》、《周易》宗郑玄，《左传》宗服虔；《诗》则南北同宗毛公，《礼记》同宗郑玄。大体说来，南派多宗魏晋人的传注而杂以玄学，北派则犹宗晚汉经说。两派的治学方法，也不相同，大抵"南人约简，得其英华；北学深芜，穷其枝叶"[20]。这可以看出南学深受玄学的影响，北学犹袭东汉儒者考据的遗风。隋统一后，南学渐盛。陆德明作《经典释文》，偏重南学，风行一时。至唐太宗，以经籍文字，谬误甚多，乃于贞观四年（六三〇年）命颜师古考订五经。七年（六三三年），颁行全国，是为《五经定本》。其后又诏孔颖达与诸儒撰定《五经义疏》，至十六年（六四二年）书成。复经考正损益，至高宗永徽二年（六五一年）始颁行全国，是为《五经正义》。五经指《周易》、《尚书》、《左传》、《毛诗》、《礼记》，《正义》于前三者的注疏，均采南派；因此经学统一，北并于南。此后《五经正义》成为中央官学的读本以及科举考试经书的依据。此外太宗于贞观二年（六二八年），始立孔子庙堂于中央官学。高宗时，两京国子监及天下诸州，均设孔庙[21]。由此可见，唐室虽在佛教风靡之时，而对儒家的尊崇和儒家经典的整理，仍勉尽其力。

《五经正义》颁行后，经学定于一尊。其优点在于廓清杂说，使学者有所遵循；同时无形中抵拒佛学的薰染，保持儒学思想与研究上的独有领域。其缺点则因官学及科举（以明经科为主）考试，不能与《正义》学说相违背，因有此种拘束，反而阻碍经学研究的进步。因此唐代除孔颖达、贾公彦等人外，竟没卓异的经学家。但一部书绝不可能毫无错误，也不可能永远为人尊奉，因此高宗以后，渐有反对《五经正义》的言论出现。武后长安三年（七〇三年），王元感上《尚书纠缪》、《春秋振滞》、《礼记绳愆》等书，皆与《正义》立异。武后命弘文、崇贤两馆学士审查，评价甚高，因而下诏褒美。此后《正义》渐不为人所重，儒学界形成一种怀疑旧注、崇尚新说的风气。而《正义》在经学界的权威地位，前后不过五十年而告动摇。

代宗大历以后，经学者多标新立异，不守旧说。例如啖助作《春秋集传》，杂采三《传》，各取所长。陆淳作《春秋集传纂例》等书，抨击三《传》，自以臆说解经。此外如成伯屿的《毛诗指说》、李翱的《易诠》等，皆尚新说。这类著作，因过逞私意，本身并无多大学术价值。但影响所及，遂开后世怀疑古经的风气。另一方面，因学者不遵旧说，自创新意，儒家经典旧日注疏的堤防尽失，佛学遂得日益浸润于儒学的领域中。所以虽有人致力于儒学的复兴运动，但儒学的内容，已渗入大量的禅学思想，在本质上已非先秦两汉之旧。

韩愈致力于儒学的提倡，可于其《原道》一文中见其精义。他阐明尧、舜、禹、汤、文、武、周公、孔、孟一贯的道统，并极其推尊孟子，认为得孔子的正传。自扬雄以后，孟子不为儒者所重者达数百年，经韩愈的推崇，孟子的地位陡增，其说大行。由于儒学受禅学的影响，有唐后期的儒者多注重心性之学的研究。而孟子为先儒论性最为用力之人，其谈心性及修养方法等所引起的若干问题，于禅学中可以觅得相当的解答。因此孟学既盛，无形中加深儒学与佛学的关系。《孟子》一书，遂成为宋代理学家所依据的重要典籍。又因《大学》有"正心"、"诚意"之说，韩于《原道》一文中也特别提及。但他说："古之所谓正心而诚意者，将以有为也，今也欲治其心而外天下国家，灭其天常。"这几句话在着重说明儒佛"治心"的用意和结果的不同。此后《大学》一书也成为宋代理学家主要依据[22]。此外他曾作《原性》一文，主张发挥孔子性说之长，并无新义。同时文中对于杂用佛老学说而言性者，表示不满。

就以上所言，可知韩愈虽也谈论心性，但仍坚决排佛。他被贬至潮州后，因与高僧大颠往还，颇受影响，其排佛的态度，乃渐不如以前的强厉。但终其一生，他对佛学始终抱"不服输"的态度，而讳言其对佛学的兴趣。事实上自韩以后，儒学与佛学的关系，日趋密切，渐至于融合。而韩的弟子如李翱等以及后来的宋儒，也都采韩愈的态度，他们的儒学，虽已兼采佛学，但仍坚不承认受佛学的影响。总之，韩愈可以说是宋明理学家的先驱，他的"道统"之说以及对《孟子》、《大学》的尊崇，皆为后儒所保持，而"道学"一词更成为宋明新儒学的专名。他也可以说是中古时代从事建立学术道统亦即中国本位文化工作的第一人。

李翱曾与高僧惟俨论学，颇有警悟。他曾作《复性书》，表面远攀儒家经典如《中庸》等书，而不及佛典，实际其中已杂有许多佛家理论。例如书中所谓"圣人"，乃是以尽人伦，行礼乐，而达到其至高的修养境界者。这种与宇宙合而为一的境界，与佛学的涅槃，并无二致。此外他认为修养成圣的方法，第一步为"知心无思"，与佛学所谓的"真心无觉"，其意也正相吻合。但李翱虽援引佛理，仍讲求修齐治平，并未丧失其儒家的立场。他的用意，只是使佛学儒化，而非儒学佛化，所以他认为最高的境界，仍须于人伦日用中修成。宋代理学家也遵循此意，虽援佛入儒而依然排佛。总之，韩愈、李翱已确定了宋代理学的基础及轮廓，而李的贡献，较韩尤大[23]。

四　宋代中国本位文化的建立及其影响

唐亡于藩镇，继之而起者为五代。五代时期的政府，则是唐代藩镇的延续。其中后唐、后晋、后汉三朝，均是沙陀人所建。在五代时期的五十余年中，是纯粹的武人政治，文人的地位大为低降。但中唐以后渐趋严格的夷夏观念，却未因此而废绝。沙陀人因久居中国，沾染汉化，身虽为夷，而每每自居为夏。当时契丹强大，控制中国的北方政权，而唐、晋、汉君臣，曾有不少表现出强烈的民族意识，与契丹对抗，虽身死国亡而不惜。后唐废帝时，石敬瑭反，帝宁拒契丹之援，而不与之和亲。晋出帝初即位，纳朝臣景延广的建议，对契丹称孙而不称臣，卒以此挑起战端，沦为降虏。此类史实，皆沙陀以中国自居的明证。其后郭威以汉人建立后周，曾亲赴阙里，祭祀孔子，开始表示对中国传统文化的尊重。到世宗，延聘儒学之士，考察制度，订正礼乐刑法，翻然有偃武修文之志。他是五代惟一有计划的消灭武人政治的君主，从而奠定了北宋文人政治的始基[24]。

宋代提倡文人政治，科举转盛，而儒学益尊，科举制度逐渐成为发展儒家思想学说的工具。加以外患不息，宋人的民族意识也日益深固。民族意识、儒家思想和科举制度是构成中国本位文化的三大要素，这些要素都在宋代发展至极致。儒家思想学说受了民族意识和科举制度的保护支持，成为举世独尊的显学。从北宋起，儒学支配中国的政治动向及社会人心垂千年之久，其尊崇与强固，较两汉犹有过之。

宋室为矫唐末五代武人乱国的积弊，提倡文人政治，严禁武人干政。由是科举复兴，科举出身的士大夫的地位益为隆崇。但因矫枉过正，造成重文轻武的现象，以致国势不振。宋代科举考试的科目内容，也渐有统一的趋势。唐代科举考试，每年举行，约分十余科，而以进士、明经两科的应试者为最多。进士重文学，明经重经学，每年以明经进身者约一百人，而进士不过一二十人，因此进士科最为世人所重。宋代科举考试的时间，初无定制，至英宗始定为三年一考。其科目虽有多种，但其独重进士的程度，较唐犹有过之，其余不过聊充点缀。朝廷对进士倍加宠重，录取人数也远较唐代为多，因此进士科成为士人竞趋的对象。

神宗时，王安石变法，改革科举制度，罢除诸科，独存进士。此外又立明法，作为不能业进士的举子的进身之地。考试内容，则废除帖经墨义，改试诸经大义。与试者必须通经而有文采，始能中格，与帖经墨义的粗解章句不同。安石并训释《诗》、《书》、《周礼》三经，号称"新义"，以为经义考试的标准。此外自京师至各州县，均设学校，宦家子弟，可免试入学。在校成绩最优的，可免除初试，直接参加最后的"殿试"，用以提高进士科的水准。其后党争激烈，办法屡有更易，但经试大义，则相沿未改。南渡以后，科举仍重进士。考试内容，则分两科：一以试经为主，一以试诗赋为主；但前者仍兼试诗赋，后者仍兼试经义。这种办法，初行于北宋哲宗时，南渡后始成定制。进士之所以分科，实因当时北人素好经学，南人擅长文词，不得不行此法，以为调剂。

至于宋人的民族意识，也日益强烈。科举制度与文人政治造成士大夫的自尊以及对中国文化的竭诚崇拜和拥护，因此自然卑视外族文化。加以契丹、女真等外族的侵凌，遂使宋人对异族于卑视之外，益以仇视。宋人好谈《春秋》，如孙复、胡安国等，皆以《春秋》之学名世。孙著《春秋尊王发微》一书，主张"安不忘危，治不忘乱，讲《武经》而教民战"。安国曾进高宗《政论》二十一篇，其论立志，谓"当必志于恢复中原，祗奉陵寝；必志于扫平仇敌，迎复两宫"[25]。
朱熹以理学名世，但其所著《资治通鉴纲目》，踵事《春秋》，
而以蜀汉为正统，其意即在否定北方外族政权的正统性及合
法性。此外宋人虽然因对外战败，屡订屈辱条约，但从未效
法汉唐，与外族和亲，这些都是宋人民族思想的具体表现。
而北宋屡次伐辽，南宋屡次伐金，也都是宋人不甘受外族侵
凌的明证。

北宋神宗时，王安石变法，整顿军队，创保甲法，对百
姓施以军事训练。八年之间，得民兵七百万。及安石去职，
旧党当政，尽废新法，既练的民兵，全无所用。但到南宋初
年，岳飞、韩世忠、张浚诸将，皆图恢复中原，而宋室的兵
力骤强，迭立功绩。岳飞提一旅之师，屡挫金人的百战精锐，
几复中原。宋室武力于此时突然强劲，固由于宋人的愤恨外
侮，敌忾同仇，而安石保甲法教民习战的成果及影响，当亦
为主要原因之一。如非高宗怯懦，信任主和的奸臣秦桧，且
狃于重文轻武的积习，深恐一旦功成，武人难治，遽尔下诏
班师，与金人议和，则河山再造，指日可期。及岳飞被杀，
韩世忠解除兵权，宋室的武力，从此不振。结果惟有称臣纳
币，以苟延岁月。

金宋议和后，宋人的民族思想，并未中断。孝宗即位后，
锐意恢复。但高宗时代的名将，至此业已凋谢殆尽，硕果仅
存者，只一张浚。浚虽忠诚谋国，但其勇略较之岳飞、韩世
忠等人，相去甚远。孝宗以张浚北伐，不旋踵而有符离之败，
不得已再与金人议和。和约改金宋为叔侄之国，宋主称金主
为叔，不再称臣。并改"岁贡"为"岁币"，且较前略有减免。
宋虽未能收复失土，但从此两国外交立于平等地位。设宋室
不敢一战，则必仍称臣纳贡如旧。和约未立时，张浚已死。

浚临终手书付二子曰："吾尝相国，不能恢复中原，雪祖宗之耻。即死，不当葬我先人墓左，葬我衡山下足矣！"[26]其忠慨遗恨，跃然纸上。

南宋时，理学昌盛，为世所宗。但永康学派诸子如薛季宣、陈傅良、叶适、陈亮等，皆反对理学家的高谈心性、不切实用，而以经纶当世之务相号召。此派对朝廷的偏安一隅，士大夫的宴安苟且，深为不满。叶适、陈亮，尤主恢复金瓯，以雪国耻。宁宗时，韩侂胄专权，欲伐金立功，叶适诸人，多所赞助；爱国词人辛弃疾、诗人陆放翁均亲附之。但侂胄不谙军略，伐金败绩，致为朝臣史弥远所杀，函首于金，再订屈辱条约。侂胄奢侈骄横，轻举妄动，其误国之罪，固不可辞，但其不忘仇敌，志切恢复，其勇气亦自可嘉。惟因其生前，倡"伪学"之禁，敌视理学家朱熹等人，为清议所不容，遂横被一世恶名。侂胄死后，宋室于败丧之余，不敢再战，而国势益形不振。

自侂胄北伐失败，金亦因蒙古勃兴，屡遭侵略而日趋衰微，双方相安无事者六七十年。宋理宗时，金益不振，宋室遂联蒙古灭金。夙仇虽复，而新敌益强。蒙古横跨欧亚，所向无敌，但其侵宋，却遭遇空前未有的困难。宋以名将孟珙镇江陵，余玠守四川，固守上流，保障东南，局面一时甚安。余玠于四川采"山城设防"之策，与蒙古大小三十六战，皆有劳效。其后孟、余相继死，蒙古遂大规模入侵。元宪宗蒙哥于理宗宝祐六年（一二五八年），领兵十万侵宋。次年，进围合州钓鱼城，守将王坚、张珏拒守，苦战数月，蒙哥传为飞矢所中，死于钓鱼城下。此一举世无敌的大汗，竟死于一座孤城的攻防战中，堪称奇迹。其后宋室因奸臣贾似道乱政，名将凋谢，国事日非，但犹战斗二十年，始告灭亡。总计自金亡至宋室倾覆，宋人与蒙古苦战凡四十五年，较之蒙古的横扫欧陆，所向无前，实不能同日而语。而南宋之亡，陆秀夫负帝昺蹈海于厓山，从死者数万人，其壮烈可谓史无前例。如非当时士大夫具有高度的自尊心和民族意识，焉能至此！

北宋的儒学，仍盛行唐中叶以后以新说解经的疑古风气。王安石著《三经新义》，其解释自与传统的注疏不同。此外如欧阳修、苏轼等，对古代某些经典的部分内容，抱怀疑态度，自然也都是受这种风气的影响。这种风气的持续，所以如此之久，主要由于唐宋时代的政府和社会，崇尚文学，明经并非士人的唯一出路；加以思想比较自由，学者不愿死守传统的经注，而思自创新见。又受佛学的影响，儒学的内容也因而发生变化。这种风气，最初是怀疑古经，发挥新义，渐而形成一种新学派，即所谓"理学"或"道学"，也可以说是一种新儒学。理学家的最初目的，本在中兴儒学，抵制佛道。但他们所讨论的若干问题，诸如心性和宇宙问题，先儒多不常论及，因而无形中蹈袭了佛道的理论和方法。尤以佛家的禅宗理论，对理学的影响最大。

宋代理学的初兴，约在真仁之际。初期的理学家，以周敦颐、邵雍、张载为最著。周是宋代理学的开山祖，从他起宋儒开始谈宇宙问题，就宇宙的本体，推论到人生的正道。他以《易》、《中庸》二书为骨干，杂以佛老，建立其本体论。他的《太极图说》，可称为代表作。此外邵的《皇极经世》，张的《正蒙》，都是这方面的名著。周、邵之学，渊源于五代末年的道士陈搏；张载少时，也曾致力于佛老。从这些地方，可以看出他们与佛老的密切关系。周于讨论宇宙问题之外，更阐明心性义理的奥秘。他所谓的"人极"亦即做人的最高理想，是仁义中正。修养的方法，在静与思，静始能无欲，思始能通微。通微可以渐达于无思，无思始合于诚，合于诚者便是圣人。张载在这方面，也有很多发挥。他认为圣人视万物为一体，破除我与非我的界限，亦即是天人合一的境界。以此推之，人体即宇宙之体，人性即宇宙之性；吾人应以宇宙为父母，众人作兄弟，万物为同类；自亲亲之道，扩充至大公无我，泛爱一切，始为对宇宙万物应有的态度。

继起的理学家，以程颢、程颐为首。二程少时曾受学于周敦颐，博览诸家，出入佛老者近十年；然后研习六经，发为学说。二程皆有语录，颐并著《易传》一书，为毕生精心之作。他们虽也探讨宇宙问题，但重点则在心性。因为人对宇宙的了解有限，由宇宙转论人生，实太牵强，不如直接从实际的生活经验，来建立人生的理论；这是二程在理学上的最大贡献。他们以"持敬"、"致知"两点为学说的主旨，主张存养在诚敬，致知在格物。依据实际的生活和内心的经验，教人在修养上选择自己的方向，而求身心与道一致。宋代理学，到二程才开始确立系统。二程的学说，大同之中，也有小异。例如程颢主张"敬以直内，义以方外"，以为学者须先认识"仁"的原理，然后以诚敬保持之，自可到达"仁"亦即天地万物合一的境界。这种理论，实开南宋陆象山心学的端绪。程颐则主张"涵养须用敬，进学则在致知"。比较注重格物穷理，可以说是南宋朱熹一派学说的先驱。

到南宋光宁时代，理学趋于极盛，最著名的理学家为朱熹。他少从大儒李侗问学，侗学则渊源于程颐。朱熹平生著述极富，包罗至广；为学侧重致知，认为求学必先穷理，穷理至于其极，即可豁然贯通。他所谓的穷理，乃是"推究天下万事万物的究竟"，亦即《大学》所谓"致知在格物"，程颐所言"进学则在致知"之意。他以为天下的物理精蕴，已具备于圣贤之书,因此教人以信古人读古书为格物穷理的入手方法。古书则以《论语》、《大学》、《中庸》、《孟子》为最重要,他定为四子书,特为作《集注》与《章句》。他的退五经而进四书,是当时学术界空前的创举。此外,他并创"道统"之说,亦即"道"的一脉相传,犹之政治上的所谓正统。他认为四子以下,直接周、张、二程。他的道统说,虽是继韩愈《原道》一文的主旨而扩延之,但从他起,道统说才正式确立。

与朱熹同时而学说立异的,有陆九渊。他特别注重持敬的内向工夫,主张心即是理,不容有二。他的修养方法,以为人性至善,首应明白本心,然后加以发挥,即可到达至善的仁的境界。至于穷理工夫,并不必要。他曾说:"学苟知道,六经皆我注脚。"与朱子读书穷理的见解,大异其趣。朱学博大精微,而教人的方法,则极平易浅近,因此能集宋代理学的大成,为众流所归,历元明清三朝,学者不能逾其范畴。至于陆的思想学说,直到明代中叶的王守仁,才发扬光大[27]。

宋儒因专讲修养,砥砺名节,有"饿死事小,失节事大"之说。这个说法,对后世影响极大,不特男子重视节操,女子夫死而守节不嫁者,也自此而盛。此外宋儒对个人修养,主张躬行实践,但把道与事分开,除个人修养外,对世事并不注意。对政治社会,更无远大的计划和理想,正如韩愈所说的"治其心而外天下国家"。宋代理学家之居官者,莫不洁身自好,操守出众,但大都反对政治的革新,主张保持现状。对外虽亦有浓厚的民族意识,但反对战争,仅求苟安。因此节操虽励,无益于政治的进步;夷夏之辨虽严,而不能报仇雪恨,恢复故土。

北宋王安石变法，遭受旧党司马光、富弼等人的坚决反对，而理学家的程颢，实为旧党的一分子。颢弟颐于神宗时虽未用事，但神宗以后亦为旧党中一派（洛党）的领袖，其反对改革，自无疑问。南宋宁宗时，韩侂胄专权，谓朱熹迂阔不可用，罢熹侍讲。侂胄并与理学家为敌，而倡"伪学"之禁。所谓"伪学"，乃指学者的"言行相违"者，以为廉洁好修，违人真情，其人不过文诈沽名，以自标榜。因此士大夫稍涉义理者，皆遭黜落。当时理学正盛，理学家隐然为物望所归，太学生从而和之，声势益炽。他们的论调，每能左右时局，执政者更是他们经常攻击的对象。但当时所谓贤者，行为不免矫伪，议论也嫌空疏；一般太学生，更多骄横不法。士大夫仍蹈袭北宋党争的恶习，形成政治上一大病根。侂胄的倡"伪学"之禁，行动固然过分，但亦有所为而发，并非完全意气用事。侂胄此举，最为当时的清议所不容。其后伐金败绩，身死名裂，皆与禁"伪学"有关。但理学虽盛，而无补于国事，不能不说是宋代文化上的一种缺陷。

大体说来，唐代文化以接受外来文化为主，其文化精神及动态是复杂而进取的。唐代后期的儒学复兴运动，只是始开风气，在当时并没有多大作用。到宋，各派思想主流如佛、道、儒诸家，已趋融合，渐成一统之局，遂有民族本位文化的理学的产生，其文化精神及动态亦转趋单纯与收敛。南宋时，道统的思想既立，民族本位文化益形强固，其排拒外来文化的成见，也日益加深。宋代对外交通，甚为发达，但其各项学术，都不脱中国本位文化的范围；对外来文化的吸收，几达停滞状态。这是中国本位文化建立后的最显著的现象，也是宋型文化与唐型文化最大的不同点。

蒙古灭宋，建立元帝国。元的制度，一部分袭取汉制，一部分则保持蒙古旧法。但蒙古人吸取汉化的态度，并不积极；汉化的程度，也不深厚。仁宗时，开始以科举考试笼络汉人，这可看出科举制度在中国已奠定不可动摇的基础。但元室忌视汉人，未能善用这种制度，以致无法使汉人与之充分合作。其政治的腐败落伍，也与此大有关系。蒙古人的文化，尚未完全脱离游牧民族的本色。元时中国本位文化仍具深厚的潜力，因此元室虽不积极提倡汉化，但蒙古本身的文化对汉人可谓毫无影响。到明室建立，汉官威仪，随即恢复，异族的统治痕迹，几无可寻。

明代的中国本位文化，从外貌看仍是非常强固。科举的形式与内容，至此亦告统一。唐宋时代科举的名目繁多，明代则只存进士。进士为科举考试的最高阶级，此外虽有秀才、举人等名目，但地位均低于进士；举人的与试者必先具秀才资格，进士的与试者必须先具举人资格。所以三者是科举考试的三个阶段，而非并行的不同科目。至于三者考试的内容，主要为八股文，通称制义。命题专取四书五经，文分八段，每段各具一定的格式，并须起承转合，前后呼应。这种考试方法，亦为清代所因袭。

科举考试，对中国本位文化的建立与强固，确有莫大的助力；但明清时代的科举考试，对中国文化的进展，又是一种极大的阻碍。中国文化从明朝起，渐走上衰落之途。因为八股文体，既极其板滞，内容又只许代圣贤立言，而不能发挥个人的思想见解。知识分子埋头于空洞的形式和口头禅中，以猎取功名，日久年深，至于民族的智慧，为之蔽塞。明清五百年间，大思想家与大政治家的几至绝迹，实与八股文的考试有直接的关系。一般读书人，除学习八股文以期应试做官外，对其他方面的学问技艺，殊少学习的兴趣，几乎一无所能，而读书人的出路也因之转狭。另一方面，胸襟见识也随之偏隘浅薄，认为除了中国古代的经典文学，其他一切学问都不足道。明清时代，中国士大夫的排斥西化，仇视洋人，都与此有关。

科举制度的盛行，影响所及，更产生一种奇异的现象，即是国人民族意识的低落。民族意识本为科举制度的支柱，但由于国人的过分热中科举，遂使科举在国人的心目中，驾国家民族观念而上之。异族入主中国，如能善用科举制度，笼络汉人，则国人亦"夷狄而中国则中国之"，群起应试为官，对异族政府尽其忠悃。元人歧视汉人，科举不公，致国人不予拥戴，国祚短促。至清入中原，鉴于元人的覆辙，采羁縻之策，大开科举，于是举国士子，尽入彀中。遗老硕儒，其不应"博学鸿词"之举者，又有几人？虽顾炎武、王夫之诸大儒，誓不事清，亦只能及身而止。抗敌复国之责，转赖于无知大众的秘密组织，自不能于短期内发生作用。而清人以异族入主，垂统竟至于二百六十八年，岂非怪事！清末屡败于外国，而中国本位文化亦衰弱不堪，科举制度已无法抵御外来文化的入侵。西洋文化亦如千余年前的佛教，挟雷霆万钧之势，乘虚而入中国，遂使中国的本位文化，发生根本的动摇[28]。

附记：拙文之完成，曾得"国家科学会"之补助；并承廖文真、黄敏枝两位同学代为誊清拙稿；一并志谢。

一九七二年十月傅乐成识于台北
原载"国立编译馆馆刊"一卷四期，一九七二年十二月

【注释】

[1] 参看《后汉书》卷一百《孔融传》。

[2] 参看林尹《中国学术思想大纲》页一一三至一三一。

[3] 参看牟润孙《崔浩与其政敌》（载《辅仁学志》十卷一、二期合刊）。

[4] 见《南史》卷七十《郭祖深传》，《魏书》卷一一四《释老志》，《房录》卷十一。

[5] 参看范寿康《中国哲学史纲要》页二二六至二九一。

[6] 参看《隋书》卷六八，《宇文恺阎毗何稠传》。

[7] 见《北齐书》卷二八《元孝友传》。

[8] 参看《旧唐书》卷一一九《杨绾传》。

[9] 参看冯芝生《中国哲学史》页七〇二至七九九，巴壶天《禅宗的思想》（载《中国文化论集》第一集）。

[10] 参看《旧唐书》卷四五《舆服志》。

[11] 参看《资治通鉴》卷二〇五。

[12] 见《资治通鉴》卷一九八，贞观二十一年。

[13] 参看《旧唐书》卷一九九上《高丽传》附《泉献诚传》。

[14] 见《杜诗详注》卷二。

[15] 见《资治通鉴》卷二一六，天宝八载。

[16] 见《旧唐书》卷一二九《张弘靖传》。

[17] 参看本书《唐代夷夏观念之演变》篇。

[18] 韩愈谏迎佛骨疏，载《旧唐书》卷一六〇《韩愈传》。

[19] 见苏轼《潮州修韩文公庙记》（载《苏东坡全集·续集》卷十二）。

[20] 见《北史》卷八一《儒林传》。

[21] 参看《旧唐书》卷一八九上《儒学传》及《唐会要》卷三五。

[22] 参看冯芝生《中国哲学史》页八〇一至八〇四。

[23] 参看冯芝生《中国哲学史》八〇四至八一一。

[24] 参看本书《沙陀之汉化》篇。

[25] 参看《重编宋元学案》卷二"泰山学案"及《宋史》卷四三五《胡安国传》。

[26] 见《宋史》卷三六一《张浚传》。

[27] 参看范寿康《中国哲学史纲要》页三〇六至三三九。

[28] 参看本书《中国民族与外来文化》篇。

中国民族与外来文化

一　民族混合与文化混合

中国民族，从有史以来，就经常与外族相混合。至迟从夏朝开始，中国的历史上即已有民族混合的记载。中国民族的形成与扩张，实际是多种民族混合的结果。夏、商、周三朝的建立者，便是三个源流不同的民族。它们先后统治了中国北方的所谓中原地区，相互同化，同时又各与其势力所及地方的土族同化，经过一千数百年（约自西元前二十一世纪初至前八世纪中）的揉塑，渐而抟结成一大民族。它们对异族，觉得自为一整体，自称为"诸夏"，有时也被称或自称为"华"，至迟在西周末年，这种型态已经成立。这种民族混合最主要的推动力便是文化，文化的混合使许多不同的民族结成一体。相反的，某些民族虽与诸夏种姓相同，但因文化的差异，也被摈斥于诸夏之外。例如周代的羌戎（在今山西介休县一带），与周王室母系的姜姓同族；骊戎（在今陕西临潼县一带）则与周室同姓；但它们被视为异族，这自然与文化不同有关。大体说来，诸夏文化已进至农业和城邦的阶段，而所谓戎狄则尚处于游牧部落的状态。由于生活方式的不同，双方的礼俗、言语、饮食、服饰、战术等方面也连带发生显著的差异。因此诸夏与戎狄之别，主要是一个文化的分野，种族的不同尚在其次[1]。至于戎狄盘据的地区，也并不全限于边疆，即使在诸夏的中心地区，也有若干尚未被同化的异族存在。

商周行封建制，民族的混合甚为迟缓，而且是局部性的。到东周，封建制度渐坏，大规模而急遽的民族混合随之开始。春秋时代（前七二二至前四八一年），"诸夏"的范围仍是相当狭小，不但秦、楚、吴、越等国都被诸夏国家视为异类；即使诸夏地区中，如齐、晋、郑、卫等国，也还有多种的戎狄杂居着。到战国时代（前四八〇至前二二二年），内地戎狄大都被诸夏国家征服或同化，使诸夏内部的种族日趋单纯；而边疆的国家如秦、楚、越等也因长期吸收诸夏文化，渐而进入诸夏集团，使诸夏的范围扩大了不少，这范围又被称为"中国"。同时中国集团的若干分子，在外型与内容两方面都发生了大变化。它们从封建式的国家，进而为军国主义式的强国。领土完整，不再分割；政权集中于国君，不再为贵族所垄断。同时它们对境内和邻近的异族地区，从事经营开拓，版图日益扩张，国势也日益强盛，齐、楚、秦、燕以及分晋而成的韩、赵、魏，都是这一类型的国家。他们所以能有这样辉煌的成就，则与采用法家的政治原则与技术有莫大的关系。

法家之学，大致说来是一种专以富国强兵、君主集权为目的的学说，它兴起于战国初期，可分东西两派：东派起于齐国，这一派法家思想的书，有《管子》、《晏子》等。其作者并不是春秋时代的管仲和晏婴，而是后人所假托的，但其中当有一部分是管、晏的政治思想和施政方针。其论点着重于经济，即如何使国家人民致富用富等。西派为三晋，其论点则着重在政治，即如何执法立信，加强政府的权威等。这一派法家的代表人物，有李克、商鞅、慎到、申不害、韩非子等。秦实行法家的政策时间最长，也最澈底；但为它设计和执行政策的人，则来自三晋。论者谓法家起源齐、晋、秦等地的学政习法和典刑者，这种说法大致可以成立[2]。但齐、秦、三晋等国，何以宜于法家之兴起？这一点可能与外族的刺激有关。以上诸国，类皆华戎杂居。晋国境内遍布戎狄，齐有维夷、莱夷等异种，秦则居于西戎之中。它们与外族日处于斗争之中，必须加强军力，统一政令，始能克敌致果。外族的风气本来质朴强悍，列国的人民与之杂居，难免受其影响；加以不断的斗争，更增加其尚武的精神。而法家的严刑峻法，养成他们服从命令恪守纪律的习惯，驱使他们"并力于耕战"，国家乃随之富强。到外族归附，内部巩固之后，它们又展开对外的扩张，更须造成一种力大而易驱使的民俗。在这种环境中，法家的思想最易滋长，其政策也最易被接纳。

春秋时，齐、晋、秦、楚四国，境内外族庞杂，日事经营开拓，军力也随之扩充。齐国最初的领土，本是今山东省的北部，胶东半岛地区，则为莱夷所盘据，与齐人不时斗争。到桓公（前六八五至前六四三年），齐国东境已扩展至海，内部已没有种族问题，因此才有能力西向称霸。晋处于戎狄之中，四向开辟疆土，献公（前六七六至前六五一年）致力扩军灭国，掩有整个汾水流域，曾讨伐骊戎，大获克捷。但他晚年荒于酒色，身死国乱，狄人的势力复炽。文公（前六三六至前六二八年）母为狄人，且曾居狄十二年，因此即位后能和辑狄夏，击败楚师，而迅速定霸。文公以后，晋室致力于狄人的征服，赤狄以及肥鲜、虞鼓、中山诸狄，皆为晋所灭，疆土大扩。秦则于东周之初，驱逐犬戎，取得周王畿的西部。其后又伐邦冀戎，辟土至今甘肃省东境。至穆公（前六五九至前六二一年），因东向发展为晋所阻，乃改变方针，致力于西戎的经营。结果灭国十二，辟地千里，掩有渭水流域的大部。楚于西周末年称荆蛮，为周患害，曾为周宣王所挞伐。春秋初，诸夏国家，犹以蛮夷视之。其后屡次北进，为齐、晋所阻，不能得志，转而经营南方。楚人也以蛮夷自居，一味以武力兼并为务，因此灭国甚多，如弦、黄、江六等国，都是南方土族，从未沾染华风。楚庄王（前六一三至前五九一年）时，又灭庸、舒等国，伐陆浑戎（今河南嵩县），并击败晋师而称霸中原。庄王以后，楚人逐渐改变其极端的武力兼并政策，并要求加入诸夏集团，这自与长期吸收诸夏文化有关。总之，以上四国，致力于开拓事业最为成功。外族地区给予它们广大的发展空间和经济资源，而民族间的斗争及同化，也养成其国人的勇武精神，因此国家富强，蔚为霸主。到战国，这些国家又采用法家的政治学说，厉行军国主义，于是国势益强而战争也愈烈，整个世局也随之发生巨变。

战国初期，晋分裂为韩、赵、魏三国。魏据有晋的中部和西南部，地盘最大。其开国君主魏文侯（前四○三至前三九七年），以李克制订新法，改定税制，国家大治。因此魏国成为战国初期最强的国家。至惠王（前三七○至前三一九年），齐国兴起，魏始衰落。齐于威王（前三五五至前三二○年）时奋起图强，曾两败魏师。其后宣王（前三一九至前三○一年）重创燕国，湣王（前三○○至前二八四年）灭宋，国势极盛。齐国受东派法家学说的影响，早有开发利源裕民富国的传统，战国时又建立以军功得官的制度，以是国富兵强。但湣王灭宋后，志气骄盈，因滥事征伐，为燕所乘，国势大衰。燕僻处东北，国力不强，但亦曾大败齐国，并击败东胡，拓地至今辽东半岛。楚于战国初期，曾以吴起变法，推行新政。同时不断四向扩展地盘，于列国中版图最大。但至楚怀王（前三二八至前二九九年），两败于秦，势力大挫。楚国因地大人稀，生活环境优越，文事大兴，而法令渐趋宽缓，政治也日见腐败，国势因而不振。韩国于昭侯（前三六二至前三三二年）时，以申不害为相，厉行法治，内修政教外应诸侯者十五年。但因地狭人少，始终未见强大。赵于武灵王（前三二五至前二九九年）时提倡尚武精神，下令国人必须胡服，以习骑射，曾北攻狄人所建的中山国（今河北定县），并经略匈奴地数千里，流风所及，赵人以勇武善战名于当时。到长平之战（前二六〇年）赵败于秦，六国的灭亡命运，也大致决定。

以上六国，虽多任用法家，推行新政，而称雄于一时，但富强之后，其统治阶层转趋奢侈骄泰，渐失去往日奋发有为的精神。齐、楚、魏、赵等国，莫不如此。齐国的君主贵族，豢养了不少"谈天雕龙"的清客，以异说奇谈侈言于朝廷中。齐公子孟尝君，有门客数千，其中不乏"鸡鸣狗盗"之徒。此外如楚春申君、魏信陵君、赵平原君、燕太子丹等，也都以养士著称。这些所谓的"士"，大都是游食之人，纯粹的寄生者，而甚少才智之士。这类现象，与法家政治思想是背道而驰的，所以养士之风盛，亦即法家之政衰。因此这些国家的强盛，都相当短暂。唯有秦国，实行法家的政策最久，也最澈底。从秦孝公（前三六一至前三三八年）到秦王政（前二四七至前二二一年），法家政治一脉相传，达一百四十年之久。孝公时，商鞅变法，秦国家给人足，盗贼绝迹，社会异常安定。同时奖励军功，举国上下都以对外战争为主要出路。秦人本具有戎狄尚武的特性，加上完密的组织和严格的训练，因而军队精勇，所向克捷，终于并吞六国，造成史无前例的大一统之局。

秦的大一统之局的造成，是"诸夏"或"中国"民族和若干外族在种族和文化混合的结果。这次民族大混合，历经春秋战国五百年而告成。以中国民族的智慧文明，混合外族的勇武精神，才建立了这件揭地掀天的伟大事业。大一统之局的完成，在国史上具有无比的重要意义。在此以前，无论名义上如何，中国实际上是分裂的。所谓"诸夏"或"中国"，只是个笼统的概念，并无确切的范围及实际组织，到秦统一，"中国"二字才有具体的表现，它代表着一个庞大帝国和它的土地人民。紧接着大一统之局出现的是秦汉的大帝国。秦汉于统一之后，随即对外扩展，驱逐匈奴，并征服百越。汉于秦亡后，休息了一段时间，而后继续开边，版图较秦时扩大一倍，造成国史上的极盛时代，最难得的是强盛的保持，汉历时四百年，而其盛世，竟有三百年（前二〇〇至西元一百年）。其间除了极短时间的战乱，帝国始终是富强的。

随着民族的混合与大帝国的建立，学术也渐渐由分裂走向统一之途。自东周初年，封建制度渐坏，各种学术大兴。秦以崇尚法家而统一天下，汉承秦法，但对秦的迅速灭亡，深怀畏惧，因此虽在政治制度上承袭秦旧，但于立国精神和原则上不得不另觅长治久安之道。所以汉初崇尚黄老，行无为之政。经六十年的休养，到汉武帝时，国力渐充，又趋有为，这时黄老政治已不能配合大帝国事业的发展，于是又复尚法，但汉室终不敢以尚法为名，因而提倡儒术。汉武一代，始终尚法，儒术只是装点门面。但武帝多少受了些儒家学说的影响，其政治虽然严厉，仍知顾全民命，不若秦代的残虐。晚年且深悔滥用民力，并改变方针，与民休息。但汉帝国经数十年的开边战争，加上武帝的奢侈无度，元气因而大伤。武帝以后各朝，每以武帝为戒，一意以守成为务，儒家学说便在这种环境中滋盛起来，所以儒家之兴，实是一种自然的趋势。武帝以后两百年富强康乐之局，实赖儒术维持；但中国民族的尚武精神与进取意志，也因儒学的盛行而渐趋消沉。秦帝国的事业，是以最积极的政治思想与技术配合秦人外族化的尚武精神创造出来的，因此秦的政治，专以扩张权力、财富及土地为目的，从不止息。但因过度扩张，斫丧国本，而至于迅速崩溃。汉初推行无为政治，但汉人的尚武精神犹在，因此首都长安，虽日处匈奴侵逼之下，仍能屹立而不摇。至武帝，国力已充，再以法术而集中国力，遂能重创匈奴，开辟四境。武帝以后，儒术大兴，渐成持盈保泰的局面，国家虽得有长期的治安，但儒家的人道主义及和平政策，亦日渐浸润国人的思想，行之既久，汉人尚武精神及进取意志亦渐趋没落。到东汉后期，整个国家民族，呈现出显著的衰象。

二 中古时期的胡化

东汉和帝一代（西元八九年至一〇六年），是汉帝国兴衰的转捩。在他以前的近三百年间，汉帝国除了内部几次短暂的叛乱，国势始终是强盛的。但从和帝起，帝国逐渐呈现出衰象。宦官开始抬头，与外戚角逐政权，而于桓灵时代（一四七年至一八九年）获得决定性的胜利。他们的贪污残暴，造成汉帝国内部好几次巨大的动乱，诸如党锢之祸、黄巾之乱以及军阀的称兵等。而武帝以后历代迁移至帝国边区的若干外族，至此也趁机向帝国内部发展，最后竟至使整个北部和西部的边区，变成他们的殖民地。外族中为患最烈的是羌人和鲜卑人，为抵御他们，汉廷必须屯重兵于边地，结果产生了不少军阀。若干军阀更利用胡人组成坚强的军队，作为发展其野心的工具，这象征着汉人的尚武精神已日渐消失。内忧与外患，促使这个庞大帝国，走上瓦解之途。

从汉末曹魏以降，政治风气日益败坏，其特点是绝大多数的政府首长，尚功利而无操守，重现实而乏理想。这种风气，根源于汉末的党锢之祸，而曹操更是其助长者。他以法术治国，曾公开声明求才但取治术而不重名节，于是倾险好利之徒，纷纷登上政坛，政风不问可知。其后司马氏篡魏，魏臣中较有政治才识的，都被诛除，政治益趋退化。晋武帝平吴后，举国上下依然浸润于一种奢侈腐败的暮气中，武帝始终没有振刷的决心，结果种种祸乱在他身后一起爆发。惠帝（二九〇年至三〇六年）即位，因赋性低能，皇后贾氏乘机擅权乱政。她利用宗室诸王，相互屠杀，终至造成内乱，干戈相寻者十余年，国事益不可为。当诸王忙于内争之时，中国境内的若干胡族，也乘机脱离晋室的羁绊。到怀帝（三〇七年至三一二年）即位，诸王的兵争虽止，胡族的侵迫，又接踵而来。

从惠帝末年，胡族开始叛乱。至怀帝，叛乱愈演愈烈，史家名之为“五胡乱华”。所谓五胡，是指匈奴、羯、鲜卑、氐、羌，也就是当时胡族的主要种类，都是从西汉中叶起，经东汉和三国时代陆续迁入中国的。它们原都降顺中国，政府为便于保护管理，迁之于边地，其后种类繁衍，因中国的内乱分裂，渐向内地扩张。到晋，胡人益向内逼，北方的重要战略地带，全在其势力范围之中，对于晋帝国的中心地区，形成半包围形势，终至发生大规模的叛乱。十余年后，胡人便掩有整个北方，晋室被迫偏安于江左。从东晋到南北朝，胡族占据北方达二百六十余年（西元三一七年至五八〇年），在这段时期内又发生了第二次的民族大混合。北方胡族因晋室南迁，中原无主，纷纷建国称号，相互杀伐，经一百二十余年的混战，而后统一于鲜卑人所建的北魏（四三九年）。魏历祚百余年，因内乱分裂为东西魏，继而演变为北齐、北周。其后北齐为北周所灭（五七七年），北周又为隋所篡（五八一年）。南方的东晋，亦于偏安百余年后为宋所篡（四二〇年）。宋亡后继有齐、梁、陈三朝。魏统一后，北方渐安，但塞外的部族柔然仍为边患。齐周之时，柔然亡而突厥兴，为害益烈。南方诸朝，虽北伐屡次失利，但对境内蛮族地区的开辟经营，则甚有绩效。隋建国后，先以全力制服突厥，而后乘机南伐，一举灭陈。这时中国境内的种族问题，已大致解决，大一统的局面，因而重现。

中国文化，在汉末也呈现衰象，儒学渐成为一种无灵魂的空架，学者只知对若干经典的小问题寻索考证，而缺乏创造性的新思想，因此渐渐被人厌弃。当时较有独立思想的人，大都依附于老庄。平民的迷信也日渐加深，道教会便在这时成立。政治的腐败，引起外族的叛乱；思想的空虚，也同样招致外来文化的入侵，佛教便在这种情形之下，炽盛起来。佛教本于东汉初年，自西域传入。自武帝始通西域，其后中国更长期掌握西域的政权，因此这个地区逐渐成为东西文化交流的孔道。中国的丝绸，输向西方；西方的文化，也大量传入中国，除佛教外，尚有音乐、歌舞、技艺以及若干动植物等。但自武帝至东汉前期的两百年间，中国的政治稳定，儒学昌盛，佛教在中国流行不广。直到东汉后期，中国传统文化已趋于衰微，佛教才乘时兴起。

两晋南北朝时代，佛教大盛。天竺、西域的佛教大师，纷纷来华，从事译经传教。佛经的翻译，始自汉末，东晋时其风益盛，佛教也自此成为一种普遍性的宗教。至唐代前期，译经事业，到达巅峰状态。译经的风气，前后持续达六百年。天竺的佛教思想，便借着这些翻译的佛经在中国散播，中国人的思想学术和生活都因而发生剧烈的变化。国人因译经而创造新字和成语，达数万之多，对中国语文的辞汇和内容，其影响不言可喻。而佛教思想，与以儒道为主的中国传统思想，经数百年的激荡揉塑，到唐代两者逐渐融合，形成一种新文化。唐人的诗，如王维、白居易等人的作品，已含有浓厚的佛学色彩。又如唐代盛行的禅宗，主张明心见性，顿悟成佛；这个宗派，虽于南北朝时源起于天竺，但唐代的禅宗思想，已与天竺佛教的出世思想颇不相同，反与中国的儒家和老庄思想，有相近之处。这无疑是受中国传统文化的影响，所以禅宗也可以说是中国化的佛教。至于宋代的理学，则是儒学与禅学的结晶。

　　唐代的天文学与数学，都受天竺的影响，而其媒介人也是佛教徒。宗教与天文有密切的关系，天文又与数学不可分，因此不少这类的书籍，随着佛教输入中国。唐代曾屡次改易历法，开元时，僧一行作《大衍历》，最称精密，这是唐代天文学进步的结果。医学也随着佛教输入中国，其中最为中国人士所赞许的是眼科医学。天竺佛徒龙树大师，便擅长眼科医学，他并著有《眼论》，流传中国。此外如催眠术、按摩法、长生术等，也都自天竺传入；并有不少天竺医籍，由佛教徒携带东来，译为汉文。绘画也受天竺画法的影响，例如天竺的晕染法（即阴影法）自南北朝时传入中国，对后来绘画的风格技巧，有甚大的影响。又如中国建筑中常见的牌楼，也仿自天竺。这类艺术，大都是随佛教东来的。总之，在整个中国历史上，除佛教外，再没有一种外来思想影响中国人如此大而且久的了。

　　自南北朝至唐，佛教以外的若干外国宗教，也有不少传入中国。如袄教、景教、摩尼教、回教，都在这段时期自中亚传入。袄教于北魏末年传入中国，当时称之为"胡天"，北魏、北齐及北周帝室，均有信奉者，传布益广，长安、洛阳以及碛西诸州，均有袄寺。景教为基督教别派，于唐贞观中传入，太宗并下诏建寺，当时名"波斯寺"，其后诸州均各建寺。玄宗时，以景教出自大秦（即东罗马帝国），因而下诏改名为大秦寺。德宗时，大秦寺僧景净等立"大秦景教流行中国碑"，述其教德业之盛。至于景教经典，唐时译成中国文字的，数达三十五种。摩尼教传入中国，始自武后时代。安史乱后，回纥人多信此教，因此日盛。寺院自长安及于诸州，称大云光明寺。回教约于高宗初自海道输入中国，最初只在广州一带流行。安史乱后，大食人自海路来华经商者日众，寺院益多，但仍限于南方。另一方面，回教随着大食势力的东渐，传入中亚及天山南路。其后在中国西北及南方地区，日益扩展。

　　以上各教，在中国流传，虽不如佛教的久远广大，但都具有某种程度的影响，尤以摩尼教和回教为最。唐武宗时，唐室排佛，并禁断各国宗教。袄教、景教因而衰落。摩尼教在诸新教中实力为最强，其教徒也最为顽悍。自遭武宗禁止，各地纷起反抗，以致京城摩尼教徒死者七十二人，各地死者过半。其后摩尼教与其他秘密宗教，为唐室所禁，但人民仍私组教会，相互传习，末流趋于妄诞。五代后梁末帝时，陈州（今河南淮阳）曾经发生摩尼教徒之乱。其秘密活动，至宋代仍未止息。北宋末年，睦州人（今浙江建德）方腊倡乱，事经年余，死者达两三百万，也与此教有关。南宋时，摩尼教改称明教，其活动至元末而益盛。元末白莲教首领韩山童，倡言"天下大乱，弥勒佛下生"，其子林儿，自号小明王。朱元璋继之，建国号为"明"。从这些事可以看出摩尼教与佛教揉合的迹象。回教自元世祖统一中国后，盛用西域人，以是流传中国各地，尤以西部边地为盛；南方的广州、泉州、杭州、扬州以及云南等地，也是回教徒集中之地。下至明清，回教益盛，教徒散居各地，成为国人信仰的主要宗教之一。

宗教之外，其他传自西域的若干事物，也于南北朝时风靡一时。北魏盛时，西域人归化者达万余家。北魏分裂后，寄居洛阳的西域人，大部为东魏、北齐所得，因此北齐的宫廷最为西域化。其时中国最流行的音乐是西域的龟兹乐，直至隋唐，盛况不减。工艺技术方面，也受西域的极大影响。隋代的三大技术家宇文恺、阎毗、何稠等均含有西域的血统，隋代许多宏丽精妙的杰作，都是他们以西域的奇技来附合中国的规制而完成的。隋代的若干伟大工程如大兴城、洛阳城、仁寿宫、广通渠、通济渠等，也都是他们的杰作 [3]。

唐代武功特盛，四境大辟。李唐皇室，起源于北朝胡化的汉人，对所谓夷夏观念，本甚薄弱。唐帝国建立后，虽然屡次征伐外族，但等到异族降服，便视如一国，不加猜防，因此外族入居中国者极多。估计从太宗贞观初至玄宗天宝初期的一百二十年间，外族被唐俘虏或归降唐室因而入居中国的，至少在一百七十万人以上。包括突厥、铁勒、高丽、吐蕃、党项、吐谷浑以及西域诸国之人，他们有不少在中国朝廷中做官。外族来华经商传教的，也极众多。波斯人、大食人以及西域贾胡等，遍及广州、洪洲、扬州诸地；而新罗及昆仑等种人，多为国人用为奴隶。这些外族，定居中国，不少与中国人通婚，他们的文化也随之传入，在中国境内自由发展。当时诸外族，以西域人的文化水准最高，所以唐人吸取的外来文化，仍以西域文化为主。举凡音乐、歌舞、技艺、衣食，都为唐人所普遍爱好。至玄宗时，风靡达于极点。据史书记述，当时国家的礼乐机关太常所演奏的乐曲，也以胡曲是尚；一般贵族士女，也都喜胡衣胡食[4]。可以看出中国人醉心胡化的一斑。

此外，从东晋到南北朝，由于外族长期占领中国北方，若干外族的风俗也无形中感染着汉人。这个时代的许多独特风气，都是以往儒家社会中所罕见的，例如残杀即是其一。胡俗本好武嗜杀，北朝所有胡族或胡化的君主，除了少数倾慕汉化的，其余莫不好杀。魏太武帝和北齐诸帝，是其尤著者。淫乱之风，虽南北一致，但北尤甚于南，主要也是受胡俗的影响。胡族的伦理观念，比较薄弱，因此北朝的君主及贵族，大都荒淫无度。北朝帝室的淫乱行为，以北齐为最，其烝报丑行，为历代所罕见，而后妃失德的，也所在多有。但胡族的男女地位，比较平等，影响所及，汉人的女权，也为之提高，这可以当时的"妒风"之盛为证。史称北齐时代的妇女，莫不"以制夫为妇德，能妒为女工"。这与儒家社会妇女以三从四德为信条的情形相较，不能说不是一种解放。另一种风气是过度的功利主义，这种风气，虽然不是完全来自胡俗，却也与胡俗有关。南朝的士大夫，大都不讲操守，其最重视的，是门第和既得权位的保持，对改朝换代，则漠不关心。至于在位者的贪污好货，更属常事。这种风气，上承魏晋，不必赘述。至于北朝功利主义的弥漫，则无疑与胡俗有关。胡俗本尚功利，其入据北方，宰治汉人，自以满足其功利欲望为最大目标。自西晋末年胡族倡乱起，莫不以杀戮劫掠为务，遂使长安、洛阳等名城大都，化为墟丘。其后晋室南渡，胡族混战，北方糜烂更甚。后赵石虎都邺，大兴土木，穷奢极侈；北魏太武帝南伐，赤地千里，可想见其搜括之甚和劫掠之惨。魏孝文帝汉化，风俗稍正，但孝文帝以后，风气又坏，贵族们贪污腐化，愈演愈烈。至北齐，重用西域人，竟至于官商不分的地步。社会上也弥漫着重利之风，所谓"财婚"，视婚姻为商业行为，便是最好的例证。这几种风气，直至隋唐，都依然存在。

这些风俗，在中国传统的儒家社会中，是不能容忍的。但当时儒学衰微，没有改善世风的力量；佛学和老庄也同样不能作有效的矫正和补救。因此南北朝以降的政治社会的基础，始终不十分稳固。隋唐帝国的衰乱，与此也有密切关系。所以从好的方面说，经过东晋南北朝二百七十多年的民族大混合，使中国产生了新的力量；思想界摆脱了儒学的束缚而得到解放，同时又吸收了外族的勇敢进取精神，终能下开隋唐的盛世。从坏的方面说，儒家的政治及伦理学说，对维持政治及社会秩序，究不失为一种较好的办法；儒学既衰，由佛学、老庄及胡俗所支配的社会政治秩序，极易发生动荡。两汉的盛世，远较唐代为久，就是这一方面很好的说明。

三　中国本位文化的建立

唐代虽是大量吸收外来文化的时代，但安史之乱后，唐人的夷夏观念渐趋严格，对外来文化也开始采取敌对态度。国人的民族思想，为什么在中唐以后发生变化，最主要的原因有二：一是科举制度的发达，才智之士群趋科举考试以取富贵，国人逐渐重文轻武，进而产生中国文化至上的观念，对外族的尚武精神和他们的文化，自然轻视卑弃。二是受外族叛乱及侵凌的刺激。安史之乱是胡族的大叛乱，几使唐帝国趋于瓦解。经八年血战，乱事虽勉强平定，但唐代前期的盛世，已一往而不可复。继之而起的是安史余孽的割据河朔，外族如吐蕃、南诏的乘机入侵，因而引起国人对外族的仇视。基于上述两种原因，国人一方面建立了中国的本位文化，一方面仇视外族及其文化的态度，日益坚决。这两种现象，自唐后期起直到明清，持续了将近一千年。

前面已说过，李唐皇室，起源于北朝胡化的汉人，对所谓夷夏观念，本甚薄弱。唐太宗曾说："自古皆贵中华，贱夷狄，朕独爱之如一。"[5] 贞观初，唐平东突厥，其酋长任职中央，五品以上者达百余人，突厥人入居长安的也将近一万家。这种华夷一家的盛况，可以说是空前未有的。太宗死后，华夷一家的观念和政策，仍为唐室所继续保持。高宗、武后之世，科举始盛，国人逐渐弃武就文。在这种情形下，异族将领的重要性，愈来愈大。到玄宗天宝年间，乃委任异族总管军政的方面大吏，沿边的十节度使，也大都由胡人充任。相反的，汉人的尚武精神，日见消失，军事人才也极少。因为外族识字者极少，不能参加科举考试，遂以弓马为能事。同时他们的部落，大都居住于边疆，仍保持犷悍的风气。因此武将之缺，不能不以外族充选。加以高宗末年以后，北方的突厥、契丹，西边的吐蕃，同时炽盛，给予唐室莫大的侵扰，唐室对于蕃将，倚仗更切。到玄宗，锐意开边，于是更重用蕃将。这种形势，实由唐室中央提倡文人政治，汉将人才缺乏而造成。安史之乱，便是这种形势自然演变的结果。

安史乱后，唐室对于武人，深怀顾忌；夷夏之防，也因而转严。唐室的疏忌武人，始于安史乱时，宦官所以能乘时擅权，出任监军，入统禁旅，朝廷惟其言是听，便是这种观念的具体表现。其后大乱虽然平定，但河北、淄青等地，仍为安史余孽所盘据；唐室无力加以征服，不得已行姑息之政，视其地如化外。至于唐室中央对待其嫡系的将领，也极尽猜防的能事，尤以异族将领为甚。安史乱后若干异族将领的叛变，都与受中央的猜忌歧视有关。河北藩镇的将士，多为胡人，他们控制的地区，因而日益胡化，胡化的特征是卑视文教而崇尚武力。唐室中央，则仍以科举取士，崇奖文辞。因此河北藩镇与唐室中央所直接控制的地盘，在精神文化上形成两个截然不同的地区。由于精神文化的不同，这两个地区，渐形敌对，裂痕日深。宪宗时，河朔一度归命，但唐室的文治手段，终不能为河朔人士所悦服。穆宗时，河北再乱，数月之间，河山变色。其后终唐之世，河北不再禀承中央的命令。唐人也把这个地区视如夷狄，实际上等于放弃。这与唐初华夷一家的思想，已有极大的距离，也是安史乱后唐人夷夏之辨渐严的明证。到五代，石敬瑭父事契丹，一举割燕云十六州。当地居民，因久染胡化，精神上反与异族接近，因此割地时竟无丝毫阻碍。

安史乱时，吐蕃乘机入侵，数年之间，侵陷河西、陇右数十州。另一外族回纥，则曾四次遣兵入援。但回纥恃功而骄，行为横暴，因而招致国人的不满。乱平后，回纥又与唐室成立一种国际贸易，以他们特产的马，向唐倾销，以一匹马换四十匹绢，但马的体质弱劣，多无用处。这件事也引起唐人的不满，杜甫、白居易都有骂回纥人的诗，可以为证。大体说来，安史乱后，唐室一直维持"联回抗吐"的政策，一意笼络回纥，备御吐蕃。这政策甚有成效，终使中国转危为安。文宗时，回纥为黠戛斯所破，诸部逃散。其中一支南逃，于武宗时进窥边境，屡为唐室所败，降者数万人。当时处理回纥降众的办法，是把他们分散，交全国各地的节度使统辖。

这办法深含防制之意，与唐太宗平东突厥后，把整个中国北边交给突厥人居住的办法，已大不相同[6]。

唐代后期，唐人对异族文化，也渐有歧视之意。唐玄宗时，士女多衣胡服，胡服的特征，为窄衣短袖。安史乱后，唐人的衣着已恢复旧风，改尚宽长。而韩愈的痛斥佛教，提倡古文，其中也含有浓厚的民族意识，可以说是中唐士大夫排斥外来文化的具体表现。安史之乱以前，佛教极盛，僧侣的地位极高。当时，南北朝时代佛徒传教译经的狂热已减，才智之士，多沈潜于佛学的研究，因此宗派大兴，佛学益趋精微。安史乱后，禅宗盛行，此派不重仪式文字，主张明心见性，顿悟成佛。以是研究之风渐衰，但信佛之风，并未稍减。到宪宗，始有韩愈的公开排佛。他是中唐时代的大文豪，也是儒家思想的忠实拥护者。他曾表谏宪宗迎佛骨入宫供养，表中直斥佛教为夷狄之教而非先王之道，不应信奉。他并提倡古文，主张效法古代经典以及秦汉时代文章的体例，反对魏晋南北朝以来的骈俪文体；并主张"文以载道"，他所谓的道，也就是儒家思想。他的提倡古文，实际也是对佛教的一种排斥。因为南北朝以来，骈文盛行，佛经的翻译也无形中受了这种文体的薰染，不少译成佛经，文辞优美，深具骈偶风格。他提倡古文，实含有"正本清源"的用意。韩愈的排佛和提倡古文，在唐代并没有发生多大作用，但对后世的影响却大得惊人。到宋代，儒学兴而佛教衰，虽然儒家之中已渗入相当成分的佛学，但其内容，毕竟仍以传统的儒家思想为主。而古文大盛，风靡一世。这些虽不能说是韩愈一人之力，却不能说他不是开风气的先驱。苏轼说他"文起八代之衰，道济天下之溺"，可见宋人对他的崇拜。总之，韩愈是唐代科举制度培养成的士大夫对外来文化发动猛击的第一人，也是中古时代从事建立学术道统亦即中国本位文化工作的第一人。他阐发儒学的权威性与正统性，使儒学与科举制度的关系益趋密切。唐以后的科举考试，渐成为发扬儒家思想的工具。总之，民族意识、儒家思想学说和科举制度是构成中国本位文化的三大要素。儒家思想学说受了民族意识和科举制度的保护支持，逐渐成为举世独尊的显学。从北宋起，它支配中国的政治动向及社会人心垂千年之久，它的尊崇与强固，较两汉犹有过之。

唐亡于藩镇，五代时期的政府，则是唐代藩镇的延续。五代中的后唐、后晋、后汉都是沙陀人所建。在五代时期的五十余年中，是纯粹的武人政治，文人的地位大降。但中唐以后渐趋严格的夷夏观念，却未因此而废绝。沙陀人因久居中国，沾染汉化。身虽为夷，而每每自居为汉。当时契丹强大，控制中国的北方政权，而晋汉君臣，曾有不少人表现出强烈的民族意识，与契丹对抗，虽身死国亡而不惜。其后郭威以汉人建立后周，开始表示对中国传统文化的尊重，他曾亲赴阙里，致祭孔子。到世宗，制礼作乐，奠定了北宋文人政治的始基[7]。

北宋时，科举复兴，科举出身的士大夫的地位益为隆崇。宋室因矫唐末五代武人乱国的弊病，而提倡文人政治，严禁武人干政。因矫枉过正，造成重文轻武的现象，以致国势不振。但宋代科举，较唐代尤为发达；考试的科目及内容，也渐有统一的趋势。唐代科举，约分十余科，而以应进士、明经两科考试者为最多。进士重文学，明经重经学，每年以明经进身者约一百人，而进士不过一二十人。宋代科举考试的时间，初无定制，至英宗定为三年一考。且独重进士，录取人数，亦远较唐代为多。至王安石变法，改进科举。罢除诸科，独存进士。考试内容，则改试诸经大义，必须通经而有文采者，才可中格。安石并训释《诗》、《书》、《周礼》，号称"新义"，以为经义考试的标准。南渡以后，科举仍重进士，考试内容则分为两科，一以试经为主，一以试诗赋为主；但前者仍兼试诗赋，后者仍兼试经义。从这些地方，可以看出宋代科举的形式和内容，已渐有统一的趋势；而儒学在科举考试中所占的分量，也日益加重。

至于宋人的民族意识，也日益强烈；夷夏之防，也因而益严。科举制度与文人政治造成士大夫的自尊以及对中国传统文化的竭诚崇拜及拥护，因此自然卑视异族的文化。加以契丹、女真等外族的侵凌，遂使宋人对异族除卑视之外，益以仇视。宋人好谈《春秋》，便是此种思想的具体表现。宋人虽然与外族屡订屈辱条约，但从未效法汉唐，与外族和亲。北宋的屡次伐辽，南宋的屡次伐金，都是宋人不甘受外族侵凌的明证。南宋之亡，陆秀夫负帝昺蹈海于厓山，从死者数万人，其壮烈可说史无前例。如非当时士大夫具有高度的自尊心和民族意识，焉能至此！宋代学术，以理学为主；其中虽含有一部分佛学思想，但其内容仍以儒学为主。而理学家对佛学也从无尊重的表示，也不承认佛学与儒学有关。南宋时，朱熹倡"道统"之说，定《论语》、《大学》、《中庸》、《孟子》为四子书，特为作《集注》与《章句》，认为以下直接周、张、二程。道统的思想既立，民族本位文化也就益形强固，其排拒外来文化的成见，也日益加深。宋代对外交通甚为发达，但其各项学术，都不脱中国本位文化的范围，对外来文化的吸收，几到达停滞状态，这是中国本位文化建立后的最显著的现象。

蒙古人灭宋，建立元帝国。元的制度，一部分袭取汉制，一部分则保持蒙古旧法。但蒙古人吸取汉化的态度，并不积极；汉化的程度，也不深厚。世祖自灭宋后，便渐渐疏斥汉官。其后诸帝，对汉人更为忌视，政治社会，划分种种阶级，其目的无非保持蒙古人的崇高地位，而以汉人为压制对象。汉人不易统治，因此至仁宗时，开始以科举考试笼络汉族士人。但其种族歧视，依然存在。元代进士分左、右榜。蒙古、色目为右榜，汉人、南人为左榜，考试虽以经义为主，但考试的项目和出身的待遇，均有厚薄难易的不同。不过可以看出，科举制度毕竟在中国已奠定不可动摇的基础。蒙古虽以异族入主中国，忌视汉人，却仍不能不维持这种制度。但元室未能善用这种制度，以致无法使汉人与之充分合作。元代政治的腐败落伍，与此大有关系。同时汉人业已根深蒂固的民族意识，也无法消灭。元末丧乱，韩林儿自称宋后，以复兴民族为号召，各地起兵者，大都奉之为主，终于促成元帝国的迅速瓦解。

蒙古人的文化，尚未能完全脱离游牧民族的本色。元时中国本位文化仍具有深厚的潜力，因此元室虽不积极提倡汉化，但蒙古本身的文化对汉人可谓毫无影响。明室建立，汉官威仪随即恢复，异族的统治痕迹，几无可寻。元代的行省制度，虽然直接影响明代的地方制度，但这种制度，仍是自唐末的地方制度演变而来，并非蒙古自有的文化。元代的宗教，虽能自由发展，一时称盛，但外来宗教如喇嘛教、也里可温教（基督教）、木速蛮教（回教）等，对中国文化也没有多大影响。喇嘛教为佛教密宗的一支，于元世祖时自吐蕃传入中国，由于元室的信奉，其僧侣在政治及社会上，均占极高的地位。这种宗教，迷信的色彩极浓，在中国佛教已进化至禅宗的情形下，汉人自无大规模接受此种教派的可能。而其僧侣的骄纵不法，更构成元室倾覆的主要原因。也里可温教在元代虽然流布甚广，但其教徒，时与佛道教徒冲突，而自身又发生派系斗争，以致始终未能奠定稳固的基础。元帝国瓦解，东西交通断绝，其教在中国也随之消灭。木速蛮教自唐代传入中国，元时流传甚广，信徒虽多，但对中国本位文化，并未能构成威胁。元代的对外交通和贸易都很发达，西域人和欧洲人由陆路或海路来华的，络绎不绝。但西方的货物输入中国的，主要不过是香料、珍珠、宝石、毛毡及波斯绘画等，对中国文化的影响和贡献，仍是极其微小的。

四　中国本位文化的衰落与西洋文化的输入

明代的中国本位文化，从外貌看仍是非常强固。科举制度的形式与内容，至此渐趋统一。唐宋时代科举的名目繁多，明代则只存进士。进士为科举考试的最高阶级，此外虽有秀才、举人等名目，但地位均低于进士；举人的与试者必须先具秀才资格，进士的与试者必须先具举人资格。所以三者是同一考试的三个阶段，而非并行的不同科目。至于三者考试的项目，主要为八股文，通称制义。命题专取四书五经，文分八段，每段各具一定的格式，并须起承转合，前后呼应。这种考试方法，为清代所因袭。科举考试，对中国本位文化的建立与强固，确有莫大的助力；但明清时代的科举考试，对中国文化的进展，又是一种莫大的阻碍。中国文化从明朝起，渐走上衰落之途。因为八股文体，既极其板滞，内容又只许代圣贤立言，而不能发挥个人的思想见解。知识分子埋头于空洞的形式和口头禅中，以猎取功名，日久年深，至于民族的智慧，为之蔽塞。明清五百年间，大思想家与大政治家的几至绝迹，实与八股文有直接的关系。一般读书人，除学习八股文以期应试做官外，对其他方面的学问技艺，殊少学习的兴趣，几乎一无所能，而读书人的出路也因而转狭。另一方面，胸襟见识也随之偏隘浅薄，认为除了中国古代的经典文学，其他一切学问都不足道。明清时代，中国士大夫的排斥西化，仇视洋人，都与此有关。

明清时代，整个民族的心灵智慧既为八股文所封闭；而政治上的绝对君主专制也于此时建立，于是政治亦走上黑暗之途。明代的若干政治现象，诸如廷杖制度、宦官专政等，都是国史上的大污点。清代政治在技术上虽有改进，但绝对君主专制的原则的推行，更是变本加厉。士大夫沦为奉命办事的奴仆，无个人主张之可言。昔人"以天下为己任"的胸襟抱负，至此几同梦想，所谓经世通才，殆已绝迹。宋代还有范仲淹、王安石一流的人物，明清时代的士大夫，对范、王等人能够了解同情的，恐亦不多。王阳明是明代的伟大人物，他犹能冲破八股的枷锁，而于学行事功上有所树立，但他一生遭遇黑暗政治的打击摧残，又是何等可悲可叹！盛清时代，知识界每况愈下，在专制政权的高压下，知识分子智力大都集中于训诂考据，思想学术已谈不到任何创造。到清代后期，中国文化已衰落不堪，终至无法抵御外来文化的入侵。西洋文化一如千余年前的佛教，挟雷霆万钧之势，乘虚而入中国，使中国的本位文化，发生根本的动摇。

中国的本位文化虽因科举制度的僵化和政治的黑暗而日趋衰落，但知识分子对它的崇拜拥护并不稍减，没有人敢于对它批评怀疑。中国文化"天下第一"的观念既已建立，对外族及其文化也就自然卑视。宋代以前中国人虽以其自身的文化自豪，但并不轻视外来文化；对外族虽有相当程度的歧视，但还没有中国人绝对优于外族的观念。到宋，虽屡次遭受外族的侵略，含辱忍耻，但民族的自尊心则有增无减。在对外战争及交涉上，宋人虽不得已承认失败；但中国文化优于一切的观念，却绝不动摇。这种观念，虽经历亡国之痛而未曾中绝。至明代，狃于初期的强盛，民族的自尊心益强，对外族的轻视益甚。宋代对外失利，尚能与外族讲和。明代外患亦多，而挞伐之外，绝少变通。明思宗时，内有流寇之乱，外有满洲之逼，国势异常危急，思宗曾愿与满洲议和，因举朝反对，终于作罢，而造成亡国的惨祸。满人以异族入主中国，但一味吸收汉化，结果也沾染了汉人的性格，成为中国文化的崇拜者。明人的夷夏观念，也渐为满人所吸收。清室对待西洋的强国，仍沿用明人对待异族的办法，及至屡遭败创，宁割地赔款，也不愿变更中国的"体制"。最后虽被迫采用部分西化，但清人从未贬抑中国文化，提倡西化的人，也大都附会中国古籍，认为西洋的某些事物，中国古已有之。因此明清两代，中国与西洋接触虽繁，但对西化的吸收，其进度仍是非常迟缓的。

明末的一百年间，海上西洋人的势力日见扩大。当时西洋人经营的主要地区是美洲、印度和南洋，其视线还没有集中于中国。但一部分西洋学术则由基督教耶稣会士传入中国。明神宗时，耶稣会士利玛窦（Matteo Ricci，意大利人）来华，先至南京，游说于搢绅之间。他于传教之外，并介绍西方的天文、地理、算学、兵器等学科于国人。其后至北京，神宗准其在京师建堂传教，国人统称其教为天主教。廷臣如徐光启、李之藻等，均服从天主教旨，从之习天算历学。当时中国士大夫学习西洋科学的兴趣甚浓，利玛窦乃利用此种心理，以传授学术达成其布道的目的。其教义与中国文化相互冲突之处，也加以调和折衷，因此甚得朝野人士的赞许，信徒日增。神宗末，利玛窦死，其后继者拘执教义，不知变通，与中国若干传统习俗相冲突（如禁止教徒祭祖等），而致引起国人的不满，反对者渐多。明室遂下令禁止传教，教士逐回澳门。既而满清崛起，边患日亟，明廷须要改良兵器，于是熹宗时，又命教士制造铳炮，教禁遂解。思宗时颁布的《大统历》，也由耶稣会士助修而成，是中国最早参考西洋历法制成的新历。但因明室覆亡，未及施行。

满清入关后，清室以教士汤若望（Johann Adam Schall von Bell，德意志人）为钦天监正，制定新历。若干反对西法的钦天监旧人，对之甚为痛恨。康熙初，钦天监旧人杨光先继任钦天监正，仍用旧法。其后光先推闰失实，清室改用南怀仁（Ferdinand Verbiest，比利时人）为监正。圣祖深知西洋科学的精妙，乃任用教士多人，轮流进讲，并命他们担任通译及若干外交事务。又命若干教士分赴各省，测绘全国地图，历时十年而成，名为《皇舆全览图》，是中国第一部用经纬度测绘的地图。

耶稣会士的来华传教，对中国固有的风俗习惯，每抱容忍的态度，教徒有崇拜祖先或孔子的，虽与其教义相冲突，也大都予以默认。但明末清初，旧教的其他若干宗派，也相率东来，对耶稣会的传教方式，甚不为然，因此屡向罗马教皇陈诉。教皇乃于康熙四十三年（西元一七〇四年），遣使携密旨来华禁革。使者与圣祖讨论传教事宜，意见不合。四十六年（一七〇七年），使者公布教皇密令，令教士不服从者尽行远离；对圣祖的神学意见，亦有指斥。圣祖大怒，囚使者于澳门，并下令凡传教士无中国政府的许可证者，一律不准在中国传教。世宗继位后，对来华教士，取缔益力。规定除任职京师钦天监或其他要职者外，其余教士，悉送澳门安置。

这是中国本位文化对西洋文化最后一次有效的抵拒。这次抵拒，虽是用政治的力量，但可看出中国本位文化，在国人的心目中仍有其不容更改的地位。若干士大夫，对西洋科学知识虽诚恳的吸收，但必须不违背中国的习俗，否则宁可放弃。明末清初耶稣教士的传入西学，其功绩与价值是不可磨灭的，但对当时业已衰落的中国本位文化，似乎并未发生任何刺激或改进作用。

从鸦片战争（一八四〇年）起，中国与西洋各国的交涉与战争，几无一次不遭受失败。割地赔款以及种种的屈辱，使清帝国危急不可终日。这时中国经满人近二百年的统治，业已开始腐化；政治社会不见有丝毫复兴的希望，精神方面也无一点新的冲动。在这种半死的局面下，与西洋强国的势力相遭遇。这些西洋强国有坚强而有效率的政治机构、侵略性的经济组织以及进取的文化精神，这一种强大组合的力量，首先击败了中国的军事及政治力量，继而动摇了国人崇拜本位文化的观念。但最初国人对中国文化的景仰仍一时无法改变，若干士大夫虽认为"夷人"亦有其"长技"，但只是"船坚炮利"，至于政治原理及学术思想则远不如中国为优。但每遇一次失败，即减少一分信心；终至承认西洋的政治原理及制度，亦有效法的必要。为了采取西洋的政治制度，在中国曾造成流血的惨剧。终于清室接受事实，于光绪三十一年（一九〇五年）下令废止已历时一千二三百年的科举制度。科举的废止等于宣布中国本位文化的崩坏，也等于正式承认西洋文化的优势。它改变了国人中国文化天下第一的观念，也瓦解了政治上的士大夫的集团。这个抵御外来文化的巨大堤防崩坏之后，西洋文化随即以排山倒海之势，向中国的各方面传输扩张，造成"数千年来未有之变局"，改变了这个大国的全貌。

　　科举制度盛行的时代，政治社会以士大夫为重心。从唐朝起，历经宋、元、明、清各代，凡是士大夫集团遭受打击而致崩溃，或不与政府合作，这个朝代便会迅速的覆亡。清末废除科举，士大夫集团的力量渐趋瓦解，又没有其他的集团可以代替，以致政治社会失去重心。民国以来战乱频仍，士大夫挣扎于饥寒穷困之中，地位一落千丈，久已失去个人对国家社会的抱负以及学术、人格上的自尊自信；对西洋的学术思想，只是一味的追随信仰，而缺乏别择的能力。因此在学术思想方面，除了对西洋亦步亦趋外，几乎丝毫无所发明，形成真空状态。而影响所及，甚至造成民族自卑感与自虐狂。……*唐宋以来所建立的中国本位文化，至今业已结束；科举时代士大夫的荣宠，也一往而不可复。在中国的新文化未建立之前，今后中国的西化，必然更加急速的进行，在思想学术上也只能做西洋的附庸。根据中国历史文化演进的过程，可以看出一种新文化的形成，往往是中国文化与外来文化混合的结果。例如汉代文化，大体是秦人的戎狄精神与法家思想以及老庄、儒学混合而成的，唐代文化，则大体是印度的佛学、塞北民族的习俗加上传统的儒学混合而成的。以此推论，我们要建立中国的新文化，不能不吸收西化，但也不能完全舍弃中国的传统文化。也就是说既不能复古，也不能完全步趋西洋，而必须于融合中西之外，加上一种创造的素质。这与清人"中学为体、西学为用"的说法不同，因为这两句话的意思，只是中西两种文化轻重有别的同时并用，而非混合，更缺少独创的素质。一种文化，自然不可能没有

---

*　编者按：此处有删节。

因袭学步的部分，但如缺少其独创性，即不能称之为文化。因此中国的新文化，必须凭藉国人自己的智慧和人格来创造，因袭学步是不够的。而恢复民族的自尊心和自信心，祛除民族的自卑感和自虐狂，更是最重要的准备工作。

五　近代中国西化的分期

　　历史学者开始不以朝代为准，而以另外的观点划分中国历史的时代，是清朝末年的事。这种方法的应用，受西洋史学的影响，而间接采自日本人的著作。最早把中国的近代历史断限成书的，是日人田中萃一郎于光绪二十五年（西元一八九九年）出版的《东邦近世史》。二十七年（一九〇一年）梁启超著文分中国历史为上世、中世、近世三时期。他并于三十年（一九〇四年）刊行《近世中国秘史》，这是国人采取西洋分期方法的第一部叙述中国近代历史的书[8]。至于国人何时开始把"近世史"取名为"近代史"，一时无法确考，大概是民国十年（一九二一年）以后的事。梁启超在他的《中国历史研究法补编》（民国十五年至十六年讲授于清华大学）中，即曾谈到"近代外交史"分期的标准。

　　至于首先把鸦片战争（一八四〇至一八四二年）作为一件划时代事件的则为但焘。他曾于民国三年（一九一四年）主持编译印行日人稻叶君山的《清朝全史》，于编辑大意中说："鸦片一战，情见势绌，有清盛衰，此为枢纽。"其后梁启超更进一步主张把鸦片战争以后的历史划为一个独立的时代。他曾于《中国历史研究法补编》中说："比如有清一代，道咸而后，思想、学术、政治、外交、经济、生活，无一不变。不特是清代历史的大变迁，并且是全部历史的大变迁。我们尽可以把道咸以前，划分为一个时期；道咸以后，另划为一个时期。

不必拘于成例，以一姓兴亡作为标准，笼统含糊下去。"[9]他所说的"道咸以后"，显然是指鸦片战争以后。这个说法自梁氏提出后，随即为中国的史学界所接受，而以鸦片战争为中国近代史的起点。

中国近代西化史的起点，也与中国近代史相同，始自鸦片战争。在此以前，中国并非没有接受西化；只是范围不广，而且时断时续，并没有发生多大的作用和影响。鸦片战争以后中国的西化，范围愈来愈广，时间上也一直不断，而其所发生的作用和影响之大，更非以前可比。因此，以鸦片战争为中国近代西化史的起点，比较妥当。但鸦片战争至今已近一百三十年，而中国西化的方向和程度，时有显著的变更，因此更有分期的必要。在这一方面，梁启超曾首先尝试。梁氏将鸦片战争后的六十年（一八三八至一八九八年）中国"变法"的过程分为四期*：即鸦片战后的二十余年为第一期，同治初年至中法战争的二十年为第二期，中法战后至中日甲午战争的十年为第三期，甲午战后至戊戌政变的四年为第四期[10]。这种分法，因时移事异，至今已不能完全适用。但对后人的启发很大。梁氏以后的学者对中国西化过程的分期，都大体以梁氏的分法为标准而加以损益。本文的分期，即部分采自梁氏，此外并参考其他历史学者的意见，略加个人的意见，分成四期。其起迄时代，则自鸦片战争结束起（一八四二）至民国二十六年（一九三七年）止，共九十六年。其所

---

* 编者按：查梁启超《戊戌政变记》云："我国迫于外侮，当变法者，盖六十余年矣。然此六十余年中，可分为四界。自道光二十年割香港、通五口……"自一八四〇年（道光二十年）至一八九八年，计五十八年；"割香港、通五口"见于一八四二年中英《南京条约》之条款。

以必须作此断限，乃是因为民国二十六年六月以后，抗战军兴，举国骚乱。胜利之后，继以……*迁台以后的二十年，西化的程度虽日益加深，但台湾恢复未久，若干西化的设施，起自日人占领时代。而中国近代西化史的空间，又完全在中国大陆，两者甚难衔接。因此中国最近三十余年的西化情形，只好从略。现在把每个分期的起迄时间和每期西化的要点，分别说明于下。

第一期（清道光二十二年至咸丰十一年，即一八四二至一八六一年，共二十年）

鸦片战争是近代西洋列强侵略中国的起点，也是全盛的清帝国对外战争的首次失败。《南京条约》（一八四二年）订立后，香港割让于英，并开广州、厦门、福州、宁波、上海为通商口岸，许英人自由居住贸易。从此中国与西洋的关系逐渐密切，而西洋文化的真面目，也次第呈现在国人的眼前。但当时中国的传统文化，并未遭受严重的打击；国人卑视外族及其文化的习惯，依然如故。因此战争结束后，士大夫除了对洋人卑视之外益以仇视，大都不能面对现实，探讨失败的真正原因；更谈不到瞻望将来，探求应变自强之道。但也有极少数的开明有识之士，深知西洋文明的不可轻视，他们曾做过一番知己知彼的工作，而主张对西洋的某些事物加以效法。林则徐便是这类极少数人士的代表。

林氏在当时的士大夫中，是最明了国际大势的。他虽然主张严厉禁烟，但不主张与英国开战，也不主张停止英国的通商，而希望以外交的方式解决中英两国的悬案。他奉命

---

* 编者按：此处有删节。

禁烟，出都之前，曾先派干员驰往广东，搜集有关英人及汉奸活动的情报。到广州后，又命人翻译澳门、新加坡、印度、伦敦等地的报纸和地志、国际公法一类的书。他是最早把慕莱的《地理全书》(即《四洲志》，Murry: *Cyclopaedia of Geography*)和瓦特尔的《万国公法》(Emericde Vattel: *Law of Nations*)介绍到中国来的人。此外，他还命人翻译了不少有关西洋史地、商业、制造船炮技术的书。帮助他翻译书报的，有中国人，也有外国人，袁德辉便是他幕中的主要翻译家，而为他翻译《万国公法》的，则是留粤的美籍医师派克 (Dr. Peter Parker)。他也有容纳外人批评的雅量，他曾搜集外报对中国的议论，加以编译，辑成《华事夷言》一书。林的部属魏源，根据《四洲志》，扩充为《海国图志》一书。魏氏并在序中说这部书是"为以夷攻夷而作，为以夷款夷而作，为师夷长技以制夷而作"。这几句话道出了当时有识之士的心声。这部书为当时叹为奇书，也为后人论为"中国知西政之始"，对日本的维新，具有不小的影响。林的顾问梁廷枏，对外事尤其留心，曾于战争前后编辑不少西籍，如《兰仑偶说》、《合省国说》等，对美国的政治制度，备加颂扬*。总之，林氏可以说是中国近代第一位对西方世界具有认识的人，也是近代第一位的西学绍介者[11]。

但林、魏等人的见解和主张，在当时的中国，并没有发生作用；他们的影响，也极其微弱。不但一般人对当时的世局，懵无所觉，即使清室对他的建议，也认为不值一顾。例如林氏在广东时，深知船炮之不如人，曾购置西洋炮二百余尊，洋船一艘。他认为"今此一物置之不讲，真令岳韩束

---

* 编者按:《兰仑偶说》系述英国概况；兰仑，即伦敦，泛指英国。

手"，因而建议政府，"制炮必求极利，造船必求极坚"。结果被清宣宗斥为"一片胡言"。最后竟遭遇革职遣戍的处分。战后二十年，国人仍一切守旧，并无若何显著的变更，也没有人再谈"师夷长技"的问题。但因五口通商，西洋文化在这几个点上开始生长。西方的经济组织和知识，随着西方的商货输入，战后不久，即有西式银行的设立。基督教的传教事业，也因而转盛，教会学校随之建立。此外中文西文的字典、报纸，也都于战后不久出现。

中国国内最早的西式银行，是道光二十八年（一八四八年）英人在上海开设的东方银行（Oriental Banking Corporation）。学校方面，道光二十五年（一八四五年），美人开始在上海创办约翰书院，三十年（一八五〇年）正式成立。天主教也在上海设立学堂、图书馆和印刷所等。到咸丰三年（一八五三年），各口的天主教学校增至七十八所。最早的英汉字典，可能是道光二十四年（一八四四年）在澳门出版的《英华韵府历阶》(S. Wells Williams: *An English and Chinese Vocabulary*)。其次是二十七年（一八四七年）在上海出版的《麦氏英汉字典》(W. H. Medhurst: *English and Chinese Dictionary*)。但这类辞书所载的，只是些简单通俗的用语，极少有关学术或含有新意义的辞汇。这可以看出此类字典，不过供商业交易和日常生活之用，还没有到达介绍学术思想的阶段。最早的西式报纸，当为咸丰八年（一八五八年）在香港发行的《中外新报》，它是香港孖剌西报（*Daily Press*）的中文报。至于国内最早的报纸（中文），则为咸丰十一年（一八六一年）在上海发行的《上海新报》，这个报也是西人所办，是《字林西报》（前身为 *North China Herald*）的中文版。这些报纸，除了登载国内外新闻和广告，或有时发表些议论外，也同样谈不到西洋文化的介绍。虽然如此，西洋文化在中国已找到了立足点，而后向外扩张，冲破中国本位文化的藩篱。

第二期（同治元年至光绪二十一年，即一八六二年至一八九五年，共三十四年）

道光三十年（一八五〇年），洪秀全起事于广西桂平县的金田村，开始了太平天国的叛乱。这场叛乱，战祸遍十八省，持续达十五年，其规模之大、时间之长都是有清以来所未有的。太平天国的崛起，一方面凭藉洪秀全所创的上帝会，纠集信徒，建立政教合一的军政组织，另一方面则利用民族主义，以消灭满清解救人民为号召。当其初起之时，百姓附之者甚众。但它的教义，渊源于基督教，因而排斥中国的传统文化和宗教信仰。在它的控制地区，儒家经典遭到毁侮屏弃，庙宇神像也被焚毁、破坏，这些行动，激起一般士大夫和民众的反感，而致士大夫甘愿为清室效力，他们招募军队，与太平军作生死的搏斗。太平军的大敌湘军、淮军等，便是由这般士大夫统率的。列强对它最初也表示同情，因而严守中立。但太平天国诸领袖不知道与它们联络，反而侵犯各国在华的既得利益，于是列强失望，转而帮助清室，与太平军为敌。上海的各国侨民，组织军队，由美人华尔（Huaer, Frederick Townsend Ward）统率"洋枪队"，其后招募华人，扩充至四五千人，与上海驻军李鸿章的部队合作，改号"常胜军"。这支军队完全使用西洋火器，犀利异常。太平军能够席卷江南，却攻不下上海一隅之地。太平天国就在士大夫及其军队的坚决反抗和西洋武器威力下，终于穆宗同治四年（一八六五年）宣告灭亡。

咸丰七年至十年（一八五七至一八六〇年），当南方清军与太平军血战正酣之际，又发生英法联军之役。这次战争，由于广州民众坚拒英人入城而起。英人曾于六年（一八五六年）一度攻陷广州。其后复因广东民众焚毁英法等国商馆，以及广西发生戕杀法教士案，于是两国兴师东来，于十年（一八六〇年）攻入北京。文宗逃往热河，北京西郊的清室行宫圆明园，于此役中被焚，珍物也被洗劫一空。同年，清廷与英法订立北京条约，外患暂息。但此役给予清室的奇耻大辱则是前所未有。在内乱外患的刺激下，迫使清廷不得不寻觅自存之道，于是有所谓"洋务运动"的兴起。

英法联军之役后，清廷深感外交及通译人才的缺乏，又以太平军之役末期，洋将助战，清廷对西洋武器的坚利，也有进一步的认识，因此当时大臣如曾国藩、李鸿章、左宗棠等，均倡行西法，举办新政。新政的要点有二：一是培养外交和工业人才，二是仿西法制造船炮，以充实军备。

咸丰十年（一八六〇年），清廷设置总理各国通商事务衙门（简称总理衙门）于北京，专办外交。并于上海、天津分设南洋及北洋通商大臣（简称南北洋大臣），管理对外通商事务。同治元年（一八六二年），总理衙门奏设同文馆，训练翻译人才。次年，李鸿章于上海设广方言馆，广州也设立此类学馆。到德宗光绪初，中国才有正式的驻外使节。军备方面，清廷曾于太平军之役期间，购买新式武器及轮船，以供军用，曾、李等人遂有意仿造。同治二年（一八六三年），曾国藩于安庆设局，造木质轮船一艘，为中国自制轮船的开始。四年（一八六五年），设立江南制造局于上海，制造枪炮，其后并造轮船，且附有译书局，是我国最早的军用工业。次年，左宗棠于福建设马尾船政局，制造轮船，亦附设学堂，教习驾驶及制造等。十年（一八七一年），曾等又纳容闳的建议，奏派幼童三十名赴美留学，学习军政、船政及制造等科。到光绪初年，矿务局、邮政局、电报局、织布局相继成立，铁路也开始铺设。

光绪四年（一八七八年），李鸿章设开平矿务局于天津，开采唐山（今河北开平）的煤矿。同年，李氏于北京、天津、芝罘、上海等地设邮政局，为中国试办邮政局之始。五年（一八七九年），李氏始设电报线于大沽、天津间。七年（一八八一年），架设上海、天津间的电线，并于天津、大沽、济宁、清江、镇江、苏州、上海七处设电报局。次年，改为官督商办，并增设上海至广州的线路。从此各重要城镇，大都有电报可通。机器织布局也于八年（一八八二年）由李氏倡议创设于上海，于十六年（一八九〇年）开办，是中国最早的纺织工厂。织布局的创设，可以看出清廷除军用工业外，已知注意普通商品的制造。最早的铁路，是英商于二年（一八七六年）在上海租界及吴淞间铺设的，全长九英里。当时国人视为怪异，群起反对，遂由两江总督以银二十八万五千两赎回拆毁。至七年（一八八一年），开平矿务总局为便利运煤，在唐山、天津间修筑铁路，十四年（一八八八年）完成，为国人自建铁路的开始。此外如水师学堂、武备学堂、海军衙门和南北洋舰队，也都在光绪初至二十年（一八九四年）间陆续成立。

曾、李的筹办"洋务"，颇为当时一般守旧大臣所反对，幸执政大臣文祥及恭亲王奕䜣等力予赞助，始得顺利进行。但当时的风气，知识分子仍迷恋于八股举业，不特守旧者仇视西学，即使提倡新政的人，对于西洋文明，也无充分的认识。因此他们只知仿造西洋的船炮，而极少注意到西洋的政治及教育制度，以求根本的改革。当时举国上下，仍守攘夷之说，士大夫率多耻言西学，有谈者至被诋为"汉奸"。中法战争（一八八四年）后，谈洋务者虽渐为识者所谅，但仍有不少人对之痛恶，因此国人虽渐知西学，犹不肯努力讲求。直至中日甲午战争（一八九四年）时，北京还没有世界地图出售；制造局所译的书，三十年间，仅售出一万三千本[12]*。这种现象，固可看出中国吸收西化的迟缓，也可说明中国传统文化的深入人心。但这个时期的西化，已自五口扩展至整个中国沿海地区，已从民间的设施扩展到政府的效法，再加上列强政治和军事上的推动，已形成一种无法抵御的力量。

第三期（光绪二十二年至民国五年，即一八九六年至一九一六年，共二十一年）

甲午之战（一八九四年至一八九五年），中国为后起的小国日本所败，而失败之惨，更是前所未有。陆军望风而溃，海军于数小时之内被消灭殆尽，二十余年所经营的坚船利炮，一旦化为乌有。而致数月之间，东北变色，良港尽失。战后列强乘机渔利，纷纷租借军港，划定势力范围。往昔中国虽败于西洋，犹不失为东方大国，及至败于此"蕞尔小邦"，不特大国的颜面丧尽，进而成旦夕不保之局。日本自明治天皇即位（一八六七年）后，效法西洋，锐意革新，不及三十年，而获得此次重大胜利。就时间论，日本维新犹在曾、李提倡

---

* 编者按：梁启超《戊戌政变记》作于一八九八年戊戌变法失败之后，其中《新政诏书恭跋》原文云："马江败后，识者渐知西法之不能尽拒，谈洋务者亦不以为深耻，然大臣未解，恶者尚多，议开铁路，犹多方摈斥。盖制造局译出之书，三十余年，而销售仅一万三千本；京师书肆尚无地球图。其讲求之寡可想矣。"江南制造局翻译馆创办于一八六八年，至梁文刊布，历时三十年。

洋务之后，其成效却远在中国之上。相形之下，对国人的刺激之深，可以想见。因此，战后士大夫谋求革新的意志，较前益厉。清廷鉴于内外情势，也亟思改革，其接受西化的范围，随之扩大。

甲午战前，郭嵩焘即曾谓立国之本不在兵事，而在政教。他于光绪二年（一八六七年）奉派为第一任驻英大臣，在任期间，悉心考察英国的政治社会，认为西洋的政治修明，百姓富足，乃真正富强之源。但当时的权要李鸿章辈，仍以兵事为立国的要端，不重视其意见；舆论对他攻击尤力，以致其说不行。又有郑观应者，曾同治后期（一八七〇年左右）著《盛世危言》一书，主张行君主立宪。及至甲午战败，若干士大夫始知非革新政治不足以图存。清德宗也以外患日亟，决心变法。结果由于新旧两派人士的冲突，酿成光绪二十四年（一八九八年）的"戊戌政变"。

政变的主角是康有为，他曾于光绪十四年（一八八八年）上书德宗，请取法泰西，改革内政。但为朝臣所阻挠，未能上达。甲午战后，又屡次上书，请求变法，德宗深以为然。有为并与其弟子梁启超，设立强学会及《时务报》于上海，鼓吹改革，于是革新运动，渐为社会所注意。二十三年（一八九七年）有为又上书德宗，主张取法俄日以定国是，大集群才而谋变政，并听任疆臣各自变法。德宗决计变法，于次年命有为在总理衙门行走，策划新政。同年，清室开始颁行新政。其重要措施如下：一、选举及教育方面有：废八股文，考试经义及策论。设大学堂于京师，各省、府、州、县的书院，分别改为高等、中等及小学堂，均令中西兼习。改上海《时务报》为官报，并在京师筹设报馆等。二、政治方面：撤消闲散衙门，裁汰冗官，澄清吏治，引用新人，广开言路。

三、军事方面有：武科考试枪炮（原试弓矢刀枪等），军队习洋枪，裁减冗兵，力行保甲等。四、实业方面有：筹办铁路开矿，促进农工商以及奖励制造发明等。

有为对于西学所知有限，他的改革方案，大率以日本维新为范本。其改革项目，除兴办新式教育，促进农工商及奖励发明较有创见以外，其余并无新义。尤其是政治方面，所列各点，大都是老生常谈。他反对民权共和，即君主立宪制度，此时也不敢公开提倡。对科举制度，仍主张保留，其改革不过是废八股文而已。同时他附会经学，造孔子改制之说，为他的变法做护符。可见他对中国的传统文化，仍具有不可动摇的信念。即使如此，仍为慈禧太后及一般守旧大臣不满，遂造成"戊戌政变"的惨剧，新党多人被杀，康、梁亡命海外。慈禧于同治及光绪初年，本赞成革新，但因归政以后，号令不由己出，转而厌恶变法。而一般守旧大臣，为保持禄位，乃依恃太后，反对新法。所以这次政变，主要是权位利益之争。政变以后，新政停顿，守旧势力的气焰大张。慈禧以外国不肯引渡康梁，痛恨外人，守旧朝臣，均迎合其意。加以国人的仇外思想，因外患益趋激烈，于是排外之风，弥漫朝野，遂有"拳乱"的发生，结果导致光绪二十六年（一九〇〇年）的八国联军之役，使中国几罹瓜分之祸。

经过这次灾难，国人已多知变法的重要，吸收西化的风气随之而开。当时日本以维新而强，因此国人提倡新学的每喜以日本为例。同时更采取捷径，大量吸收由日人转手的西化。若干日译的西洋自然科学及社会科学等类的著作，大量的译为中文。而国人赴日本求学的，也日益增加。据非正式的统计，自清末至民国七八年的十五年间，国人赴日者达三十万人。因此我国清末民初一段时间的西化，实际只是日化[13]。至于直接传译西籍的，则以严复最有贡献。他所译的多为西洋社会科学的名著，大半完成于甲午战后，译文多独创之词，并有不少旧译名词，经他采用而流行益广。自他的译著问世，国人才知道西学的渊博精微，迥非康梁时代粗浅的介绍可比。国人对西学的领略，至是又进入一新境界。

其时少数士大夫，厌恶西学之心，犹未泯除，甚者诋之为"鬼子学"。清廷若干比较开明的大臣如张之洞、孙家鼐等，则主张"中学为体，西学为用"，认为"中学有未备者，以西学补之；中学其失传者，以西学还之。以中学包罗西学，不能以西学凌驾中学"[14]。"如中士而不通中学，此犹不知其姓之人，无辔之骑，无柁之舟；其西学愈深，其疾视中国亦愈甚；虽有博物多能之士，国家亦安得而用之哉！"[15] 这种论调，虽为后人所讥，但在当时却是多数士人所服膺的信条。

清室于八国联军之役后，也标榜推行新政，企图挽回人心。自光绪二十七年（一九〇一年）起，三四年间，所举办者不下数十事。诸如改书院为学堂，废止科举，西法练兵，以及裁汰冗员等，大抵不出戊戌变法的范围。但慈禧缺乏改革的诚意，因而收效不宏。这时康梁流亡海外，反对慈禧听政，主张还政德宗，实行君主立宪政体。另有一派认为中国政治的病根为君主专政，非根本推翻满清，建立民主共和政体，无法挽救中国的命运，其代表人物为中山先生。他于甲午战时，在檀香山组织兴中会，策划革命，虽屡次失败，而声势日张。日俄之战（一九〇四年）后，说者皆谓日以立宪而胜，于是变法之议，又趋热烈。清室迫于形势，于光绪三十二年（一九〇六年）下诏预备立宪。三十四年（一九〇八年），清室宣布九年立宪期限。其后又缩短预备期限为五年。但事实上满族亲贵，绝无放弃垄断朝权的意思，各种政治措施证明所谓立宪，只是伪装。以是革命运动，更无法遏止。宣统三年（一九一一年）十月，武昌起义爆发，清室随之倾覆。

清室倾覆后，北洋军阀袁世凯凭仗其武力，乘机攫得革命的果实，出任民国的第一任大总统。袁氏当国后，集大权于一身，实际与君主专制并无二致。他的政府，也充满逊清遗老，简直可以说是清廷的延续。他的落伍思想与权力欲，驱使他的行为日益反动，最后竟演出帝制自为的丑剧。袁氏死后，又有张勋导演宣统复辟的一幕。这些都可以说明当时国人对民主共和并无深刻的认识与信仰。但中山先生所领导的革命力量，并未因北洋军阀的压迫而解体，他所倡导的三民主义的思想，在中国不断的滋长蔓延，再加上若干学人的推动，竟在北洋军阀的势力范围内，产生了"新文化运动"，使中国人的思想学术，走上了一个新的方向。

第四期（民国六年至二十六年，即一九一七至一九三七年年，共二十一年）

民国成立后，由于北洋军阀的黑暗统治和列强压迫的刺激，以及西洋学术思想的鼓动，若干知识分子，对中国的传统文化，发生前所未有的怀疑。他们主张根据西洋的学术思想，对中国文化做一番澈底的改革，为中国文化寻找一个新出路。这种文化革新的呼声，最早发自北京大学。北京大学的前身是京师大学堂，成立于光绪二十四年（一八九八年），是中国最早的西制大学。这个大学开办后，最初并没有显著的成就。民国成立，更名为北京大学。民国六年至十五年（一九一七至一九二六年），蔡元培任校长，北京大学逐渐成为中国的学术中心，若干著名学者如陈独秀、胡适、钱玄同等，均任教其间。陈等创办《新青年》杂志，对中国的传统文化展开批评检讨，同时尽力宣扬科学的价值，大量介绍西方的社会科学、心理学和教育学等；此外并提倡白话文，创作新式小说诗歌。政治方面则提倡民族主义，要求实行民主政治。他们的主张，立刻得到青年学生的响应，北大学生傅斯年、罗家伦等，创办《新潮》杂志，与《新青年》呼应。这种风气，日见流行，逐渐形成一种运动，世人称之为"新文化运动"。

民国八年（一九一九年）初，欧战告终，德国投降。协约各国，举行和平会议于巴黎。日本曾于欧战期间，对德宣战，出兵攻取德国在华租界地的胶州湾，并强占青岛及胶济铁路全线。至巴黎和会召开，中国代表于会中要求将德国在山东的所有权益，交还中国。但以英法袒护日本，终于对德和约中，载明德国在山东的权益，让与日本。消息传来，舆论沸腾。五月四日，北京各学校学生游行示威，反对签约，各地纷起响应，世称"五四运动"。结果中国代表拒绝签字，仅签署对奥和约而返。五四运动是一种反对屈辱条约及懦弱外交的爱国运动，它反映出国人对民族和政治的醒悟。中山先生自清末提倡民族主义和民权主义，新文化运动复以民族主义和民主政治作号召，至此乃发生巨大的影响力。同时在五四运动期间，各地人士发表的通电宣言以及报章杂志等，多用白话文，从此白话文的应用，渐普及全国。所以五四运动本身虽不是文化运动，却与新文化运动有密切关系。因此五四运动后，从民国九年到十二年（一九二〇至一九二三年），新文化运动进入高潮。

新文化运动提倡的两大目标，是"拥护德先生与赛先生"（Democracy and Science），也就是提倡民主与科学。"民主"一词，创自国人。同治后期（一八七〇年左右）郑观应在他的《盛世危言》一书中，曾阐述美国的"民主"政治，可能是创用此词的第一人。光绪二十四年（一八九八年），严复译《群学肄言》(Herbert Spencer: *Study of Sociology*) 始正式以"民主"为 Democracy 一词的译名。而清末对于民主政治主张最力的，也推严氏。民国初立，虽有民主共和之名，但政治实质仍与君主专制无异。国人发生反感，遂有民主政治的要求。民国八年（一九一九年），陈独秀撰文于《新青年》，主张拥护"德先生"，同时反对旧伦理和旧政治[16]。其后中山先生的《三民主义》，风行于世，其中的民权主义，几乎完全以西洋的民主主义为蓝本，从此国人对于民主的意义，始有普遍而粗略的了解。民国十五年（一九二六年）国民政府成立后，粗立民主政治的规模。此后直至抗日战争爆发（一九三七年），政府因内忧外患，始终未能充分实行民权主义。但民主政治的基础，已大致奠定。

科学本为一日本名词，最迟在光绪八年（一八八二年），日人即以此词为 Science 的译名[17]。二十四年（一八九八年）严复译《群学肄言》，开始采用此词。但当时科学一词，尚不普遍，国人多用"西学"以称来自西方的学问。另一通行名词为"格物"，特指自然科学，有时亦指物理学。甲午战后，严复撰《救亡决论》一文，认为非倡行"西学格致"，无以救亡。康有为亦曾撰文，提倡西学。但当时士大夫肯学西学的，为数极少。及至新文化运动起，科学一词，始日渐流行；国人对于西洋学术的认识，也日渐深入。民国以前，士大夫的提倡西学者，尚不敢公然攻击中国旧学。至此，若干学人对中国传统学术的缺点和治学方法的谬误，不再讳言。从此国人厚古薄今以及"中学为体"的思想渐被打破，多数知识分子，都承认科学的价值，各种的科学知识，也逐渐普及。

　　新文化运动后，中国的学术界有了新的研究方面，并知道利用科学方法及观点整理中国固有的学问。在中国发展最早而且最有成绩的学科，当推地质的调查与古物的发掘。史学方面，也有长足的进步，观念、方法既有改进，研究范围也较前扩大，尤以古史的研究最有成就。文学方面则以白话文的影响为最大。甲午战后，各大都会已有白话书报，文体渐有改变的趋势。五四运动后，白话文的应用，益行普遍。新文学作家也日见增多，他们更从事小说、戏剧、诗歌、散文的创作，曾产生不少的佳作。此外他们对西洋的文学作品，也努力翻译介绍，中国新文学受其影响，在风格与句法上，发生重大的变化。另一项对社会发生重大影响的是国语的推行。西洋耶稣教士来华传教，为便于学习华语，用罗马字母标音。至清，西人来华者益多，罗马拼音法也传播日广。甲午战后，国人颇多仿造其法，自制拼音字母，以代旧有的反切读音法。民国二年（一九一三年），教育部召开读音统一会，制定注音字母三十九个，审定字音六千五百余。七年（一九一八年），教育部公布注音字母，并致力于国语的统一工作。至十一年（一九二二年），改高初级小学的国文科为国语科，纯用语体文，于是国语的推行，日益普遍。

　　……*

　　从以上四期所述中国西化的过程，可以看出第一期的西化，并无多大建树。第二期着重于物质建设和技艺的取法，主要为模仿西方的军事工业。第三期开始注意西洋的政治制度，并开始介绍西方的社会思想。第四期开始着重吸取西方的文化精神，诸如政治原理及社会、自然科学等。西化的结

---

* 　编者按：此处有删节。

果，使中国的各方面，无论政治、经济、社会以及学术思想都发生剧烈的变化。这些变化，曾使中国付出无法估计的庞大代价，而其收获则不成比例。中国西化其进度的缓慢，成就的不宏，都是事实。但其发展的历程，则清晰可见，至少已奠立初步的基础。而中国在各方面的进步，也不能一笔抹煞。今后我们应如何效法汉唐，撷取西洋文化的长处以创造自身的新文化，是值得国人深思熟虑的一个问题。

原载《中山学术文化集刊》四集，一九六九年十一月

【注释】

[1] 参看钱穆《国史大纲》上册，页三六至三九。

[2] 参看傅孟真《战国子家叙论》第九节"齐晋两派政论"（载《傅孟真先生集》第二册页四四至五〇）。

[3] 参看《隋书》卷六八，《宇文恺阎毗何稠传》。

[4] 见《旧唐书》卷四十五《舆服志》。

[5] 见《资治通鉴》卷一九八，贞观二十一年。

[6] 参看本书《回纥马与朔方兵》及《唐代夷夏观念之演变》篇。

[7] 参看本书《沙陀之汉化》篇。

[8] 见包遵彭等编《史料与史学》"导论"（载《中国近代史论丛》第一辑第一册）。

[9] 见梁启超《中国历史研究法补编》页五〇。

[10] 参看梁启超著《戊戌政变记》第二章"新政诏书恭跋"（载《饮冰室全集》页三八四至三八五）。

[11] 参看林崇镛《林则徐传》页三四二至三四三，页五二八至五二九；郭廷以《近代西洋文化之输入及其认识》（载《大陆杂志》三卷七期）。

[12] 见注 [10]。

[13] 参看吴敬恒《欧化枝谭》（载《东方杂志》十六卷五号）。

[14] 见孙家鼐《议覆开办京师大学堂折》（载《光绪政要》卷二十二）。

[15] 见张之洞《劝学篇》"循序"（载《张文襄公全集》卷二〇二）。

[16] 参看陈独秀《本志罪案之答辩》（载《新青年》杂志六卷一期）。

[17] 见柴田昌吉、子安峻合编《附音插图英和字汇》（一八八二年版）。